Zu diesem Buch

«... eine primitive – und was noch schlimmer ist: völlig un-
begabte Sau» tituliert ein J. M. aus Heidelberg den Autor Karlheinz Deschner. Die Aschaffenburgerin E. Ä. giftet brieflich:
«Sie wollen anscheinend den früheren Nazi-Rosenberg nach-
machen ... Sie müssen doch vom Teufel durch und durch verar-
beitet worden sein ... Sie benötigen eine Gehirnwäsche!» – «Sie
wären», befindet das katholische Pfarramt W. in Bayern, «ein
‹exzellenter› Federkiller in der Schreibstube Himmlers geworden ... Das Gute an Ihren Büchern ist: Die Atheisten werden vollständig verdummt. Sie verdienen nichts anderes. Bekehren Sie
sich, sonst landen Sie im Höllenfeuer!»

Zehn Jahre nach dem 1987 erschienenen «Opus diaboli: Fünfzehn unversöhnliche Essays über die Arbeit im Weinberg des
Herrn» legt Karlheinz Deschner eine neue Sammlung seiner
kürzeren Texte vor. Da wird polemisiert, konfrontiert, decou-
vriert, demaskiert, analysiert, daß die Funken und die Fetzen
fliegen: Mal schreibt er als literarischer Scharfrichter, mal als
religions- und kirchenkritischer Anti-Historiker. Ein Forscher
und Autor mit Biß, der seinen Lesern etwas zu beißen und seinen
zahl- und einflußreichen Gegnern etwas zu schlucken und zu
knacken gibt.

Der Autor

Karlheinz Deschner, geb. 1924 in Bamberg. Im Krieg Soldat, studierte Jura, Theologie, Philosophie, Literaturwissenschaft und
Geschichte. Sein Roman «Die Nacht steht um mein Haus» (1956)
erregte Aufsehen, das sich ein Jahr später, bei Erscheinen seiner
Streitschrift «Kitsch, Konvention und Kunst», zum Skandal steigerte. Seit 1958 veröffentlicht Deschner seine entlarvenden und
provozierenden Geschichtswerke zur Religions- und Kirchenkritik. Für sein aufklärerisches Engagement und für sein literarisches Werk wurde Deschner 1988 – nach Koeppen, Wollschläger
und Rühmkorf – mit dem Arno-Schmidt-Preis ausgezeichnet;
im Juni 1993 – nach Walter Jens, Dieter Hildebrandt, Gerhard
Zwerenz, Robert Jungk – mit dem Alternativen Büchnerpreis
und im Juli 1993 – nach Andrej Sacharow und Alexander Dubček
als erster Deutscher – mit dem Internationalen Humanist Award.

Karlheinz Deschner

Oben ohne

Für einen götterlosen Himmel
und eine priesterfreie Welt

Zweiundzwanzig Attacken, Repliken
und andere starke Stücke

Rowohlt

Umschlaggestaltung von Werner Rebhuhn
Das Foto (von Klaus Kallabis) zeigt einen Blick in den Himmel
als Wohnsitz Gottes und seiner Vorgänger. Der 43 Meter hohe
Rundbau des römischen Tempels Pantheon («aller Götter»)
wurde unter Kaiser Hadrian um das Jahr 120 n. Chr. gebaut
und blieb bis heute erhalten. Die kassettierte Kuppel wölbt
sich wie ein Augapfel himmelwärts, die Pupille in der Mitte
bildet eine neun Meter weite Öffnung. Sobald die bunte Göt-
terwelt der heidnischen Antike verteufelt und ausgemerzt
war, bekam die Kultstätte im Jahre 609 eine neue Hausherrin
mit christlichem Logo: Sancta Maria ad Martyres
(vgl. dazu Seite 164 f.).

Über die Erstveröffentlichung der einzelnen Texte informiert
die Editorische Notiz auf Seite 365 ff.

Veröffentlicht im Rowohlt Taschenbuch Verlag GmbH,
Reinbek bei Hamburg, Januar 1999
Copyright © 1997 by Rowohlt Verlag GmbH,
Reinbek bei Hamburg
Alle Rechte vorbehalten
Gesamtherstellung Clausen & Bosse, Leck
Printed in Germany
ISBN 3 499 60705 0

Inhalt

. . . .

11 Zur Einführung in den Themenkreis

16 Warum ich Agnostiker bin

115 Ich brauche kein Gottesbild

130 Was wir von Jesus wirklich wissen und was dann kam

148 Kaiser Julian. 332–363

155 Überfahrt ins Himmelreich

161 Reliquien oder Das Volk gläubet jetzt so leichthin, wie eine Sau ins Wasser brunzet ... Ein lückenreiches Panorama – von den hochheiligen Vorhäuten Jesu bis zum Kot des Palmesels

195 Wir brauchen keine Menschen, die denken können, oder: Dicke Finsternis ruht über dem Lande

201 Lauter Lügen hat dein Mund mir erzählt ...

212 Replik auf eine Erklärung des Sekretariats der Deutschen Bischofskonferenz

226 Die Frommen und die Freudenmädchen. Warum CSU-Politiker, wünschen sie in München Bordelle, christliche Tradition fortsetzen

234 Antwort auf die Frage: Sind wir Deutsche noch Christen?

239 Kruzifix noch mal. Rhapsodisches zum Jahresende 1995

von Galen : S. 207 f.

242	Der Papst
248	An König David
256	An Michael Kardinal Faulhaber
271	Ist Kirchenbeschimpfung überhaupt möglich? Ein Gutachten
308	Hammers Tiefschlag gekontert
319	Pars pro toto: Bericht für eine Katholische Akademie. Editorial *von Hermann Gieselbusch*
324	Wes Brot ich ess' oder Vor jeder Form von Macht auf dem Bauch
349	Interview mit Anselmo Sanjuán für die Madrider Zeitung «El Independiente» im Sommer 1990
356	Interview mit Claudio Pozzoli für die Turiner Zeitung «La Stampa» im Sommer 1990
360	Interview mit Michael Meier für die «Sonntags-Zeitung», Zürich, im Frühjahr 1996
365	Editorische Notiz
368	Register

Für Herbert Steffen,
den großzügigen Freund

«. . . und es ist höchste Zeit, den historischen Blick so zu
adjustieren, daß wieder das Kreuz im Okular erscheint.»

Jan Philipp Reemtsma: «Leichenbesichtigung»,
in: «Arno-Schmidt-Preis 1988
für Karlheinz Deschner», 1988, Seite 12

Zur Einführung in den Themenkreis
....

Ein Jahrzehnt nach meiner ersten Aufsatzsammlung
«*Opus Diaboli*» (1987) folgt hier die zweite.

«*Oben ohne. Für einen götterlosen Himmel und eine priesterfreie
Welt*» enthält neunzehn Arbeiten zur Geschichte des Christentums in Vergangenheit und Gegenwart sowie drei Interviews. Die Texte, zuvor in diversen Büchern, Zeitschriften
und Zeitungen erschienen und in ihrer Mehrzahl nicht mehr
leicht zugänglich, wurden alle formal überarbeitet, teilweise
auch gekürzt und ergänzt. (Inhaltliche Überschneidungen
habe ich meist getilgt, mitunter aber belassen; kann besonders Triftiges doch kaum oft genug wiederholt werden.)
Lediglich «*Pars pro toto: Bericht für eine Katholische Akademie*»,
obwohl erst unlängst an anderer Stelle im selben Verlag publiziert, fand aus prinzipiellen Erwägungen auch in diesem
Band Aufnahme.

«*Warum ich Agnostiker bin*» ist nicht nur mit Abstand mein
umfangreichster Essay, er ist auch der einzige meiner ganzen
Produktion, der sich systematischer mit Philosophischem befaßt, mit sogenannten letzten Dingen, den Fragen nach Gott,
Fortleben, Unsterblichkeit, mit unserer Seelenvorstellung,
dem Phänomen des Glaubens, der Idee der Wiederverkörperung. Auch ist dieser Aufsatz der einzige, in dem ich ausführlicher den über alle Begriffe hinaus katastrophalen Komplex
Christenheit und Tier betrachte, immer noch viel zu kurz,
gewiß, und natürlich ohne das Leid all der Myriaden
menschlicher Schlacht-, Freß- und Folteropfer ausdrücken zu
können. Endlich und nicht zuletzt legt allein dieser Text dar,
warum ich weder Theist noch Atheist bin.

«*Ich brauche kein Gottesbild*» greift das vorige Thema zum Teil noch einmal auf, doch in völlig anderer Form, provokant, randalierend, gleichsam ein bißchen Amok laufend, ganz nach meiner Richtschnur: Tritt den Leuten nicht auf die Füße, wenn du sie vor den Kopf stoßen kannst! In einer 1990 verlegten Blütenlese, betitelt «Mein Gottesbild», umringt von Leuten, die mich so kompromittierend empfinden mußten wie ich sie, einer Equipe aus Hochadel, konservativsten Eierköpfen und seiner Heiligkeit selbst (– ich fühlte mich so deplaziert, daß ich mir vorab zwei Geistesverwandte als Koautoren ausbedang), ja, in solcher Gesellschaft ritt mich der Teufel, und ich hatte Lust, einfach mal freiweg zu schimpfen, zu schimpfen.

«*Was wir von Jesus wirklich wissen und was dann kam*». Mit beiden Problemen habe ich mich in meinem Leben leider viel zu lang befaßt: mit dem ersten Problem bereits auf den über siebenhundert Seiten meines christentumkritischen Debuts «*Abermals krähte der Hahn*» (siehe hierzu «Hammers Tiefschlag gekontert»; S. 308); mit dem zweiten namentlich in den bisher fünf Bänden der «*Kriminalgeschichte des Christentums*». Wer sich nicht die Zeit nehmen will, diese fast viertausend Seiten zu lesen, sollte vielleicht doch den kleinen Aufsatz bedenken, vor allem wenn er glaubt, etwas über Jesus zu wissen.

«*Kaiser Julian. 332–363*». Ich bin glücklich, in jedem Jahrtausend wenigstens einen Politiker zu kennen, den ich bewundern kann. Im ersten ist es Julian. (Im zweiten – überlege ich noch.)

Die «*Überfahrt ins Himmelreich*» führt zum Mittelalter hin. Sie stimmt kurz auf das Verbrechen und den Verbrecher des Ersten Kreuzzuges ein, Papst Urban II. (1088–1099), 1881 seliggesprochen. Dafür? Oder trotzdem? Wer so fragt, braucht gar nicht weiterzulesen.

«*Reliquien oder Das Volk gläubet jetzt so leichthin, wie eine Sau ins Wasser brunzet . . .*» Dieser zwar etwas längere, gleichwohl nur sehr kursorische Blick auf ganz besonders heilige Mysterien von Mutter Kirche lehrt anschaulich, wie der Klerus, mit dem Münchner Historiker Karl Bosl zu sprechen, «die Barbaren aus Mythos, Wunder, Furcht und Scheu zu gehobeneren Leit- und Menschenbildern» lenkte – von den hochheiligen Vorhäuten Jesu bis zum Kot des Palmesels.

«Wir brauchen keine Menschen, die denken können, oder: Dicke Finsternis ruht über dem Lande» ist das Vorwort aus einem Handbuch für konfessionslose Lehrer, Eltern und Schüler in Bayern. Es skizziert christliche Erziehung von der Spätantike über das Jahrhundert der Aufklärung, in dem zunächst noch mindestens zwei Drittel aller Deutschen Analphabeten waren, bis zur heutigen Bayerischen Verfassung. Und fast scheint es, als gälte, zumal für den Freistaat Bayern, Luthers Forderung «*Umb der Kirchen willen* muß man christliche Schulen haben und erhalten» noch immer.

«Lauter Lügen hat dein Mund mir erzählt ...» belegt den «Kampf» der Catholica gegen die Nazidiktatur am Beispiel des Regensburger Bistumsblattes sowie dreier prominenter «Widerstandskämpfer».

Die *«Replik auf eine Erklärung des Sekretariats der Deutschen Bischofskonferenz»* greift dasselbe Thema auf und beschuldigt die deutschen Oberhirten aufgrund ihrer Erklärung «Die katholische Kirche und der Nationalsozialismus» vom 31. Januar 1979 in allen Punkten perfider Unwahrhaftigkeit und öffentlicher Irreführung.

«Die Frommen und die Freudenmädchen» knüpft an einen Vorfall im katholischen München an. Im Sommer 1973 propagierten dort zwei Stadträte der Christlich-Sozialen Union die Errichtung von Bordellen. Der daraufhin ausbrechende Ärger war abwegig. Lehrt doch gerade die Christengeschichte – und ebendies illustriert der Artikel – wie sehr die beiden Sex-Vorreiter der CSU auf dem Boden einer durch Kirchenlehrer und Päpste gerechtfertigten Tradition stehen – und einer jahrhundertelangen klerikalen Praxis.

Die «*Antwort auf die Frage: Sind wir Deutsche noch Christen?*» (1971) mustert kurz unsere Kirchen zu Beginn der siebziger Jahre, während das folgende «*Kruzifix noch mal. Rhapsodisches zum Jahresende 1995*» bei einer analogen Betrachtung weit über die religiöse Situation Deutschlands hinausweist.

Der Essay «*Der Papst*» porträtiert ironisch kompakt Glanz und Elend des Wojtyla-Pontifikats. Er umreißt, wie der Eisenbahnersprößling vom Fuß der Beskiden Johannes Paul II. wurde. Wie er, der schon als Laienschauspieler Helden und Schurken gleich bravourös zu verkörpern verstand, sich triumphal nun und weltweit, doch mit abflauendem Effekt, in Szene setzte – hinter sich Schimpf und Schande, Skandale, die ganze Doppelmoral seiner Sippschaft.

Es folgen zwei fiktive Briefe, «*An König David*» und «*An Michael Kardinal Faulhaber*», die ich mit besonderem Vergnügen schrieb – an den Kirchenfürsten auch mit besonderem Ekel. Ist doch sein beflissenes Hinkriechen zu jedem Machthaber, der zu kooperieren auch nur halbwegs willens war, bar jeder Scham und typisch für die Methode des hohen Klerus seit eintausendsiebenhundert Jahren.

Das «*Gutachten*» verfaßte ich anläßlich des Strafverfahrens gegen einen (mir unbekannten) Medizinstudenten, den die Staatsanwaltschaft Bochum im Sommer 1985 wegen eines (angeblichen) Verstoßes gegen § 166 (Kirchenbeschimpfung und Störung des öffentlichen Friedens) verfolgte. Man muß nicht wie ich vierzig Jahre lang die Kirchengeschichte erforscht haben, um zu wissen, daß Kirchen*beschimpfung* kaum möglich ist, weil alles, was man gegen die Kirche sagt, auch das Härteste, Schlimmste noch, von den historischen Fakten weit übertroffen wird.

Den Beschluß der Aufsätze bilden zwei Verteidigungen in eigener Sache: «*Hammers Tiefschlag gekontert*» und «*Wes Brot ich ess' oder Vor jeder Form von Macht auf dem Bauch*», Erwiderungen auf je eine Attacke gegen mein erstes und gegen mein letztes christentumkritisches Unternehmen. Die beiden Totalverrisse – bezeichnend für so viele Versuche der Diffamierung meiner Arbeit um jeden Preis – erschienen in einem Abstand von dreißig Jahren, 1963 und 1993, und unterscheiden sich methodisch völlig. Die meiner ersten Replik vorausgehende Rezension eines protestantischen Schweizer Pastors (in der Züricher Zeitung «Die Tat») reiht unter dem Titel «Tiefschlag gegen das Christentum» eine massive Lüge neben die andere. Der «wissenschaftlich» getarnte Angriff (in einem gegen mich gerichteten Buch des katholischen Herderverlags) bevorzugt die Taktik fortwährenden Stichelns und unterschwelligen Madigmachens bis hin freilich auch zu häufiger Unwahrhaftigkeit, ja gelegentlichem Fälschen. Über den «Rahmen» dieser Kritik informiert das meiner Entgegnung vorangestellte «Editorial» des Rowohlt-Verlages.

Die im Anhang stehenden drei *Interviews* mit einem spanischen, italienischen und schweizerischen Blatt thematisieren unter anderem die christliche Sexualmoral, die drohende Katholisierung des «eroberten» Ostens, die «progressive» Theologie, die Chancen kritischer Aufklärung, die «Kriminalgeschichte des Christentums» sowie persönliche Lebensumstände.

Warum ich Agnostiker bin

Geschrieben 1976
········

> «Man kann auch zum Kopf einer
> Sardine beten, wenn man fest daran
> glaubt.»   Japanisches Sprichwort

1

Es ist natürlich, daß der Mensch nachdenkt, neugierig wird, staunt – Anfang, nach Platon bereits, jeder Philosophie.[1] Doch war es natürlich noch, daß man immer weiter sich fort- und hinaufgeträumt, mit wachsender Brunst und stets kruderer Optik eine «andere», «höhere Welt» zu schauen vermeint, schwellende Busen schon für Beweise, zappelnde Seelchen für metaphysische Gewißheit gehalten hat, das bloß Ersehnte auch für existent?

Francis Bacon, der als Erkenntnisquelle allein die kritische Erfahrung gelten ließ, als einzige Methode die Induktion, den Schluß vom Besonderen aufs Allgemeine, verdächtigte alles, was der ungehemmte Geist zusammenbraut: Deduktionen, Syllogismen, «Idole». Nicht Flügel wünschte der Begründer des englischen Empirismus – der erstmals Gott aus der Welterklärung ganz eliminierte – dem menschlichen Verstand, sondern Bleigewichte, um jedes Springen und Fliegen zu verhindern.[2] Erkennt doch auch John Locke daran die Liebe zur Wahrheit, «daß man keine These mit größter Überzeugung vertritt, als es die Beweise zulassen, auf denen sie aufgebaut ist».[3]

Lang spielte die Metaphysik die «Königin der Wissenschaft». Noch Kant räumte ihr den Titel ein, kritisierte sie freilich besonders streng: als einen Kampfplatz, worauf «niemals irgendein Fechter sich auch den kleinsten Platz hat erkämpfen» können, als «bloßes Herumtappen, und, was das Schlimmste ist, unter bloßen Begriffen».[4]

An der Spitze dieser Begriffe aber steht «Gott» – den niemand kennt, geschweige begreift, «eine bloße Idee», wie Kant selber, «ein Fremdwort», wie Hans Henny Jahnn sagt, «das keiner übersetzen kann»[5]; während Jesuit Rahner heute jubelt: «Es gibt das Wort ‹Gott›». «Es gibt das Wort ‹Gott›», «jedenfalls ist dieses Wort da», «das Wort ‹Gott› gegeben»; und zeige es zwar nicht «wie ein Zeigefinger» die Sache (acu tetigisti rem), auch der Atheist, jauchzt Escobar, verhelfe der Vokabel zur Fortexistenz, sei es auch nur durch den Ruf: «Gott ist tot!»[6]

Ein süßer Trost ist ihm geblieben … Keine kleine Kunst, noch aus der Leiche ihr Leben zu erweisen! Doch ist bei Gott (und seinen Dienern) kein Ding unmöglich. Können sie nicht Wasser in Wein verwandeln und Wein in Blut? Aus Schwarz Weiß machen, aus Weiß Schwarz? Bezeugt da nicht Schopenhauers Atheismus noch Gott? Nietzsches «Christushaß» bloß seine «Christussehnsucht»? «Keine Metaphysik», so Protestant Ulrich Mann, «ist auch eine Metaphysik.»[7] Stützen sie nicht selbst Marx, Feuerbach und Freud?[8] Wittern sie nicht «immer stärker eine heimliche Bundesgenossenschaft zwischen Christen und Atheisten»?[9] Kurz, spricht nicht alles, was gegen sie spricht, im Grunde doch nur für sie?

Erst wenn keiner opponierte mehr, jeder sie total vergäße, verwest wäre die Leiche des Herrn und der Herren dazu, stünde es arg um die Welt, dahin alle Kultur dann und Humanität … Erst ohne das Wort «Gott», so Pater Rahner, begänne ein Elend wie nie zuvor, stürbe mit dem Wort «Gott» auch der Mensch. «Er würde aufhören, ein Mensch zu sein. Er hätte sich zurückgekreuzt zum findigen Tier.»[10] Fabelt ja auch Theologe Zahrnt (in «Gott kann nicht sterben», vier Söhnen dediziert mit der trefflichen reservatio mentalis: «Bedenke, mein Sohn: Vielleicht ist es wahr!»), «daß der Mensch aufhört, Mensch zu sein, wenn er die Frage nach Gott nicht mehr stellt».[11]

Gottlos und schlecht beinah identisch? Gläubig und gut fast synonym? Aber frevelt der «Gott» Verkennende denn mehr, als wer ihn zu erkennen glaubt? Oder ist nicht eher der Skeptiker duldsamer, gelassener? Neigt er nicht weniger zu Fanatismus, Zelotentum und Zwang als alle Orthodoxen, Alleinseligmacher, alle schwarzen, braunen, roten Päpste, die Gläubige brauchen, die sie bezahlen – die sie scheren können und schlachten? Doch weiß auch ein weiterer Jünger des Herrn, man fühle als Materialist «*wie ein Tier* und kann sich wälzen im Schlamm seiner Laster»[12], signalisiert auch nach einem der neuesten theologischen Standardwerke der Atheismus (von Schopenhauer, Nietzsche, Sartre, Camus) das «Mysterium iniquitatis», «das Böse»![13]

Aber strotzt vom Bösen denn nicht das Christentum? Ist sein Monotheismus nicht mit einem Vampyrtum ohnegleichen verschwistert? Einer monströsen Verachtung des Menschen, des Tiers, der Natur? Einer finsteren Feindschaft wider jeden anderen Glauben?[14] Hat das Christentum die Welt verbessert? Sie friedlicher, freundlicher, froher gemacht? Im Gegenteil! Je frommer die Zeiten, desto gewaltiger das Zähnefletschen doch, das Gott-mit-uns-Geröhr, desto mehr Kreuzzüge, Judenpogrome, Folterkammern, Autodafés, desto gräßlichere Bauern-, Hexen-, Indianer-, Negergemetzel. Ein Schlachten war's, nicht eine Schlacht zu nennen! Und waren die übelsten Monstren der Heilsgeschichte nicht meist gläubige Menschen, begingen sie mit Berufung auf «Gott» nicht jedes Verbrechen, selbst und gerade die größten, im Ersten Weltkrieg, im Zweiten noch, in Vietnam? Wer Gott vertraut, brav um sich haut, dem wird es stets gelingen!

«Mit Gott», so mordete man und wurde gemordet, vermöge dieses feierlichsten, furchtbarsten Idols, eines Götzen, Molochs, dem nun einmal nichts in unserer Erfahrung entspricht. Von einem Baum wissen wir, daß es ihn gibt, von Treue, von Dummheit. Doch das «ens entium», «ens realissimum», die «ultima substantia», die «prima causa», das Wesen mit der angeblich umfassendsten, intensivsten Wirklichkeit läßt sich nicht verifizieren wie alles Wirkliche sonst.

2

Der Glaube der Frühzeit? Das schwierigste Gebiet der Religionsgeschichte. Mit der Bibel behauptet die «Wiener Schule» einen «Urmonotheismus», eine persönliche «Uroffenbarung» Gottes in höchster Vollkommenheit: «siehe, es war alles sehr gut» (1. Mos. 1,31); worauf die ganze Herrlichkeit freilich, durch das ausbrechende «Heidentum», in die Binsen ging, die Sintflut, in Sünde und Schande.[15] Nach den Evolutionstheoretikern dagegen war Gott, mit dem Agnostiker Spencer zu sprechen, zunächst bloß «ein ständig existierendes Gespenst»[16], kam man von der Ahnenverehrung über Animismus, Totemismus zum Polytheismus, Henotheismus und Monotheismus, entstand die Religion erst unter ganz bestimmten sozioökonomischen Faktoren, ist Gott nicht eine Früh-, sondern Spätgeburt, nicht Anfang, sondern, zuerst wohl von Hume (1755) erkannt, Ende einer langen Entwicklung.[17]

Wie auch hätten der frühe Primatendeszendent, Neandertaler, Pithecanthropus, die Familie der Australopithecinen gar, eher Halb- oder Viertelsaffen noch, so schnell an eine unsichtbare, unhörbare, ungreifbare Gottheit glauben können als vielmehr an die allerwärts schaubare, vernehmbare, fühlbare Natur? Erst in langen Prozessen phantastischen Tastens, unabsehbaren Phasen des Imaginierens, Abstrahierens, Hypostasierens, mögen mancherlei Affekte konkretisiert, vage Seelenattitüden, Idiosynkrasien der Angst, des Glücks, zu personalen Entitäten umgemodelt worden und im ringsum dampfenden metaphysischen Qualm Dämonen, Geister, Götter, Gott erschienen sein.

Noch heute indes kommt niemand mit einer Idee von «Gott» zur Welt, jedes Kind weiß nichts vom «lieben Himmelvater», bis es Leute beschwätzen, die genausowenig davon wissen.

3

Ich wurde katholisch erzogen. Mein Vater, Förster, Fischzüchter, aus kleinsten Verhältnissen stammend, versäumte sonntags keine Messe, verfolgte die Predigt aber mit der Uhr. Meine Mutter, in zwei Schlössern aufgewachsen, war Konvertitin, doch tolerant. Ihr Leitspruch: In meines Vaters Haus sind viele Wohnungen. Die Verwandten: Protestanten, Freimaurer, Ungläubige, Nazis, Sozis, Juden, Sektierer. Man ließ alle gelten und sich nicht beirren. Ich schmückte im Mai einen eigenen kleinen Marienaltar. (Mein Vater lächelte «Maria zu lieben, ist allzeit mein Sinn» jeder adretten Maria ins Gesicht.) Mein Patenonkel war Pfarrer und betete für mich täglich bis zu seinem Tod.

Kaum zehnjährig, schrieb ich, verhärmt schon, verschwärmt, aus dem Franziskanerseminar: Was nützt es dem Menschen, wenn er die Welt gewinnt, aber Schaden leidet an seiner Seele – noch immer ein tiefes Wort für mich. Mit elf zu Karmelitern; mit zwölf zu Englischen Fräulein (jeden Donnerstag erglühten sie, rauschte der schwarzhaarige Pater zum Beichthören herüber); dann bei den Söhnen St. Benedikts noch.

Das Reglement der Klosterinternate, rigoros ichfeindlich, grau und häßlich wie die Mauern dort, die Säle, Hauskapellen, stieß mich ab; ich konnte, vor Heimweh nach Eltern, nach Weihern und Wäldern, nicht lernen. Fünfzehnjährig fieberte ich mir, fasziniert mehr als verständnisvoll, Nietzsche in den Kopf, das Blut, die Eingeweide. Als Student beharrlich Autodidakt, las ich Schopenhauer und, besonders gründlich, Kant. Diese drei entrissen mich geistig, nicht emotional noch, dem Christentum. Deshalb erforschte ich, dreiunddreißig schon, endlich seine Ursprünge, gewann ich in freiwilliger fünfjähriger Fron Klarheit – und vermittelte sie andern in meiner Kirchengeschichte «Abermals krähte der Hahn». – Oft, wenn ich damals (und später) aus Dschungeln von Papier und Lüge, dem ganzen Wust und Wahnsinn heiliger Scheußlichkeiten, kurz nur, gehetzt durch Geldnot, Arbeitswut, in die Luft der Täler, Höhen, die grüne Freiheit draußen tauchte, kam ich mir wie ein Verrückter vor. So verging meine Zeit, die auf Erden mir gegeben war...

4

Eng verknüpft mit dem Glauben an Gott, ja vermutlich älter, ist der an Unsterblichkeit. Denn psychologisch gesehen war kaum Gott das erste Interesse des Menschen, sondern die eigene Fortexistenz. Als deren Garantie gleichsam mag er den Höchsten hinzuerfunden haben.

Bestand dieser Mythus von Anfang an? Beredeten einzelne erst die suggestiblen Massen? Jedenfalls mutmaßte man ein Leben nach dem Tod, wie die sorgsame Bestattung nahelegt, wohl schon zur Neandertalerzeit. Allmählich bekommt der Verstorbene Speise, Waffen, Schmuck mit ins Grab, eine Leiter für die Himmelstour, gelegentlich Gatten gar, Gefolge, Sklaven. Es gab aber auch Stämme, deren Leichen unbeerdigt verwesten, Leute offenbar ohne jede Unsterblichkeitsidee oder solche, die sie nur Männer oder «Vornehme» träumen ließen.[18]

Als ein Fortleben des ganzen Toten zweifelhaft wurde, gestand man's bloß noch einem Teil von ihm zu, einer mehr oder minder subtilen Kraftsubstanz, die sich jedoch alle frühen Völker zunächst stofflich dachten, rauch-, luft-, schattenartig.[19]

Die Existenz unsichtbarer, ungreifbarer Dinge lehrte die Urmenschen bereits der Wind – im Griechischen, Lateinischen, Gotischen, Sanskrit mit hauchen, atmen, verwandt. So trug zur Bildung der Seelenvorstellung *von außen her* wohl der Atem bei (griech. pneuma, auch für Seele gebräuchlich). Bedeutet doch Seele (griech. psyché, lat. anima, ahd. sêla, got. saiwala) ursprünglich den Lebenshauch, da man den entschwindenden Atem des Sterbenden schließlich für die Seele hielt.[20]

Von innen her wird der Traum den Psycheglauben gefördert und zusammen mit dem Atem einen seelischen Doppelgänger vorgetäuscht haben. Häufig galt der Schatten dafür, manchmal das Spiegelbild im Wasser. Aber auch dies erklärt wenig und beweist nichts, wie immer die «numinosen» Schauer über das «gewisse Etwas», das «ganz Andere», im Menschen waren, mag es nun mehr personalistisch als zweites Ich oder dynamistisch erlebt und im Blut oder sonstwo lokalisiert worden sein.[21]

Auch die feinstoffliche Substanz jedoch beruhigte die Skeptiker nicht. Deshalb nahm man zuletzt eine dem Leib gegenüber selbständige, rein geistige Seele an, wobei freilich noch die «Hochreligionen» nicht konform waren und sind. So hat für Wedagläubige und Buddhisten die Seele keinen Anfang, doch ein Ende; für Christen und Moslems einen Anfang, aber kein Ende; für Wischnuiten und Schiwaiten existiert sie seit je und hört nie auf; für die Chinesen entsteht und vergeht sie.

Noch das Judentum der klassisch-prophetischen Zeit kennt keine Immortalität. «Ein Mensch in seiner Herrlichkeit kann nicht bleiben, sondern muß davon wie das Vieh» (Ps. 49). Die Auferstehungsidee bildete sich da wohl erst unter

persischem Einfluß; ältester Beleg wahrscheinlich die sogenannte Jesaja-Apokalypse, wo die Wiederbelebung durch
den Tau eintritt, bei den Juden zunächst ein Vorrecht nur
ihrer «Märtyrer» während der Makkabäerrebellion. Und die
Sadduzäer verwarfen nach Apg. 23,8 den Auferstehungs-
glauben überhaupt.[22]

5

Das Christentum übernahm verschiedene Unsterblichkeits-
und Jenseitsmythen – widerspruchsvoll genug trotz aller
Harmonisierungsversuche.

Alte Theologen beteuern die Körperlichkeit der Seele.[23]
Laut Augustin aber, Bernhard von Clairvaux, Bonaventura
und anderen ist sie immateriell. Nach den Scholastikern erschafft Gott jede einzelne Seele bei der Geburt aus dem
Nichts (Kreatianismus). Nach einigen antiken Kirchenvätern
und nach lutherischer Lehre entsprießt sie schon dem väterli-
chen Samen (Traduzianismus). Manche Frühchristen meinten, der Tote gehe gleich in Himmel oder Hölle ein. Die Ne-
storianer hingegen, Adventisten, Apostolischen glauben an
den (schon 1. Thess. 4,15 f. vorausgesetzten) Seelenschlaf.
Schlummert doch auch laut Luther der Gerechte fein und süß
bis zum Gericht «wie in einem Ruhebettlein», im «Seelen-
kämmerlein» und «Schoß Christi». Nach vielen alten Experten und den heutigen Ostkirchen aber wachen die Abge-
schiedenen; die einen behaupten: in der Unterwelt, die
andern: im einstigen Paradies von Adam und Eva.[24]

Immer wähnten Christen auch, das «ewige Leben» beginne nicht erst, sondern der Gläubige besitze es bereits; eine
Auffassung des Johannesevangeliums[25], der deutschen Mystik des 16. und 17. Jahrhunderts, des Angelus Silesius:

«Halt an, wo läufst du hin?
der Himmel ist in dir;
suchst du ihn anderswo,
du fehlst ihn für und für.»[26]

Auch Fichte sieht in der «Anweisung zum seligen Leben» die jenseitige Welt schon jetzt um unsere Natur verbreitet und lebt darin selbst «weit wahrer als in der irdischen».[27]

Einig war man fast nur über eins – mit kirchlicher Druckerlaubnis: «Je tiefer ein Mensch in geistiger und sittlicher Beziehung steht, desto mehr schwindet der Glaube an die Unsterblichkeit der Seele», desto mehr verrotten solche Leute «im Moraste ihrer Laster».[28]

Vom Neuen Testament bis heute haben christliche Theologen getäuscht, verleumdet, jeden Menschen – divide et impera! – in Leib und Seele entzweit, ganze Geschlechter in Identitätskrisen gestürzt, eine allgemeine Schizophrenie. «Weil künstliche Persönlichkeitsspaltung Vergewaltigung bedeutet und damit zwangsläufig böse macht, *darum* ist das christliche Zeitalter zum leidschaffendsten und leiderfülltesten der bisherigen Geschichte geworden.»[29]

6

Anders im fernen Osten, wo man sich minder unbedingt oder gar nicht auf ein persönliches Fortleben (mit Selbstidentität und Selbstbewußtsein) kaprizierte, weniger «Krone der Schöpfung» war, «vollkommenstes … Korpuskel» des Kosmos (Jesuit Teilhard de Chardin), weniger ichversessen und nicht so kriegerisch, gewalttätig, kriminell.

Wedantagläubige und Buddhisten verneinen eine individuelle Seele: die Wedantaanhänger, weil sie darin, als absolute Monisten, für welche die materielle Welt nur Illusion (maja) ist, eine vergängliche Teilerscheinung des Allgeists

Warum ich Agnostiker bin (1976)

oder diesen selber sehen; die Buddhisten, weil unser Selbst ein Zusammenspiel bloß flüchtiger Kräfte (Dharmas) sei, deren kontinuierliche Verwobenheit in fortwährenden Bewußtseinsabläufen das Ich nur vortäusche – ähnlich wie ein Film mit der Vielzahl seiner Einzelbilder eine Einheit. (!)

Das Ich ist demnach gar nicht wirklich existent, sondern an den Kreislauf von Geburt zu Tod und neuer Geburt gebunden (Samsara), dem es zu entkommen gilt ins Nirwana (nis, nir = aus, wa = wehen). Durch radikale Überwindung des Ichgefühls und eignen Wollens ist dies jetzt schon möglich; das vollkommene Nirwana aber, Parinirwana, das Nichtsein und Nicht-wieder-geboren-Werden, die unterschiedlose Einigung des persönlichen Atman mit dem unbegrenzten Brahman, erst nach dem Tod des Individuums: gänzliches Erlöschen, seliger Friede dann, nicht bewußt freilich, sondern überbewußt. «Wie die Flüsse, wenn sie im Ozean aufgehen, Namen und Form verlieren, so geht der Weise, wenn er Namen und Form verloren hat, im höchsten himmlischen Geiste auf.»[30]

Die alldem zugrundeliegende Idee der Wiederverkörperung in Mensch, Tier, Pflanze, Ding ist zwar nicht spezifisch indisch, in Indien jedoch besonders ausgebildet. Auch sonst sind ihre klassischen Vertreter Arier: Griechen, Kelten und, eingeschränkter, Germanen. Ein keltischer Barde des 6. Jahrhunderts war bereits Luchs und Hirsch, ein Spaten, eine Axt, Hahn und Bock, als Korn von einer Henne verspeist, endlich Mensch.[31] Empedokles: «Selbst schon ward ich geboren als Knabe und Mädchen und war schon Pflanze und Vogel und stummer Fisch in den Fluten des Meeres.»[32] Pythagoras untersagte das Schlagen eines Hundes, da er aus dem Gejaul die Stimme eines Freunds vernahm. Ja, die Pythagoräer begründeten ihr Verbot, Bohnen zu essen – wohl das berühmteste Beispiel für den geglaubten Übergang der Seele in eine Pflanze – mit dem Satz: «ob man Bohnen verzehrt oder das Haupt der Eltern, ist gleichviel».[33]

Daß der Reinkarnationsgedanke, trotz seiner Übersteigerungen, auf tiefen ethischen Einsichten fußt, werden die Ingenieure und Charcutiers des 20. Jahrhunderts kaum begreifen. Früher aber wurde die Metempsychose weithin vertreten, von Platon und Plotin, den antiken Manichäern, den Gnostikern, im Mittelalter von Kabbalisten, Katharern. Und noch heute soll sie unter Theosophen und Anthroposophen verbreitet sein, sogar in katholischen Ländern wie Polen und Italien.[34]

Hielt sie selbst Lessing doch für sinnvoll und sympathisierte damit.[35] Goethe konnte seine Bindung an Charlotte von Stein nur so sich erklären: «Ach, du warst in abgelebten Zeiten meine Schwester oder meine Frau.» Goethe glaubt, daß man stirbt, Eindrücke löscht und «gebadet» wiederkommt. «Ich bin gewiß, schon tausendmal dagewesen zu sein und hoffe, noch tausendmal wiederzukehren.»[36] Auch Schopenhauer hielt die «uralte Lehre» für akzeptabel. «Der Mythus der Seelenwanderung hat den Vorzug, gar keine Elemente zu enthalten als die im Reiche der Wirklichkeit vor unseren Augen liegen, und daher alle seine Begriffe mit Anschauungen belegen zu können.»[37] Kommt ja noch Nietzsches «Wiederkehr des Gleichen», Ausdruck bekanntlich höchster Bejahung des Lebens, der Palingenesie entgegen; besonders in der pythagoreischen Version einer ewigen Kreisbewegung des Alls, nicht nur der Rückkehr der Gestirne, nach Ablauf des «großen Weltjahres», an ihren Ausgangsort, auch der aller Wesen und Begebenheiten: «Ich werde dereinst», ließ man Pythagoras dozieren, «mit diesem Stabe wieder vor euch lehren.» – «Dann wird es wieder einen Sokrates und einen Plato geben», wie auch die Stoiker bekunden, «und jeder einzelne Mensch wird mit denselben Freunden und Mitbürgern neu entstehen...»[38]

7

Was ist die Seele? Existiert sie überhaupt? Jenseits des «seelenvollen Blicks», des «goldenen Gemüts» und dessen, was zusammenzuckt, ist von Infinitesimalrechnung die Rede? Unabhängig von Bewußtseinsvorgängen, physiologischen Nervenprozessen? Als Monade, metaphysische Substanz, als unzerstörbares, unsterbliches Wesen?

Für die materialistische Psychologie ist alles psychische Leben an Organe gebunden und darum Funktion der Materie. Die Seele wächst mit dem Leib, entwickelt sich, erkrankt und stirbt mit ihm.

Dies verfochten Leukipp schon, Demokrit, Epikur, Lukrez; in der Neuzeit die Aufklärer Helvétius, Diderot, Holbach, Lamettrie; während Leibniz an der platonisch-christlichen Idee der Einzelseele und persönlichen Unsterblichkeit festhielt. Für Kant blieb diese nur ein Postulat der praktischen Vernunft, «die Beharrlichkeit der Seele» dagegen, indem er die Substanz als apriorische Verstandeskategorie deutete, «unbewiesen, und selbst unerweislich», der Schluß darauf ein Paralogismus.[39] David Hume, vielleicht Englands größter Denker, sah im menschlichen «Ich» bloß noch eine Kohärenz von Bewußtseinsbewegungen, «nichts als ein Bündel oder Zusammen (a bundle or collection) verschiedener Perzeptionen, die einander mit unbegreiflicher Schnelligkeit folgen».[40]

Die Substantialitäts-Theorie war damit durch die Aktualitäts-Theorie beseitigt. Im 19. Jahrhundert sind für Jakob Moleschott, Ludwig Büchner, Carl Vogt die psychischen Geschehnisse, mit Letzterem, «nur Functionen der Gehirnsubstanz», stehen die Gedanken zum Gehirn etwa im gleichen Verhältnis «wie die Galle zu der Leber oder der Urin zu den Nieren».[41] Ebenfalls bekämpft Nietzsche den «Seelen-Aberglauben». «Zu wissen z. B., daß man ein Nervensystem habe (– aber keine ‹Seele› –), bleibt immer noch das Vorrecht der Unterrichtetsten.[42] Auch heute leiten Medizin, Psycho-

somatik, empirische Psychologie, biologische Evolutions-
theorie unser emotionelles Leben aus Stoffkombinationen,
Kräfteumwandlungen her, aus kinetischen, elektrischen,
chemischen Energien. Kurz, «Seele» drückt ein Kontinuum
psychischer Prozesse aus wie «Atmung» eine Reihe physio-
logischer; man kennt seelische Funktionen, aber keine un-
sterbliche Seele, und all die «Unsterblichkeitsbeweise» – der
ontologische, teleologische Beweis, der aus der «Offenbarung» und Analogie, der historische, der moralische – beweisen nicht mehr als die über Gott.

8

Die Seele ist «unsichtbar». Keiner noch hat sie gesehen, keiner demonstriert, sie könne ohne Körper sein, gar durch alle
Ewigkeit und mit dem Bewußtsein ihrer Identität – immer
gesetzt, es gibt sie überhaupt. Doch predigte schon Kirchenlehrer Irenäus, sie erinnere im jenseitigen Leben, was sie in
diesem vollbracht.[43]

Da gedenkt mein armes Seelchen also in hundert Milliarden
Jahren noch jenes schweißtreibenden Sommers anno 76 in
Franken und einer Dachstube, worin ich, verblendet vom
Teufel, just diesen Aufsatz verbrach und deshalb, inter alia,
materiell oder geistig (dies vermutlich) in der Hölle schmore
(denn materiell litt ich schon hier genug). Meine Mutter betrachtet mich dann bereits hundert Milliarden Jahre von oben,
blickt aus rauschenden Hallelujas heraus ins ewige Heulen
und Zähneknirschen – und genießt mein Elend ad infinitum:
ein wahrhaft himmlisches Glück! Denn, verheißen, frohlok-
ken die Kirchenkoryphäen von Papst Leo I., «dem Großen»,
über Petrus Lombardus, Bonaventura bis zu Thomas von
Aquin: «Damit den Heiligen die Seligkeit besser gefalle (magis
complaceat) und sie Gott noch mehr dafür danken, dürfen sie
die Strafen der Gottlosen vollkommen (perfecte) schauen.»[44]

Warum ich Agnostiker bin (1976)

Andere Kompetente gönnen diese Augenweide – unter strikter Bestreitung der «unsterblichen Seele» – sogar dem «ganzen Menschen»! Sei elysisches Dasein doch weit «mehr als nur ein ‹Reigen seliger Geister›», die Labsal vielmehr dem kompletten Korpus eigen (und die «besonders dumme Frage ..., ob das Paradies denn wirklich Freude mache», Sache eines Typs, der «von vornherein unfähig ist, das klare Licht selbst zu erkennen und zu ihm durchzudringen. Er gehört zu denen, auf die das Gericht wartet»).[45]

Genaues freilich über Postmortales ist nicht bekannt, so genau man's schon erzählte, wie noch kürzlich ein gewisser Maurice Henry. Sein «wissenschaftliche(r) Beweis unseres Weiterlebens nach dem Tode» läßt uns zwar wieder weder Bauch noch Glatze, sondern «nach dem Abstreifen der schweren Garderobe, die unser physischer Leib darstellt», (nur) eine «tönende, riechende und farbenprächtige Lichtgestalt»; wir sind dann «ganz dünn», «ganz leicht und hohl», dabei aber sehr «intelligent» und «außerordentlich beweglich». Nicht schreiten wir mehr «wie Gespenster von einem Zimmer in ein anderes», oh nein, man wünscht – «und schon ist man am Ziel des Wunsches».[46]

Das Okkulte blüht wieder. Ein bloß mechanistisches Weltverständnis genügt den meisten nicht. Und der verbale Monotonismus der Kommunisten strapaziert selbst die Nerven von Sympathisanten (noch etwas Tischrücken mit Andreas Resch vom Lehrstuhl für Parapsychologie an der Lateran-Universität dürfte spannender sein als die durchschnittliche Ostpropaganda).

Gewiß verdammte, verhöhnte die Klerisei einst den Spiritismus, liebt sie ihn auch heute nicht. Doch nimmt sie davon, was sie braucht, das eigne Siechtum stützt, kokettiert sie, vorsichtig oder gar heftig, mit Geistheilern, Seelenbeschwörern, «Christlichen Wissenschaftern» und päppelt so, auf «neue» Weise, den alten Glauben etwas auf; Transzendentes wird «wahrscheinlicher», die Grenze «hinüber» durchlässi-

ger gemacht, der eigene Verfallsprozeß vielleicht verlang-
samt. Im klerikalen «Populärschrifttum» dienen die Erleuch-
tungen der Metapsychiker beredter Jenseitspredigt.[47] Denn
die «tönende, riechende und farbenprächtige Lichtgestalt»
des Mr. Henry aus Saarbrücken kann sich gut und gerne zeigen neben dem mit Imprimatur Promulgierten, ja von vielen
Prälaten, Nuntius Pacelli sowie Seiner Heiligkeit Staatssekretariat warm Empfohlenen: «Den *Einzug* des reinen Erdenpil-
gers *in die ewigen Wohnungen* und das *Wiederfinden* bekannter
Menschen können wir uns nicht *schön genug vorstellen* ...
Kein Talgrund in den Alpenländern ist so bezaubernd lieb-
lich, kein Hochgebirge so feierlich und majestätisch ... Die
Eltern und Kinder finden sich hier wieder, die Eheleute ...,
die Geschwister ..., die Freunde ... Großer Gott, wer möchte
imstande sein, nur ein Teilchen des Jubels zu verkosten ...»[48]

Ja, wer! (Nicht einmal Bischof Antonius von Regensburg
wohl, der immerhin Humor oder Zynismus genug hatte,
dem Verfasser zu gratulieren: «Bei Ihrem Buch ... weiß man
nicht, soll man weinen oder lachen, so überreich sind die Gefühle, die es in der Seele auslöst.»[49]) Die liebe Seele wieder.
Ihr Fortleben allerdings ist indemonstrabel. Wir kennen weder Geist noch Beseeltheit ohne Körper, wissen aber, unsre
Haut, unser Hirn verfaulen, unsere Augen, unser Herz. Alles widerspricht aufs schroffste dem Unsterblichkeitsglau-
ben. Doch ist der Gedanke ans Ende den meisten unerträglich, die Mehrzahl der Schöpfungskronen viel zu verliebt in
sich. Auch als ein Häuflein Knochen, ja noch als weniger,
will man Hans Mayer oder Lieschen Müller sein und will es
ewig, ewig, ewig blei-ei-ben.

«Wenn ich im zukünftigen Leben nicht meine eigene Identität und mein Selbstbewußtsein behalten sollte, dann gab es
keine Unsterblichkeit für mich», gesteht die englische Konvertitin Bessie Anstice Baker. «Ich sehnte mich nach einer
Unsterblichkeit, in der ich selbst da sein würde und worin ich
alle Sehnsucht meines Herzens nach Glück und alle Wünsche

meines Geistes nach Wissen befriedigen könnte ... Ich fühlte, würde es kein zukünftiges Leben geben, dann wären unsre größten Hoffnungen, unsre intensivsten Wünsche, unsre erhabensten Ideale nicht nur eitle Illusionen, sondern auch unser Leben ein bedauerlicher Mißgriff und nicht zu leben wert ... Ich glaubte nicht nur an ein zukünftiges Leben, sondern jede Fähigkeit meines Geistes und jeder Wunsch meines Herzens *verlangte* auch die Existenz eines solchen Lebens.»[50]

Ich wünsche, ergo *ist* ... Das dümmste Philosophem – und, wie Jan Philipp Reemtsma gut hinzugefügt hat, «vielleicht auch das mächtigste».[51] Da der Mensch den Tod nicht überwinden konnte, erfand er die Unsterblichkeit. Tröstete sich ja selbst Voltaire: «Möglicherweise gibt es in uns etwas Unzerstörbares, das empfindet und denkt, ohne daß wir die geringste Vorstellung davon haben, wie dieses Etwas beschaffen ist. Die Vernunft lehnt diese Idee durchaus nicht ganz und gar ab, obwohl die Vernunft allein sie nicht beweist.»[52] Das ist freilich fast mehr, als die Vernunft erlaubt, erklärt aber Voltaires Faible für jenen Schweizer Haudegen, der vor der Schlacht hinter einen Busch zum Beten trat und seufzte: «Mein Gott, wenn es einen gibt, habe Mitleid mit meiner Seele, wenn ich eine habe.»[53]

9

Das Hauptmotiv des Unsterblichkeitsglaubens ist unser Selbsterhaltungstrieb. Einwände sind da ziemlich zwecklos. Der Mensch möchte nicht für immer zugrunde gehen. Also bildet er sich ein, was er wünscht. «... denn der Staub träumt doch oft gar so angenehm von der Unsterblichkeit und meint, eben weil er so etwas träumte, müsse es ihm werden» («Die Nachtwachen des Bonaventura», 9).

Vielleicht glaube deshalb auch ich. Nicht an Unsterblichkeit zwar, zumal nicht an persönliche – für Eduard von Hartmann geradezu ein trostloser Gedanke![54] –, aber an die Einheit alles Lebendigen, ein «Stirb und Werde». Ich neige zum Hylozoismus, wonach jeder Stoff (hyle) von Leben (zoe) erfüllt ist, neige zum nahverwandten Panpsychismus, der alle Materie für beseelt hält – woran ich nur beim Anblick gewisser Artgenossen zweifle, nie vor Tieren, Blumen, einem Baum. Ein Weltgefühl cum grano salis schon in Form des Animatismus bekannt, auch den ersten griechischen Denkern eigen, den Begründern unseres Geisteslebens, ferner Platon und Plotin, Avicenna und Averroes, fast allen Naturphilosophen der Renaissance, Spinoza, Diderot, Buffon, Schopenhauer, Schelling, Ernst Haeckel, nicht zuletzt zahlreichen Dichtern der Weltliteratur.

In alten Zeiten galten Tiere als heilig, Bäume als kraftgeladen, dem Menschen verwandt; er konnte sogar mit ihnen verheiratet werden.[55]

Für Empedokles von Agrigent, den Begründer der Chemie, war die Natur ein einziger lebendiger Leib, davon der Mensch, wie Tier und Pflanze (deren Doppelgeschlechtlichkeit Empedokles entdeckte) nur ein Teil. Alles wurde von ihm als lebendig empfunden, beseelt, nichts Lebendes soll darum getötet werden. «*Alles*, wisse, hat Bewußtsein und am Denken Anteil.»[56] «Alles hat Seele», so zweieinhalbtausend Jahre später noch Thomas Mann.[57]

Der Tod, meine ich – und auch dies sind archaische Gedanken –, vernichtet nur die individuelle Existenz. Alles andere beginnt wieder, dauert fort. Jedes Sterben wird ausgeglichen, kompensiert. Nichts ist endgültig, aber alles *ist*: in steter Veränderung, einem immerwährenden Kreislauf, um es mit Empedokles zu sagen; oder, wie Aristoteles die Lehre des Anaximander zitiert: «das Werden hört nicht auf»; oder, wie Platon Heraklit wiedergibt: «denn zu keiner Zeit ist eigentlich etwas, sondern immer nur wird es» – panta rhei. Doch es ist Werden, ganz von Sein gesättigt, gleichsam statisiert, seine Annullierung fast. Vorher und Nachher in einem, Präexistenz und Postexistenz simultan, Dynamik ewiger Gegenwart: – wie wenn ein Sommerbild, der Pappelfluß mit grünen Wiesen an den Schultern, lautlos hallend ins Bewußtsein fällt: in *einem* Augenblick Äonen; Gefühl, daß Zukunft schon gewesen, Vergangenheit die Zukunft ist, das Leben mir innerlicher angehört als ich mir selber; Evolution rückwärts, Heimkehr zum Ursprung, redintegratio in statum principii, coincidentia oppositorum. «Geburt und Grab, Ein ewiges Meer, Ein wechselnd Weben», singt im Faust der Erdgeist. «Denn alles muß in Nichts zerfallen, Wenn es im Sein beharren will.» Oft drückt Goethe dies aus, verdächtig oft fast.

> «Und solang du das nicht hast,
> Dieses: Stirb und Werde,
> Bist du nur ein trüber Gast
> Auf der dunklen Erde.»

Die Individualität vergeht. Eine Welle im Meer. Ein Hauch im Wind. Eine Erscheinungsform taucht in die andre. Entsinken, Entsteigen, Entwerden, Werden, Vergängnis wirkt Geburt, Erschöpfung Schöpfung, das Ende den Anfang, in allen mikro- und makrokosmischen Welten, allen undularen, atomaren, molekularen, allen terralen, astralen und nebularen Systemen, vermute ich.

> In mir werden Eschen mit langen Haaren,
> Voll mönchischer Windlitanei,
> Und Felder mit Rindern, die sich paaren,
> Und balzender Vögel Geschrei...
> Wie messe ich, ohne zu messen, den Flug der Tauben,
> So hoch und tief er blitzt, so tief und hoch mir ein!
> Alles ist an ein Jenseits nur Glauben,
> Und Du ist Ich, gewiß und rein (Loerke, «Strom»).

Transzendieren im Diesseits, Metamorphosen ins Transpersonale, in weniger individuierte Form, die kosmisch materiale Sphäre, in Fauna, Flora, ins Vegetabile, Mineralische. «Non omnis moriar», nicht ganz vergehe ich: die Prolongatur meines Lebens, meine Weise, mich der Ordnung des Kosmos zu überantworten oder seinem Chaos, meine Art, mit dem Fürchterlichen fertig zu werden oder nicht, meine «Lebenslüge» vielleicht. Aber erstens läßt sie sich kaum als Lüge erweisen, und zweitens kann ich auch ohne sie leben und, hoffentlich, sterben.

Giordano Bruno, am 17. Februar 1600 nach sieben finstren Kerkerjahren vom Klerus öffentlich verbrannt, sah die Natur selber als Ursache der Schöpfung, hielt nichts für leblos, alles für beseelt, glaubte an keine wirkliche Vernichtung, sondern an Wandlung und resümierte seine grandiose, Goethe, Schopenhauer, Schelling und viele andere bewegende monistische Gedankenwelt: «Eine weise Seele fürchtet den Tod nicht, ja sie geht ihm sogar zeitweise freiwillig entgegen. Es erwartet also alle Substanz hinsichtlich der Dauer: die Ewigkeit; – hinsichtlich des Raumes die Unendlichkeit; – hinsichtlich der Existenz die Fülle *sämtlicher* Daseinsformen!»[58] «Der ganze Kosmos ist unsterblich», sagt noch Ernst Haeckel, der als dezidierter Materialist gleichwohl die objektive Realität von Zellseelen lehrte.[59]

Die sowjetische Wissenschaft sieht im Hylozoismus eine Art Materialismus und in Uddalaka seinen Ahnherrn und ältesten Philosophen überhaupt; nach den Hindu aber begründete dieser schon die Lehre vom Allgeist.[60] So könnte ich mich Materialist oder Idealist nennen oder beides, legte ich Wert darauf.

Das schönste Alleinheitsgefühl kann freilich in Alleinseinsqual umschlagen, in Schwermut, Verzweiflung. Nikolaus Lenau, der manchmal, typisch romantisch, kein Sterben und

Vergehen kannte, sondern mystischen Wechsel nur, «heimlichstill vergnügtes Tauschen», dichtete doch auch und häufiger:

> «Der Wind ist fremd, du kannst ihn nicht umfassen,
> Der Stein ist tot, du wirst beim kalten, derben
> Umsonst um eine Trosteskunde werben,
> So fühlst du auch bei Rosen dich verlassen.»
> «Und bei dem Tier ein Narr um Kunde wirbt,
> Das frißt und sprießt, das zeugt und säugt, und stirbt.»

Und sah den ganzen Kosmos im Katarakt elegischer Vergänglichkeitsvisionen bersten.[61]

Alles, was wir lieben, verlieren wir. Schließlich wird die Erde selber kahl sein, öd wie der Mond ... Doch war es darum nichts? Ist es sinnlos, nur weil es endet? Hat es nicht seinen Sinn in sich? «Ich lebe, um zu leben», sagt Meister Eckehart. «Jedes Lebendige», schreibt Herder, «freut sich seines Lebens: es fragt und grübelt nicht, wozu es da sei. Sein Dasein ist ihm Zweck und sein Zweck das Dasein.» Ähnlich Goethe 1796: «Der Zweck des Lebens ist das Leben selbst»; und schmäht noch in seinen letzten Jahren das Erörtern von Unsterblichkeitsideen eine Sache «für vornehme Stände, und besonders für Frauenzimmer, die nichts zu tun haben», endlich «für solche, die in Hinsicht auf Glück hier nicht zum besten weggekommen sind ...»[62]

Mag der Weltlauf wertgleichgültig, die Menschheitsgeschichte sub specie aeterni sinnlos sein, warum aufs Ende starren und trauern wegen eines Todes, den man nicht empfindet? Was ist schlimm am Nichtsein? Auch vor unserer Geburt waren wir nicht; bekümmert es uns? «Genießt das Gute des Lebens», schärft Feuerbach ein, «und verringert nach Kräften das Übel desselben! Glaubt, daß es besser sein kann auf der Erde, als es ist; dann wird es auch besser werden. Erwartet das Bessere nicht von dem Tode, sondern von euch selbst! Nicht den Tod schafft aus der Welt; die Übel schafft weg – die Übel, die aufhebbar sind, *die* Übel, die nur in der Faulheit, Schlechtigkeit und Unwissenheit der Menschen ihren Grund haben, und gerade diese Übel sind die schrecklichsten.»[63]

10

Ich meine, daß das Metaphysische psychogen, die Gottesidee, um daran wieder anzuknüpfen, Resultat allzu verstiegener Sehnsüchte, Wunschphantasien ist («das Jawort unserer Wünsche», Feuerbach), eine Dauerillusion, eine Lebenslüge («unsere längste Lüge», Nietzsche), eine ungeheuere Fiktion.

Wahrscheinlich sind religiöse «Erkenntnisse» durch «Herzens-Bedürfnisse» bedingt und alle betrogen, die da wähnen: nihil volitum nisi cognitum. Wahrscheinlich ist der Theismus dem Drang nach Lebensbehauptung und -steigerung entsprungen, einer «prälogischen», eher dichtenden, traumhaften Intellektualität, nicht bewußt erklügelt, halb unbewußt gewachsen vielmehr und darum so dauerhaft – beschönigend mit C. G. Jung: eine «psychologische Naturwahrheit»[64].

Gleich vielen erscheint mir der Gottesglaube als Produkt bestimmter Begierden, Bedrängnisse, Ausgeburt zumal der Angst, vor der Natur, dem Schaurigen der Welt, dem Tod; deos fecit timor. Je weiter man zurückgeht in der Geschichte, desto mehr tritt die Furcht als Motiv religiöser Reaktion hervor. Noch heute zwingen Krankheit und Kriege oft in die Knie, machen Katastrophen, Geißelschläge fromm. (Am meisten profitieren bei Zusammenbrüchen stets die Kirchen. Ergo . . .)

Doch kann, neben Unglück, auch Glück Götter geboren haben, genährt. Freude ist ein Ingrediens vieler Religionen,

Warum ich Agnostiker bin (1976)

frohe Botschaft eine häufige Verheißung, nicht zuletzt des Juden-Christentums, von Jesaja über Paulus, den Engel bei Lukas bis zu Luther. «Freude, Freude treibt die Räder in der großen Weltenuhr» (Schiller). Auch was Nutzen brachte, dürfte (wie schon Prodikos von Keos, Sokrates' Zeitgenosse, wußte) deifiziert worden sein, in Ägypten der Nil[65] – non timor sed admiratio et gratitudo deos fecit.

Aus dem Mysterium tremendum geschwelt, formt die Gottesidee sich nach Analogie menschlicher Sozialstruktur, reflektiert sie die herrschenden Verhältnisse. Bestimmt in matriarchalischen Kulten die Mutter, ist das oberste Prinzip weiblich, Gott eine Göttin; befiehlt der Vater, regiert der männliche Gott.

Weiter war das Königtum Vorbild mit seiner schrankenlosen Gewalt. Folgte doch der Wechsel zum Eingottglauben oft der politischen Machtzentralisation, besonders dem monarchischen Weltstaat der Römer. Er löste die Nationalitäten auf und ließ eine entsprechende Regierung auch im Himmel vermuten: ein Reich, ein Kaiser, ein Gott! Und das einheitliche Weltbild der Wissenschaft erforderte gleichfalls einen höchsten Lenker des Alls.[66]

Psychologisch ist der personale Gott nur ein erhöhter Vater. Vor Freud schon kehrte Feuerbach den Satz «Gott schuf den Menschen nach seinem Bilde» (1. Mos. 1,27) plausibel um: Gott ist das «offenbare Innere, das ausgesprochene Selbst des Menschen»[67] – eine anthropomorphe Projektion, ein überdimensionaler homo sapiens samt dessen mannigfachen sozialen, ökonomischen und ideologischen Relationen.

Wer nicht an Gott glaubt – einst ein scheiterhaufenreifes Verbrechen –, kann dennoch «religiös» sein, nennt man so schon das Bewußtsein der Abhängigkeit von oder der Zugehörigkeit zu Gesellschaft, Natur, Kosmos. Kennen doch auch große, der philosophia christiana gedanklich überlegene Konfessionen keinen Weltschöpfer oder -lenker, keine «Offenbarung», sondern nur impersonale Gottes- oder Jenseitsvorstellungen, wie Brahmanismus, Dschainismus, Hinajana-Buddhismus. Das brahman der Upanischaden, der Fortsetzung der Weden, Indiens ältester geistlicher Literatur, ist ebenso ein Neutrum wie das germanische Wort für Gott – althochdeutsch «got», angelsächsisch «god», altnordisch «gud». Christlicher Infekt erst machte es maskulin, *das* Unendliche zu *dem* Unendlichen, das «Numen» zum «Nomen». Und wie der germanische Schicksalsglaube hat auch jener der babylonischen Astrologen, der Kelten, Araber ein unpersönliches Weltprinzip, ja es begegnet uns noch in den frühgriechischen Begriffen von Moira und Ananke oder der Spekulation iranischer Zervanisten von der «ungeschaffenen Zeit».[68]

Der älteste Glaube ist weder ergründbar noch Zeuge der Wahrheit, und Erzbischof Söderbloms Sudat: «Ich weiß, daß Gott lebt. Ich kann es beweisen aus der Religionsgeschichte!», so beweiskräftig wie seine «Erweckung» einst durch das Gebetbuch einer Bäuerin.[69]

11

Wir kennen von Gott nur das Wort. Doch hat man damit nicht schon die Sache, wie etwa das Wort «Phlogiston» lehrt: nach Georg Ernst Stahls (1660–1734) Erklärung der Körperverbrennung ein aus oxidierenden Substanzen entweichender Wärmestoff – den es nie gab! Bis dies indes 1777 der Franzose Lavoisier enthüllte, hat alle Welt daran geglaubt. Denn: Gewöhnlich glaubt der Mensch, wenn er nur Worte hört, es müsse sich dabei doch auch was denken lassen.

Nun, Phlogiston ist widerlegt, Gott nicht. Kann aber der Streit um ihn – wie beinah jeder typisch theologische Disput – je etwas anderes als ein Streit um Wörter sein, ein schauerlicher Wortmißbrauch? Kann man gar, wie der auf Platon zurückgehende, von Augustin angeregte, durch Anselm von Canterbury ausgeführte, von Descartes und Leibniz fortgesetzte ontologische «Beweis», von der subjektiven Idee eines höchsten Wesens, eines «denkbar Größten», quo maius cogitari non potest (Anselm)[70], auf sein objektives Dasein schließen? Natürlich nicht; da ein Begriff nicht notwendig die Existenz des Gedachten involviert, eine bloße Vorstellung in uns nicht schon deren Wirklichkeit außer uns ergibt, wie noch im 19. Jahrhundert der stark theologisch lädierte Leibnizjünger Rudolf Hermann Lotze glaubt: «*Wäre* das Größte nicht, so wäre das *Größte* nicht, und es ist ja unmöglich, daß das Größte von allem Denkbaren *nicht* wäre.»[71] Welcher Schwachsinn aus lauter Begriffen! Und «ein Mensch», mokiert Kant sich, «möchte wohl eben so wenig aus bloßen Ideen an Einsichten reicher werden, als ein Kaufmann an Vermögen, wenn er, um seinen Zustand zu verbessern, seinem Cassenbestande einige Nullen anhängen wollte».[72]

Darf man dann aber, mit dem von Platon und Aristoteles ersonnenen kosmologischen Beweis[73], aus der Existenz der Welt einen Urheber, aus ihrer Bedingtheit ein erstes Unbedingtes, ein absolutes Wesen, eine causa sui folgern? Genausowenig. Denn wäre schon alles kausalbedingt – nach dem problematischen post hoc, ergo propter hoc, dem auch von Kant nur als apriorische Funktion akzeptierten Kausalnexus[74] –, was hält uns ab zu fragen: was ist die Ursache von Gott? Was hindert uns zu überlegen, ob eine erste Ursache etwas anderes sein müsse – als eine erste Ursache? Und existiert etwas aus sich, kann dies nicht das Universum sein? Könnte es nicht seit je bestehn? Ist dies weniger imaginabel als die Anfanglosigkeit Gottes? Ist der Gedankensprung von der langen Dauer der Welt zu ihrer ewigen nicht leichter zu vollziehen, weil logischer, als eine Schöpfung sich aus dem Nichts zu denken? Denn was heute sei, schreibt Friedrich der Große, könne sehr gut schon gestern gewesen sein und so fort.[75] Analog notiert Musil: «Daß etwas ewig ist, kann man sich wohl vorstellen; man kann sich ja auch vorstellen, daß etwas zeitlos ist; die Zeit läßt sich als Funktion körperlicher Geschehensabläufe auffassen und die Materie kann sozusagen älter sein als die Zeit.»[76] Auch ist die Schöpfungsidee kein allgemeines Merkmal selbst sogenannten Hochgottglaubens, erschafft Gott bei manchen Völkern doch nur Teile der Welt oder bloß den Menschen, ja nicht einmal den.[77]

Der Theismus freilich stellt einen Schöpfer an den Anfang. Doch wie er dahinkommt und warum, bleibt unbegründet und unbegründbar.

Ein jeder Pastor machts dir klar:
Gott ist gewesen, eh er war (Arno Holz).[78]

Der kosmologische Beweis personifiziert unser Nichtwissen, «erklärt» das Unerklärliche. Er hält plötzlich bei einer «ersten» Ursache, setzt ans Ende einer langen Reihe von Fragen einfach eine Antwort, obwohl dies bare Willkür ist, ein Hysteron-Proteron katexochen.

Kant, der Gottes Erkennbarkeit ad absurdum geführt, die Theologie als Scheinwissenschaft entlarvt, die Kirche ein Übel geheißen hat und jede «statuarische Religion» Wahn, kommentierte das kosmologische Argument: «Man kann sich des Gedankens nicht erwehren, ihn aber auch nicht ertragen, daß ein Wesen, welches wir uns als höchstes unter allen möglichen vorstellen, gleichsam zu sich selbst sage: ich bin von Ewigkeit zu Ewigkeit, außer mir ist nichts, ohne das, was bloß durch meinen Willen ist; *aber woher bin ich denn?*»[79]

Der teleologische «Beweis» – bei Anaxagoras schon angedeutet, zuerst von Sokrates gebraucht[80], dann von Aristoteles, altkirchlichen Apologeten, Augustinus, verschiedenen Scholastikern, Leibniz – schließt von Zweckmäßigkeit und Ordnung der Welt auf einen allweisen Architekten. (1753 beispielsweise, zwei Jahre vor dem Erdbeben in Lissabon, er-

Warum ich Agnostiker bin (1976)   41

wies Abraham Kyburtz den Ewigen aus der prästabilierten
Harmonie der Schweizer Milch- und Käseproduktion.)

Dem Autor der «Kritik der reinen Vernunft» erschien diese
Motivation einerseits zwar «der gemeinen Menschennatur
am meisten angemessen» und «jederzeit mit Achtung» vor-
zeigbar[81]; verschanzte er sich doch stets, während er tabula
rasa machte, hinter verehrungsvollen Floskeln (was ihm freilich eine königliche Verwarnung wegen «Entstellung und
Herabwürdigung mancher Haupt- und Grundlehren der
Heiligen Schrift und des Christentums» sowenig ersparte
wie die Reaktionen deutscher Mucker, die aus Rache ihre
Hunde nach ihm nannten).[82] Andererseits aber billigte der
«Alleszermalmer»[83] dem «jederzeit» achtbaren physiko-
theologischen Argument weder Achtung noch Beweiskraft
zu, sondern gab ihm vollends den Rest. Gibt es ja kaum ein
kurioseres, schieferes. Läßt «die traurige Beschaffenheit der
Welt» (Schopenhauer), die grassierende «Dysteleologie»
(Haeckel), die «prästabilierte Disharmonie» (Musil) eher an
einen Teufel als Demiurgen denken.

Jedes Ding hat seinen *Zweck!*, schnarrte mein alter, nicht
unfreundlicher Katechet Gügel einst gern und immer derart
überzeugt, daß ich das von gedämpftem Fanatismus vibrie-
rende Staccato seiner Stimme noch heute höre. Und seit je
auch zeigten die Theologen, ihre berühmtesten voran, das
Sinnreiche jedweden Seins so zwingend auf, daß Bertrand
Russell höhnt, weiße Schwänze hätten die Kaninchen, um
sie leichter abschießen zu können; und Voltaire vermutet,
die Nase sei offensichtlich so gebaut, daß sie gut unter eine
Brille passe («Von der Haarwurzel bis zu den Fußzehen ist
alles Kunst»; – meint doch sogar Friedrich Heer im Ernst:
«jeder Mensch ist, recht verstanden, ein Gottesbeweis»).[84]

Wie spätestens seit Darwin deutlich, wurde nicht die Umwelt für die Lebewesen eingerichtet, sondern diese paßten
sich der Umwelt an. Erkennten wir aber, wie man häufig
blufft, das Zweckhafte «scheinbarer Unzweckmäßigkeiten»

42 Warum ich Agnostiker bin (1976)

nur oft nicht, wäre unser Verstand erkenntnisunfähig und somit selber zweckwidrig. Wiewohl sich auch fragen ließe: woher erkennt er, daß er nicht erkennt? Doch könnte nicht, umgekehrt, auch das sinnlos, zufällig sein, was uns zweckvoll erscheint? Könnte die Natur nicht das «Zweckmäßige» und «Unzweckmäßige» produzieren, ohne es gewollt zu haben, in grenzenloser Gleichgültigkeit?

Besonders Katholiken erfanden noch ein ganzes bric-à-brac an «Gottesbeweisen», alle vom gleichen durchschlagenden Kaliber: dieselben Winkelzüge, geistlichen Bocksprünge, philosophischen Notzuchtakte, manchmal sogar den frommen Herrn suspekt; während sie die Vielzahl ihrer «Sinnargumente» selber «Beweise» gar nicht mehr nennen mögen. Doch sprechen sie von Gott so selbstverständlich wie unsereins vom Donnerstag (worin er freilich, als Donares tag, dies Jovi, auch noch steckt; wo steckt er nicht – so wahr Gott lebt!).

Der rechte advocatus dei erkennt ihn überall; wittert ihn im «Außen», hört aber auch «aus der inneren Tiefe Stimmen», spürt ihn im «Oben» wie im «Unten». «Da wird die ganze Welt zu Gottes Wort, und die eigene Seele beginnt zu singen.»[85] «Gott ist so schön ... Es müßte einer Maler, Bildhauer, Dichter, Musiker, Naturforscher, Geograph und nicht zuletzt Theologe zugleich sein, um uns sagen zu können, wie unbeschreiblich schön Gott ist.»[86] «Du kannst Gottes Schönheit nicht nur auf den Alpen droben erleben bei der Majestät der kahlen Felszacken ... Du begegnest ihr ... in jedem Mücklein, das dich umschwirrt ...; in jedem Käferlein, das trotz seiner dünnen Beine mit einer Geschwindigkeit an den Bäumen auf- und abklettert ...»[87]

Nun, wir ahnen, wie gut beraten der große Faschistenpartner Pius XII.[88] war, als er am 22. November 1951 in Rom die Mitglieder der Päpstlichen Akademie der Wissenschaften apostrophierte: «Im Gegensatz zu übereilten Behauptungen der Vergangenheit ist es in der Tat so, daß die wahre Wissenschaft, je weiter sie vordringt, desto mehr Gott entdeckt, fast als stehe Er wartend hinter jeder Tür ...»[89]

12

Der Theismus behauptet, der Atheismus bestreitet Gott. Den Beweis aber, den freilich der Theist zuerst führen müßte, bleibt jeder schuldig. Denn niemand kann Gott, niemand kann seine Nichtexistenz beweisen. Selbst Nietzsche konzediert die Möglichkeit einer metaphysischen Welt.[90] Was läge näher, als das Problem offen zu lassen?

Dies eben tut der Agnostiker.

Das Wort Agnostizismus ist jung – eine Schöpfung erst des englischen Naturforschers und Philosophen Thomas Henry Huxley (1869) –, die Haltung jedoch in den Upanischaden schon bezeugt, bei Buddha, Laotse, den griechischen Sophisten, deren bedeutendster, Protagoras, schrieb: «Von den Göttern weiß ich nichts, weder daß es solche gibt, noch daß es keine gibt.»[91] Agnostiker in der Neuzeit sind Hume, Kant (mit Einschränkung), Comte, Spencer, Darwin, Russell, Camus, die Neukantianer, die Positivisten und, im weiteren Sinn, viele, die oft kaum die Bezeichnung kennen.

Der Agnostiker ist Skeptiker, Einzelgänger, Außenseiter. Er ist weniger dogmatisch als sachlich orientiert, seine Weltanschauung weniger ein Glaubensbekenntnis als – wie schon für Thomas Huxley – eine kritische Methode, ein Versuchs-Standpunkt. Der Agnostiker tendiert zu Vorbehalten, zum Vorläufigen. Er liebt nicht die Mitläufer und Nachläufer, die «großen Überzeugungen», die Starkgläubigen und Flachköpfigen jeder Fasson. Er gründet keine Parteien und Sekten, treibt keine Mission und bezahlt keine Funktionäre. Die Welt ist für ihn nicht so eindeutig wie für die Orthodoxen jeder Provenienz und Provinz. Er neigt mehr zum Infragestellen als zum Jasagen, mehr zum Widerspruch und oft genug auch Widerwillen als zu irgendeinem Konsens, zur Entgötzung mehr als zur Anthropolatrie und wird durch die Realität, rings um den Erdball, bestätigt.

Indes scheut der Agnostiker auch das unwiderrufliche Nein. Er haßt und hofft – ein «gebranntes Kind» vielleicht, ein enttäuschter «Schwarmgeist», eine desillusionierte «schöne Seele», ziemlich abseitig meist, «unzeitgemäß», kein Negativist zwar, doch kaum auf Systeme festgelegt und darum auch nicht widerlegt, wenn sie es sind. Er ist einsam, geduldig, methodisch mißtrauisch. Er wartet ab, laviert aber nicht. Er ist vorsichtig, doch nicht aus Angst. Er lebt hypothetisch und gefährlich. Er kämpft, muß es sein, nach allen Seiten und ohne Rückendeckung. Nie aber gibt er Mutmaßungen als Wahrscheinlichkeiten, nie Wahrscheinlichkeiten als Gewißheit aus, und immer überläßt er die «absolute Wahrheit» den absoluten Lügnern. Wie er nicht getäuscht sein will, täuscht er auch selbst nicht. Keiner, zu dem man mit fliegenden Fahnen übergeht, wohl keiner auch, den man mit fliegenden Fahnen verläßt. Minder selbstgewiß als die Doktrinäre aller Richtungen, minder siegreich, doch nicht so leicht abzutun, nicht so inkonsequent. Er kollaboriert kaum mit Christen, wie häufig der marxistische Atheist, der mit Marx, Engels, Lenin den Jenseitsglauben verdammt (offenbar aber nicht jenes weltweite Nivellieren und Hörigmachen durch zwei «Heilslehren» fürchtet, das nach dem notwendigen Kapitalismusbankrott droht).

Wenig disqualifiziert philosophisch so wie Mangel an Mißtrauen; wenig liebt der Agnostiker mehr als Erkenntnis. Doch folgt er der Vernunft nur, solang sie auf nüchterner, methodischer Erfahrung basiert, ihr Eliminieren und Generalisieren im Bereich des Erkennbaren bleibt. Das heißt allerdings weder, daß er, kurzsichtig und stumpf, ohne Ahnungen, Erwartungen, Wagnisse auf das ihm Nahe, Nächste nur starre, die bloße Haut der Welt[92]; noch daß er, verliebt in die Reize des Ungewissen, die Agnosie vergötze, aus dem Unbe-

Warum ich Agnostiker bin (1976)

kannten einen Kult, aus dem Geheimnis einen Gottesdienst mache, und wie Nietzsche frotzelt, jetzt «das Fragezeichen selbst» als Gott anbete.[93]

Der Agnostiker leugnet nicht die Möglichkeit von Phänomenen, von denen unsere Schulweisheit nichts träumt. Er schwelgt und schwärmt aber nicht ins Blaue hinein, gibt nicht vor zu wissen, was er nicht weiß. Zwar erblickt er in den gegenwärtigen Grenzen unseres Erkennens nicht Grenzen für alle Zukunft und schon gar nicht im Vermögen oder Unvermögen einzelner das Kriterium des Vermögens der Menschheit. Erscheint ihm doch nicht einmal das Erörtern transzendenter *Fragen* ganz sinnlos – was schon die Explikation seines eigenen Standpunkts verbietet. Ihre definitive Beantwortung freilich schließt er aus.

Ist in Wirklichkeit ja nicht nur unser Wissen, sondern schon unser Denkvermögen bescheiden. Es kann nicht aus sich heraustreten, weder aus seiner prinzipiell beschränkten Potenz – sogar in der Logik und Mathematik gibt es unübersteigbare Erkenntnisgrenzen – noch aus seiner speziellen Position. Wir können zum Beispiel keinen Standort beziehen außerhalb unseres Intellekts, unserer Kultur und Sprache. «Die Grenzen meiner Sprache bedeuten die Grenzen meiner Welt» (Wittgenstein). Wir sind abhängig von unseren Begriffen, Teilerfahrungen, vorgegebenen Situationen, sind perspektivischen Schätzungen ausgeliefert und Verschätzungen, Scheinbarkeiten, sind an einen bestimmten Raum, eine bestimmte Zeit gebunden. Wir wissen wenig oder nichts über die frühesten Phasen der Erdgeschichte, die Entstehung des Lebens, uns fernliegende Teile des Universums; wissen keinesfalls, ob die uns bekannten «Naturgesetze» für das gesamte All gelten, ob sich nicht auch völlig andere Wertmaße und Seinssysteme denken lassen, unendlich viele, selbst die Möglichkeiten uns gar nicht vorstellbarer. «Gesagt werden kann immer nur: nach den bisher gemachten Erfahrungen scheint alles fraglich, scheint die Fraglichkeit die eigentliche

Wirklichkeit zu sein. Offen muß dagegen bleiben, ob die weitere Erfahrung dies bestätigt oder nicht; denn auch die Behauptung der Fraglichkeit von allem darf von ihrem Wesen her nicht zur unfraglichen These erstarren» (Wilhelm Weischedel).[94]

Entstand die Welt durch Zufall? Ist sie Schöpfung oder ewiges Werden, endlich oder unendlich, «materiell» oder «ideell» begründet?

Die ältesten Denker unterschieden noch nicht zwischen Geistigem und Stofflichem. Eine immanente Naturdeutung versuchten bereits Demokrit, die Epikuräer; in der Neuzeit Lamettrie, Moleschott, Büchner, Vogt, Feuerbach, Marx, Lenin. Viel spricht dafür, doch zu erweisen ist dies nicht (mag auch ein Jesuit – kläglich wie sein Deutsch – den Materialismus, nebst Darwinismus und Kantianismus, gleichstellen mit «Advokatenkniffen, Gaunerstücken und Börsenmanövern, bei denen die Gesetze listig übertreten und der Mitmensch betrogen wird»[95]). Astronomie, Astrophysik, Philosophie liefern bloß Theorien, regulative Fiktionen, aber durchaus nicht aeternae veritates, die Nietzsche «die unwiderlegbaren Irrtümer des Menschen», Robert Musil «Richtbilder» nennt, «ewige Wahrheiten, die weder wahr noch ewig sind, sondern für eine Zeit gelten, damit sie sich nach etwas richten kann»; während Stanisław Jerzy Lec gleichfalls keine ewigen Wahrheiten kennt, doch: «Ewige Lügen schon.»[96]

Der Agnostiker unterschätzt zwar nicht das Denken, setzt ihm nicht vorschnell Schranken, ist vielmehr sicher, daß es die Natur weiter dechiffrieren werde, auch die Mysterien seiner selbst, was ja noch niemand glücklich machen muß. Aber überzeugt die Meinung des Erasmus, unsere Energie könne alles überwinden, überzeugt die Ansicht auch des jungen Marx, die Menschheit stelle sich keine Probleme, die sie nicht löse?[97] Wie vieles schien bereits gelöst. Und oft war auch die neue Lösung nur ein neuer Irrtum, das jüngste

Warum ich Agnostiker bin (1976) 47

Forschungsresultat schlicht falsch. Ungezählte szientifische Lehren steckten voller Fehler und werden künftig voller Fehler sein. Es gibt keine Garantie dagegen, wie Karl Popper unermüdlich wiederholt. «*Alle Theorien sind Hypothesen*; alle *können* umgestoßen werden.»[98] Alle sind mehr Funktionsbegriffe als Konstanten, mehr provisorisch denn definitiv. «Was wir wissen, ist ein Tropfen; was wir nicht wissen, ein Ozean» (Newton). In den Geisteswissenschaften dominieren häufig bloße Moden. Doch selbst in der Physik sind fundamentale Tatsachen manchmal nur interpretatorisch zu deuten und ohne logische Evidenz. Auch wird weder alles wissenschaftlich faßbar noch technisch machbar sein, wird es wohl immer Grenzen geben, an denen der Mensch scheitert, ist überhaupt weniger das Wesen der Welt, des Geistes problematisch als deren Existenz, nicht das Wie, sondern das Daß. Und noch einmal: selbst mit der Beantwortung aller wissenschaftlich-technischen Fragen sind noch nicht unsre menschlich-persönlichen geklärt.

> Zweimal zwei gleich vier ist Wahrheit,
> Schade, daß sie leicht und leer ist.
> Denn ich wollte lieber Klarheit
> Über das, was voll und schwer ist (Wilhelm Busch).

Gewiß: «Es sind immer nur diejenigen, welche wenig wissen, und nicht die, welche viel wissen, die positiv behaupten, daß dieses oder jenes Problem nie von der Wissenschaft werde gelöst werden.» Aber Darwin, der das schrieb (und sich selbst Agnostiker nannte), bekannte auch: «Ich fühlte zutiefst, daß das Ganze zu geheimnisvoll für den menschlichen Verstand ist. Genausogut könnte ein Hund über den Verstand Newtons spekulieren ...»[99] Beide Zitate erschließen die Stellung des Agnostikers, der unsre Aufgaben hier mit Haeckels «Impavidi progrediamur» (unverzagt vorwärts!) zwar angreifen, die Eventualität eines «Jenseits» jedoch nur mit «Ignorabimus» (wir werden es nicht wissen) beantworten kann.

Warum also nicht alles metaphysische Gemunkel preisgeben, jeden religiösen (und nichtreligiösen) Absolutheitsanspruch, jede religiöse (und nichtreligiöse) Intoleranz? Warum nicht friedlich, freundlich werden, zum Wissen erziehen, soweit man wissen kann, zur Liebe – in einem kurzen Leben auf einer änigmatischen Welt?

Da ein «höchstes Wesen» weder zu verifizieren noch, infolge unserer Erkenntnisschranken, zweifelsohne auszuklammern ist, erscheint mir die agnostische These verantwortbarer, konsequenter als die atheistische. Wobei der kritische Atheist, der die Gottesidee als unbegründbar und überflüssig ablehnt, dem Agnostiker natürlich nähersteht als der dogmatische Atheist, der sie assertorisch verneint. Doch auch von ihm unterscheidet der Agnostiker sich nur theoretisch, indem er den Theismus nicht schlankweg bestreitet: mehr ein begriffskritischer Akt, eine letzte logische Absicherung. Dies beiseite, lebt der Agnostiker wie der Atheist, ohne weitere Konzessionen, ohne Gebote «von oben», so daß das beide Verbindende selbstverständlich weit stärker als das sie allenfalls Trennende ist und mancher – wie Jean Améry – als Atheist und Agnostiker sich zugleich fühlen kann.[100]

13

Kognitiv ist Gott nicht nachweisbar. Noch der Katholizismus, der das Gegenteil lehrt, räumt ein, daß Ungezählte – «trotz [!] ihrer sonst gesunden Vernunft»[101] – Gott nicht erkennen können; darunter, merkwürdig genug, eine eindrucksvolle Phalanx illustrer Denker. Und viele Protestanten (Luther, Calvin, Kierkegaard) negieren sein Erfahren durch die ratio («Fraw Klüglin die kluge Hur», Misologe Luther) überhaupt, verdammen diese mit bigotter Brunst (damit «ein neues Licht, der Glaube» leuchte), wollen gar schwören $2 + 5 = 8$, wenn es so «von oben herab heißt» [102]. Nicht Vernunft gehört für Luther zum Glauben, sondern der «aufgesperrte Mund» der fides fiducialis, in den das Blitzlicht Gottes ohne jedes menschliche Tun einfällt.

Gab er Verstand also bloß, um mit Blindheit uns zu schlagen? Um sein Erkennen zu erschweren, ja unmöglich zu machen? Leichten Sinnes jedenfalls stieß man Vernunft, «die kluge Hur» (gesetzt, daß man sie hatte), fort und ließ sich anderweitig ein.

Da serviert die wedische Kosmologie dann das Weltei, eine Hälfte wird der Himmel, die andere die Erde, der Eidotter die Sonne – und fertig ist das All. Auch in der ägyptischen Schöpfungsgeschichte entschlüpft der Sonnengott Ra dem mystischen Ei, in der orphischen der goldgeflügelte Phanes der Griechen. Nach schintoistischer Sage entstand Japan durch Isanagi und Isanami (Himmel und Erde). Vom Schwebesteg des Firmaments aus bewegten sie mit dem Juwelenspeer die Salzflut, bis eine Insel im Ozean erschien, auf die sie niederstiegen, um selber Land zu zeugen. [103] Nach polynesischem Glauben schuf Sonnensohn Tane, Gott des Lichts, die Welt, als er Rangi und Papatua, die himmlischen Ahnen, aus ihrer glühenden Umschlingung riß; «aber die zartesten, duftigsten Wolken tragen die Liebesbotschaften vom einen zum anderen». [104]

Kosmosophien, poesievoll, phantastisch.

Doch ist das christliche Chef d'œuvre, die Schöpfung ex nihilo durch einen Zauberakt Gottes, mehr als ein Mythos? Und einer ohne Poesie? Hat diese vom Spätjudentum rezipierte Idee größere Evidenz als die vom Weltei? Die Verwandlung des Eidotters in Sonne? Können wir uns eine Produktion aus nichts überhaupt denken? Gar die des ungeheuren Alls um uns? Ist da der von Hindus, Buddhisten, Chinesen gelehrte anfang- und endlose zyklische Weltverlauf, mit periodischen Entstehens- und Vergehensphasen, nicht noch plausibler? Eine Vorstellung, einst von Griechenland und Persien bis Japan verbreitet, bis zu den Maya und Azteken in Mexiko; in den astronomischen Theorien Tycho Brahes und Keplers noch vorhanden, in der Naturphilosophie Brunos, der Geschichtsphilosophie Spenglers, in Nietzsches Lehre von der ewigen «Wiederkehr des Gleichen», der «Welt als Kreislauf, der sich unendlich oft bereits wiederholt hat und der sein Spiel *in infinitum* spielt». «Die Welt besteht; sie ist nichts, was wird, nichts, was vergeht. Oder vielmehr: sie wird, sie vergeht, aber sie hat nie angefangen zu werden und nie aufgehört zu vergehn – sie *erhält* sich in beidem . . . Sie lebt von sich selber: ihre Exkremente sind ihre Nahrung».[105]

Im Christentum war Gott stets Objekt von Reflexion und Verkündigung, Physikotheologie und relevatio Dei specialis, eine Art definitio hybrida, eine Bastarderklärung. Und wann immer man mit dem «natürlichen Licht» (lumen naturale) in rabenschwarze Nacht geriet – «Es wechselt Paradieseshelle mit tiefer, schauervoller Nacht» (Goethe) –, ließ man sich eilends vom «übernatürlichen» (lumen gratiae) leiten, vom rettenden «es steht geschrieben», und führte dies dann in die Büsche, rekurrierte man schnell zum «natürlichen Licht» und drehte und wand sich so, herrlich erleuchtet, immer herrlich im Kreise, im circulus vitiosus, im großen Cakewalk des Abendlands, im Glauben an Gott.

Was offenbaren Offenbarungen? Das Verborgene? Das mysteriöse «Licht der Welt»? Oder offenbaren sie, um zu verbergen? Um Dunkles dunkler noch zu machen, Geheimnisse geheimnisvoller? Erleuchten sie, um hinters Licht zu führen? In Blindheit, Taumel? In blendende Verdrehungen, Veitstänze, Grotesken? Erklären oder verklären, verunklaren sie?

Wie viele «Offenbarungen» gibt es? Wie viele sind nicht durch Wunder, Weissagung, sakrale Schriften bezeugt? Durch fabelhaften Mythenzauber, Gottessöhne, Heilige? Welche Offenbarung widerstreitet nicht der andern? Hat nicht zumal jede «Weltreligion», mehr oder minder kraß, ihren Absolutheitsdünkel? Die jüdische, die durch Jesaja behauptet: «Außer mir ist kein Gott»? Die des Mahajana-Buddhisten, der von Buddha bekennt: «Außer ihm ist mir kein Heilsgang sicher»? Droht nicht der Koran allen Andersgläubigen ein schreckliches Leben im Jenseits an? Und der Zoroastrismus? Das Christentum? («Am besten ist's auch hier, wenn ihr nur Einen hört Und auf des Meisters Worte schwört . . .»)

14

Bleiben wir (auf dem Papier) beim Christentum. Es steht uns, geographisch, ohnedies am nächsten. Doch spricht einiges auch sonst dafür, besonders eben, durch die Bibel, der Herr selbst. Und wem, schließt Kirchenlicht Ambrosius höchst theologisch, «wem sollte ich in bezug auf Gott eher glauben als Gott?».[106]

Da lebt er also seit Ewigkeit: ganz allein, in unbekannter Majestät, allmächtig, allgütig, allwissend. Doch plötzlich hat er sein Alleinsein satt und sinnt auf ein Debüt. Wozu alle Allmacht auch, Güte und Weisheit, wenn sie keiner erfährt! Ergo erschafft er die Welt, 3960 v. Chr., laut Luther[107], Sonne, Mond und Sterne am vierten, das Licht bereits am ersten Tag – auf daß die Sache von vornherein einleuchte . . . («Aller Bosheit wird das Maul gestopft werden. Wer ist weise und behält dies? Der wird merken, wieviel Wohltaten der Herr erweist», Ps. 107).

Trotz idealster Prämissen aber mißlang schon das Stammelternpaar. Im einwandfreien status integritatis erstellt, verfehlte es sich (durch seine Vereinigung). Und dann verrotteten auch die Nachkommen durch das Erbsündenmalheur, Sodom und Gomorra, der status corruptionis war perfekt. Gott, der den Menschen aus «überströmender

Liebe» erschuf (Erzbischof und Förderndes Mitglied der SS, Gröber)[108], sieht sich von ihm nur unentwegt beleidigt. Was Wunder, wenn der Meister sauer wird, jedes Elend auf den mißratnen Erdenkloß häuft, die (göttliche) Geduld total verliert – wie lang doch mochte er, das summum bonum, die Güte selber, gezögert haben, gehofft! – und fast alles Leben gleich global ersäuft, «bis hin zum Vieh und Gewürm und zu den Vögeln unter dem Himmel»?[109]

Dabei war der Mensch, belehrt uns ein Katholik, Gottes «Liebstes» und sollte «dieselbe Glückseligkeit» haben «wie Er selbst, eine göttliche Glückseligkeit. Das ist natürlich geradeso und noch viel mehr, als wenn ein Mensch einem Regenwurm die Fähigkeit schenkte, eine Reise nach Italien mitzumachen und all das Schöne an Kunst und Land zu betrachten . . .»[110]

Indes, «Der Anblick der Menschheit war nicht mehr zu ertragen», für den Allerbarmer die große Ersäufnis unumgänglich. Doch dann, trotz weisester Voraussicht, versieht sich der Allwissende erneut, verlottert auch der Rest; wird aber nicht ertränkt mehr, nein, erlöst. Erlöst durch einen Sohn! Und der Sohn, der Gott im Grunde selber ist und doch wieder nicht ist und doch wieder ist – oder ist es nicht so? –, kommt mittels des Heiligen Geistes, einer weiteren, einer dritten Person des einen Gottes, aus einer Schreinermeistersgattin, einer Ehefrau und Jungfrau zugleich. Und bald läßt die zweite Person der drei Personen oder vielmehr der dreieinen, die da in Palästina herumläuft wie jedermann, Lahme gehen, Blinde sehen, Tote auferstehen, kurz, das fleischgewordene Wort kann alles – nur nicht die bösen Juden überzeugen! Denn (das geringste nicht der vielen Mirabilien damals) man mißtraut dem Alleskönner und nagelt ihn ans Kreuz; worauf er, der Gott, sich selbst, den Gott – verzweifelt bei Markus und Matthäus, friedlich einverstanden bei Lukas und Johannes –, den Geist aufgeben, zum Vater sozusagen wieder sich versammeln läßt, ohne daß ein Historiker der Zeit, des Jahrhunderts, dies notierte. Wer nahm ihn schon ernst!

Erschien er nicht sogar seiner Mutter, der Immaculata, Multipara, der Kinderreichen, verrückt? Zog sie nicht aus, ihn heimzuholen ins schützende Zimmermannsnest? Wollte sie ihn nicht um seine Laufbahn bringen? Die ganze Menschheit um ihr Glück?[111] Dabei hatte Gesandter Gabriel ihr das göttliche Geheimnis einst verkündet! Hatte sie selbst frohlockt: «von nun an werden mich seligpreisen alle Kindeskinder»! Und die Englein bei der Krippe? Die Weisen aus dem Morgenland?[112] Der alten Dame muß es entfallen sein ...

Doch wie erfolglos auch im Leben, mit Gottes Tod kam der Erfolg. Endlich war die Welt erlöst! Nur leider noch nicht ganz. So brauchte man zum status gloriae erst noch ein Wasserbad – oder, sagt Stadtpfarrer Rüger mit hier gebotener Dignität, «die geweihte Perle des Taufwassers». «Seid überzeugt», prophezeit der langjährige Domestik des Erzbischofs und Fördernden Mitglieds der SS, Gröber, in seinem «Der lieben Gottesmutter» gewidmeten Prachtwerk: «Wenn wir einmal mit den verklärten Augen der Ewigkeit herabschauen auf die Erde, dann grüßen wir keinen Ort so dankbar wie gerade den Taufbrunnen. Er ist der Anfang unseres Heils! Die Geburtsstätte des ewigen Lebens!»[113] Und ein Geistverwandter sekundiert, «nach der Wiederherstellung» sei's «wunderbarer» noch «als am Anfang ... Denn wenn Gott etwas wiederherstellt, dann wird es nicht nur ‹repariert› und ‹geflickt›, sondern es wird noch schöner als zuvor ... Wie es nun mit einem elektrischen Werke geht, das überallhin sein Licht und seine Kraft sendet, und das Leuchten ringsum von ihm abhängt, so geht es mit der Quelle des göttlichen Lichtes, aus der wir alle schöpfen, mit Christus. Er wächst sich aus zu einem Stromnetz, an dem die Menschen die elektrischen Birnen sind ..., so daß das kleinste Kind schon so schön strahlt wie Adam und Eva am Morgen der Schöpfung.»[114]

Ja, trotz Vater, Sohn und Geist und aller Erlösung bedurfte

es jetzt des Taufbrunnens noch, mancherlei Kasteiens, Anblasens, Kreuzeschlagens auch, eines großen Glaubens, eines blinden Gehorsams, des Haltens vieler alter und noch mehr neuer Gebote. Doch hatte einer selbst sein Lebtag lang nie schwer gesündigt, getreu getan vielmehr, was Päpste ihm und Bischöfe befohlen und H. H. Stadtpfarrer, verfehlte er zuletzt sich noch, briet er dafür ewig in der Hölle.

Nicht jeder mag dies, wie die Kirchenväter, hoch über alle Vernunft stellen und Weisheit der Welt; nicht jeder gestärkt dadurch werden im Gottvertrauen, im christlichen zumal – auch wenn man die Problematik der Überlieferung ganz ignoriert, die Fülle ihrer Widersprüche, die zweihundertfünfzigtausend Textvarianten der Bibel; ignoriert auch, daß Jesus *kein* Mirakel wirkte, das andere Gottessöhne nicht schon vordem vollbracht; daß er Gott gar nicht sein wollte und bei Markus weder allmächtig ist noch allwissend, allgütig, wie er selbst bezeugt[115]; daß er auch seinen Aposteln nicht als göttlich galt, im 2. und 3. Jahrhundert maßgeblichen Theologen wie Justin, Irenäus, Tertullian als *untergeordneter* Gott erschien, wie noch im 4. den Kirchenvätern Lactantius, Marius Victorinus, Zeno von Verona, Phoebadius von Agenum[116]; absieht also davon, daß dieser Gottesbegriff – mittels Lug und Trug und Totschlag – erst langsam sich herausgemausert: vom Subordinatianismus, von der Unterordnung des Sohnes unter den Vater und des Geistes wiederum unter den Sohn, zur «Homousie», zur Gleichheit der drei göttlichen Personen, und das durch Ausschlachtung des Triadenglaubens der halben Religionsgeschichte.[117]

Soll solche Offenbarung – für Lessing ein «abscheuliches Gebäude von Unsinn», das man bloß zusammenkrachen lassen könne[118] – überhaupt verstanden werden? Keineswegs. Doch ist sie nicht contra, sondern «supra rationem», nicht un-, sondern «übervernünftig», eine «höhere» Art von Vernunft gleichsam. Und nur weil fast jeder von uns, durch Erziehung und Gewohnheit, seit je dies Höhere kennt, bis zur «transzendentalen Höhe des höchsten Blödsinns» (Nietzsche)[119], kriegen wir nicht augenblicklich Lach- oder Gehirnkrämpfe, wenn hier ein «höchstes Wesen» alles sub specie boni beginnt, aber sich dauernd wie der Leibhaftige aufführt – und doch, oh Wunder, der «liebe» Gott bleibt! Denn seine Allgüte ist ein Postulat christlicher Dogmatik wie seine Allmacht und Allwissenheit. «Gott besitzt alle Vollkommenheiten in der schönsten Harmonie.»[120]

Allein: wenn er die Welt erschuf, genügte er sich selber nicht? Suchte er Gesellschaft, warum keine bessere? War er nicht allmächtig? Und warum vertrieb er aus dem Paradies? Warum die Erbsünde, den freien Willen, der so viele in die Hölle führt? Ist er nicht allgütig? Und warum keinen freien Willen für die weitaus meisten Lebewesen? Warum Vertilgung durch die Sintflut? Warum bereute, restituierte er, verfuhr er ganz wie ein gereizter, jähzorniger, konfuser Mensch? Warum Erlösung durch den Sohn? Warum keine vorher? Oder, falls doch, warum noch eine Spezialerlösung später? Und weshalb dies alles glauben, an ihn glauben? Wird seine Macht größer, geringer, wie die eines Staatsmanns, nimmt seine Anhängerzahl zu oder ab? Braucht solch «höchster Geist» unsre Verehrung? Ist er nicht glücklich sonst? Wird er so glücklicher? «Man könnte Gott nicht lieben», meint Leibniz, «wenn man nicht seine Vollkommenheit kennte.»[121]

Doch auch die zwei Hauptfiguren des Stücks, «Vater» und «Sohn», machen dies Gottesbild kaum glaubhafter; – der «heilige Geist» spielt eine (schöpferische) Rolle eigentlich nur in den marianischen Dessous. Denn ist Jahwe mehr als die personifizierte jüdische Stammesidee, ein todspeiender Dämon, bei dessen Nahen die Erde bebt, die Berge schwanken, «Rauch auf von seiner Nase» steigt «und verzehrend Feuer aus seinem Mund»?[122] Stürmt er nicht stets «als Kriegsmann voran»? Heißt er nicht immer wieder «der rechte Kriegsmann», «Gott der Heerscharen», «der Schlachtreihen Israels», ein «schrecklicher Held» und «schrecklicher Gott»?

Und was erst wüßten wir von seinen Metzeleien, hätten wir das «Buch der Kriege Jahwes» noch?[123]

Zwar tut er Gutes manchmal, vollbringt «Heilstaten», schafft «Frieden».[124] Aber dominant ist sein Blutdurst, sein «Unheil». «Die Rache ist mein», donnert er, läßt ganze Nationen berauben, zermalmen, Tiere und Menschen sich opfern, Söhne und Töchter, läßt siebzigtausend Jerusalemiten dahinraffen, nur um David zu strafen. Noch an den *Kindern* sucht er die Missetaten heim bis ins vierte und siebte Glied. «Und ob sie gebären, so will ich doch die liebe Frucht ihres Leibes töten.» «Nimm alle Fürsten des Volkes und hänge sie dem Herrn an die Sonne.» «Vernichtung», rühmt man ihm nach, «jähes Verderben bereitet er allen Bewohnern der Erde.»[125] Und so bis zuletzt, zu seinem schönsten «Schlachttag», seiner Endlösung, wobei er «in Grimm und Zorn die Völker zerdrischt», auf daß von seinem «fressenden Schwert ... kein Geschöpf unversehrt bleibt».[126]

Da der Jettatore, der rachequalmende Provinzpopanz, dort der Friedensfürst, der Pazifist. Da die Mord- und Totschlagkommandos, dort die Nächsten-, die Feindesliebe. Der Gegensatz zerriß sogar das Christentum: vom konsequenten Markion, dessen Kirche im 2. Jahrhundert älter, vielleicht auch größer war als die katholische und ohne Altes Testament, bis zu Kierkegaard, der darin «das Schwierige» sieht, «daß man beide, das Alte und das Neue Testament hat; denn das Alte hat ganz andere Kategorien».[127]

15

Weil der Glaube an die «letzten Dinge» ohne Erfahrungsbasis ist, flüchtet er sich stets ins Schleierhafte, ins Arkanum. «Misterioso» steht über jeder Theologie. «Geheimnis», sagt Émile Michel Cioran, «– ein Wort, das wir benützen, um die andern zu täuschen, um sie glauben zu lassen, wir seien tiefer als sie».[128] Alle Religionen sind reich an solchen «Geheimnissen», «Tiefen». «Das letzte, was wir unter uns klären müssen ist, daß Gott ein großes unbegreifliches Geheimnis ist ..., daß *Gegensätze*, die sich sonst ausschließen, in Gott *geheimnisvoll eins* sind ... Nicht im Kopf lösen wir sie. Wir müssen diese Gegensätze in unser Inneres nehmen. Allmählich werden wir merken, daß es so geht ... Nicht als ob alles klar wäre. Nicht als ob man da mit Beweisen und menschlicher Logik alles enträtseln könnte, aber so, daß Ehrfurcht und Anbetung möglich werden.»[129]

Doch das hat Pascal, das «lehrreichste Opfer des Christentums», wie Nietzsche nie müde wird zu betonen, «der einzige *logische* Christ»[130], schon lapidarer bekannt: «Die Gewohnheit ist unsere Natur: wer sich daran gewöhnt hat, zu glauben, glaubt.» Ja, Pascal rät, einfach tun, als wäre man gläubig, Weihwasser benutzen, Messen lesen lassen und so weiter. «Ganz natürlich wird das Sie sogar glauben machen und verdummen ...»[131] Denn war nicht Unwissenheit die Mutter des Glaubens, dann Angst. Furcht wurde zur Ehrfurcht: der Anfang; und das Ende: «wird das Sie sogar glauben machen und verdummen ...»

Pascal

«Credo, quia absurdum est», was Leibniz zwar als «witzigen Einfall» bagatellisiert, Nietzsche jedoch witzig in «credo, quia absurdus sum» verwandelt.[132] Freilich auch: «Credo, ut intelligam»[133], das Gegenteil! Verbiete du dem Seidenwurm zu spinnen ...

Immer wieder frappant (und degoutant), wie Leute – in ihrer Branche, ihrer Wissenschaft nüchterne Naturen, klar und frei von «Vorurteilen» – in Glaubensfragen jedes Prüfen unterlassen (noch Ionescos Logiker attachiert sich den Rhinozerossen), nur weil sie indoktriniert von der Wiege an sind, ihr Bekenntnis von den Eltern übernehmen wie die Tiere die Gewohnheiten ihrer Erzeuger. Der Mensch muß glauben, bevor er zu denken beginnt, und dann denken, was die Kirche lehrt. Skepsis, Scharfsinn, Schlüssigkeit führen zur res divina non visa nicht. «Sehr wenige Leute», so Pfarrer Jean Meslier, der Apostat, dessen literarisches Testament Voltaire 1764 teilweise ediert, «hätten einen Gott, wenn man nicht dafür gesorgt hätte, ihnen einen zu geben.»[134]

Wie das in usum Delphini geschieht, wie man Unmündige noch heute gehorsam, abhängig macht, lebenslang gängelt, zeigt ein Dunkelmannstück, das ich 1976 einer Kirche in Zermatt entzog: eine systematische Dressur zur Gottesliebe durch die Elternliebe[135]. Das beginnt beim Embryo: «In der Erfahrung der ersten neun Monate war schon der allesbergende, alleserfüllende Gott.» Und geht beim Säugling weiter, dem das elterliche Leben «Gottes Tun durchkommen» läßt. Denn es «offenbart dem Kinde, wie Gott ist»! Plappert der Sprößling dann, soll ihn die Mutter umarmen: «Wie schön, Thomas, daß wir uns so liebhaben. Das schenkt uns der gute Gott. Wie lieb muß er uns haben.» «Eine erste Vorstellung von Gott bildet sich, die allseitig gut und richtig ist ...» Und eine zweite folgt sogleich. «Die Mutter sagt: Ein schöner Apfel! Der soll uns gut schmecken! Weißt du, woher er kommt?» Wir ahnen es. «Gott hat ihn auf einem Apfelbaum wachsen lassen, und nun schenkt er ihn dir ...»

Alles Schöne schickt der Herr. Freilich läßt er auch fast jeden Augenblick ein Kind verhungern. Und hing da nicht im Garten Eden schon ein Apfel ...? Doch «Vorsicht», warnt man, «mit Adam und Eva». Denke der Kleine ja, die ganze Welt wäre ein Paradies, hätten die zwei nicht jenen Apfel gegessen. «Eine solche geringe äußere Tat und eine so allumfassende daraus folgende Katastrophe ist für das Kind unerträglich.»[136]

Für uns auch! Hat man den Mumpitz aber erst mal in sich, scheint er so unerträglich nicht, vertraut vielmehr und darum auch vertrauenswürdig, «tief erlebt und erfahren und geeignet, das ganze Leben durchzudauern»[137].

Warum ich Agnostiker bin (1976)

Denn dies «Gottesleben lebt und wächst», wie derselbe geistliche Genius andernorts jubelt, indem er, paradigmatisch bloß, von einem Bauern im Bayrischen spricht, der im Stall vor einer Kuh erwähnte: «‹Die wird wohl heute Nacht ein Kalb bekommen!› Sie bekam es diese Nacht noch nicht. Aber wenn ich in ein paar Jahren wieder hinkomme, und es ist noch am Leben, dann ist es ein großes, ausgewachsenes Rind geworden» (Klemens Tilmann). «So muß es denn wohl auch mit dem Funken göttlichen Lebens sein, das in der Taufe den Neugeborenen wie ein Samenkorn ins Herz gepflanzt wird ...»[138]

Ja, wie das Kalb, frißt man's nicht bald, ein ausgewachsnes Rind wird, so der kleine Christ ein großer. Wie das Kind an den Eltern und ihrer Liebe festhält, so an Gott – ein Ingrediens schon der Muttermilch, des Mutterbauches. Endogene Theologie. Aere perennius ... Selbst Augustin, erst über Manichäismus, Skeptizismus und Neuplatonismus ans Christentum geraten, gesteht: «Denn den Namen des Heilands hatte mein Herz mit der Muttermilch eingesogen (lacte matris cor meum praebiberat) und unvergeßlich festgehalten, und was diesen Namen nicht enthielt, so gelehrt, so fein und wahr [!] es auch immer sein mochte, es konnte mich nicht mit ganzer Seele erfassen.»[139]

Die meisten Menschen haben die Religion, in die man sie hineingeboren, die ihre Eltern, Voreltern, Ureltern schon hatten; ihr Heiligstes ist – hereditär, ein Familienerbstück oder -übel – bloßes Bodenprodukt.

Ein jeder Glaube hält sich für den einzig wahren
Und seine Kraft kann er auch so nur offenbaren,
Der einzig wahre nur ist er an seinem Ort,
Nicht minder wahr sind andre hier und dort (Rückert).

Nicht minder wahr? Nicht minder falsch! Der große Pascal aber klagt gar: «Traurig ist es, so viele Türken, Ketzer,

60 Warum ich Agnostiker bin (1976)

Ungläubige zu sehen, die dem Weg ihrer Väter nur deshalb
folgen, weil sie voreingenommen meinen, das sei der beste ...»[140]

16

Doch was besagt das eigentlich: ich glaube? Im Alltag: ich
weiß nicht genau; gegenüber Menschen: Vertrauen («ich
glaube an den Führer!»); und im Bereich spekulativer Phantasie: das subjektive Fürwahrhalten metaphysischer Vermu-
tens ohne unmittelbare Einsicht und objektive Begründung.

Fest steht: was ich weiß, brauche ich nicht zu glauben, ja
kann es gar nicht glauben. Lehrt doch selbst der Aquinate,
«was bewiesen werden kann, zählt nicht zum Glauben»[141].
Mit welchem Recht aber, welcher Gewißheit glaubt man, was
man nicht weiß? Was nicht bewiesen werden kann? Thomas
findet im Glauben «etwas Vollkommenes», bemerkenswert
genug, in der *Festigkeit des Gläubigen*; das «Unvollkommene»
dagegen, nicht minder aufschlußreich, in der *fehlenden Erkenntnis*, weshalb auch allerlei an Gedankenspielraum, Un-
ruhe bleibe, Zweifel sogar zur Natur des Glaubens gehöre,
weil der Vernunft nicht genügend.[142]

Im sengenden Sommer 1976 meldete der Handzettel einer
oberbayerischen Pfarrei: «*Heute 19.00 Bittgang um Regen von
Neufahrn nach Kindswies*. Unsere Felder und Gärten leiden unter der anhaltenden Trockenheit. Das Vieh hat nicht mehr
das erforderliche Futter. Da hilft keine Versicherung, kein
Kunstdünger, kein Vorratslager. Nur Regen kann helfen und
den wollen wir von Gott erflehen ... Sollte es heute abend
regnen, entfällt der Bittgang. Josef Weber Pfr.»[143]

Wie wir weiß Pfarrer Weber, es kann auch ohne Bittgang
regnen – und trotz des Bittgangs nicht. Warum also Bittgang?
Nun, das zu überlegen, ist nicht Sache von Gläubigen (falls
Pfarrer Weber dazu zählt). Sache des Pfarrers ist es zu rufen:

«Nehmt bitte an diesem Bittgang recht zahlreich teil! Von jedem Haus wenigstens eine Person.» Doch könnte Hochwürden, sollte es schon vorher tröpfeln, nicht sagen: vielleicht hat Gott bereits unser frommer Plan bewegt? Andererseits, regnet es auch nach dem Bittgang nicht, wer weiß, vielleicht gießt es deshalb wenigstens woanders? Straft Gott hier Sünden ab?

Ein weites Feld. Doch wie der Gläubige auch angefochten wird, er glaubt. Wer will nach Schlafheim kommen, darf nicht über Denkberg gehn.

In Nürnberg zeigte 1975 ein Inserat das Ableben eines Dreiundzwanzigjährigen «nach tagelangem Ringen mit dem Tod an den Folgen eines schrecklichen Verkehrsunfalls» an. «Gott unser Vater», heißt es, «hat das sicher nicht gewollt, einen so fröhlichen, allseits hilfsbereiten und beliebten jungen Menschen aus unserer Mitte zu reißen. Sicher ist, daß Gott unser Vater ihn in seine Arme und Obhut genommen hat, um weiteres Leid und Schmerz von ihm fernzuhalten, und er ihn behüten und beschützen wird bis zum jüngsten Tag.»[144]

Wer glaubt, will nicht denken, sondern Berge versetzen, selig werden, viel haben: Gott, Unsterblichkeit, ewiges Glück. Wer's glaubt, wird selig! Vielleicht will er gerade deshalb nicht denken? Vielleicht kann er gar nicht? Auf jeden Fall muß er nicht. Ja, er soll oft nicht, wenn es andere für ihn übernehmen; wie zum Beispiel der «Redaktionskreis der ‹Projektgruppe Glaubensinformation›» in dem «Briefkurs für fragende Menschen»: «Wer glaubt, denkt weiter.»[145]

Die 16. Epistel, «Glauben – wie macht man das?», unternimmt im Finale des etwas pseudomodern aufgeputzten erbaulichen Libells eine «Entdeckungsreise» ins Reich des Glaubens (und des Lächelns). Starthilfe gibt Charles Haddon Spurgeon – «der große Erweckungsprediger des vorigen Jahrhunderts – ein phantastischer [!] Mann übrigens, voller Schwung und Entdeckerfreude im Lande des Evangeliums».

Eines Tages sah Spurgeon am Fluß drei Buben, von denen zwei sich nicht ins kalte Wasser trauten, der dritte jedoch Hals über Kopf hineinsprang und es herrlich fand. Jauchzt der Entdecker und Erwecker: «Hinein, hinein! Seid durch und durch Christ, von der Fußsohle bis zum Scheitel! Gebt euch dem Herrn ganz hin! Dann werdet Ihr wie dieser Junge ausrufen: ‹Ist das schön!›»

Die «Projektgruppe» folgert: «Man muß also *im* Element sein, um zu erleben, daß es schön ist und trägt. Man muß das Element ausprobieren. Wer nur am Ufer stehenbleibt, kommt nie dahinter ... Und das intellektuelle Geschwätz [!] über ... hat dann nur die Alibi-Funktion, unsere Passivität und unser Nichtstun [?] zu entschuldigen ... Nur wer in das Element hineinspringt ..., kann es erfahren, daß dieses Element trägt. Er ... wird dann ganz merkwürdige Dinge erleben, die ich jetzt nicht verraten will.» Doch bald verrät man (die jeden Brief abschließenden) «Hinweise zur Vertiefung», all das prickelnd Belebende, Taufrische neuester Theologie und sich selber: «Wir sollten etwa in unserem Gesangbuch lesen – zum Beispiel Paul Gerhardts Lied ‹Befiehl du deine Wege ...› –. Uns wird dann eine ganz neue [!] Welt aufgehen ...» Ferner «sollte man in der *Morgenfrühe* ... ein Wort der Heiligen Schrift langsam lesen. Wer wenig Zeit hat, lese wenigstens den Tagesspruch aus dem kleinen ‹Losungsbuch der Brüdergemeinde›. Das ist dann so etwas wie eine Eiserne Ration für den Tag. Wir können auch in der Bahn, statt nur zu dösen, uns das Vaterunser langsam durch den Sinn ziehen lassen ...»[146]

«Wer glaubt, denkt weiter.» Doch wer $2 + 5 = 8$ denkt, hat auch «weiter»gedacht, nur nicht richtig, was freilich keinen Kirchgänger stört, da er nicht Erhellung, Aufklärung erstrebt, sondern den Zustand der Selbsttäuschung, den Traum, da er Balsam, Stimulanzien, Narkosen braucht, einen «Hirten», einen Pferch.

Wer seinem Leben keinen Sinn geben kann, sucht diesen

meist außerhalb seines Lebens, sucht einen «absoluten» Sinn, empyreische Perspektiven, «Heil», «Erlösung», Verifizierbarkeit kümmert ihn kaum. Er hat weder Lust zur Selbstbesinnung, Selbstbestimmung noch Kraft. Die Erkenntnis des Gläubigen, lehrt Thomas, richte sich auf das, was er hofft und liebt.[147] Argumente sind da Zeitverschwendung. Eine Angst soll betäubt, ein Schwäche-Instinkt befriedigt, ein «seelisches Gleichgewicht» erhalten, eine Hoffnung nicht zerschlagen werden. «Alles das ist guter Glaube, Was ein Herz erquickt im Staube», ein scheinbar einleuchtender, doch gefährlich-falscher Rückert-Spruch. Der Fromme nämlich wähnt, wie übel man ihm auch mitspiele, sein Glaube stütze, straffe, stärke ihn, während er das Zügeln, Zähmen, Unterdrücken ja gerade ermöglicht, metaphysisch fundiert, freilich – ein Teufelskreis – auch Hilfe suggeriert, Halt, ein sursum corda und excelsior. Wer immer hofft, stirbt singend, sagen die Italiener. Doch nicht einmal das stimmt.

Wenn Gott nicht existierte (ein bekanntes, natürlich auf einen Kirchenfürsten, den Erzbischof von Canterbury, John Tillotson, 1630–1694, zurückgehendes Wort), müßte man ihn erfinden.[148] Und – erfand man ihn nicht deshalb? Ist Gott keine Projektion unsrer Sehnsucht, unsrer schwachen Nerven, Depressionen und Phobien? Taucht er nicht gerade in Krankheiten auf, an Gräbern, in schweren Krisen, Frustrationen und Zusammenbrüchen? «Not lehrt beten.» «Wo die Not am größten, da ist Gott am nächsten.» Nicht, wie häufig mißverstanden, indem er beispringt, sondern indem man seinen Schutz erfleht. Doch zeigt das «Hilf dir selbst, so hilft dir Gott» bereits, daß man mit Selbsthilfe meinte ebensoweit kommen zu können.

Zum Glauben gehöre, so Kardinal Newman 1848, «kein Argument, sondern ein Willensakt».[149] Mit Faust darf man da aber replizieren: «Du hast wohl recht: ich finde nicht die Spur Von einem Geist, und alles ist Dressur.» Und empfahl nicht Pascal, besser Unsinn glauben als gar nichts? Riet er nicht zur Unkenntnis über sich selbst als Vorbedingung des Glücks?[150] Zu einer nützlichen Blindheit? Die gewöhnlichste Lüge nennt Nietzsche die, mit der man sich selbst belüge; das Belügen anderer die relative Ausnahme.[151]

Daß es leichter sei, nicht zu glauben, als zu glauben, dies alte Theologen-Diktum trifft auf autarke Geister sogar zu. Denn es gibt ein Vertrauen ins strenge Denken, das beruhigt; eine Schätzung des Mühsam-Errungenen, Überzeugend-Klaren, die befriedet, beglückt. Je wacher, wissender ein Mensch, desto kritischer, skeptischer auch, Unbestochenheit (durch Sinekuren, Prälaturen) allemal vorausgesetzt. Je dunkler andrerseits ein Haupt, desto erleuchteter kommt es sich vor, durchfunzelt seine Nacht auch bloß ein schwaches Licht, ein Irrlicht selbst wie das des Glaubens. Wer am meisten weiß, heißt es in Italien, glaubt am wenigsten. Und je weniger Verstand einer hat, spotten die Briten, um so weniger merkt er den Mangel. Auch nach einer Ermittlung der Evangelischen Kirche Deutschlands nimmt die Gläubigkeit mit steigendem Bildungsniveau ab. Hängt aber der esprit borné noch irgendwelchen Religionen an, so doch wohl nicht, weil dies schwieriger ist? Sagt nicht auch der biblische Jesus, sein Joch sei «sanft», seine Last «leicht»? Rühmt er sich nicht als «Tür zu den Schafen»? Preist er nicht selig die «Armen im Geiste», die 'amm hā' āraes?[152]

Beruft man sich aber auf ein inneres, den Glauben verbürgendes Erlebnis, eine Instanz über der Vernunft, das Testimonium spiritus sancti internum, auf Mystik, Intuition, Ekstase, was beweist es? Insistiert man auf noch so beseligendes Sinken in die «Wahrheit», so wonnevolles «Außer-sich»-Sein, verzückte Reisen ins Paradies und Schauungen dessen, «was kein Auge gesehn»[153] – wobei «Läuterung» und «Übung» es weit bringen, Rausch und Trance, Gifte und Drogen, hl. Götterspeisen und -getränke, Haoma oder Soma überschwenglich stimulieren, die unio mystica bewirken können –, das Mysterium des Daseins durchdringt man der-

Warum ich Agnostiker bin (1976)

art nicht. Oder allenfalls wie Schleiermacher (schon nominell zum Theologen prädestiniert): «So oft ich aber ins innere Selbst den Blick zurückwende, bin ich zugleich im Reich der Ewigkeit.»[154] Zu schweigen von jenen hl. Damen, die beim trauten Tête-à-tête in Christus steckten wie am Spieß, was mehr ihr Abdomen betroffen haben dürfte als den Weltgeist[155].

All dies ist subjektiv und unverbindlich. Die meisten, und viele der Besten darunter, erleben es nie, bei anderen wieder spricht es für eine andre Religion, und reihum, wie spirituell, wie sublimiert auch immer, wohl mehr für Hysterie und induziertes Irresein als sonstwas. Die Versenkung nämlich in uns selbst kann nichts zutage bringen als ebendieses Selbst, die Beschäftigung mit unsrem Ich, der eigenen Seele, nichts ergeben als Aufschluß über dieses Ich und diese Seele. Das «innere Erleben» Gottes beweist nicht seine objektive Realität, sondern die Gott-Trunkenheit nur des Menschen, beweist Trunkenheit nur, nicht Gott. Und der so gern ins Gefecht geführte Satz, daß der Gläubige glücklicher sei als der Skeptiker, besagt nach einer im Schwarzen sitzenden Sentenz Bernard Shaws nicht mehr als die Tatsache, daß man betrunken sich glücklicher fühle als nüchtern.

Gibt es Absolutes, Unbedingtes, Erkenntnis davon gibt es nicht; es kann nur Gegenstand des Glaubens sein. Wer jedoch wirklich glaubt, hat jede Logik preisgegeben, ist superstitiös bloß auf andere Art – und nicht einmal auf seine![156] Er ist kritischen Prozeduren kaum zugänglich, «herzhaft» vielleicht, aber kopflos, halsstarrig, doch etwas imbezill, ein Ritter traurigster Gestalt. Er argumentiert nicht mehr; oder allenfalls zum Schein, da ihn keine Gründe, die überzeugendsten nicht, erschüttern.

Vor hundert Jahren noch hat man geprahlt: «Wir halten den Glauben für so vernünftig, daß wir die Verweigerung desselben geradezu für eine Narrheit erklären.» Heute predigt man kleinlaut: «Was wäre ein Glaube, der sich beweisen ließe?» «... die erste Wahrheit eines jeden Glaubensgeheimnisses kann nicht bewiesen, sondern muß von allen geglaubt werden.» «Der Glaube ... verlangt von uns zunächst das Opfer des Verstandes.» [157]

Katholik Walter Dirks gewahrt im Glauben das Vertrauen auf die lebendige Wahrheit, die sich dem Glaubenden öffne. Doch wagt man für «lebendige Wahrheit» keine Formel mehr, woher dann das große Vertrauen? Aus dem Gefühl des Herzens, das nach Rousseau über jeder Logik steht? Das nach Pascal seine eigenen Beweise hat, die der Kopf niemals begreift? Aber womit *denkt* das Herz? Dirks: «Was oder wer ‹Gott› ist, vermag gerade der nicht zu definieren, der an ihn glaubt – nur der Ungläubige hat eine Formel für ihn. Ich verzichte auf jeden Versuch der Definition ...» [158]

Doch ist, wer's derart simpel treibt, auch ehrlich nur vor sich? Oder hat er, eh' er andere betrügt, nicht schon sich betrogen? Kennt der Ungläubige eine «Formel» für Gott, so ja von jenen bloß, die sie bis heute lehrten, glaubten. Und hat der Gläubige jetzt keine, so doch nur, weil er selber nicht mehr daran glaubt.

Wo aber Wunder Dogmen stützen, gibt es Konflikte, die man vergebens aufzuheben sucht. Denn Wunder und Wissenschaft schließen einander aus; nicht unbedingt jedoch der Glaube an ein «höchstes Wesen» und die Wissenschaft – obwohl dies Wesen gänzlich unbewiesen, freilich auch nicht sicher widerlegbar ist. «Wenn man allzuviel glaubt», ein köstliches Diderot-Wort, «riskiert man ebenso viel, wie wenn man allzuwenig glaubt.» [159]

Zwar brauchen nicht die notorisch Denkfaulen nur, Geistträgen, die Ignoranten Gott, stets das Gros seiner Getreuen. Es gibt auch einsame, geplagte, getriebene Gottsucher. Und wirkt auf ihre Sehnsucht und Blessuren noch allerlei an Hokuspokuskulten, sakralem Nervenprickel und ästhetischer Verführung: die hohe Überredung von Säulen und Gewölben, das wabernde Gespinst aus Weihrauchwolken und Gesangsmagien, das Beschwörende der großen Worte und Gebärden, der kalkulierten Kanzelschreie, Pianissimi und was da sonst an Grabesgrauen, Paradiesesstimmen angstvoll frohlockend zwischen Rückenmark und Seelenspitze kreist, mag manchem das sacrifizio dell' intelletto leichter fallen als das seiner sonstigen Bedürfnisse.

Selbst Voltaire, der doch jenen hl. Thomas von Didymus zum «Schutzpatron» erkoren, der immer auf Augenschein und Handgreiflichkeit drang, Voltaire, der stets gewisser darin wurde, daß metaphysische Systeme «für den Philosophen das sind, was für Frauen die Romane», der alle begrifflichen Definitionen des «Höchsten» vermessen, jede Wesenserkenntnis von ihm unmöglich genannt, war Deist und wollte den Gottesglauben als «Lebenshilfe» erhalten. «Wir schwimmen alle in einem Meer, dessen Gestade wir nie gesehen», resigniert er. «Jeder sehe zu, wie er an Land kommt; aber wer mir zuruft, Du schwimmst vergeblich, es gibt keinen Hafen, der nimmt mir den Mut und raubt mir alle meine Kräfte. Worum geht es in unserm Disput? Es geht um Trost für unser unglückliches Dasein.»[160] Hierher gehört auch die denkwürdige Äußerung des Antichristen und Agnostikers Camus: «Achtzig Prozent der Autoren des 20. Jahrhunderts würden den Namen Gottes schreiben und verehren, wenn sie es nur anonym tun könnten.»[161]

17

Dabei ist gerade der christliche Gottesbegriff total diskreditiert: im Buch der Bücher durch ein Gewimmel greulichster Widersprüche und Inkonsequenzen, durch die schreiende Disparität von Jahwe und Jesus, das Selbstverständnis des (jüngeren) Herrn, darüber hinaus durch die seine Lehre verkehrende Ecclesia sowie all das Scheußliche einer «Schöpfung», die der Klerus seit je als «Schule der Gotteskenntnis» preist.[162] «Um des Menschen willen hat er die Welt in Gang gebracht.» «Die Welt gibt es nur, weil Gott die Liebe ist.»[163]

Doch woher dies grenzenlose Elend dann und Gottes unendliche Gleichgültigkeit? Betrübt es ihn, wenn ein Mensch trauert, wenn er hungert, an Krebs stirbt? Läßt es ihn kalt, wie grausam! Schmerzt es ihn, warum ändert er's nicht? Will er oder kann er nicht? Ist er brutal oder ohnmächtig?

Nun rechtfertigt schon das Buch Hiob Gott. Auch Platon, der renitente Atheisten zuletzt getötet sehen will, redet ihn heraus.[164] Die Stoiker erklären die physischen Übel für nützlich zur Beförderung des Guten.[165] «Alle Schöpfung ist gut», bestätigt auch das Neue Testament.[166] Augustinus, lumen ecclesiae, weiß selbst das größte Unheil noch in Heil umzulügen. Gott tolerierte nichts Böses, meint er, wäre er nicht fähig, es ins Gute zu wenden. Ja, das Böse erscheint ihm geradezu gut. «Denn wäre es nicht gut, daß es auch Böses gibt, würde dies der Allmächtige, der gut ist, keineswegs dulden.» Ebenso harmoniert es für Thomas von Aquin «mit Gottes unendlicher Güte, wenn er einige [!] Übel erlaube, um daraus Gutes entstehen zu lassen.» «Würden nämlich alle Übel verhindert, fehlte manches Gut dem All.»[167]

Nach einem modernen Schwarzkünstler ist selbst die Beleidigung des Herrn ein Segen, das Indienstnehmen der Sünde gar «das Meisterstück» der Vorsehung. Ohne Sünde nämlich «hätte auch Christus nicht das Bußsakrament eingesetzt. Dann stünden in unseren Gotteshäusern keine Beichtstühle ..., dann hätten wir wohl keinen Heiland auf Erden! Heiland im Tabernakel.»[168] Nein, wie furchtbar! Propagierte doch bereits Luther sein peccare fortiter: «Sei ein Sünder und sündige wacker ...» Und schon der liebe Augustin jauchzte: «O du selige Schuld, die uns einen so großen und erhabenen Erlöser geschenkt hat!»[169]

Aus Bösem also Gutes, aus Gutem Böses, doch nur auf daß Böses wieder Gutes wirke und jedes gläubige Gemüt im

Brustton der Überzeugung jubiliere: «Gott sitzt im Regimente und führet alles wohl»; «es kann mir nichts geschehen, als was er hat ersehen und was mir nützlich ist». «Herr Jesu Christ! wo du nicht bist, ist nichts, das mir erfreulich ist.» «Drum sprech' ich gläubig: Wie Gott will! Und halt' ihm bis ans Ende still.» –

Solch sauren Frohsinn förderte gewaltig Gottfried Wilhelm Leibniz. Mit einigen Modifikationen konservierte er das ontologische, kosmologische und teleologische «Argument». Ja, er schmeichelte sich, mit seiner «prästabilierten Harmonie» – «Frucht einer großen Reife der Philosophie», wie er selber fand, «mehr Gott als den Menschen zu verdanken», für Kant dagegen das Ungereimteste vom Ungereimten – einen ganz «neuen, bisher unbekannten Beweis für das Dasein Gottes» erdacht zu haben, einen «der schönsten und am meisten unumstößlichen»[170].

1710 erschien Leibniz' «Theodizee», in Europa für ein Jahrhundert das Brevier fast aller Gebildeten. Die Welt wird darin als beste aller möglichen Welten gefeiert, ihr Schöpfer gerechtfertigt mittels ungezählter betagter Theologentricks und behauptet, bestehe die Vollkommenheit des Universums auch aus lauter mangelhaften Gliedern: jede Verbesserung des einzelnen mindere die Qualität des Ganzen! Der fromme Fehlschluß des Leibniz: «Wäre die wirklich existierende Welt nicht die beste aller möglichen Welten, so hätte Gott die beste Welt entweder nicht gekannt oder nicht hervorbringen können oder nicht hervorbringen wollen. Nun ist aber infolge von Gottes Weisheit, Allmacht und Güte weder das Erste noch das Zweite noch das Dritte wahr. Also ist die wirklich existierende Welt die beste von allen möglichen Welten»[171] – dieweil sie bereits Buddha von keinem Allmächtigen, Allgütigen, Allwissenden geschaffen sein ließ. Und Schopenhauer fragt: «Woher denn anders hat Dante den Stoff zu seiner Hölle genommen, als aus dieser unserer wirklichen Welt?»[172] _Bd. I, S. 445_

Leibniz freilich war auch sonst ein ganzer Christ. Während er die Weisheit seiner «Zentralmonade» und die Herrlichkeit der Schöpfung besang, während er mahnte: «Wer Gott liebt, liebt alle», und alle zu lieben, auch unsere Feinde, sei Vorschrift Christi ebenso wie der höchsten Vernunft, verlangte er die systematische militärische Erziehung der Nation «vom Fürsten bis zum Ackerknecht»; entwarf er den Plan eines Kreuzzugs gegen die Türken; riet er in «Mala Franciae», wie Frankreich leichter aufs Haupt zu hauen sei; schrieb er (1688) eine «Geschwinde Kriegsverfassung» für den Kaiser, forderte er ein schlagkräftiges Heer gegen die Franzosen sowie «Bomben» durch ein in ganz Europa Furore machendes Lobgedicht und klagte schließlich, gepeinigt von der Lässigkeit des Feldzugs, dem Jesuiten Menegatto, Beichtvater Seiner Majestät, er könne «den überströmenden Schmerz der Seele kaum ertragen»[173]. Katholischer Kommentar: «Der Geist der Theodizee schwebt über allen Staatsschriften des Leibniz.»[174]

Sieht Gott alles vorher – und Thomas versichert: «es werden nicht nur die Dinge, *welche* Gott will, sondern sie werden auch *so, wie* Gott sie will»[175] –, ist er auch für alles verantwortlich oder nicht allmächtig oder nicht gut. Stirbt, nach Jesus, kein Sperling ohne Gottes Willen, wollte er auch 1755, ausgerechnet am Fest Allerheiligen, durch das (von Voltaire und Kant glossierte) Erdbeben in Lissabon über Dreißigtausend in Feuer und Flut vertilgen, eine schauerliche Desavouierung von Leibniz' Weltoptimismus, zumal das Unheil am größten in den Kirchen war; dann wollte Gott auch das Erdbeben von Messina mit dreiundachtzigtausend Toten oder 1883 den Vulkanausbruch des Krakatau in Indonesien, wobei zwanzigtausend Menschen umkamen[176]; wollte Gott auch die Erdbeben in China, in Japan mit Hunderttausenden von Menschenopfern; wollte er auch Hitler und Stalin, den Ersten Weltkrieg, den Zweiten, Hiroshima und Katyn, Auschwitz, Vietnam und Krebs.

Warum ich Agnostiker bin (1976)

«... dauernde Dankbarkeit schulden wir Gott», beteuern seine Diener.[177] «Gott ist die Vollkommenheit der Vollkommenheiten.»[178] «Der eine Ausdruck, der sich vor allem anbietet, ist ‹der große, gute Gott›», «das Gute hat mit Gott zu tun»[179]. Oder wie Luther Psalm 17,7 übersetzt: «Beweise deine wunderliche Güte!» Was er denn stets erneut beweist, auch an den eigenen Gläubigen, ja Kirchenfürsten. Mitten in der Christianisierung Britanniens fielen (664) sämtliche Bischöfe einer Seuche zum Opfer, ausgenommen der schlechteste, Vini, der das Bistum London kaufte – der erste Simonist Englands an der Schwelle der römisch-katholischen Ära.[180]

Gott ist gerecht, posaunt der Psalmist. Halleluja! Lobet den Herrn.[181] Doch ließe sich da nicht genauso Satan loben? Gott behüte euch! Aber wäre es nicht besser, sich vor Gott zu hüten? «Er», ruft Mark Twain, «der der Allerbarmende genannt wird, er ist ohne jegliches Mitleid. Er schlachtet, schlachtet, schlachtet, Menschen, Tiere, Knaben, Säuglinge, Frauen und Mädchen ...» «Sollte man es glauben, daß dieser selbe gewissenlose Gott, dieser moralische Kretin, zum Lehrer der Güte, der Sitten, der Milde, der Rechtlichkeit, der Reinheit ernannt wurde? Es erscheint unmöglich und verrückt ...»[182] Wirklich, wäre ein omnipotenter Produzent dieser Katastrophenkugel, dieses Schlachthausplaneten, nicht ein sadistisches Monstrum, ohnegleichen, ein Pandämon, Superscelerat, Satan eben selbst, mindestens in Personalunion? Sagt nicht sogar Luther: «Quando ergo deus omnia movet et agit, necessario movet etiam et agit in satana?»[183] Denn stammt alles von Gott, dann auch der Teufel. Gott muß ihn gewollt haben, noch immer ihn wollen, residierten sie sonst Seite an Seite, wirkte er mit ihm und durch ihn? So umgrübelt Luther immer wieder das «wunderliche» Wesen der Welt, «Gottes Mummerei», reichlich irritiert, weil der Herr gar «wunderlich regiert und rumort», weil er «rumort und kehret es so seltsam». Reizt er doch Beelzebub direkt «zum bösen Tun an»! Steht Gott aber derart hinter jenem, wie konnte Luther ihm das Tintenfaß nachwerfen, den blanken Hintern weisen, ihn anfurzen? «Das ist so hoch», sinniert er, «daß nichts darauf geantwortet werden kann, als: weil es Gott so gefällt.»[184] (Für einen modernen Pastor indes ist selbst ein Erdbeben – der Seismotheologie dient es zum Gottesbeweis –, «das in einer Viertelstunde Hunderttausende von Menschen hinwegrafft», nur einer der «Versuche der gütigen Vaterhand Gottes, uns heimzuholen»[185].)

Meist sehen die Apologeten alles Elend der Welt auch bereits durch die theologia crucis erklärt (wie schon die Heiden ihre Trübsal durch die des sterbenden und wiederauferstehenden Tammuz).[186] Denke nur, tuschelt man, was Gott am Kreuz für dich litt! Solltest du da nicht dein kleines Ungemach geduldig tragen? Und verdankt der Glückspilz unstreitig all sein Glück dem Herrn, warnt man die Unglücksraben: Vergißt man nicht im Glück gerade Gott? Naht nicht im langen Wohlsein die Versuchung? Andererseits: Macht nicht der Gram Gott-Sucher oft, Gott-Finder, Empfänger ungeahnter Gnaden? «Wo das Leid einkehrt, da steht der Himmelsvater an der Tür.»[187] «Manches erfüllt Gott nicht, weil er Größeres oder Schöneres vorhat; er weiß es besser.»[188] «Mit dem Leiden ist es wie mit dem abendlichen Sternenhimmel. Zuerst muß die Nacht heraufziehen. Dann zieht der Himmel sein schönstes Feierkleid an.»[189] Im übrigen: Werde des einen Jubel nicht leicht des andern Schmerz? Müsse man Erfolg und Mißerfolg nicht weniger von Gott herleiten, als vielmehr durch beide zu ihm sich hinführen lassen? Quod vult deus! «Wer Gott folgt, geht immer sicher» (Ambrosius). «Wenn bei einem Unglück der eine sagt: ‹Wer weiß, wofür es gut ist›, so hat er das Leben geöffnet für den Hintergrund, für Gottes Vorsehung. Wenn einer in guter Stunde sagt: ‹Wir müssen wirklich dankbar sein!›, so ist wiederum der Horizont des Lebens geöffnet für den, von dem alles Gute auf uns zukommt.»[190] Im 19. Jahrhundert erwartete der biedere Bür-

germeister Merkel aus Nürnberg stets «recht wenig Erfreu-
liches», um danach vielleicht «mehr Gutes» zu erfahren.
«Das giebt dann immer neuen Anlaß zum Lob Gottes.»[191]
Schließlich: «Hinter jeder Wolke, und wäre sie noch so
schwarz, steht und wartet eine Sonne ... Wohlan denn ...»[192]
Und geht selbst der gute, ja «beste Mensch» zugrunde:
«Wenn er in den wenigen Jahren hier auf Erden zu leiden hat,
so triumphiert er doch ewig im Himmel; und ‹Ende gut, Alles gut›.»[193]

Niemand ist so schamlos wie ein Theologe.

Die ‹Projektgruppe Glaubensinformation› («Wer glaubt,
denkt weiter»!), die in Epistel 3 «Der Mensch leidet – hat Gott
versagt?» gleich zu Beginn brutal mit einem Saal krebskran-
ker Frauen konfrontiert, will nicht jenen «leichtzüngigen
Tröstern» gleichen, «denen ihr wortreicher Rat nur allzu
schnell bei der Hand ist», will «bitte auch nicht zu schnell
Gott ins Spiel [!] bringen». Nein, der «Briefkurs für fragende
Menschen» versucht «noch tiefer zu graben», möchte «es anders herum sagen», «ein echtes Trostwort» geben; ein «wei-
terführender, schöpferischer Sinn» soll sichtbar werden –
der: «Sie lernen den Trost des 23. Psalms: ‹Und ob ich schon
wanderte im finstren Tal ... bist du bei mir.›» «Obwohl ich es
nicht weiß, halte ich ‹dennoch fest an dir› (Psalm 73).» Endlich, der christlichen Weisheit letzter Schluß: «Lesen Sie vielleicht besonders: ‹Befiehl du deine Wege› (Evangelisches
Kirchengesangbuch Nr. 294) und ‹warum sollt ich mich denn
grämen?› (Nr. 297).»[194]

Ja, warum! Ob Dummheit nämlich, ob Zynismus: In deo
consilium. Der Mensch denkt, Gott lenkt. Wieder und wieder bewahrheitet sich's:

> Die Wege sind oft krumm und doch gerad',
> darauf du läßt die Kinder zu dir gehn;
> da pflegt's oft wunderseltsam auszusehn,
> doch triumphiert zuletzt dein hoher Rat.

Was in dem alten Lied schön so heißt:

> Kann ich auch nicht verstehen,
> *wie* Du mich führst,
> will fröhlich weiter gehen,
> weil Du regierst.[195]

Und in der Theo-Logik eines heutigen katholischen Kathederphilosophen: «Die Übel sind in der Welt, und weil die Welt, wie unvollkommen sie auch sein mag, existiert, existiert auch Gott.»[196] Das Maultier sucht im Nebel seinen Weg...

Die christlichen Fanatiker verbaten sich stets jede Gotteskritik. «O Mensch!» eiferte schon Paulus. «Wer bist denn du, daß du rechten willst mit Gott? Wird etwa das Gebilde zu seinem Bildner sagen: warum hast du mich so gemacht.»[197] «Sie haben beschlossen», entrüstet sich achtzehnhundert Jahre später Bankierssprößling Kardinal Newman, «den Allmächtigen zu prüfen – auf eine leidenschaftslose, richterliche Art, in völliger Unbefangenheit, mit nüchternem Kopf!»[198] «Gott hat sich vor uns nicht auszuweisen wie irgendein Landstreicher», rufen die Schwarzröcke nunmehr. «Wir wollen an dem Walten der Vorsehung nie Kritik üben!» «Was würdet ihr sagen, wenn ein Huhn, das nur 10 Meter weit sieht, die Ordnung der Sternenwelt kritisieren wollte?... Was würdet ihr sagen, wollte ein Soldat, der nur den kleinen Winkel des Schlachtfeldes überschaut, den Generalstab kritisieren, der bei Tag und Nacht sinnt an einem großen, einheitlichen Schlachtplan? Nein, wir dürfen uns getrost der göttlichen Weisheit überlassen!»[199] Und ihrem «Schlachtplan». «Was Gott tut, das ist wohlgetan, Wenn ich's auch nicht begreifen kann.»

Immer wurde derart dem «kleinen und sündigen Menschen» befohlen, «zu schweigen vor der Unerforschlichkeit des großen und heiligen Gottes», war gegenüber dem Dilemma «Wie kann Gott Übel zulassen?» viel wichtiger: «Wie kann ich soviel Böses tun?» und rundheraus tadelnswert «die naive Meinung, daß es dem Menschen gut gehen solle»; denn: «ist die fromm?»[200] Descendite ut ascendatis! In den Staub, wer hinauf will – stets erste und letzte Bedingung jener, die schon oben waren.

Ein älteres «Handbuch populärer Antworten auf die am meisten verbreiteten Einwendungen gegen die Religion» vermeldet: «Der berühmte P. Lacordaire fragte einen Solchen, welcher behauptete, daß er nichts glauben könne: Wissen Sie wie es kommt, daß das Feuer, welches die Butter schmilzt, die Eier hart macht... Bedenken Sie nun, ob die Vernunft an den von einem Gott vorgestellten Geheimnissen sich stoßen darf.»[201] Denn verfing keinerlei Filouterie mehr, kein Gequassel, durfte der Priester eben an den Schleier über allem Metaphysischen erinnern; konnte man, wie Musil höhnt, «einen guten Christen oder frommen Juden hinunterstürzen, von welchem Stockwerk der Hoffnung oder des Wohlergehens man wollte, er fiel immer sozusagen auf die Füße seiner Seele. Das kam davon, daß alle Religionen in der Erläuterung des Lebens, die sie dem Menschen schenkten, einen irrationalen, unberechenbaren Rest vorgesehen hatten, den sie Gottes Unerforschlichkeit nannten; ging dem Sterblichen die Rechnung nicht auf, so brauchte er sich bloß an diesen Rest zu erinnern, und sein Geist konnte sich befriedigt die Hände reiben.»[202]

18

Da die Krone der Schöpfung der Mensch, die Krone des Menschen der Pfaffe ist, läßt sich von ihm für das Tier am wenigsten erhoffen. Auch befiehlt, auf der ersten Bibelseite, Gott selber seinen Ebenbildern, zu «herrschen über die Fische im Meer und die Vögel unter dem Himmel und über das Vieh

und alle Tiere des Felds». Um gleich abermals zu heischen:
«...und machet sie euch untertan und herrschet...» Und
dann noch einmal: «Furcht und Schrecken vor euch über alle
Tiere... in eure Hände seien sie gegeben. Alles, was sich regt
und lebt, sei eure Speise» – zwar ein «Kulturbefehl» angeblich, «ein Imperativ der Freude und Fröhlichkeit»[203], tatsächlich das umfassendste Unterjochungs- und Todesverdikt der
Geschichte, infernalischer Auftakt der Deformierung eines
Sterns zum Schlachthaus. (Und dieselbe Bibel gebietet: «Ihr
großen Fische..., ihr Tiere und alles Vieh, Gewürm und Vögel, lobet den Herrn!»[204] Doch auch das Neue Testament
lehrt nirgends: Seid gut zu den Tieren!)

Vorbildlich dagegen der Buddhismus, der in sein Tötungs-
verbot die nichtmenschliche Welt einschließt! Bereits Buddha verlangt Glück und Frieden für jede Kreatur, darum
Unterlassen jeder «Verletzung» und «Tötung», jeglicher
«Gewalttätigkeit gegenüber allen Wesen», die, ob Pflanze,
Tier oder Mensch, «vor der Gewalt zittern»[205]. Demgemäß
hebt der Buddhismus das Tier auf die Stufe des Menschlichen, Göttlichen, billigt er ihm dieselbe Buddha-Wesenheit
wie dem Gläubigen zu. In Japan fordert man am «Fest der
Freilassung alles Lebendigen» sogar Fische auf, Buddha zu
werden. Indische Asketen verletzen, töten, essen kein Tier,
kehren den Weg und seihen das Wasser, um die Insekten zu
schonen.

Ähnlich denkt der Hindu und symbolisiert es durch die
kultische Verehrung der Kuh.[206] Hindu Gandhi (mit dem
Ehrentitel Mahatma, «Große Seele») bekennt: «Für mich ist
das Leben eines Lamms nicht weniger wertvoll als das Leben
eines Menschen. Und ich würde niemals um des menschlichen Körpers willen einem Lamm das Leben nehmen wollen. Je hilfloser ein Lebewesen ist, desto größer ist sein
Anspruch auf menschlichen Schutz vor menschlicher Grausamkeit.»[207]

Im Christentum aber ist das Tier eine Sache; bloßes Aus-

Warum ich Agnostiker bin (1976) 77

beutungs-, Zucht-, Jagd- und Freßobjekt, der Mensch der Todfeind des Tieres, sein Teufel. Denn was immer die «Väter» Platon entwendeten, seine Annahme tierischer Unsterblichkeit nicht! «Sorgt sich Gott etwa um die Ochsen? Oder redet er nicht allenthalben um uneretwillen?» So im Kroneder-Schöpfung-Pathos schon Paulus.[208] Alles dreht sich um sie selber. (Wie auch hätten sie dem Tier eine Seele zugestehen sollen; sprachen sie diese, beim Rauben fremder Länder, doch noch Menschen anderer Rasse und Lebensart ab![209]) Zur Inquisitionszeit warf man am Johannistag in ganz Westeuropa Katzen fuhrenweise ins Feuer, in Metz veranstaltete man mit ihnen, unter geistlicher Patronanz, entsetzliche Autodafés bis Mitte des 18. Jahrhunderts.[210] «Grausamkeit gegen Tiere», schreibt Alexander von Humboldt, «kann weder bei wahrer Bildung noch wahrer Gelehrsamkeit bestehen.»[211] Aber bei wahrer Religion!

Eine Alibi-Funktion in ihrem Mensch-Tier-Verhältnis hat Franz von Assisi, eine singuläre Gestalt. Doch wandte auch er «bei Fällen offensichtlicher Rohheit sich nicht gegen die Rohheit selbst und erst recht nicht gegen die Rohlinge persönlich»; wurde ja überhaupt seine Haltung im Christentum nicht ernst genommen, weshalb ihn Innozenz III., laut Überlieferung, hänselte und an die Schweine verwies.[212]

Gewiß, auch Christen sind gut zu Tieren. Doch ändert's die prinzipielle Wertung nicht, ihr Toto-coelo-Unterscheiden. Augustinus, der angeblich lieber allen Weltruhm gelassen als eine Fliege getötet hätte, tat doch keinem Tier den Himmel auf.[213] Der Luther unterstellte Satz, «daß auch die Belferlein und Hündlein in den Himmel kommen» und jede Kreatur unsterblich sei, steht nicht bei ihm. Nach Thomas von Aquin interessiert das «animal brutum» nur Fraß und Koitus, und noch Ende des 19. Jahrhunderts denkt so Papst Leo XIII.[214]; während heute kaum jemand das reiche Seelenleben der Tiere, besonders der höheren, leugnet[215], ja bereits Darwin darlegt: «Die Tiere empfinden, wie der Mensch,

Freude und Schmerz, Glück und Unglück; sie werden durch dieselben Gemütsbewegungen betroffen wie wir.»[216] Schreibt doch schon Plutarch: «Für einen Bissen Fleisch nehmen wir einem Tier die Sonne und das Licht und das bißchen Leben und Zeit, an dem sich zu freuen seine Bestimmung gewesen wäre.»[217]

Und Plutarch ist nur einer von vielen Berühmten der Antike, die oft bewegt für das Tier, den Vegetarismus eintreten, Pythagoras, Empedokles, später Ovid, Seneca oder der große Christengegner Porphyrios, der im 3. Jahrhundert erklärt: «Die Pflanzen zu genießen, Feuer und Wasser zu gebrauchen, zu unserem Nutzen und zu unserer Erhaltung die Wolle und die Milch der Herden zu verwenden, die Rinder zu zähmen und anzuschirren – dies hat die Gottheit gestattet: aber Tieren die Kehle abzuschneiden, sich mit ihrem Mord zu besudeln und sie zu kochen, nicht etwa aus Not und um unser Leben zu erhalten; sondern aus Wollust und Genußsucht: das ist über alle Maßen schlecht und abscheulich.

Es ist schon genug, daß wir sie für uns arbeiten lassen, da sie keine Mühsal nötig hätten. Wollte man meinen, die Tiere wären geschaffen, uns zur Speise zu dienen, so müßten wir eher zugeben, daß wir selber um der reißenden Tiere willen geschaffen wären, etwa um der Krokodile, der Haifische oder Schlangen willen, denn diese Tiere nützen uns gar nichts, sondern wer in ihre Gewalt gerät, den verzehren sie. Damit tun sie nichts Schlimmeres als wir, nur mit dem Unterschied: sie tun es aus Not und Hunger, wir aber tun es aus Übermut und Schwelgerei, und die meisten Tiere töten wir zum Spiele in Theatern und auf der Jagd. Eben dadurch sind wir so mörderisch, so wild und mitleidslos geworden, und diejenigen, die es zuerst wagten, haben die Humanität am meisten stumpf gemacht. Die Pythagoreer aber erhoben die Sanftmut gegen die Tiere zu einem Hauptmerkmal der Menschenliebe und der Barmherzigkeit.»[218]

Die Stimme eines Heiden!

Noch heute aber verdammen nur wenige christliche Theologen die kirchliche Blutschuld gegenüber dem Tier, allen voran Carl Anders Skriver (dessen verdienstliches Buch «Der Verrat der Kirchen an den Tieren» freilich das «Christentum» selbst blamabel zu entlasten sucht): «Die Hauptschuld und die Hauptverantwortung für das Tierelend trägt nun einmal seit der Erscheinung Christi die christliche Kirche.»[219] Doch auch Katholik Joseph Bernhart bedauert in seiner Monographie «Die unbeweinte Kreatur» das grundsätzliche Mißverhältnis der Theologie zum Tier, die Blindheit und Herzenshärte erster Kirchenlehrer wie Albert oder Thomas bei ihrer metaphysischen Behandlung des Themas, und den alten Apologetenkniff, tierisches Leben so tief wie möglich herunterzureißen, «um seine Qual als gar nicht zum Weltleid zählenden Posten aus der theologischen Rechnung hinauszubringen»[220].

Millionen Christen (und Nichtchristen, selbstverständlich) prügeln, töten, verzehren Tiere Tag für Tag, aber kein einziger Christ gefährdet dadurch sein Seelenheil! Im Gegenteil, erregt sich Voltaire, «wir sehen in dieser oft geradezu bestialischen Abscheulichkeit einen Segen des Herren, ja wir haben sogar Gebete, mit denen wir ihm für diese Mordtaten danken. Gibt es jedoch etwas Schändlicheres, als sich fortwährend von Aas zu ernähren?»[221]

Viele Tiere, gewiß, vernichten selbst einander, natura contra naturam, Fressen und Gefressenwerden, ein ingeniöser Speiseplan. Charles Darwin wollte allerdings nicht glauben, ein gütiger Schöpfer habe die Maus zum Spiel für die Katze oder die Schlupfwespen mit der Absicht erdacht, sich im Körper lebender Raupen zu ernähren. «Ein Wesen, das so mächtig und kenntnisreich ist wie ein Gott, der das Universum erschaffen konnte, erscheint unserem begrenzten Geist allmächtig und allwissend, und es beleidigt unser Verständnis, daß sein Wohlwollen nicht unbegrenzt sein soll, denn was für einen Vorteil könnte das Leiden von Millionen niederer Tiere durch fast endlose Zeiten hindurch haben?»[222]

Schopenhauer, erschüttert davon wie kaum einer, bezieht das tat twam asi (das bist du) – es gibt kein größeres Ethos – auch auf jedes Tier. Brâhmo smi, ich bin dies alles. Empört über die «Nullität» des Tiers im «Juden-Christentum», prangert er die «himmelschreiende Ruchlosigkeit» an, «mit welcher unser christlicher Pöbel gegen die Thiere verfährt, sie völlig zwecklos und lachend tödtet, oder verstümmelt, oder martert», während der Brahmanist oder Buddhist bei jedem persönlichen Glück, jedem günstigen Ausgang «nicht etwan ein te Deum plärrt, sondern auf den Markt geht und Vögel kauft, um vor dem Stadtthore ihre Käfige zu öffnen». Unschwer erkennt Schopenhauer in der christlichen Tierverachtung «die Folgen jener Installations-Scene im Garten des Paradieses» und behauptet, eine einzige Bibelstelle gefunden zu haben, die – schwächlich genug – für Schonung der Tiere plädiere.[223]

Dann geißelt Ludwig Klages die Ruinierung des Kosmos durch das Christentum, das mit «Humanität» verschleiere, was es eigentlich meine: «daß alles übrige Leben wertlos sei, außer sofern es dem Menschen diene!» «Senza anima» und «non è christiano», antworte der Italiener, zur Rede gestellt, schinde er Tiere zu Tod. Schätzungsweise dreihundert Millionen Vögel fielen seinerzeit, Jahr für Jahr, allein der Frauenmode zum Opfer. Lebend riß man ihnen, zur Erhaltung des Glanzes, die Schwung- oder Flaumfedern aus, wonach die Gepeinigten unter krampfhaften Zuckungen starben. Fünfzigtausend Elefanten wurden jährlich abgeknallt, nur um die «Kulturmenschen» mit Billardkugeln zu versehen, mit Stockknöpfen, Fächern und ähnlichen ungeheuer nützlichen Objekten. Klages brandmarkt das Niedermetzeln von Milliarden Pelztieren Nordamerikas und Sibiriens, die Abschlachtung von Antilopen, Nashörnern, Wildpferden, Eisbären, Walrossen, Seehunden ... – «die ‹Zivilisation› trägt die Züge entfesselter Mordsucht, und die Fülle der Erde verdorrt vor ihrem giftigen Anhauch»[224].

1913 notiert. 1914 Treibjagd auch auf die Menschheit... «So lange es Schlachthäuser gibt, wird es auch Schlachtfelder geben»: Tolstoi[225]. Ein tiefer Gedanke, analog auch anderwärts lebendig. Romain Rolland nennt Roheit gegen Tiere und Ungerührtheit durch ihre Qualen «eine der schwersten Sünden des Menschengeschlechts», «die Grundlage der menschlichen Verderbtheit. Ich habe niemals an diese Millionen von still und geduldig ertragenen Leiden denken können, ohne von ihnen bedrückt zu werden. Wenn der Mensch so viel Leiden schafft, welches Recht hat er dann, sich zu beklagen, wenn er selbst leidet?»[226] Henry David Thoreau ist «der festen Überzeugung, daß die Überwindung des Fleischessens genauso zum graduellen Fortschritt der Menschheit gehört wie einst die Überwindung des Kannibalismus»[227]. Emile Zola bezeugt: «Die Sache der Tiere steht höher für mich als die Sorge, mich lächerlich zu machen; sie ist unlöslich verknüpft mit der Sache der Menschen, und zwar in einem Maße, daß jede Verbesserung in unserer Beziehung zur Tierwelt unfehlbar ein Fortschritt auf dem Wege zum menschlichen Glück bedeuten muß.»[228] Auch Bernard Shaw meint: «Solange die Menschen Tiere quälen, foltern und erschlagen, werden wir Krieg haben. Wie können wir irgendwelche idealen Zustände auf Erden erwarten, wenn wir die lebenden Gräber getöteter Tiere sind?»[229] Doch schon Leonardo da Vinci prophezeite den Tag, «an dem die Menschen über die Tötung eines Tieres genau so urteilen werden, wie sie heute die eines Menschen beurteilen.» «Es wird die Zeit kommen, in welcher wir das Essen von Tieren ebenso verurteilen, wie wir heute das Essen von Unseresgleichen, die Menschenfresserei, verurteilen.»[230]

Ergreifend Theodor Lessings Klage in «Europa und Asien», besonders in dem Kapitel «Der sterbende Pan», ergreifend und kaustisch, wenn er das «Monstrum, genannt europäische Dame», beschreibt: «Um den Hals einen Marder, als Gürtel die Haut eines Otter, Stiefelchen vom Leder des Kalbes, Agraffen aus Zähnen des Elefanten, Handschühchen vom jungen Bock und auf dem spatzenhirnigen Köpfchen als Triumphflagge aller gedanken- und seelenlosen Naturmörderei die wehende Straußen- und Reiherfeder. – Es gibt doch immerhin zu denken, daß in den Tropen, wo die wildeste und gefährlichste Tierwelt herrscht, die menschliche Seele am sanftesten und unschuldigsten geblieben ist, während im Abendlande fast die gesamte Tierwelt zahm und entwildert wurde und der Mensch allein die einzig wilde Bestie geblieben ist... Wissen wir, ob nicht die jahrhundertelange Gewohnheit, Tierblut unserm Körper einzuverleiben, unsere Wesensnatur gemodelt hat?»[231]

Weiter Theodor Lessing, von Hitlers Häschern dann am Schreibtisch gekillt: «Man erschlägt in jedem Jahr 10 Millionen Robben; doch nein! man erschlägt sie nicht; denn das wäre nicht wirtschaftlich. Man zieht den Lebenden das Fell vom Leibe und läßt sie liegen; sie sterben von selbst unter unsäglicher Qual.» «Die Fischzüge und Vogelmorde eines einzigen Jahres bringen so viele Leiden über die Erde, daß das ganze Blutbad des europäischen Weltkrieges von 1914 bis 1919 wie ein harmloses Kinderspiel dagegen erscheint.»[232]

«Gott ist nicht sparsam mit seiner Manifestation», renommiert Glaubenshüter Ulrich Mann, «der große Spieler lüftet ab und zu gern die Maske... Für ein religiöses Gemüt spricht die ganze Natur und Geschichte von Gott» – ja: in Fleischereien und Schlachtfabriken, in Legebatterien, Mastboxen, Dunkelställen, beim «edlen Weidwerk» aller Wald- und Wiesenmetzger, beim Dogdumping, tormentum malitiae, in Stierkampfarenen, bei Hahnen- und Hundekämpfen, Vivisektionen, aber auch in Tierkäfigen, Tierparks, Zirkussen und wo sonst der große Spieler noch die Maske lüftet für «ein religiöses Gemüt...».[233]

Niemand ist so schamlos wie ein Theologe.

Warum ich Agnostiker bin (1976)

Man lese dazu auch den protestantischen Papst unserer Zeit, Karl Barth. Wie theo-logisch doch differenziert er zwischen «Töten» und «Morden» des Tieres, indem er letzteres strikt verbietet, ersteres aber großzügig erlaubt – nur im Namen Gottes natürlich. MIT GOTT, in Krieg und Frieden. «Tiertötung gibt es eigentlich nur als Appell an Gottes versöhnende Gnade, als deren Darstellung und Verkündigung. Tiertötung bedeutet ja zweifellos das Gebrauchmachen von dem Angebot eines fremden, eines unschuldigen Opfers, die Inanspruchnahme seines Lebens für das unsrige. Der Mensch muß gute Gründe haben, mit solchem Anspruch ernst zu machen... Er muß durch die Erkenntnis der Treue und Güte Gottes, der ihn trotz und in seiner Schuld nicht fallen läßt... dazu *ermächtigt* sein... Er wäre wohl tatsächlich schon auf dem Wege zum Menschenmord, wenn er im Töten der Tiere freveln, wenn er das Tier *morden* würde. Morden darf er auch das Tier nicht. Er kann es nur töten: im Wissen, daß es nicht ihm, sondern Gott gehört... Tiertötung ist im Gehorsam nur möglich als ein im tiefsten ehrerbietiger Akt der Buße, der Danksagung, des Lobpreises des begnadigten Sünders gegenüber dem, der der Schöpfer und Herr des Menschen und des Tieres ist. Tiertötung ist, wenn mit der Erlaubnis und unter dem Gebot Gottes vollzogen, ein *priesterlicher* Akt...»[234] Wie das Menschentöten!

Niemand ist so schamlos wie ein Theologe.

Doch auch die Wissenschaft tut, was sie kann.

Der Soziologe Max Horkheimer erinnert sich an das Kolleg eines prominenten Physiologen in den zwanziger Jahren: «Im ersten Teil des Semesters war eine Katze so aufgeschnallt, daß sie ihren Kopf nicht bewegen konnte. Eines ihrer Augen war gewaltsam aufgerissen und ein starker elektrischer Lichtstrahl fiel hinein. Die Studenten wurden langsam vorbeigeführt, um sich zu überzeugen, daß der Hintergrund des Auges phosphoreszierte, wie der Professor behauptet hatte. Im zweiten Teil des Semesters war ein Hase gefesselt.

84 Warum ich Agnostiker bin (1976)

Auch er konnte den Kopf nicht bewegen. Der Schädel war aufgemeißelt und die halbe Hirnschale lag frei. Jedesmal, wenn ein Student vorbeikam, berührte der Professor eine oder die andere Stelle des Gehirns, um zu zeigen, daß dadurch ein Glied des Tieres zuckte, also mit jener Stelle verbunden war. Im dritten Teil brachte der Professor sechs Tauben ins Kolleg. Das Gehirn war ihnen herausgenommen. Er ließ sie im Auditorium flattern, um unzweideutig darzutun, daß sie die Orientierung verloren hatten. Der Beweis gelang.»[235]

Heute* werden in der Bundesrepublik Deutschland schätzungsweise zehn bis zwölf Millionen ‹Versuchstiere› mehr oder minder ähnlich ‹erforscht›, nichtgerechnet Insekten und Kleinstlebewesen.

Allein im Land des Papstes verrecken (mit Hilfe von Tausenden geblendeter Lockvögel) jährlich zweihundert Millionen Zugvögel, die man im steigenden Maße nach West-

---

* Ich schrieb diesen Aufsatz 1976. Und da ich ihn nun, zwanzig Jahre später, am 12. Dezember 1996 überarbeite, kommt mir gerade während der Durchsicht des Tierkapitels eine dpa-Meldung vor Augen. Unter der Überschrift «Weniger Auflagen. Die Massentierhaltung wird gesetzlich erleichtert» verweist der Artikel auf eine neue Verordnung unserer christlichen Regierung vom 11. Dezember, daß in der deutschen Landwirtschaft nun (noch) mehr Tiere «pro Anlage ohne Genehmigung» gehalten werden dürfen, fast dreimal soviel wie bisher! «Geflügelhaltungen werden künftig erst bei mehr als 20000 (bisher: 7000) Hennenplätzen, 40000 (14000) Junghennenplätzen, 40000 (14000) Mastgeflügelplätzen und 20000 (7000) Truthühnermastplätzen genehmigungspflichtig. Bei Mastschweinen beginnt die neue Genehmigungspflicht künftig bei 2000 (700) Plätzen. Bundeslandwirtschaftsminister Jochen Borchert (CDU) begrüßte die freizügigeren Regelungen. Sie ersparten Tierhaltern kostspielige und verzögernde Verfahren und verbesserten damit ihre Leistungsfähigkeit im europäischen Wettbewerb.»
Natürlich, dieser Minister duldet ja auch die elenden Massaker an den Kälberbabys, selbstverständlich gleichfalls nur zur Verbesserung der «Leistungsfähigkeit im europäischen Wettbewerb». Denken die Herren an Tiere? Ans Geld denken sie. An ihre Posten. Erst vor wenigen Wochen, bei Bekanntwerden des lukrativen Kälberkrepierens, telegraphierte ich dem Minister un-

Warum ich Agnostiker bin (1976)

deutschland importiert (wo 1974 das Einfuhrverbot an der Weigerung der – CDU/CSU-regierten – Bundesländer Bayern, Baden-Württemberg und Saarland scheiterte). Noch immer knüppelt man Robben-Babies vor den Augen ihrer Mütter kaputt, prügelt man Karakul-Lämmer gleichsam pränatal aus dem Mutterleib, führt man – unter kirchlichem Segen – Stierkämpfe im katholischen Spanien, Südfrankreich, Lateinamerika auf, neuerdings auch in Jugoslawien und Kuweit. (1567 verbot sie zwar Pius' V. Bulle De salute gregis «für ewige Zeiten»; doch keinesfalls, wie gern hingestellt, als Humanitätsakt auch gegenüber den Stieren und oft grauenhaft krepierenden Pferden, sondern nur, wie § 1 testiert, wegen der «häufigen Todesfälle von Menschen, Verstümmelungen menschlicher Glieder und Gefahr für das Seelenheil»[236].)

In den USA bringt man Pferde mittels Elektroschocks zu wilden Sprüngen, fängt man beim «Steer Busting» die Tiere mit dem Lasso an den Hinterläufen und schleift sie durch die Arena, bis sie verenden. Auf Taubenschießplätzen ballert man Tauben, nachdem man ihre Steuerfedern gestutzt, tausendweis ab. Verweigert so ein «Ziel» den Todesflug, reißt man ihm Federn aus und salzt seine Wunden, um es zum Fliegen zu bringen. In der Bundesrepublik Deutschland gab es zumindest noch 1970 öffentliches «Hahnenköpfen» und «Gänseköpfen», wobei die Hobby-Schlächter oft mit verbundenen Augen die nach unten aufgehängten Opfer qualvoll

ter anderem: «Man kann kaum der Zeit die Zähne ziehn, aber man kann zeigen, wie schlecht sie sind. Herodes-Prämie? Sollte sie nicht Ihren Namen tragen hierzulande?»

Den zitierten dpa-Text bringt unser Lokalblatt auf Seite 2. Auf Seite 1, haargenau sozusagen auf seinem Rücken, steht eine andere dpa-Meldung unter der Schlagzeile: «Notfalls auch mit Gewalt für Frieden. Deutsche Soldaten bei SFOR-Friedensmission dabei». Da gesetzlich für den Einsatz, dort gesetzlich für den Absatz. Solang es Schlachthöfe gibt, wird es auch Schlachtfelder geben. Lernen Völker? Sie lassen sich auch künftig schlachten, wie sie selbst die Tiere schlachten.

massakrierten. Und während man früher vor der Urlaubs-
fahrt fast allgemein seine Fische in die Toilette leerte und die
Spülung zog, setzt man nun, ehe man sich selbst erholt, die
eignen Hunde, Katzen aus, bindet sie an Bäume, schlägt ihre
Köpfe ein, stopft sie in den Müll, in Amerika jährlich Millionen. Und von tausend Millionen Tieren, die man Jahr für Jahr
auf der besten aller Welten kaltblütig abmurkst, verröchelt
mehr als die Hälfte unbetäubt (Geflügel, Kleintiere, Fische
gar nicht mitgezählt).[237]

Immer wieder ist festzuhalten, daß die älteren griechischen Philosophen der vorchristlichen Zeit dem Tier ein Seelenleben konzedierten ähnlich dem unsern. Bei den Pythago-
reern ebenso wie in Indien hat die Überzeugung von der
Gleichheit der Tier- und Menschenseele das Verbot der
Fleischnahrung bewirkt. Und noch im 3. Jahrhundert sah der
große Antichrist Porphyrios, «doctissimus philosophorum»
selbst laut Augustin, keinen prinzipiellen, sondern nur einen
graduellen Unterschied zwischen Tier und Mensch.[238] Aber
erst nach eineinhalb Jahrtausenden erbarmungsloser Degra-
dation des Tiers durch die Frohen Botschafter und deren be-
ginnendem Bankrott konstatieren der Humanist Michel de
Montaigne im 16., die Aufklärer im 18., Scheitlin, Alfred
Brehm, Carl Vogt, Ludwig Büchner, Ernst Haeckel im
19. Jahrhundert wieder ein allenfalls gradweises Anderssein
der Tierseele, oft sogar zugunsten dieser![239]

Zwar widerlegt auch die Tragödie des Tiers kein «höchstes
Wesen», doch die christliche Gottesidee. Denn ist Gott allmächtig, kann er nicht allgütig, ist er allgütig, kann er nicht
allmächtig sein. Andernfalls dürften wir unsern Kopf getrost
kirchlich ausräuchern und zum Weihwasserbecken umfunk-
tionieren lassen: glauben und verdummen, wie Pascal empfahl...

Und verrohen!

19

Ist nun aber an Vorstehendem manches «überholt», «veraltet», das grundgelegte Gottesbild von der «fortschrittlichen» Theologie bereits selber preisgegeben worden?

Wie auch immer: es ist das des (offiziellen) Dogmas. Und modifizieren jetzt «Progressisten» ihren Gottesbegriff, so ja nur, weil man, weithin apathisch oder gottlos, kaum noch daran glaubt. Geht ihrer «neuen» Einsicht doch eine fast zweihundertjährige Historie der Tod-Gottes-Rufe voran, die durchaus nicht, Apostaten wie Bruno Bauer beiseite, vom Klerus kamen.[240] (Der rief damals was ganz anderes, sogar Hunde «Kant».)

Schon Schiller verwirft, hierin mit Goethe einig, *jede* Metaphysik; nicht bloß den Kirchenglauben, sondern, seit seinem endgültigen Studium Kants (1793), auch die «Postulate» Gott und Unsterblichkeit.[241] In Frankreich höhnt 1797 Marquis de Sade: «Idiotische Christen, was wollt ihr denn mit eurem toten Gott machen?»[242] Dann hört Heine «das Glöckchen klingeln», mit dem man «die Sakramente einem sterbenden Gotte» bringt, und meldet in seinen Briefen aus Helgoland: «Pan ist tot.» «Der große Pan ist tot!»[243] Eine Generation später lauscht Nietzsche «dem Lärm der Totengräber, welche Gott begraben»[244], und verschafft der neuen Kunde wie kein anderer Gehör.

Und reichen auch heute die Gottesbilder vom primitivsten Anthropomorphismus über den «reinen Geistbegriff» bis dorthin, wo kaum ein letztes Fetzchen transzendenten Wähnens bleibt – was im 18. Jahrhundert wenige erst ahnten, im 19. nur wenige riefen, weiß das 20.: der christliche Gott ist anachronistisch, unglaubhaft geworden, er hat das Zeitliche gesegnet, hat uns Grüfte und Grabmäler hinterlassen und ein kleines Heer bezahlter Leute, die noch seinen Leichnam pflegen. Das herrschende naturwissenschaftliche Weltbild aber, der Positivismus, die Psychoanalyse, die maßgebliche

Philosophie und Literatur, all dies bedarf keines Gottes mehr. Auch der einzelne kommt ohne ihn so weit oder weiter als der homo religiosus. Manche Gemeinschaften, Staaten organisieren sich gottlos und gedeihen oft besser als zuvor. Folglich spielt, notorisch verspätet, auch der advocatus dei sein theologisches Blackout.

Prinzipiell weißgott nichts Neues! Gehört es zum schönsten Service der Herrendiener doch, zum dringendsten, routiniert ihr Schifflein nach dem Wind zu drehn, abgetane Glaubensbürden immer wieder zu versenken, um nicht selber unterzugehn, um die «christliche Wahrheit», mit Bischof John Arthur Thomas Robinson, «heute in der rechten Weise» zu verkünden, «im Lichte der neuen Interpretationen»[245]. Doch bald ist dann, was «heute» «rechte Weise», nicht so ganz die rechte mehr, sondern lästig wie die vordem liquidierte, und man schmeißt auch die jüngste «rechte Weise» über Bord zugunsten einer neuen «rechten», die man wieder aufgibt, wenn sie keiner mehr recht glaubt. Mochten so ganze Theologengeschlechter gewisse Theorien von Kopernikus, Galilei, Darwin verteufeln, gilt eine Erkenntnis generell, sanktioniert sie auch der Klerus; jeder darf das einst Verketzerte nun glauben und wird trotzdem selig.

Nicht ums Verkündigte nämlich geht es, sondern um die Verkünder. Jede «neue» Theologie ist ein neuer theologischer Überlebensversuch. Ein fortgesetztes corriger la fortune. Eine existentielle Notwendigkeit, zumal in unsren Tagen, denn: «Der zeitgenössische Christ weiß, daß die biblischen und traditionellen Vorstellungen von Christus nichts mehr sagen.»[246]

Wie die geistlichen Herren darum «Mit Gott» (und dem besten Gewissen der Welt) stets lässig über Berge von Leichen göttlicher Ebenbilder schritten und schreiten, so jetzt über die Leiche ihres Götzen selbst, den alten Theismus. Übergoß man, vor kurzem noch, den Säkularismus, als Antipoden, mit Gift und Galle, vertritt ihn nun die «Avantgarde»

– subtil unterscheidend zwischen (bösem) Säkularismus und (legitimer) Säkularisierung –, aus lauter Sorge natürlich um die Seele des «säkularen» Menschen ...

«Mit den üblichen Mätzchen, wie etwa der Behauptung, man müsse den Menschen unserer Zeit einfach mit dem Evangelium konfrontieren», sagt sich der Theologe Mann, «kommt man nicht mehr aus dem Gemäuer des christlichen Ghettos hinaus.»[247] Einst eroberte und beherrschte man vermöge der «Mätzchen» eine Welt, jetzt verliert man sie damit. «Dieses Denken», nickt gedankenvoll der Bischof Robinson, «hat der Kirche früher zweifellos gute Dienste geleistet, und auch heute noch scheint es für den ‹religiösen› Menschen völlig angemessen.»[248]

Aber der «religiöse» Mensch, genauer: der Kirchenhörige, wird rarer. Und Bischof Robinson ahnt schon den Tag, wo er und seinesgleichen «die Leute nicht mehr von einem Gott ‹außerhalb der Welt› überzeugen können ..., genausowenig wie wir sie überreden könnten, die Götter des Olymp ernst zu nehmen». Ergo will der clevere Hirte das christliche Credo vom Theismus «befreien» und «intensiv» darüber nachdenken, «was wir an seine Stelle zu setzen haben»[249].

Noch das in Zermatt von mir dem geistlichen Trivialverkehr entführte Schwärtchen weiß: «Wir können von Gott nicht mehr in der Art der Großmutter sprechen»; das sei «in vielem unecht». Geradezu «erlösend» wirke darum: «An Gott, den du dir vorstellst, an den glaube ich auch nicht. Den gibt es nicht. Der wahre Gott ist anders.»[250]

Gott ist anders! Der Theologen-Topos, der klerikale Top-Hit heute. Der New Look der Nigromanten! Darf's noch der alte Herr, darf's schon ein neuer sein? Oder der alte doch in Neuauflage? Geht es vielleicht auch ganz ohne Gott? Oder ohne Religion? Ohne Religion, aber mit Gott? Ohne Gott, aber mit Religion? Wie ist Gott? Ist er überhaupt? Über irgendeine Finte, Gaukelei, irgendeinen unerhörten Glaubensakt sucht man sich jedenfalls dem Zeitgeist zu synchronisieren. Mundus vult decipi, die Welt will betrogen sein; was schon Luther mehrfach in die Feder fließt, nicht nur mit dem Zusatz «verum proverbium», auch mit der offenherzigsten Versicherung: «Mundus vult decipi. Ich wil da zu helffen.» Und in Rom gesteht nur wenig später (1556) Kardinal Carlo Carafa, Neffe Papst Pauls IV.: «Da das Volk betrogen werden will, mag es betrogen werden»[251] – unisono, Una Sancta.

Weil die Hauptinhalte indes dieser schwarzen Kunst Gedankendinge sind, Begriffsgespenster bloß, Wörter jeglicher Erfahrungsbasis bar, fallen Papierdistinktionen nicht sonderlich schwer. «Wir können keine Aussagen über Gott machen, die derart endgültig sind, daß sie nicht verbessert werden können und müssen. Deshalb müssen wir das, was wir von Gott sagen, immer und immer wieder neu formulieren.» Oder, radikaler, unverhüllter, mit einem evangelischen Konfrater: «Das christliche Wort entfaltet sich, indem es seine eigenen, vergangenen Formen verneint.»[252]

So ist's. Alles eine Frage der Maulfertigkeit nur, des Hierophanten-Getuschels, der transzendenten Zungendreherei. Derart läßt sich das Blaue vom Himmel holen und wieder hinaufbugsieren, kann man, durch Akkumulation der wunderbarsten Blasen und Leerformeln, herrliche «dialektische» Volten vorführen, gelenkige Kombinationen, Verschlagenheiten, Modernität auch noch mimen, «Fortschritt», freilich unter dauerndem Verstoß gegen Wittgensteins Wunsch, über das zu schweigen, was nicht klar zu sagen sei. Doch steckt man eben zutiefst in jener Un- oder «Übernatur», mit Edward Young zu reden (der's wissen mußte: Sohn eines Geistlichen und selber einer),

«Wo der Mensch den Naturzweck der Sprache verkehrt
Und nur spricht, damit niemand sein Denken erfährt.»[253]

Warum ich Agnostiker bin (1976)   91

Ist der Priester Schauspieler nicht von Natur, wird er es ex professo. Er liebt das Mise en scène, die Rolle und Verkleidung, die Camouflage: sein Charisma. «Ich hab es öfter rühmen hören, Ein Komödiant könnt einen Pfarrer lehren.» Nicht nur beim «Gottesdienst» schlüpft er, je nach Kirchenjahr, in stets neue Ornate, schmückt und schillert er sich durch Feste und Fasten. Nicht nur in politicis erschwindelt seine proteische Natur Triumphe über Triumphe, durchgleitet er wie ein Chamäleon die Zeiten. Auch theologisch will er, gleich Paulus schon, dem Schlauen, allen alles sein, wobei ihn Taktik (nicht Scham etwa!) in immer fiesere Verstecke zwingt, zu immer subtilerer Verstellungskraft, virtuoseren Gefinkeltheiten, einer Optik, deren Krummheit sich nicht so schnell verrät, terminologischen Usancen, die jeder Klarheit oft spotten und Solidität, sein Instrumentarium absichtlich unscharf, vieldeutig bleibt, leicht und wie in Nebeln hin- und herschwimmt, auf daß er selber eben, schwimmend, schwätzend, schweigend, überlebe, die wahre göttliche Komödie.

Zwar gab es längst die contemplatio in caligine divina, die apopathische Theologie, eine äußerst vorsichtige via negationis. Schon in den Upanischaden ist Gott das «Nein, nein» (neti, neti), im Buddhismus die «völlige Leere» (sunjata)[254], im Christentum dann, bei Meister Eckehart, gar der «Nichtgott»[255], wobei sich die «negative Theologie», die «docta ignorantia», selber als «perfecta scientia» und «verissima et suprema scientia» feiern konnte.[256]

All dies aber war, nichts für die Engstirnigen, Plattköpfigen, Plumpgeistigen, die sancta simplicitas. In der Regel hatten die Kirchenväter «Gott» fix und fertig aus seinen Höhlen herausgesponnen, kannten sie ihn so genau, als habe er jedem der ihren schon Audienzen gegeben, Interviews oder wenigstens Porträt gesessen, quasselten sie alle von ihm, als litten sie an Logorrhöe.

Thomas von Aquin, der «auf fünffachem Wege», lauter

Schleichwegen, versteht sich, bewies, «daß Gott existiert», verbreitete zum Beispiel, der Herr sei reiner Akt, unmöglich Materie, «völlig einfach» vielmehr, doch absolut vollendet. Thomas wußte, daß Gott ohne Körper lebe und Akzidenzien, die Perfektion keines Gegenstands ihm fehle, er in allem stecke, «aber nicht als Teil oder Wesenheit oder Accidens, sondern wie das Wirkende im Gewirkten», daß er, mit komplettem Wissen ausgerüstet, sich gänzlich erkenne, doch nicht sich und die Welt auf gleiche Art, wohl aber jedes Ding in seiner Spezifität, daß ihm nichts verborgen sei, «was nur immer in irgendeiner Weise ist», «nicht nur das Wirkliche, sondern auch das ihm oder den Geschöpfen nur Mögliche» et cetera, et cetera.[257]

Heute – ist Gott anders! In Respektierung der Goethe-Erkenntnis «Getretner Quark wird breit, nicht stark» halten viele Geweihte sich jetzt gern zurück, sind sie überraschend einsilbig oft, zugeknöpft, betonen sie mit Vorliebe den großen Unbekannten, den «deus absconditus» und seine «unerforschlichen Ratschlüsse», setzen sie die Offenheit für «das nicht aussagbare Geheimnis» über das bloße «Bescheidwissen». Denn das «seiner Grenzen bewußte Stammeln über dieses Geheimnis ist wichtiger und bedeutsamer als viele richtige Antworten, mit denen unser Leben angefüllt ist»[258]. Kurz, was Gott ist, weiß niemand; was er nicht ist, jeder.

Karl Barth, der Religion als den abgefeimtesten Versuch verfemt, sich gegen den Bibelglauben zu verschließen, nennt jedes religiöse Erlebnis, das Inhalt, Besitz, Genuß Gottes zu sein meint, schlicht «unverschämt», «Verrat an Gott», «Geburt des Nicht-Gottes, der Götzen». «Gott!» ruft er. «Wir wissen nicht, was wir damit sagen. Wer glaubt, der weiß, daß wir es nicht wissen.»[259] «Gott?» fragt ein anderer Wortverkünder. «Man muß sich wundern, wie jedermann zu wissen glaubt, wer oder was das ist. Auch der Atheist glaubt zu wissen, wen oder was er ablehnt.»[260]

Ja, von den Theologen.

Warum ich Agnostiker bin (1976)

Einst wußten sie doch so viel von Gott, daß es ihren Nachfolgern nun ganz unglaublich vorkommt (falls es nicht schon den Vorgängern unglaublich war). Deshalb ja ihr oft so vages, künstlich verdunkeltes Geflunker, ihr Bafel Bavel und Ballawatsch. Wobei sie freilich, wie eh und je, Importanz vortäuschen, Tiefe (oder gar glauben, was sie lehren), indes sie faktisch mit ihrem Latein am Ende sind, am liebsten in sieben Sprachen schwiegen, Gott nur noch als «Tiefe des Daseins» benennen, «Woher unserer Mitmenschlichkeit», «das Offene unserer Zukunft», so daß nach solchen und anderen wolkig nebulosen Abstraktionen[261] nicht mehr oft bleibt als ein Je ne sais quoi.

Nietzsche hat solches Sich-Ausdrücken, Sich-um-das-Problem-Herumdrücken geahnt und die Erkenntnis einer derartigen metaphysischen Welt, ihre Existenz selbst als sicher vorausgesetzt, die gleichgültigste aller Erkenntnisse genannt: «noch gleichgültiger als dem Schiffer in Sturmesgefahr die Erkenntnis von der chemischen Analysis des Wassers sein muß»[262].

Ihr Kreuz: sie wissen nichts von Gott – was sie am besten wissen, Krethi und Plethi aber nicht gern eingestehn. Doch dürfen sie den Mund auch kaum zu voll mehr nehmen. Also wählen sie – das est in medio verum ohnedies unter ihren Standardlügen – meist einen mittleren Weg («momentane Spontaneität mit dem Mut zur Lücke», Zahrnt[263]), verraten aber eher weniger als mehr und überlassen es dem Gläubigen, sich mehr oder weniger dabei zu denken.

Vermittelnde Schaumschläger, besorgt bereits über die Blässe des gegenwärtigen Idols, die fehlende «Lebendigkeit» darin, «Farbe», einen mangelnden «Dreckeffekt» (!), dringen schon wieder auf etwas Leben sozusagen in der Leiche, etwas Farbe im Farbenschwund und demonstrieren gleich beides: «das Unbekannt- und Unbenanntbleiben Gottes trotz allen Bekannt- und Benanntseins..., seine Verborgenheit in aller Offenbarung, den Abgrund in allem Grund, die

Gottheit in Gott»[264] oder, anders gesagt: die Pfaffheit im Pfaffen.

Viele Jenseitsspezialisten brauchen jetzt gar keinen Supranaturalismus mehr. Mit edler, aus immergrünen Glaubensgründen quellender Gelassenheit predigen sie die «Erfahrung eines Gottes über dem Gott des Theismus», «über dem Schema..., in das ihn der Theismus hineingezwungen hat»[265]. Denn «daß der alte Gott nicht mehr lebt, an den alle Welt einst geglaubt», diese vordem so verfluchte Nietzsche-Lehre bejahen sie sehr ungeniert nun selber – mit einer kleinen Betonung vielleicht des Attributs «alt»; fängt doch «mit der Vorstellung vom jenseitigen Gott... heute keiner mehr was Rechtes an»[266].

Die theologische Haute Couture, die den weiland arg weltfernen Herrn nun hurtig ins Hiesige holt (denn «Hiersein ist herrlich»!), entleert den Gottesbegriff also nicht, füllt ihn eher mit hoch im Kurs stehenden Dingen, gefälligen Fiktionen, mit «Leben», «Farben», «Dreckeffekten». Man insistiert, rhetorisch erhitzt beinah und wahrhaft umwerfend konsequent, auf «immanenter Transzendenz» jetzt, «Transparenz», erkennt nicht wenig von der Kritik des Atheismus am Theismus an, des Naturalismus am Supranaturalismus, ist d'accord mit dem Abtun von «Idolen», ruft uns (wissenschaftlich weit Zurückgebliebenen) jovial-überlegen von der ganzen Höhe des Fortschritts aus zu: «Aber der Gott, den der Naturalismus hinauskomplimentiert, ist ja der Gott des Supranaturalismus»[267], das heißt: doch der Gott nur der letzten zweitausend Jahre.

Pectus facit theologum, das Herz macht den Theologen? Nein, pellis, der Pelz! Je nach Bedarf wird er verschieden eingefärbt (über immergleichem geistlichem Kontinuum: «Ein Prediger muß... Zähne im Maule haben und *wehren* oder streiten können», Luther; «unter ihrem Schafspelz sind sie reißende Wölfe», Goethe)[268].

Noch die vordem heiligsten Begriffe – «Reich Gottes»,

Warum ich Agnostiker bin (1976)

«Göttliche Vorsehung», ja «Gott» selbst – werden da dreist, doch gottesfürchtig liquidiert. So ruft der frühere Feldprediger Tillich, zwischen verflossenem Supranaturalismus und theologisch unbrauchbarem Naturalismus (mittels stereotyper «Tiefen»-Floskel: kühn statt «Höhe» Gottes!) avantgardistisch sich durchmogelnd: «Und wenn diese Worte Euch nicht mehr viel bedeuten, so übersetzt sie und sprecht von der Tiefe der Geschichte, vom Grund und Ziel unseres sozialen Lebens und von allem, was ihr ohne Vorbehalt in eurem politischen und moralischen Handeln ernst nehmt.»[269]

Was einen Nietzsche lebenslang gefoltert und erhoben, läßt sie nur flotte Phrasen fabrizieren, im Schmierentheater-, im Hausierer-Stil einen deus ex machina verhökern, einen «Gott über Gott», wie Tillich – in seinem «Mut zum Sein» (recte: Schein) – das Ergebnis seines Drängens nennt, «den Theismus zu transzendieren»[270]. Wofür Epochen lebten, starben, weil mit allem Fanatismus als «ewige Wahrheit» ihnen eingepaukt – plötzlich ist es nicht mehr opportun! Bischof Robinson: «Haben wir uns schon einmal klar gemacht, daß die Abschaffung eines solchen göttlichen Wesens in Zukunft der einzige Weg sein könnte, dem christlichen Glauben Sinn und Bedeutung zu erhalten? Allerdings werden die wenigen, die noch am Alten festhalten, diesen Weg nicht mitgehen wollen.»[271]

Doch wer bedenkt die wenigen, geht's um das Ganze, das Corpus mysticum – die eigne Existenz?! Da haut man, wie unser Oberhirte, schon lieber alles in die Pfanne beziehungsweise «in den Schmelztiegel hinein . . . – sogar unsere geliebten religiösen Begriffe und moralischen Prinzipien» – und glaubt gleichzeitig natürlich weiter ans «Zentrum der christlichen Wahrheit», «Wir wollen in keiner Weise die christliche Lehre von Gott verändern . . .».[272]

Schrittmacher war, im vergangenen Säkulum, die liberale Theologie. Sie bereits strich den Supranaturalismus und machte so das Christentum für viele noch glaubhaft. Dann

stieß Bultmann weiteren Ballast ab, schien ihm die «Geister-
und Wunderwelt» der Bibel doch nicht mehr akzeptabel
durch Menschen, die «elektrisches Licht und Radioapparate
benutzen»[273].

Pastor Bonhoeffer, 1945 als Kämpfer gegen Hitler hingerichtet, ging auch dies noch «zu wenig weit». Nicht nur
«‹mythologische› Begriffe wie Wunder, Himmelfahrt etc.»
empfand er als «problematisch», «sondern die ‹religiösen›
Begriffe schlechthin». Denn, so Bonhoeffer, «es zeigt sich,
daß alles auch ohne ‹Gott› geht, und zwar ebenso gut wie
vorher». Die Theologen, meint der Bekenner, klammerten
sich freilich ans religiöse Apriori, «leben [!] also gewissermaßen von diesen sogenannten letzten Fragen der Menschen.
Wie aber, wenn sie eines Tages nicht mehr als solche da sind,
bzw. wenn auch sie ‹ohne Gott› beantwortet werden?»[274] Ja,
wovon dann leben? «Wie kann Christus der Herr auch der
Religionslosen werden?»[275] Wie kann der Priester wieder
Herr werden und herrschen? So propagiert Bonhoeffer, das
«große Sterben des Christentums» vor Augen, eine religions-
lose Gottesidee. Denn: «Es sind nur noch einige ‹letzte Ritter› oder ein paar intellektuell Unredliche, bei denen wir ‹religiös› landen können.»[276]

Man muß aber «landen», will man als pastor bonus die
Schäflein weiden, scheren, schlachten. Das gehört zur joie
de vivre, zum tel est mon plaisir der Herren. Wie deshalb
Bonhoeffer seinen religionslosen Gottesglauben kreierte, so
preisen andere (vor allem Amerikaner, Thomas J. J. Altizer,
William Hamilton, Paul M. van Buren) nun ihre «radical
theology» an, ihre «Theologie ohne Gott», einen «christlichen Atheismus»; statt der religionslosen Gottesvorstel-
lung also eine gottlose Religion. Seit Gabriel Vahanian, mit
«The Death of God. The Culture of our Postchristian Era»,
1961 das Startzeichen gab, lehren sie, um es mit Altizer zu
sagen, Gott sei in unserer Zeit und Geschichte gestorben, seinen Tod «als historisches Ereignis anzuerkennen»[277]. Und

das als Apostel einer Religion, deren erster Glaubensartikel lautet: «Ich glaube an Gott...»

Man hat dies forciert antimetaphysische Tod-Gottes-Spektakel auch eine Playboy- oder Shocking-Theologie genannt, ein geistliches Happening. Doch schockant ist nicht der Theologe mehr, schockant ist, wer ihm noch glaubt – auch wenn anstelle des «Ewigen» jetzt das Säkulare tritt, anstelle Gottes der Mensch, der Nächste, das Soziale, die Liebe, der «universale Leib der Menschheit» (Altizer), wenn man das Dogmatische nunmehr aufs Ethische reduziert: für humanes Denken längst selbstverständlich.[278]

Es gibt freilich auch da viel Fraudulöses; nicht immer vermeidbare Paradoxa vielleicht, aber genug Feigheit und Pfiffigkeit noch, Maskeraden des Glaubens, Durchstecherei. Denn schließlich steht doch wieder ein schillerndes Sowohl-als-Auch vor uns, wird es erneut geheimnisvoll, biblisch, weihnachtlich gar, gerät der Nekrolog unversehens zur Nekromantie, der Exitus zur Epiphanie, die Jeremiade zum Jubel, zum Comeback zumindest des Herrn Jesus, ja gleichfalls sehr nahe dem, was man sonst Gott genannt und auch nun, weißgott, oft meint, und hat somit, durch irgendeine Kaptation, eine widerliche Dunkelmänner-Dialektik, die alten Geister weiterhin, einen mausetoten Deus, der, nach allen Exequien, recht munter ist, wohlauf, hat das Kontrarationale, Supranaturale, ein metaphysisch warmes Weltbild wieder, die «echte Transzendenz» jetzt eben, das «schlechthin [!] Absolute», «wahrhaft Göttliche»[279] – Christ ist erstanden!

Thomas J. J. Altizer, für den Gott «wahrhaftig» gestorben und die Menschheit von dieser «bedrückenden Gegenwart» befreit worden ist, für den auch «die Ereignisse unserer Heilsgeschichte» zu lauter «toten und leblosen Momenten einer unwiderruflichen Vergangenheit» zählen, schaut dann doch Christus «voll gegenwärtig» und beschwört uns, «die Energie des Christus anzuerkennen». «Christus ist die reine Aktualität des totalen Augenblicks» und so weiter.[280] Und

William Hamilton, der den «Tod Gottes» keinesfalls symbolisch nur, als bloß rhetorische Metapher verstehen möchte, will dann doch Gott, «in einer anderen Rolle» (well roared, lion), kommen und unser Leben «christlich motiviert» sehen, nämlich «durch Jesus Christus...» – unsern Herrn; ohne den es auch bei van Buren nicht ganz geht.[281] Denn Gott, Christus, sie, das sind, in praxi, kommutable Größen, *sind stets sie selbst*, quod bene notandum.

Irgendwie muß alles eben weiterwesen, «lebend» oder «tot», umgeschminkt ein wenig, neu frisiert – und neu düpiert. Der katholische Verfasser der «Existenzkrise Gottes?», der in einem ersten Teil, «Gott ist tot. Entlarvung falscher Gottesbilder», eine ganze christliche Götterdämmerung inszeniert, einen «Gott» nach dem andern frisch-fröhlich über die Klinge jagt – «Der Gott dieser Religiosität ist tot», «Dieser Gott ist tot», «Auch dieser Gott ist tot», Halali! –, präsentiert dann einen zweiten Teil: «Gott lebt. Vom wahren Gott der Vernunft und der Offenbarung.»[282]

Deus redivivus – sogar via Vernunft. Denn lebt er selbst als «lebender Leichnam» nur (nicht zufällig ein terminus technicus der Religionsgeschichte), leben auch alle, die von ihm leben: «das Gewebe wird ein anderes sein müssen», so ein Betroffener, «aber der Webstuhl muß endlich wieder laufen»[283]. Oder, zünftiger verschlüsselt: «Auch die *immanente* Transzendenz bleibt immer *Transzendenz*.»[284]

Doch ließe man den hohen Herrn selbst gänzlich fallen, den Problemlöser nicht bloß, Bedürfniserfüller, das notwendige, das absolute Sein, das ens perfectissimum, piae memoriae etc., sondern den Höchsten ganz und gar, mit Haut und Haar, mit Immanenz und Transzendenz samt allem dazwischen und drumherum: – die Gottesweisheit sicher nicht! Ihr bleibt man treu bis in die Pfründe. Noch wenn Gott tot ist, wollen seine Boten leben. Wer verstünde, ja, wer bewunderte sie nicht! Denn welch enormer Kunst es schon bedurfte, im cbd-Verfahren (cash before delivery) aufs neue stets und weltweit einen Ladenhüter feilzuhalten, den man zwar nie geliefert, doch dauernd – und summa observantia! – bezahlt bekommen hat: die größte aller Künste bleibt es, ihn auch dann noch zu verkaufen, nachdem man selber eingestanden, daß er nicht mehr zu haben sei.

20

Es gibt, gewiß, auch gläubige Theologen, mögen sie eindringlicher heute sich fragen, «ob wir wirklich noch glauben können?»[285], lauter nun rufen: Herr, ich glaube, hilf meinem Unglauben!

Doch was beweist ihr Glaube als allenfalls die eigene Leichtgläubigkeit? Und erwiese er mehr auch (die eigene Angst etwa): *Uns interessiert ihr Glaube nicht, uns interessieren seine Wirkungen!* Wem hat er genützt und wem geschadet? Wen erhoben und wen ruiniert? Was war ein Mensch da gegenüber «Gott»? Wurde man nicht seinetwegen gebodigt stets bis zur Vernichtung? Nicht seinetwegen beraubt, gestäupt, geblendet, eingemauert und verbannt? Verbrannt, gehängt, geköpft, erwürgt, gesäckt, geteert, gerädert und gevierteilt – auf jede Weise in den Dreck getreten und in ungeheurer Zahl? Ging es je denn um des Menschen Wohl? Nicht immer bloß um sein Opfer? Das «göttliche» Gebot? Die «göttliche» Moral? Den «göttlichen» Willen? Ging es nicht stets um jenes Höchste, Letzte, Absolute, vor dem mit Sicherheit nur eines stand: die absolute Macht- und Geldgier der clericia und ihrer «weltlichen» Komplizen, der eigentliche Götterschmaus, das wahre *Herrenmahl*: ihr gemeinschaftliches Zerreißen und Zerfleischen der Menschheit, ihrer Gegner und Untertanen, per fas et nefas, vom 4. bis ins 20. Jahrhundert, wo die Formel «Wir, Wilhelm von Gottes Gnaden Deutscher Kaiser und König» über einigen der entsetzlichsten Entscheidungen der Geschichte steht; wo noch

1933, «im Jubiläum unserer Erlösung», alle deutschen Bischöfe in Adolf Hitler «einen Abglanz der göttlichen Herrschaft und eine Teilnahme an der ewigen Autorität Gottes» erblickten (und nicht nur 1933!)?[286]

Herrscher und Hierarchen, Krone und Kreuz, wobei jeder Gaunerei, jedem Verbrechen, dem detestabelsten, dem größten noch, dem Genozid, der Glorienschein des Gerechten, Guten aufgesetzt werden konnte und aufgesetzt worden ist. Unrecht Gut gedieh! Gedeiht noch immer! Und mit ihm das Prestige. Je größer jenes, desto höher dieses. Dat census honores. Gott stand hinter den Mächtigen. Und die Mächtigen steckten hinter Gott, waren fast Gott, vertraten ihn jedenfalls. Wenn man ihm Weihrauch streute, beweihräucherte man sich selbst. Wenn man ihn pries, pries man sich selbst. Wenn man ihm opferte, opferte man die andern: stets der Weisheit Schluß. Und ihr Anfang: die Ehrfurcht. Man sollte ehren und fürchten, Gott und den Priester, diesen in jenem, jenen in diesem. «Der Pöbel ist furchtbar, wenn er nicht fürchtet.»

Gott, wie er unsere Geschichte heimsuchte, heimholte, zur Hölle machte, war ein rabiater Feind menschlicher Freiheit, ein Zwingherr, Despot, das eigentliche instrumentum diaboli. «Gott», sagt Proudhon, «heißt Tyranney und Elend.»[287] Wo man Autorität wollte, schob man Gott vor. Wo Gewalthaber Sklaven, Diktatoren Duckmäuser brauchten, war auch Gott. Wo als Recht deklariertes Unrecht herrschte, keine Reform kommen durfte, keine Revolution, verwies man auf Gott, die «gottgewollte Ordnung», die «sancta potestas». Gott war exklusiv, war kastenstolz, Schutz und Schirm der Etablierten und Furcht und Zittern für die Armen, Erniedrigten, Beleidigten, die man mit eiserner Rute weidete, mit Höllenängsten, Himmelshoffnungen. Nichts Heiligeres gab es als Geld und Gut der Kirchen, und alles, was an ihnen sich vergriff, was sie gefährdete, wurde verfolgt, gebrandmarkt und nach Möglichkeit ausgemerzt. «Relative Milde ist hier nur bei relativer Ohnmacht zu erwarten» (Hans Albert).[288]

Warum ich Agnostiker bin (1976)

Als der Mensch unseres Kulturkreises am gläubigsten war, im Mittelalter, war er auch am unfreiesten, geistig, politisch, sozial. Er war weithin gläubig und gläubig weithin versklavt. Er steckte in Gott wie in einem Kerker. In dem Maße aber, in dem er Gott und seinen Bütteln entkam, sich von ihnen befreite, schuf er sich ein Stückchen Freiheit überhaupt. «Die Geschichte zeigt», wie der Theologe Marti dem Schweizer Agnostiker Robert Mächler zugeben mußte, «daß niemand verhängnisvoller und fataler gewirkt hat als die Sippschaft der Verteidiger Gottes. Mit ihnen verglichen sind die ‹advocati diaboli› sympathische Unschuldslämmer.»[289] Und Marti erklärte in diesem Streitgespräch: «Wenn das Christentum sterben müßte, damit der Mensch leben kann, so soll, so muß es sterben.»[290] Ist doch auch nach Martin Dibelius die Kirche die «Leibwache von Despotismus und Kapitalismus» gewesen. «Darum waren alle», wie der bekannte Neutestamentler betont, «die eine Verbesserung der Zustände dieser Welt wünschten, genötigt, gegen das Christentum zu kämpfen.»[291]

Bis zur Stunde aber wurde Gott mißbraucht in excessu. Und Jahrhunderte noch wird er mißbraucht werden. Keine Ausgeburt menschlichen Gehirns hat sich als kannibalischer erwiesen, keine so viel Blut gekostet. In hoc signo vinces, hetzte man in der Antike. Gott will es, schrie der Papst zu Beginn der Kreuzzüge. *Mit Gott!*» eiferte Bischof Hanns Lilje mitten im Wahnsinn des Zweiten Weltkriegs. «Nur im Namen Gottes kann man dies Opfer legitimieren.»[292] (Sie werden noch ganz andre Greuel segnen![293]) Doch so gesehen hat Jesuit Rahner recht: «Dieses Wort ist, es ist unsere Geschichte und macht unsere Geschichte.»[294]

Ebendarum aber muß der Mensch das Maß aller Dinge sein (Protagoras), muß er an Gottes Stelle treten, nicht als neuer Götze, Halsabschneider, sondern im humanistischen, ethischen Sinn. «O Götter! Denn es ist Gott, wenn man die Lieben erkannt», wie schon Euripides sagt. Oder, deutlicher noch, das von Plinius dem Älteren tradierte Wort: «Es ist Gott dem Menschen, wenn man dem andern hilft.»[295] Eine Einsicht, die in der Neuzeit, der Moderne, allmählich sich Bahn bricht – wobei freilich der Einsicht die Konsequenz kaum folgt. Auch Hebbel jedoch urteilt: «Der Glaube ist der beste, bei welchem der Mensch am meisten gewinnt und Gott am meisten verliert.» «Wenn alle Menschen sich bei der Hand fassen, ist Gott fertig.»[296] Was bei Arno Holz heißt: «GOTT... IST NICHT... GOTT/WIRD!»[297]

Und hier eben hängen sich – Jahrhunderte, Jahrtausende verspätet – die «fortschrittlichsten» Seelenretter scheinbar an. So schrieb Protestant Bonhoeffer nicht nur: «Einen Gott, den es gibt, gibt es nicht», sondern auch: «Unser Verhältnis zu Gott ist kein religiöses zu einem denkbar höchsten, mächtigsten, besten Wesen, sondern unser Verhältnis zu Gott ist ein neues Leben im Dasein für andere. Nicht die unendlichen, unerreichbaren Aufgaben, sondern der jeweils gegebene erreichbare Nächste ist das Transzendente.»[298] Meinte doch selbst der katholische Märtyrer unter Hitler, Alfred Delp: «Es wird kein Mensch an die Botschaft vom Heil und vom Heiland glauben, solange wir uns nicht blutig geschunden haben im Dienste des physisch, psychisch, sozial, wirtschaftlich, sittlich oder sonstwie kranken Menschen.»[299] Gerade Delps Diktum jedoch zeigt, was für christliche Kirchen allein das A und O sein kann, nicht Humanität, sondern die «Botschaft vom Heil»: nach all ihren Allianzen mit Kapitalisten, auch auf und an der Seite von Kommunisten verkündet; wobei das einzig Gewisse an dieser «Botschaft vom Heil» das Heil für die Botschafter ist.

Die sogenannten letzten Fragen aber bleiben offen; mag es der Religion, der christlichen zumal, an keiner Antwort, der schlechtesten nicht, mangeln. Wie die alten Götter dem einen Gott zum Opfer fielen, weicht der eine Gott nun einem Weltgefühl, das ohne ihn auskommt, seiner selbst in verkapptester Form nicht bedarf, das Unerforschliche agno-

Warum ich Agnostiker bin (1976)   103

stisch wieder hinnimmt, gelassen verehrt. Niemand zwar weiß, ob unser Leben einen «Sinn» hat, gar welchen. Doch jeder kann es sinnvoll machen, ohne darüber Defraudant zu werden oder ein Narr.

Anmerkungen

(Die benutzten Werke werden vollständig nur bei der ersten Anführung, biblische und lateinische Schriften stets abgekürzt zitiert.)

1 Plat. *Theaet.* 155 D. Aristoteles stimmt ausdrücklich zu: *Met. A* 982b, 12f.

2 *The Works of Francis Bacon*, ed. by Spedding-Ellis-Heath, 1887ff. I 137f. 104

3 Zit. bei K. Mouat, *Leben in dieser Welt*, 1964, 9. Vgl. J. Locke, *An Essay Concerning Human Understanding* II, 1, 2

4 Kant, *Kritik der reinen Vernunft*, Text der Ausgabe 1781 mit Beifügung sämtlicher Abweichungen der Ausgabe 1787, ed. v. K. Kehrbach 3, 16f.

5 Jahnn, *Epilog* 1961, 269. Zit. nach H. Wolffheim, «Hans Henny Jahnn», in: K. Deschner (Hg.), *Das Christentum im Urteil seiner Gegner*, 1971, II, 257

6 K. Rahner, «Meditation über das Wort Gott», in: H. J. Schultz (Hg.), *Wer ist das eigentlich – Gott?* 1969, 13ff.

7 U. Mann, *Theogonische Tage. Die Entwicklungsphasen des Gottbewußtseins in der altorientalischen und biblischen Religion*, 1970, 112

8 Vgl. etwa H. Zahrnt, *Gott kann nicht sterben. Wider die falschen Alternativen in Theologie und Gesellschaft*, 1973, 77

9 Ebd., 153

10 K. Rahner, *Meditation*, 18. Ebenso wortreich wie gedankenarm führt U. Mann, *Theogonische Tage*, 17 «den Nachweis, daß im Christentum das lebt und angeboten wird, was der Mensch einfach braucht, um Mensch sein zu können. Was aber braucht der Mensch, um Mensch sein zu können? Nur eines: Die Offenbarung Gottes . . .» Vgl. etwa auch den sozialistischen Theologen L. Ragaz: «. . . nur von der Persönlichkeit Gottes aus bekommt der Mensch einen persönlichen Wert.» «Von Christus zu Marx – Von Marx zu Christus», in: W. Philipp (Hg.), *Der Protestantismus im 19. und 20. Jahrhundert*, 1965, 250

11 H. Zahrnt, *Gott kann nicht sterben*, 11

12 Fr. X. Brors, *Modernes ABC für Katholiken aller Stände*, 1901, 156, 171

13 G. Siewerth, «Atheismus», in: H. Fries (Hg.), *Handbuch theologischer Grundbegriffe*, 1970, I, 150

14 Vgl. die Verdammung aller anderen Götter als «Nichtse» (ĕlīlīm) schon im AT Jes. 2, 8 u. a.

15 Hierzu vor allem W. Schmidt, *Der Ursprung der Gottesidee*, 12 Bde., 1926 ff. Auch: W. Schmidt und W. Koppers, *Völker und Kulturen*, 1924

16 Spencer, *Principles of Sociology*, 1910, I, 296

17 A. Bertholet, *Wörterbuch der Religionen*, 1962, 197, 369

18 Heiler, *Unsterblichkeitsglaube und Jenseitshoffnung in der Geschichte der Religionen*, 1950, 5. F. Heiler, *Erscheinungsformen und Wesen der Religion*, 1961, 515 ff. Bertholet, *Wörterbuch*, 225. H. v. Glasenapp, *Glaube und Ritus der Hochreligionen in vergleichender Übersicht*, 1960, 85

19 H. v. Glasenapp, *Glaube* 21, 85 ff.

20 R. Eisler, *Wörterbuch der philosophischen Begriffe und Ausdrücke*, 1899, 670. H. Schmidt, *Philosophisches Wörterbuch*, 10. A. 1943, 518 ff. Bertholet, *Wörterbuch*, 32, 501 ff., 566

21 Glasenapp, *Glaube*, 21

22 Heiler, *Unsterblichkeitsglaube*, 23 f. Schmidt, *Philosophisches Wörterbuch*, 1918, 227 f.

23 Tert. *adv. Prax.* 7. De an. 8, 9. Arnob. *adv. gent.* 2, 30

24 Heiler, *Unsterblichkeitsglaube*, 23 f. F. Heiler, *Erscheinungsformen*, 515 ff., bes. 531

25 Jh. 5, 24 f. Vgl. 11, 25; 3, 18

26 *Cherubinischer Wandersmann* I, 82; V, 68 u. a.

27 Zit. nach F. X. Kiefl, *Katholische Weltanschauung und modernes Denken. Gesammelte Essays über die Hauptstationen der neueren Philosophie*, 2. u. 3. A. 1922, 118

28 J. Haag, *Glückliche Lebensfahrt von der Wiege bis zum Grabe. Ein Buch für das christliche Volk*, 5. A. 1923, 451 f.

29 H. v. Keyserling, *Das Buch vom Ursprung*, 1947, 293 f.

30 Zit. bei F. Mauthner, *Gottlose Mystik*, Dresden o. J. 46

31 Bertholet, *Wörterbuch*, 504

32 W. Nestle, *Die Vorsokratiker*, 1956, 140

33 Bertholet, *Wörterbuch*, 504

34 Heiler, *Erscheinungsformen*, 525 f.

35 Lessing, *Erziehung des Menschengeschlechtes* § 93 ff., bes. 96 ff.

36 Zit. bei Heiler, *Erscheinungsformen*, 526

37 Ebd.

38 Vgl. W. Kranz, *Die griechische Philosophie*, 1971, 36. A. Messer, *Geschichte der Philosophie*, 1923, I, 94. Zum «Großen Weltjahr» ausführlicher H. Mynarek, *Der kritische Mensch und die Sinnfrage*, 1976, 83 ff.

39 Kant, *Kritik*, 692

40 D. Hume, *A Treatise of Human Nature*, I, 4, 6. Vgl. I, 4, 2. D. D. Runes, *Dictionary of Philosophy*, 1960, 42

Warum ich Agnostiker bin (1976)   105

41 Vogt, *Physiologische Briefe*, 1847, 206

42 Friedrich Nietzsche, *Werke in drei Bänden*, ed. v. K. Schlechta o. J. III, 710;
    II, 565, 1217; III, 899

43 Zit. in Haag, *Glückliche Lebensfahrt*, 438

44 Thom. *Summa Theol.* III. Suppl. q. 94 a 1. Ausführlicher: K. Deschner,
    Abermals krähte der Hahn. Eine kritische Kirchengeschichte, 1962, 109ff. H. C.
    Lea, *Geschichte der Inquisition im Mittelalter*, I, 1905, 269f.

45 A. Mauder, *Die Kunst des Sterbens. Eine Anleitung*, 3. A. 1976, 68ff.

46 M. Henry, *Der wissenschaftliche Beweis unseres Weiterlebens nach dem Tode*,
    1970, 173ff.

47 Vgl. G. Adler, *Es gibt Dinge zwischen Himmel und Erde ... Parapsychologie,
    Okkultismus und Religion*, 1974, 188f., 198 u. a. Auch dies informative,
    leicht lesbare Buch dient zumindest teilweise kryptotheologischen
    Zwecken.

48 Haag, *Glückliche Lebensfahrt*, 448ff. Dazu die dem Ganzen vorangestellten
    «Zeugnisse».

49 Ebd.

50 B. A. Baker, *Heimgefunden. Pilgerfahrt einer Frauenseele.* 2. u. 3. A. 1922,
    51ff.

51 J. Ph. Reemtsma, «Leichenbesichtigung», in: Arno-Schmidt-Preis 1988
    für Karlheinz Deschner, 1988, 12

52 Voltaire, *Aus dem philosophischen Wörterbuch*, ed. v. K. Stierle, 1967, 94

53 Vgl. M. Horkheimer, «Zur Idee der Seele», in: H. J. Schultz (Hg.), *Was
    weiß man von der Seele? Erforschung und Erfahrung*, 1967, 15

54 E. v. Hartmann, *Philosophie des Unbewußten*, 3. A., 707

55 Glasenapp, *Glaube*, 31. Heiler, *Erscheinungsformen*, 67ff.

56 W. Kranz, *Die griechische Philosophie*, 59. Vgl. bes. auch Empedokles' gro-
    ßes Gedicht «Über die Natur», Nestle, *Die Vorsokratiker*, 1956, 125ff.
    Dazu die Würdigung bei Schopenhauer, *Fragmente zur Geschichte der
    Philosophie* § 2 Vorsokratische Philosophie, sowie bei Nietzsche III, 339f.
    u. a.

57 Thomas Mann, *Gesammelte Werke*, 1955, XI, 304

58 A. Kaiser, «Giordano Bruno», in: K. Deschner (Hg.), *Das Christentum im
    Urteil seiner Gegner*, 1969, I, 58

59 E. Haeckel, *Der Monismus*, 24. H. Piper, *Kosmobiologie, Entdeckung astraler,
    atomarer und sozialer Organismen, Organisatoren und Entwicklungsgesetze in
    ihren Organisationen durch Ganzheits- und Wesensschau*, 1966, 68

60 Glasenapp, *Glaube*, 22

61 N. Lenau, *Sämtliche Werke*, ed. v. E. Castle, 1910, I, 11, 55f., 304f., 455f.

62 Herder zit. nach: *Freidenker*, Aarau, September 1976, 76. Goethe an
    Meyer, 8. 2. 1796

63 L. Feuerbach, *Die Unsterblichkeitsfrage vom Standpunkt der Anthropologie*, 1938, 28

64 C. G. Jung, «Seele und Tod», in: *Europäische Revue* X, 1934

65 Bertholet, *Wörterbuch*, 443

66 Deschner, *Abermals krähte der Hahn*, 209 f.

67 L. Feuerbach, *Sämtliche Werke*, 1846 ff., VII, 39

68 Glasenapp, *Glaube*, 82. Heiler, *Erscheinungsformen*, 161. dtv-*Lexikon der Antike, Religion, Mythologie*, 2, 97 f.

69 Philipp (Hg.), *Der Protestantismus*, 350

70 Anselm. *Proslog.* 2, 3

71 R. H. Lotze, *Mikrokosmos, Ideen zur Naturgeschichte und Geschichte der Menschheit*, 1856 ff., III, 561

72 Kant, *Kritik*, 475

73 Aristot. *Met.* 12, 6 ff. Vgl. später etwa: August, *Conf.* 10, 6. Joh. Damasc. *De fide orth.* 1, 3. Hugo v. St. Victor, *De sacr.* 1, 3. Thom. v. Aquin, *Cont. gent.* 1, qu. 2, 3 u. a.

74 Vgl. schon die antiken Skeptiker: *Pyrrhon*, hyp. III C. 3. Sextus Empiricus, *adv. Math.* 9, 207 f. Ferner Hume, *Enquiry Concerning Human Understanding* IV, I u. v. a.

75 G. v. Frankenberg, «Friedrich der Große», in: K. Deschner (Hg.), *Das Christentum*, I, 145

76 R. Musil, *Tagebücher, Aphorismen, Essays und Reden*, 1955, 209

77 W. Hirschberg, *Wörterbuch der Völkerkunde*, 1965, 393

78 K. M. Rarisch, «Arno Holz», in: K. Deschner (Hg.), *Das Christentum*, II, 63

79 Schmidt, *Philosophisches Wörterbuch*, 1918, 107. Kiefl, *Katholische Weltanschauung*, 102

80 Anaxagoras, *Diog. L.* 2, 3, 6 ff. Aristot. *Phys.* 8, 1, 250 b, 24. Xenoph. *Mem.* 1, 4; 4, 3

81 Kant, *Kritik*, 489

82 Schmidt, *Philosophisches Wörterbuch*, 3. A., 138. W. Durant, *Die großen Denker*, 10. A., 1958, 265. Brors, *Modernes ABC, 128*

83 So Schopenhauer, *Fragmente zur Geschichte der Philosophie* § 4

84 B. Russell, *Warum ich kein Christ bin*, 1963, 23. Voltaire, *Werke*, Zürich o. J., I, 661. F. Heer, *Das reichere Leben*, 1961, 65. Schmidt, *Philosophisches Wörterbuch*, 3. A., 107

85 R. Stertenbrink, *Die Wahrheit hat viele Seiten*, 1972, 87

86 H. Rost, *Die Fröhlichkeit in der katholischen Kirche. Eine Philosophie des Glückes*, 1946, 66

87 L. Rüger, *Geborgenheit in der katholischen Kirche, Katholisches Familienbuch*, 1951, 64 f.

Warum ich Agnostiker bin (1976)   107

88 Vgl. K. Deschner, *Mit Gott und den Faschisten. Der Vatikan im Bunde mit Mussolini, Franco, Hitler und Pavelić*, 1965 passim. Viel ausführlicher neuerdings: Deschner, Die Politik der Päpste im 20. Jahrhundert, 1991, Bd. II, 13–471

89 Pius XII., *Die Gottesbeweise im Lichte der modernen Naturwissenschaft*, 3. A., Berlin o. J., 3

90 Nietzsche I, 452

91 Nestle, *Die Vorsokratiker*, 66 ff., 173. Bertholet, *Wörterbuch*, 14. Schmidt, *Philosophisches Wörterbuch*, 1943, 463

92 Vgl. dazu etwa den einst so überschätzten Ortega y Gasset, *Gott in Sicht*, 1969, 23 ff.

93 Nietzsche, II, 670, 894

94 W. Weischedel, «Von der Fragwürdigkeit einer philosophischen Theologie», in: J. Salaquarda (Hg.), *Philosophische Theologie im Schatten des Nihilismus*, 1971, 185

95 Brors, *Modernes ABC*, 171

96 Nietzsche, II, 159. Musil variiert dies öfter. Vgl. u. a. *Der Mann ohne Eigenschaften*, 1952, 236, 255. S. J. Lec, *Spätlese unfrisierter Gedanken*, 1976, 93

97 R. Padberg, *Personaler Humanismus, Das Bildungsverständnis des Erasmus von Rotterdam*, 1964, 71. Zu Marx vgl. etwa die Einschränkungen bei Engels, *Anti-Dühring*, 1973, 80 ff. Nach D. Birnbacher/N. Hoerster (Hg.), *Texte zur Ethik*, 1976, 33

98 K. R. Popper, *Objektive Erkenntnis. Ein evolutionärer Entwurf*, 1973, 54, 42

99 Schmidt, *Philosophisches Wörterbuch*, 3. A., 128, und R. Eisler, *Wörterbuch der philosophischen Begriffe*, 21

100 Vgl. J. Améry, «Provokationen des Atheismus», in: Schultz (Hg.), *Wer ist das eigentlich – Gott?*, 209 ff.

101 C. Gröber (Hg.), *Handbuch der religiösen Gegenwartsfragen. Mit Empfehlung des deutschen Gesamtepiskopats*, 1937. Neuer Abdruck 1940, 246. Vgl. auch Thom. Contr. Gent. 1, 4

102 L. Scheffczyk (Hg.), *Theologie im Aufbruch und Widerstreit. Die deutsche katholische Theologie im 19. Jahrhundert*, 1965, 163

103 Heiler, *Erscheinungsformen*, 471 ff. Bertholet, *Wörterbuch*, 436

104 Bertholet, *Wörterbuch*, 436

105 Nietzsche, III, 703 f. Dazu Mynarek, *Der kritische Mensch*, 83 ff., bes. 96

106 Ambr. *ep 2 ad Valentin.*

107 Das Weltende sah er spätestens 2040 n. Chr. eintreten: Supputatio annorum mundi

108 Gröber, *Handbuch*, 91

109 1. Mos. 6,7

108   Warum ich Agnostiker bin (1976)

110 K. Tilmann, *Das Schönste, was es gibt*, 1959, 8, 22 ff. Auch zum folgenden Zitat

111 Ausführlicher darüber: Deschner, *Abermals krähte der Hahn*, 360 ff.

112 Vgl. Mt. 1,20 ff., 2,1 ff. Lk. 1,26 ff., 1,46 ff., 2, 8 ff., 2, 19. Dazu Deschner, *Abermals krähte der Hahn*, 360 ff.

113 Rüger, *Geborgenheit*, 54

114 K. Tilmann, *Das Schönste, was es gibt*, 28 f.

115 Mk. 6,5; 13,32; 10,18

116 Deschner, *Abermals krähte der Hahn*, 322 f. J. Alfaro, in: Fries (Hg.), *Handbuch*,II, 234 f.

117 Vgl. ebd. Ferner Heiler, *Erscheinungsformen*, 164 ff., 469 f.

118 Zit. bei Kiefl, *Katholische Weltanschauung*, 102

119 Nietzsche, II, 686

120 Rüger, *Geborgenheit*, 6

121 Leibniz, *Theod.*, I, Vorw. § 6

122 Richter, 5, 4. Ps. 18,8 f.

123 2. Mos. 15,3; 5. Mos. 20,4; Ri. 4,14; 2. Sam. 5,10; 1. Kön. 19,10; Jer. 5,14; 20,11; Am. 3,13; Sam. 17,45; P. Volz, *Das Dämonische in Jahve*, 1924, 9 ff.

124 Ps. 74,12; Jes. 45,7; Ri. 5,11

125 Deschner, *Abermals krähte der Hahn*, 316

126 Jes. 34; Zeph. 1,7 ff.; Hab. 3,8 ff.; Jer. 12,12. H. Mynarek, «Der Einfluß der Religionen auf Krieg und Frieden», in: R. Weiler/V. Zsifkovits, *Unterwegs zum Frieden. Beiträge zur Idee und Wirklichkeit des Friedens*, 1973, 161

127 S. Kierkegaard, *Gesammelte Werke, Die Tagebücher*, 1962, I, 314. Zu Markion ausführlich: Deschner, *Abermals krähte der Hahn*, 311 ff.

128 E. M. Cioran, *Syllogismen der Bitterkeit*, 1969, 11

129 K. Tilmann, *Wie spricht man heute in der Familie von Gott?*, 2. A., 1971, 21 ff.

130 Nietzsche, II, 1088, III, 1335

131 B. Pascal, *Über die Religion*, 1948, 61, 127

132 Tert., *De carne Christi*. Leibniz, *Theod.* § 50. Nietzsche: nach Schmidt, *Philosophisches Wörterbuch*, 3. A., 50

133 Anselm. *Cant. Prosl.* I

134 Eine deutsche Ausgabe erschien 1976 in der Schweiz

135 K. Tilmann, *Wie spricht man heute in der Familie von Gott?*, 2. A., 1971

136 Ebd. 7 ff., 24 ff., 42

137 Ebd. 26. Vgl. etwa auch R. Stertenbrink, *Die Wahrheit hat viele Seiten*, 1972, 87

138 K. Tilmann, *Das Schönste, was es gibt*, 14

139 August. *Conf.* 3, 4

Warum ich Agnostiker bin (1976) 109

140 Pascal, *Über die Religion*, 64

141 Thom., *Komm. z. Sentenzenb. d. Petr. Lombardus*, lib. 3, dist. 24, quaest. 2, art. 1

142 Thom., *Quaest. disput. de verit.* 14, 1 ad 5. *Komm. z. Sent. d. Petr. Lomb. lib.* 3, dist. 23, 2, 2, 3

143 Den Handzettel vermittelte mir Dr. Klaus Katzenberger, München

144 Die Übersendung der Todesanzeige verdanke ich Frau Hermine Schmidt, Nürnberg

145 Projektgruppe Glaubensinformation (Hg.), *Wer glaubt, denkt weiter.* Mit einem Vorwort von H. Thielicke, Herderbücherei, 1976

146 Ebd. 148ff., bes. 153ff.

147 Thom., *Summa theol.*, I, II, qu. 62, a. 4

148 J. Tillotson, *Works*, 1712, I, 696

149 W. Ward, *The Life of John Henry Cardinal Newman*, 1912, I, 242

150 Vgl. Pascal, *Über die Religion*, 23, 86

151 Nietzsche, II, 1222

152 Mt. 11,30; Jh. 10,7; Mt. 5,3

153 1. Kor. 2,9

154 Eisler, *Wörterbuch*, 184

155 Ausführlich K. Deschner, *Das Kreuz mit der Kirche. Eine Sexualgeschichte des Christentums*, 1974, 102ff.

156 Nietzsche, II, 55

157 S. Franko, *Handbuch populärer Antworten auf die am meisten verbreiteten Einwendungen gegen die Religion. Ein vollständiges Verzeichniß aller religiösen, politischen und socialen Irrthümer unserer Zeit*, 1870, I, 105. A. K. Ruf (Hg.), *Predigten zu besonderen Anlässen*, II, 1970, 220. R. Gräf, *Selig die Hungernden*, 1961, 40f.

158 W. Dirks, «Gottesglaube und Ideologiekritik», in: Schultz (Hg.), *Wer ist das eigentlich – Gott?*, 220

159 W. Halbfass, «Denis Diderot», in: Deschner (Hg.), *Das Christentum*, I, 100

160 Voltaire, *Aus dem philosophischen Wörterbuch*, Artikel: Gott, Götter. Durant, Die großen Denker, 226

161 U. Pillokat, «Albert Camus», in: Deschner (Hg.), *Das Christentum*, II, 271

162 Basilius, *Hom.* 1; 6

163 A. Auer, «Gottesherrschaft im Planungszeitalter», in: Schultz (Hg.), *Wer ist das eigentlich – Gott?*, 257

164 Plat., *Tim.* 42 D

165 Seneca, *ep.* 87, 11. Marc Aurel, *In se ips.* 5, 8

166 1. Tim. 4, 4

110 Warum ich Agnostiker bin (1976)

167 August, *Enchiridion*, 11; 96. Thom., *Summa theol.* I, 2, 3 ad 1. 1. p. q. 22 a. 2 ad 2. Vgl. auch *Contr. gent.* 3, 71

168 Rüger, *Geborgenheit*, 100

169 Luther, E. A. 26, 281; 50, 248. Dazu Deschner, *Das Kreuz mit der Kirche*, 382. Augustin: nach Rüger, *Geborgenheit*, 101

170 A. Buchenau, *G. W. Leibniz, Hauptschriften zur Grundlegung der Philosophie*, 3. A., 1966, II, 66

171 *Theod.* I B 23 ff. S. Störring, *Logik*, 1916, 186. Kiefl, *Katholische Weltanschauung*, 68 ff.

172 Schopenhauer, *Die Welt als Wille und Vorstellung*, I, 4. Buch § 59, § 63, 46. Kiefl, *Katholische Weltanschauung*, 117. Glasenapp, *Glaube*, 81

173 Kiefl, *Katholische Weltanschauung*, 47 f., 68, 38 ff.

174 Ebd. 46

175 Thom., *Summa theol.* 1. p. q. 19. a. 8

176 H. Mulert, *Gott im Schicksal?*, 1947, 30

177 A. K. Ruf, *Predigten zu besonderen Anlässen*, II, 100

178 A. v. Schmid, *Apologetik als Grundlegung der Theologie*, 1900, 137

179 K. Tilmann, *Wie spricht man*, 27 f.

180 H. v. Schubert, *Geschichte der christlichen Kirche im Frühmittelalter*, 1917, I, 268 f.

181 Ps. 135,1 ff., Ps. 7,12 u. a.

182 T. Ayck, «Mark Twain», in: Deschner (Hg.), *Das Christentum*, I, 352

183 WA 17, 707

184 WA 15, 365; 15, 373; 16, 143. Vgl. auch 16, 137 f. 1, 252; 6, 208. Ferner Mulert, *Gott im Schicksal?*, 61. H. Fries, «Gesichtspunkte der Theologie», in: Schultz (Hg.), *Wer ist das eigentlich – Gott?*, 86 ff.

185 Rüger, *Geborgenheit*, 66

186 Mulert, *Gott im Schicksal?*, 9 f.

187 Rüger, *Geborgenheit*, 98. Vgl. auch Mulert, *Gott im Schicksal?*, 9 f.

188 Tilmann, *Wie spricht man*, 30

189 Rüger, *Geborgenheit*, 98

190 A. Stiefvater (Hg.), *Ein gutes Wort für jeden Tag*, 1968, 32. Tilmann, *Wie spricht man?*, 9

191 G. Kuhr, «Briefwechsel des Bürgermeisters Johann Merkel in Nürnberg mit Wilhelm Löhe 1835–1837», in: *Zeitschrift für bayer. Kirchengeschichte*, 1972, 73

192 Rüger, *Geborgenheit*, 50

193 Brors, *Modernes ABC*, 93

194 Projektgruppe Glaubensinformation (Hg.), *Wer glaubt*, 29 ff.

195 Beide Texte nach Mulert, *Gott im Schicksal?*, 42, 60

196 H. Pfeil, *Gott und die tragische Welt*, 1971, 115

Warum ich Agnostiker bin (1976)   111

197 Röm. 9,20

198 J. H. Newman, *Grammar of Assent*, 1892, 425f. Ders., *Glaube und Vernunft als Haltungen des Geistes. Zur Philosophie und Theologie des Glaubens*, I, 160

199 Rüger, *Geborgenheit*, 99

200 Mulert, *Gott im Schicksal?*, 9f.

201 Franko, *Handbuch*, I, 115

202 R. Musil, *Der Mann ohne Eigenschaften*, 1952, 532f.

203 1. Mos. 1,26ff.; 9,2f. H. Rost, *Die Fröhlichkeit in der katholischen Kirche*, 38

204 Ps. 148,7ff.

205 Die Quellenhinweise bei Mynarek, *Der kritische Mensch*, 139/228

206 Heiler, *Erscheinungsformen*, 90f. Vgl. dazu auch T. Lessing, *Europa und Asien oder Der Mensch und das Wandellose. Sechs Bücher wider Geschichte und Zeit*, 1923, 69

207 Zit. bei H. F. Kaplan (Hg.), *Warum ich Vegetarier bin. Prominente erzählen*, rororo 1290, 1995, 48

208 1. Kor. 9,9f. Zur Todfeindschaft des Menschen vgl. E. Oehlkers, *Die Mutabilität des Lebendigen*, 1957, 67

209 A. Portmann, «Haben Tiere eine Seele?», in: Schultz (Hg.), *Was weiß man von der Seele?*, 149f.

210 de Wailly, *Die Kunst, mit seiner Katze zu leben*, 1976, 20f.

211 Zit. bei C. A. Skriver, *Der Verrat der Kirchen an den Tieren*, 1967, 132

212 G. M. Teutsch, *Soziologie und Ethik der Lebewesen. Eine Materialsammlung*, 1975, 160

213 J. Bernhart, *Die unbeweinte Kreatur. Reflexionen über das Tier*, 1961, 196

214 Ebd. 196, 65. So ähnlich urteilt selbst noch 1976 der ehemalige katholische Theologe Hubertus Mynarek, *Der kritische Mensch*, 13

215 Portmann, *Haben Tiere eine Seele?*, 149ff.

216 C. A. Skriver, *Der Verrat der Kirchen*, 102, vgl. auch 82

217 Zit. bei H. F. Kaplan (Hg.), *Warum ich Vegetarier bin. Prominente erzählen*, 1995, 7.

218 Ebd. 94f.

219 C. A. Skriver, Der Verrat der Kirchen, 136

220 Bernhart, *Die unbeweinte Kreatur*, 11ff., 191ff., bes. 195 und 217. Vgl. auch C. W. Hume, *The Status of Animals in the Christian Religion*, 1957, 26ff. Neuestens macht unter katholischen Theologen in dieser Hinsicht Eugen Drewermann eine rühmliche Ausnahme, bei Kaplan, 24ff.

221 Voltaire, *Werke*, II, 530

222 R. Genschel, «Charles Darwin», in: Deschner (Hg.), *Das Christentum*, I, 287

223 Schopenhauer, *Über Religion*, § 178 «Über das Christentum»

224 L. Klages, *Der Mensch und das Leben*, 1937, 7ff.

225 Zit. bei C. A. Skriver, *Der Verrat der Kirchen*, 125

226 Ebd. 82. Und: H. F. Kaplan (Hg.), *Warum ich Vegetarier bin. Prominente erzählen*, 1995, 102

227 Kaplan, ebd. 114

228 Zit. bei Skriver, 83

229 Zit. bei Kaplan, 112

230 Zit. bei Skriver, 114

231 T. Lessing, *Europa und Asien*, 67

232 Ebd.

233 Mann, *Theogonische Tage*, 168 f.

234 K. Barth, *Die kirchliche Dogmatik*, 1970, III / 4, 404

235 Zit. in Teutsch, *Soziologie und Ethik der Lebewesen*, 82

236 Ebd. 84 ff. Der katholische Priester segnet heute noch Stierkämpfer und Arena: *Der Tierschutz*, Heft 1, 1977, 14

237 Ebd. Vgl. auch: *Der Tierschutz*, Heft 1, 1977, 4

238 Kranz, *Die griechische Philosophie*, 33, 37. August. De civ. Dei 19, 22. Dazu W. Halbfass, «Prophyrios», in: Deschner (Hg.), *Das Christentum*, I, 24 ff.

239 Vgl. Schmidt, *Philosophisches Wörterbuch*, 10. A., 573 f.

240 Heines Wort: «Es sind in Deutschland die Theologen, die dem lieben Gott ein Ende machen», H. Heine, *Werke*, ed. von Meyer, VII, 409, ist überspitzt und gilt nur für Ausnahmen. Zu Bauer vgl. etwa: *Die Posaune des Jüngsten Gerichts*, 1841, 77

241 Vgl. F. Heer, *Europa, Mutter der Revolutionen*, 1964, 86 f. Hermelink, *Christentum in der Menschheitsgeschichte*, I, 181

242 W. Kern, *Tod Gottes und technisches Zeitalter*, Stimmen der Zeit, 190. Bd., 222 f.

243 W. Beutin, «Heinrich Heine», in: Deschner (Hg.), *Das Christentum*, I, 228 ff.

244 Nietzsche, II, 127

245 J. A. T. Robinson, *Gott ist anders*, 12. A., 1966, 42, 63

246 So der amerikanische Theologe Thomas J. J. Altizer, zit. bei Mynarek, *Der kritische Mensch*, 167

247 Mann, *Theogonische Tage*, 87 f.

248 Robinson, *Gott ist anders*, 110

249 Ebd. 27, 50

250 Tilmann, *Wie spricht man*, 7 ff., 58

251 Luther, WA 29, 40. G. Büchmann, *Geflügelte Worte, Der Zitatenschatz des deutschen Volkes*, 1967, I, 128 f.

252 H. Mynarek, *Existenzkrise Gottes? Der christliche Gott ist anders*, 1969, 61. Altizer, zit. nach Mynarek, *Der kritische Mensch*, 167

253 E. Young, *Love of Fame, the Universal Passion*, 1750, 19

Warum ich Agnostiker bin (1976)   113

254 Heiler, *Erscheinungsformen*, 467

255 Ebd.

256 Nicol. Cus., *De doct. ign.* III, peror. *De possest*, 181. Bovillus, *De nihilo* 11, 7

257 Thom., *Summa theol.* 1. p. q. 2 ff.

258 H. Fries, *Gesichtspunkte der Theologie*, 90. Der Theologe H. Vorgrimler (in: Schultz [Hg.], *Wer ist das eigentlich – Gott?*, 283) sieht in solcher Zurückhaltung ein Zeichen von Aufrichtigkeit und «Respekt vor Gott». War man dann zweitausend Jahre lang unaufrichtig und respektlos?

259 K. Barth, «Der Zorn Gottes», in: W. Philipp (Hg.), *Der Protestantismus*, 381 ff.

260 M. Seckler, «Kommt der christliche Glaube ohne Gott aus?», in: Schultz (Hg.), *Wer ist das eigentlich – Gott?*, 183

261 Vgl. R. Spaemann, «Gesichtspunkte der Philosophie», in: Schultz (Hg.), *Wer ist das eigentlich – Gott?*, 61. Spaemann nennt dies selber, «theoretisch gesehen», eine «apologetische Unaufrichtigkeit».

262 Nietzsche, I, 452

263 Zahrnt, *Gott kann nicht sterben*, 132

264 Ebd. 77

265 P. Tillich, «Der Gott über Gott und der Mut zum Sein», in: Philipp (Hg.), *Der Protestantismus*, 427 f.

266 Nietzsche, II, 498. Mann, *Theogonische Tage*, 176

267 Robinson, *Gott ist anders*, 40 f. Vgl. auch Zahrnt, *Gott kann nicht sterben*, 144

268 Luther, *Tischreden*, ed. v. Förstemann, 2, 385. Goethe, Brief des Pastors zu ... an den neuen Pastor zu ...

269 P. Tillich, *In der Tiefe ist Wahrheit*, 3. A., 1952, 55 ff., Zit. 57. Vgl. auch M. Buber, «Ich und Du», in: *Die Schriften über das Dialogische Prinzip*, 1954, 77

270 Tillich, *Der Gott über Gott*, 426

271 Robinson, *Gott ist anders*, 27

272 Ebd. 128, 51

273 R. Bultmann, *Kerygma und Mythos*, 3. A., 1954, 18. Vgl. auch Robinson, *Gott ist anders*, 76

274 D. Bonhoeffer, *Widerstand und Ergebung. Briefe und Aufzeichnungen aus der Haft*, 1951, 179, 183, 215 ff.

275 Ebd. 179

276 Bonhoeffer, *Schriften*, ed. v. E. Bethge, 1958, I, 61. Ferner: *Widerstand und Ergebung*, 179

277 T. J. J. Altizer/W. Hamilton, *Radical Theology and the Death of God*, 1966, 95

278 Seckler, *Kommt der christliche Glaube ohne Gott aus?*, 188

279 Mynarek, *Existenzkrise Gottes?*, 46

114 Warum ich Agnostiker bin (1976)

280 Altizer, *The Gospel of Christian Atheism*, 1966, 44ff., 70ff., 155ff.

281 Zahlreiche Quellenhinweise bei Mynarek, *Der kritische Mensch*, 168ff.

282 Mynarek, *Existenzkrise Gottes?*, passim bes. 9ff., 49ff., 55ff. Der Autor ist heute allerdings nicht mehr Katholik. Dazu etwa: K. Deschner, «Verräter leben gefährlich», in: *Pardon 2*, 1974

283 Mann, *Theogonische Tage*, 154

284 Zahrnt, *Gott kann nicht sterben*, 150

285 R. Egenter, «Praeambulum fidei», in: *Stimmen der Zeit*, 1970, 18

286 Deschner, *Mit Gott und den Faschisten*, 118f.

287 Zit. bei G. Siewerth, «Atheismus», in: Fries (Hg.), *Handbuch*, I, 153

288 H. Albert, «Die Idee der kritischen Vernunft. Zur Problematik der rationalen Begründung und des Dogmatismus», in: G. Szczesny (Hg.), *Club Voltaire*, I, 1963, 22

289 K. Marti, *Nationalzeitung*, Basel, 12.12.1974. Wieder abgedruckt in Marti, K./Mächler, R., *Der Mensch ist nicht für das Christentum da. Ein Streitgespräch über Gott und die Welt zwischen einem Christen und einem Agnostiker*, 1977, 50. Und dies. unter dem neuen Titel: *Damit der Mensch endlich wird, was er sein könnte*, 1993, 45

290 Ebd. 70, 65

291 Vgl. dazu K. Deschner, *Kirche des Un-Heils*, Heyne-Taschenbuch, 1974, 13ff., bes. 52

292 H. Lilje, *Der Krieg als geistige Leistung*, 1941, 13f. Dazu Deschner, *Mit Gott und den Faschisten*, 178

293 Vgl. dazu Deschner, *Abermals krähte der Hahn*, 593ff.

294 Rahner, *Meditation über das Wort «Gott»*, 20f.

295 Zit. bei K. Kerényi, «Antworten der Griechen», in: Schultz (Hg.), *Wer ist das eigentlich – Gott?*, 127

296 K. Ahlheim, «Friedrich Hebbel», in: Deschner (Hg.), *Das Christentum*, I, 300, 304

297 A. Holz, *Werke*, 1961ff., VI, 348

298 Zit. bei W. Ronner, *Die Kirche und der Keuschheitswahn. Christentum und Sexualität*, 1971, 1977. B. Vogel, «Gesichtspunkte der Politik», in: Schultz (Hg.), *Wer ist das eigentlich – Gott?*, 75

299 Ebd. 72

Ich brauche kein Gottesbild

Geschrieben 1990
· · · · · · · ·

Für Robert Mächler, den treuen Wegbegleiter

> Ewige Lügen setzen noch keine
> ewige Wahrheit voraus.

> Zunächst hat jeder den Gottesglauben,
> den man ihm aufgeschwätzt hat;
> aber allmählich hat er den,
> den er verdient.

Ich habe kein Gottesbild. Brauche kein Gottesbild. Und gereizt, ziemlich gereizt, frage ich mich, weshalb ich eigentlich mitmache da, beisteuere oder, besser gesagt, dagegen.*

Und was nützt schon auf dieser Welt!

Die Skepsis? Redlichkeit? Wahrscheinlichkeit? (Denn wer hier von Wahrheit faselt, lügt von vornherein!) Ja, Gott und Teufel nützen. Deshalb haben wir sie! Zelotentum, Zündschnüre, Zähnefletschen, Fanatismus. Peccare fortiter! «Sei ein Sünder und sündige wacker...» (Luther). Wenn man Geld hortet, nützt's Macht. Wenn man heuchelt, Konkurrenten ruiniert, höflich ins Gesicht ist, hinterrücks gemein. Wenn man weißgott wie gütig aus der Glotze feixt, jesuitisch väterlich, opusdeihaft durchtrieben, statt aufzubrausen, auf-

---

* Der Sammelband «Mein Gottesbild», für den ich dies schrieb, enthält ganz überwiegend Beiträge von Christen sehr konservativen Schlags, darunter Otto von Habsburg, Johannes Paul II., Prinz Wilhelm-Karl von Preußen, Fürst Johannes Thurn und Taxis u. v. a.

zustehn, zu gehn, weil man all die tollen, tollen Himmelsdrogen, Paradiesesräuschlein, diesen ganzen transzendenten Gipfel-Schwachsinn, der da über die Gehirne, die Millionen Schrumpfgehirne rinnt, alle Jahre, alle Tage wieder, einfach nicht mehr hören, nicht mehr sehen *kann*.

Gott, hätt ich fast gerufen, waren's die Dümmsten denn, die protestierten, sich mokierten, erbrachen fast vor Ekel, Zorn? Ergrimmte nicht Goethe das Kreuz, «das Widerwärtigste unter der Sonne», «wie Gift und Galle zuwider» ihm, das «Jammerbild am Holze», das «Märchen von Christus», dies «Scheinding», das ihn «rasend machte»? Schmähte Schiller den «Wahn» nicht, «der die ganze Welt bestach»? Nicht Lessing dies «abscheuliche... Gebäude von Unsinn», das man bloß zusammenkrachen lassen könne? Geißelte Bruno Bauer, der Theologe, nicht den «Selbstmord des Geistes»? Bakunin den «gemeinsamen Wahnsinn»? Hebbel das «Blatterngift der Menschheit», das er haßte, verabscheute, «und nichts mit größerem Recht»? Diagnostizierte Freud hier keine «universelle Zwangsneurose»? Und sah Schopenhauer da nicht «Gauner sich verbergen»? («Hinterm Kreuze steht der Teufel»!) Arno Holz erschien das «ganz entsetzlich oberflächlich», der «größte Schwindel dieser Weltgeschichte», Nietzsche als «einer der korruptesten Gottesbegriffe, die auf Erden erreicht worden sind», die transzendentale «Höhe des höchsten Blödsinns», «die Irrenhaus-Welt ganzer Jahrtausende». Mark Twain verfluchte den «gewissenlosen Gott», «diesen moralischen Kretin», nannte den Glauben an ihn «unmöglich», «verrückt». Und Heinrich Heine, der den «sterbenden» Herrn schon, den toten beschwor – «Der große Pan ist tot!» –, umstöhnte, verhöhnte «die Phosphordünste der Glaubenspisse».

Aber – sie glauben.

Sie, die Zwangsgetauften, Indoktrinierten, die Gegängelten von klein auf. Die Käufer von Eigentumswohnungen über den Wolken, von imaginären Rosengärten, infantilen

Klausen des Glücks. «Credo quia absurdus sum…» Und stinkt die eigene Ecclesia sie auch fast an inzwischen, ihre «Amtskirche», Hierarchie: sobald deren Büttel, wohldotiert in Pfründen, Pensionen gebettet, in lebenslange Schmier- und Schweigegelder (denn soviel fand Lichtenberg schon «ausgemacht, die christliche Religion wird mehr von solchen Leuten *verfochten*, die ihr Brot von ihr haben, als solchen, die von ihrer Wahrheit überzeugt sind»), sobald also ihr theologischer Knecht seine Hanswurstiaden in die Mattscheibe salbadert, seine Komödianten-Camouflage, scheinheilig, «progressiv», sobald dieser geistliche Galimathias mit großspuriger Gestik, wohlgeübt, selbstgefällig in die Welt hinausstrahlt, etwa: Ach, seien wir doch nicht so fixiert auf den *Einen*. Lassen wir den Papst doch, die Bischöfe, sammeln wir uns, geht es mal gar nicht anders, auch ohne sie. Leisten wir, muß es wirklich sein, in Gottes Namen halt Widerstand. Aber bekennen wir uns als Christen, als Katholiken, stehen wir treu zum Herrn, zur Sache Jesu! Machen wir seine Sache zu der unsren! – ach, ja, da gehen die Gemüter, die Schrumpfgehirne auf – und ein, die Phosphordünste steigen… Doch «nur ein Narr beugt heut noch seinen Nacken vor Göttern, die – aus Weizenmehl gebakken!» (Holz)

Ich habe kein Gottesbild, brauche kein Gottesbild, keine «Gottes Mummerei» (Luther).

Aber ja, selbst an Gott glauben Sie nicht, bibbern einige, bleich, entsetzt, als ginge weiß der Teufel welche Pestilenz von mir aus – und nicht von ihnen! Und noch Erleuchtetere fragen mich, ausgerechnet mich, allen Ernstes, wenn auch zögernd, gedämpft, unter vorgehaltener Hand sozusagen: Sind Sie denn nicht mehr in der Kirche?! Und wieder andere, die mit dieser Kirche oder jener wirklich nichts mehr am Hut haben oder wo immer, die mich aneifern, -geifern fast: immer feste druff!, nur – Christus werde ich doch nicht preisgeben, den HERRN!? Oh, sie haben auch mal gezwei-

felt, lebten auch schon ohne ihn, glaubten, ohne ihn leben zu
können, ohne den lieben Gott, im finstern Tal (Ps. 23), in ewiger Nacht. Doch durften sie seine Liebe, seine Hilfe erfahren.
«Kennen Sie die Neuoffenbarung Jesu Christi?» fragen sie
mich. «Es gibt nichts Besseres. PS: Die Wahrheit wird siegen!»

Bei Gott, spricht es für Gott, daß er all die dummen Leute
braucht, die ihn verkünden? Und was Jesus angeht, Christus, den Herrn – ich kenne kein größeres Unglück auf Erden, als daß er nicht hundertjährig friedlich im Bett verschied. Wie hätt ich's ihm gegönnt, wahrhaftig!

Und wieder anderen bestätigen meine Enthüllungen bloß
Seine Aussage über das Weltreich der falschen Religion
(Offenb. 18,4–8). «Verschwenden Sie Ihre kostbare Zeit
künftig besser für die lebensrettende Botschaft, die unter
Gottes Leitung *weltweit* verkündet wird.» Die Hure Babylon
taumle schon ihrer Vernichtung entgegen. Das AUS für die
gesamten irreführenden Häresien und Teufelsdiener stehe bevor... Oh, sie sind «sicher», wenn ich nur einmal mit den
Schriften ihrer «Zeugen» mich befaßte, dann «werden Ihre
Zweifel *aufgearbeitet* werden, nur *müssen* (zweimal rot unterstrichen) Sie *Gott* (zweimal blau unterstrichen) einmal reden
lassen und nicht die *falsche* Christenheit...».

Gott, ich lasse ihn ja reden!

Ich bin zwar nicht immer gewillt, doch stets sicher, absolut
sicher, Tag und Nacht, in jeder Lebenslage, mir jeden Stuß
anhören zu können, jeden. Ich habe auch, leider, leider, weit
mehr von ihrem und anderem Geschwätz gelesen, als ihre
(mehr oder minder frisch angelernte) Sektenweisheit ahnt,
als sie je in ihrem Leben werden lesen können – verkraften
würden sie's. Es gibt kein Kraut, für das nicht Ochsen gewachsen wären. Doch jedes Pfauenauge, Frauenauge, was
immer ich sehe an Natur (Pfaffenaugen ausgenommen), die
Schnäuzchen meiner Hasen zum Beispiel, all das bewegt
mich weit mehr als ihr «Auge Gottes», seine eifernden Be-

kenntnisse, sein Kannibalenblutdurst gar, seine unmaskierte geballte Barbarei.

Gott, wenn er Beweise geben wollte, warum dann 250 000 Textvarianten der Bibel?! Schockweise Widersprüche greulichster Art?! Bezeugt denn das Unfehlbarkeit? Allmächtigkeit? Warum einfacher nicht, eklatanter? Alle katholischen Tempel etwa von Blitzen, Bomben, Erdrutsch verschont, die andern auf einen Schlag zerdeppert, verascht? Wär' das nicht was!? Auch könnte er nur die christliche Jungbrut leben, den Rest bereits im Mutterbauch verdorren lassen. Auch eine zweite Sintflut wär' nicht schlecht – nur alles Katholische, Römisch-Katholische, schwimmt diesmal lebendig obenauf? Oder warum nicht wenigstens, aller Welt sichtbar, täglich einen Bibelvers ans Firmament geflammt? Als Tageslosung, sozusagen? Siegesfanal?

Gott, ruft ihr, wie vordergründig! Ja, vordergründig, so schreit jeder Pfaffe, deckt man seine Hintergründe, seinen Schwachsinn auf. Und immer wollen jene, die wenig wissen, wenig wissen dürfen, wenig wissen sollen, armselige Klatschbasen, Engstirnige, Bigotte, aufgeblähte Narren, am meisten wissen, und nur der Denkende bekennt seine Unwissenheit. Warum Weissagungen denn, die nichts sind als vaticinia ex eventu?! Warum Wunder, die andre Götter, Gottessöhne, Menschen schon genauso wirkten, allesamt, lang vor Jesus, und manche weit eindrucksvoller, wie das Fischwunder des Pythagoras?! Ach, vieles auf Erden ist wunderbar für mich – aber kein Wunder der Religionen.

Freilich: nicht räsonieren, neinnein, nicht herummeckern, nicht simplifizieren auch, vulgarisieren, profanieren, sondern hinhören, schlicht hinhören auf Gott!

Also, hören, lauschen wir... Und was offenbart er? «Außer mir ist kein Gott», donnert der jüdische im Alten Testament (das freilich noch weitere Popanze kennt, den semitischen El unter anderen, jenen stierhaft geilen Kerl, der Frauen durch sein großes Glied betört...). «Außer ihm ist mir kein Heilsgang sicher», bekennt der Buddhist; «daß Jesus Christus der Herr ist», das Neue Testament; und der Koran erklärt, wer nicht seinem Retter folge, sei im Jenseits «verloren».

Jedesmal also spricht er, der Gott. Und: «Wer Gott folgt, geht immer sicher» (Ambrosius). Doch stets ist's ein andrer Gott, der spricht. Und immer fährt man zuletzt in die Hölle, die tiefste, oder in weißgott was Abscheuliches, Abgründiges, von gütiger Vaterhand Geschaffenes, hinein, glaubt man nicht an den richtigen Herrn. Also lasse ich ihn reden; sogar zu mir, ganz persönlich. Ja, mein Wort darauf, ich erhielt, geistlich begnadet, wie ich bin, trara, die Post ist da!, eine Art relevatio Dei specialis aus berufenstem, aus prophetischem Mund, eine «Privatoffenbarung von Gott, dem Weltschöpfer», maschinengeschrieben, drei Seiten DIN A 4, eine göttliche, gleichsam vom Himmel gefallene Bekundung, zweifellos eine Art Honorierung für meine antiklerikale Arbeit, eine allerhöchste Wegweisung aber auch zum wahren Christenglauben weit außerhalb von Rom wie Wittenberg, die, weiß der Himmel wo, hier noch herumgammeln oder -geistern muß.

Doch welcher Gott auch unkt und brummt und Weises redet, Blech, durch die kanonischen Texte der alten Inder, durch Rigweda, Samaweda, Jadschuweda, die Brahmanas, Aranjakas, die Upanischaden, durch die Bibeln der chinesischen Reichsreligion, den Siddhanta des Dschainismus, die Dharma des Mahajana-Buddhismus, das Tripitaka des tibetischen Buddhismus, durch das Taoteking Laotses, das Awesta des persischen Mazdaismus, die heiligen Schriften der Babylonier, Ägypter, der hellenistischen Mysterien, des Dionysos-, des Isiskultes, des Hermes Trismegistos, durch Verse des alten Juden-, des neuen Christenbuches, eine Sure – es läßt mich kälter als jedes Winseln eines Hundes, jeder Vogellaut.

Das erregt sie, die Gläubigen. Das verunsichert sie. Mich

Ich brauche kein Gottesbild (1990)

verunsichert ihr Idol, ihre Rauschdroge, «Zentralmonade» nicht, ihr Ens entium, Ens realissimum, ihr Hysteron-Proteron, ihre anthropomorphe Projektion. Mir ist ihr Glaube schnuppe, schnurzpiepe. Sie können glauben, was sie wollen, können den Kopf sich abhacken lassen dafür, für diese, für jene Idee fixe – die Märtyrer jeder Narrheit, auch der schönsten, pompösesten, ich bedauere sie bloß. Ungezählte ihrer frommen Schrullen habe ich kennengelernt, ihre anmaßende Demut, stockdumme Ichsucht, wahnbefangene Unkenntnis, Hunderte ihrer ach so gläubigen Erlösungsschwarten und -schwärtchen kann ich lesen, habe ich, leider, gelesen, ihr mystifikatorisches Geraune, Gekrächz, ihre Brunstschreie – ich grinse kaum. Ich verliere kein Tausendstel meiner Sicherheit, meines Unglaubens durch ihre so lebendige, so ewige, so alleinseligmachende Wahrheit, ihre Glaubensgeheimnisse, numinosen Schauer.

Aber sie, sie irritiert, was ich sage, schreibe. Sie erschrekken. Sie fassen es nicht. Ja, fassen es, buchstäblich, oft nicht einmal mit Händen an. Verrät ihnen doch jeder meiner Buchtitel schon alles, und gleich fühlen sie auch, herrje, die ewigen Höllenfeuerflammen heraufschlagen, so gut gedrillt, so «stark» sind sie im Glauben, so «fest». Sie erbleichen, laufen rot an, erbeben. Und nicht bloß bei mir. Es ist ihre übliche Reaktion, ihre «securitas» – hoffentlich doch romversichert, wie?! «Die Tatsache», schreibt mir eine Leserin, «daß ich dabei immer überrascht bin und selber ganz ruhig bin, scheint diese Menschen noch rasender zu machen. Ein katholischer Priester, der in meiner Jugend mein Beichtvater war, sagte: ‹Wenn Sie schon aus der Kirche ausgetreten sind, wenn Sie doch wenigstens sich einer anderen Religion anschließen würden...› Ich sagte: ‹Daß ich demütig bin, ist Ihnen also wichtiger, als daß ich nach den Ursachen der ungeheuren Probleme suche.› Auf diesen Satz hat mir noch niemand in Worten geantwortet. Die Antwort war immer Haß im vollsten Sinn des Wortes.»

Ja, sie ertragen sie nicht, unsre Sicherheit – bei all ihrer Unsicherheit, ihren Identitätskrisen, euphorischen Kohlkopfharmonien. «Herr, ich glaube. Hilf meinem Unglauben!» Sie reagieren beleidigt, erzürnt, mit Haß – die große Domäne der Liebesreligion! Sie reagieren mit Zensur, mit Lese-, Druckverboten, Folterkammern, Scheiterhaufen, mit Verleumdungen, mit Gift und Galle, Pech und Schwefel, ewigem Höllenpfuhl. Man studiere ihre heiligen Schriften, ihre Kirchenväter! Alles hassen sie, was nicht denkt wie sie. Das Heidentum ist schon im Neuen Testament «das Tier», sein Ort dort, «wo der Satan wohnt», das Judentum, sein ganzes geistiges, sein religiöses Gut für Paulus «Dreck». Und widerspenstige Christen, tobt er, soll «das Schwert fressen». Kirchenväter schmähen andersgläubige Brüder «Tiere in Menschengestalt», «Teufel», «Schlachtvieh für die Hölle» etc. etc.

Fanatismus ist die Energie der Dummen, jener, die zu allem fähig sind, sonst aber zu nichts. Und wirft man künftig wieder «Ketzer» ins Feuer, löschen es die Prediger der Feindesliebe – mit Benzin.

Noch heute erreichen mich Batterien von Beschimpfungen, gelegentlich Drohungen (selten bis zum Mord), erreichen mich eben jetzt aus dem Bayrischen Wald, wo Christi Reliktenflora hier vielleicht noch am üppigsten blüht, klerikale Ergüsse, ganze Kirchengesänge: «Ro-sen-kranz-kö-nigin, Jung-frau voll Gnade ...», «Je-su Herz, dich preist mein Glau-be ...», sämtliche Strophen, und alles mit Noten, denn Kirchenlieder sind Texte, die selbst der Gläubige nur gesungen erträgt. Doch wem die Grille des Glaubens im Kopf sitzt, der hört sie Tag und Nacht zirpen. Gute Hirten der Oberpfalz rufen mir zu: «*Bekehre Dich, o K. H.*» «Im Grund erübrigt sich jede Diskussion. Beste Lösung für Sie: *Totschweigen*!» Ach, hattet ihr da nicht schon Besseres?! Gute Hirten der Oberpfalz empfehlen mir «eine Wallfahrt nach Lourdes»! Sie schreiben, gelehrt, wie sie sind: «Dixit insipiens in corde suo: Non est Deus.» Und übersetzen es dem Ungelehrten «auf gut

deutsch: Nur ein Dummkopf sagt: Es gibt keinen Gott!»
Auch unterweisen sie mich, den Kunstbanausen, lyrisch:
«Ohne Gott – heimatlos. Außer Gott – arm u. bloß. Mit Gott –
reich u. groß.» Wie wahr: – wenn 1958 Pius XII. mit einem
Privatvermögen, angeblich ganz zur Rettung der Juden unter
Hitler ausgegeben, von achtzig Millionen DM in Gold und
Valuten entschläft! Und fünfzehn Jahre später der Vatikan,
unter Paul VI., bei der New Yorker Mafia gefälschte Wert-
papiere von fast einer Milliarde Dollar bestellt! Reich und
groß . . .

Mich aber erinnern sie: «Memento mori!» Und daß ich
Staub bin «et in pulverem reverteris» (Kath. Pfarramt König-
stein). Und nach der hinterfotzig freundlichen Apostrophie-
rung «Lieber K. H.» eröffnen sie mir: «Ihre Bücher sind von
sagenhafter Oberflächlichkeit und sind randvoll gefüllt mit
Geschichtsfälschungen atheistischer Schwächlinge.» (Ich bin
übrigens kein Atheist, und meine kirchen-, meine christen-
tumskritische Arbeit beruht zu etwa fünfundneunzig Prozent auf christlichen Quellen und christlicher Sekundärliteratur, überwiegend von Theologen.) «Bereits nach 100 Seiten
ist Ihre unwissenschaftliche Masche durchschaut . . . Denken
ist nicht Ihre Stärke! . . . Sie wären ein ‹exzellenter› Federkiller in der Schreibstube Himmlers geworden» (– der doch
seine SS nach Prinzipien des Jesuitenordens geprägt hatte,
eines Ordens, dessen Periodikum «Stimmen der Zeit» nicht
nur Hitler das Glaubenssymbol der deutschen Nation genannt, sondern auch das Kreuz Christi die notwendige Ergänzung des Hakenkreuzes, das im Kreuz seine «Erfüllung
und Vollendung» finde). «Das Gute an Ihren Büchern ist: die
Atheisten werden vollständig verdummt. Sie verdienen
nichts anderes. Bekehren Sie sich, sonst landen Sie bei Ihrem
Ziehvater Alfred im Höllenfeuer!» (Kath. Pfarramt Waldkir-
chen.)

Nein, Bester, ich «bekehre» mich nicht – und mich ekelt
bereits jetzt vor den Lügen, die Ihresgleichen nach meinem

Tod über mich verbreiten werden. Denn Klerus, das ist Tücke und Heuchelei in Aktion, Verleumdung, ein Verein, der erst meist als Brandstifter auftritt, zuletzt als Feuerwehr, der vor allem drei Arten von Menschen regelmäßig betrügt: junge Menschen, Menschen mittleren Alters und alte. Nein, ihr habt bei mir ausgespielt. Denn ein Mensch kann so wenig zum zweitenmal glauben, was er zu glauben aufgehört hat, wie er zum zweitenmal lieben kann, was er nicht mehr liebt. Die Hölle aber, Mr. Hillbilly, das war, das ist – für Nicht-christen und oft genug auch für Christen – jeder Ort, wo eine christliche Kirche nahezu unbeschränkt herrscht, besonders, Hochwürden, die römisch-katholische, eine Art Fortsetzung des Krieges dann mit anderen Mitteln. Denn wie es im Ministerium der Verteidigung meist um Krieg, im Ministerium der Gesundheit um Krankheit geht, so in der Kirche Gottes gewöhnlich um eine Teufelei. Kirchen sind Segen nicht: Fluch. Kirchen sind kaptativ, Herr Pfarrer, Kannibalinnen. Sie wollen verschlingen. Überall lauern «Seelsorger» wie Spinnen im Netz. Ein «Seelsorger» aber ist einer, vor dem man seine Seele retten muß …

Doch noch die besten Herrenjünger, wahre Edelmänner, -frauen, drohen mir, verrottet, verkommen, wie ich bin, gar oft mit dem Gericht, entnehmen sie meiner «Aussage» ja, daß ich «den deutschen Bürgern» nicht nur die Abschaffung des Justizministeriums empfehle, der Demokratie, sondern auch zu «stehlen, morden, lügen». Sie ihrerseits haben mir gegenüber als «einzige Empfehlung» die, «dem Gedanken-gut der ungläubigen Theologen abzusagen und Vergebung durch das Blut Jesu zu empfangen» oder auch «einmal einen Gottesdienst einer guten Pfingstgemeinde z. B. in Frankfurt a. M. zu besuchen und mit den Pastoren und Gemeingelie-dern [!] zu sprechen». Und weisen besorgt, apostolisch er-leuchtet, in Zungen, mit pfingstlichem Feuer gleichsam, darauf hin, daß ich auch mal sterben müsse. «Ob Sie wollen oder nicht, der Tag kommt so sicher, wie Jesus das Alfa und Omega ist. Und ich lese in meiner Bibel, auch in der englischen Übersetzung, daß nach dem Tode das Gericht kommt.» Und auch der «Herr Jesus Christus, wahrer Mensch und wahrer Gott», der kommt und zeigt es, gibt es mir, o ja, der liebe Gott, der fackelt nicht, der brennt – und ich rieche ihren Glauben schon, bevor ich ihre Briefe öffne, ein Schwall von Mief steigt daraus, buchstäblich, ein Wachturm und and-rer Türme des Erwachens-Mief, des Glaubens-Mief, der mich sogleich in ihre Nester, ihre Brutstätten versetzt. Und sie strahlen Lebensfreude aus, diese Carpe-diem-Spezialisten, Sieghaftigkeit, Triumph, bereits von außen rieche, ja, seh ich ihre Seelen förmlich, ihre schönen, ihre ganze grandiose Glaubenszuversicht, sie blüht und blüht und duftet, stinkt: rosarote Blümchen auf dem Kuvert, vorn schon, hinten, drin abermals, rosarote Röschen, rosarote Sonnenaufgänge, ER-WACHET!

Ja, erwacht! Erwacht, Schlafmützen, Gottesanbeter, ihr wachsbleichen Endzeitspinner, die ihr über eurem Memento mori zu leben vergeßt!

Doch geht es denn um Gott überhaupt? Nein, euresglei-chen wohl ersann, erspann, erschuf sich ihn, um eine gren-zenlose Gier zu stillen, ein kolossales Ungenügen, einen hybriden, schlicht geisteskranken Egoismus. Goethe und Novalis definierten das Christentum als Theoanthropophi-lie (Menschenvergottungsliebe). Und Theodor Lessing er-kannte darin die treffliche Einsicht, daß das christliche Wort «Gott» nur die andere Vokabel sei für das Wort «Ich» und daß es nichts Hochmütigeres gebe als eine Demut, die das Wort «Ich» mit dem Wort «Gott» vertausche. Denn das tut ihr in Wahrheit, ihr Transusen, Ewigkeitsnascher, ihr Möch-tegern-Unsterblichen, auch wenn ihr's nie zugeben werdet. Gerade ihr denkt wie Stirner: Mir geht nichts über mich. Ich bin mir selbst der Nächste. Und wie sagt Nietzsche? Ein reli-giöser Mensch denkt nur an sich. Euch geht's um euch, und nur um euch. Gott braucht ihr bloß als Lebenslüge, für euren

Auferstehungswahn und eure Jenseitsillusion. Darum wohl hat man jenen einst hinzuerfunden. Der Drang nach Dauer war sein Produzent vermutlich, des Vaters Vater sozusagen, des Schöpfers Schöpfer, Nervenschwäche und Angstphantasien spintisierten ihn hervor, Frustrationen, Dauerkrisen, Wunschprojektionen, die Furcht vor dem Tod, dem ewigen Ende: Nein, nur das nicht, nein! Also Palliative, geistliche Rauschmittel, Halluzinationen. Also ewig das Gegenteil. Ewig leben. Ewig Halleluja. Würdet ihr das nicht von ihm erwarten, wäre euch Gott ganz egal. Ihr würdet doch auch zum Erzengel Gabriel rufen, zum Klabautermann, zu Mohammed, Beelzebub, einem Holzbock, wähntet ihr, von ihnen zu bekommen, was ihr erträumt. Man kann auch zum Kopf einer Sardine beten, wenn man fest daran glaubt, sagen die Japaner.

Ja, ihr glaubt fest daran, fest – an euren Gott, eure Fortexistenz. Euer Gott ist eure Fortexistenz, eure Fortexistenz euer Gott. So habt ihr Trost, gar süßen, habt Stimulanzien, Balsam, Narkosen, nützliche Blindheit, euer großes nebuloses Glück, ihr tirilierenden Kirchgeigen, Gebetsmühlen, Letzte-Stündlein-Propheten, ihr langnasigen Mysterienschnüffler, habt eure Blauendunstkompensationen, -mystifikationen, euer ichversessenes Sehnen, eure chimärische Glückseligkeit – Gott! Ihr kennt ihn besser, als hätte er euch wochenlang Porträt gesessen. Er ist realer für euch als jeder Baum, als euer hohler Zahn und euer hohler Kopf, so hohl, daß da ganze Himmel und elysische Gefilde hineingehen und einst eingehen, transmundane Terrains voller Engelchöre und Platzkonzerte, paradiesische Kuren und Küren, auch Spirituelles, natürlich (– natürlich?), Geistiges, Geistliches, subtilst Ätherisches, Feinstes, Entmaterialisiertes edelster, innigster Art, die prästabilierten Harmonien der Tölpel aller Zeiten.

Und die Hölle?! Ah, ja, jaaah! Erst jetzt leuchtet ihr wie der aufgehende Vollmond, jetzt erst kommt der volle Glanz in euer Jenseitsauge, wird euch so recht warm ums Herz. (Ja, gegen euren Haß, Herrschaften, unsre Häme; gegen eure Lügen- und Verleumder- unsre Lästerzunge!) Jetzt erst triumphiert ihr ganz und gar, jauchzt eure Seele, eure schöne, im Herrn, in eurem göttlichen Marquis (de Sade verzeihe mir). Denn ihr, ihr seid gerettet, gerettet, seid bei den Happy-few, denen euer «Gotteswort» das Paradies verheißt. Nur Kerle wie meinesgleichen, den antichristlichen Abschaum, die Frivolen, Negativisten, Advocati diaboli, die ereilt, die trifft sie, eure «Vollkommenheit aller Vollkommenheiten»; aber auch Christen freilich, haufenweise, Gläubige jeder Façon, die halbe Menschheit, mehr als das, die «massa perditionis», ewig durch den Allerbarmenden in der Hölle gezwickt, gezwackt, gepiesackt, ewig geröstet, gebraten, gesotten, ewig lechzend, ewig hechelnd nach eurem postmortalen Spießer- und Sadistenglück. Ach, ich schrieb es schon einmal: Was ist die Hölle von Auschwitz neben der ewigen Hölle! Neben dieser eeewigen Qual, diesem eeewigen Entzücken dazu für euch Edelkreaturen, euch glitzernde, tönende Lichtgestalten, die ihr euch weidet, aalt und eeewig labsalt an dem Unglück eures Sohnes, eurer Mutter, Oma, dem eeewigen Elend eurer Lieben, eures guten Nachbarn auch, an eurer Feinde Jammer, ad infinitum frohlockt darüber zur Vertiefung eures Kitzels, all der Wonnen eures Nächstenliebe-, Feindesliebe-Glücks, jubelt von Tertullians Zeiten bereits über den hl. Papst Leo I., «den Großen», den hl. Petrus Lombardus, hl. Bonaventura, hl. Thomas von Aquin bis zu Fräulein Müller, Gottlieb Mayer und Frau von Perfid. Ja, «Beweise deine wunderliche Güte» (Ps. 17,7).

Oh, ihr Zwitscherknilche alle in spe, schon deshalb, allein deshalb schon, ist mir euer Summum bonum, euer so lieber, so vollkommener Vampir, euer allgütiger todspeiender Dämon, Endlösungsteufel, euer Superauschwitzgötze verhaßt, was sage ich, ganz unaussprechlich zuwider. Seine Unterwelt allein reicht schon, reicht mehr als alles, was auf dieser Erde bereits durch Äonen an Unrecht, trillionenfacher Not geschieht, an Myriaden von Menschen, von Tieren («Die Fischzüge und Vogelmorde eines einzigen Jahres bringen so viele Leiden über die Erde, daß das ganze Blutbad des europäischen Weltkrieges von 1914 bis 1918 wie ein harmloses Kinderspiel dagegen erscheint»; Theodor Lessing). Doch das berührt euch ja am allerwenigsten, ihr Fleischverschlinger, Fischvertilger, Leichenfresser, ihr Machet-sie-euch-untertan-Hyänen. Und da kommt ihr noch und wollt – Argumente?!

O nein, die Argumente, die sind längst erbracht (auch von mir, in einem Aufsatz, sehr viel länger als dieser*). Das Metaphysische plagt mich seit Jahrzehnten nicht mehr, keinen Moment. Wer weiß, ob es das Metaphysische gibt. Selbst Nietzsche zwar konzedierte seine Möglichkeit. Ich zweifle daran. Glauben, zugegeben, kann man jeden Unsinn – gewöhnlich eine Frage der Geographie nur, des Datums. Und der Autosuggestion. Glaube, das ist der Triumph der Angst über die Redlichkeit, des Wunsches über den Verstand, ist der teuerste Trost, den sich zumal die Armen leisten, der häufigste Fall somit partieller Unzurechnungsfähigkeit und die einzige Haltung, die noch dem ärgsten Trottel auf Dauer das Gefühl einer gewissen Größe verleiht.

Nein, euer Glaube drangsaliert mich nicht mehr, soviel mir auch zuletzt mit den Jahren zusetzt, nicht wenig – wie auch euch, ihr Gläubigen, vieles bedrängt, manchmal weniger, manchmal mehr. Und da tröstet ihr euch eben, ihr «Denn - durch - Trübsal - hier - geht - der - Weg - zu - dir» - Pilger. Und je mehr ihr zu kurz gekommen seid, nicht materiell nur, nein, an Erwartungen, Liebe, Lust auch, desto mehr erhofft ihr euch von «drüben» und werdet aufgerichtet so. Ja, erfand man nicht all dies speziell für euch, die Zukurzgekommenen?! Die Auszubeutenden? Die Einzulullenden? Stillzuhaltenden? Erfand man sie nicht für euch, die metaphysischen

---

* «Warum ich Agnostiker bin» in diesem Band auf Seite 16 bis 114.

Märlein, die transzendenten Seligkeiten, um selber schon hier den Himmel zu haben, schon jetzt?!

Ich weiß, ihr findet dies alles widerlich. Ihr werdet versuchen, mich so oder so zum Schweigen zu bringen. Bedenkt aber: Hättet ihr zuvor geschwiegen, oh, wie gern auch ich. Und hieltet ihr wenigstens künftig eure gottvollen Mäuler, hielte auch ich vielleicht mein gottloses Maul. Goethe lehrte, das Unerforschliche ruhig zu verehren. Und Darwin fühlte zutiefst, das Ganze sei zu geheimnisvoll für den menschlichen Verstand. «Genausogut könnte ein Hund über den Verstand Newtons spekulieren...»

Nichts in meinem Leben fehlt mir weniger als Gott.

Was wir von Jesus wirklich wissen und was dann kam

Geschrieben 1988
....

Die christlichen Kirchen leben davon, daß ihr Anhang seine eigene Kirchengeschichte nicht kennt. Daß er zum Beispiel gar nicht ahnt, wie wenig wir wirklich von Jesus von Nazareth wissen: beinah nichts, was historisch gesichert ist.

Nicht einmal seine Existenz ist über jeden Zweifel erhaben. Napoleon war hier so skeptisch wie Friedrich der Große. Lessing nannte die geschichtlichen Grundlagen des Christentums «mißlich». Goethe, zeitlebens erklärter Nichtchrist, sprach von dem «Märchen von Christus», einem «Scheinding». Und im 19., im (frühen) 20. Jahrhundert leugneten sogar christliche Theologen rundweg, daß Jesus jemals gelebt hat. Die Reihe ihrer Bedeutendsten reicht von Bruno Bauer, erst Professor, dann Gemüsehändler (in Rixdorf bei Berlin), bis zu dem – von Theologen von Weltruf wie Loisy und Heiler beachteten, ja, hochbewunderten – Hermann Raschke (der mich einst seinen jungen Freund nannte): jahrzehntelang leidenschaftlicher Christ – und leidenschaftlicher Bestreiter von Jesu historischer Existenz! Auch Albert Schweitzer, einer der hervorragendsten Leben-Jesu-Forscher, räumte die Möglichkeit der Frage nach Jesu Ungeschichtlichkeit ein, ja schrieb: «Es gibt nichts Negativeres als das Ergebnis der Leben-Jesu-Forschung. Der Jesus von Nazareth, der als Messias auftrat, das Gottesreich verkündete und starb, um seinem Werk die Weihe zu geben, hat nie existiert.» Und es stimmt nachdenklich, daß selbst der protestantische «Papst» unserer Zeit, Karl Barth, «an der Suche nach dem ‹historischen Jesus› … nach wie vor lieber nicht» teilnehmen wollte.

Dabei kann Jesus durchaus historisch sein. Man nimmt dies inzwischen auch (nahezu) allgemein an. Aber einwandfrei erwiesen wurde es nicht. Und unübersehbar bleibt das Schweigen der zeitgenössischen Historiographie. Zwar gingen die Lahmen, die Blinden sahen, die Toten erhielten das Leben zurück. Doch die Geschichtsschreiber Palästinas, Griechenlands und Roms ignorierten es. Seltsam zumal das Schweigen des Justus von Tiberias, eines genauen Galiläa-Kenners, eines Zeitgenossen und Landsmannes Jesu. Doch Justus erwähnt ihn sowenig wie Philon von Alexandrien, ein Fachmann der Bibel und jüdischer Sekten, von dem wir über fünfzig Schriften besitzen. Kurz, das Schweigen der gesamten nichtchristlichen Literatur des 1. Jahrhunderts ist so total, daß der bekannte katholische Theologe Romano Guardini zugeben mußte: «Das Neue Testament bildet die einzige Quelle, die von Jesus Kunde gibt.»

Wie aber steht es mit der Zuverlässigkeit des Neuen Testaments?

Mit einem Wort: fatal. Und dies ist das Resultat einer über zweihundertjährigen, kaum vorstellbar gründlich betriebenen Forschung christlicher Theologen! Denn beiseite, daß etwa ein Drittel der «Heiligen Schrift» – einer unter vielen «heiligen» Schriften und «Offenbarungen» der Religionsgeschichte – auf Fälschung beruht, auf Texten nämlich, als deren Verfasser die Kirche zu Unrecht Apostel ausgab und -gibt: das Neue Testament, das angeblich, so noch das Erste Vatikanum 1870, «unter Eingebung des Heiligen Geistes verfaßt, Gott selbst zum Urheber» hat, ist weithin legendär. Einmütig erklärt die moderne historisch-kritische Theologie, daß sich von Jesu Leben, seinem Charakter, seiner Entwicklung, so gut wie nichts mehr ermitteln lasse, und daß auch seine Lehre zumeist hinzugedichtet sei. Führende christliche

x) Vgl. hierzu Tondi, S. 18

Theologen des 20. Jahrhunderts charakterisieren das Evangelium als eine «an der Historie nicht interessiert(e)», «nur mit äußerster Vorsicht» zu benutzende «Anekdotensammlung».

Doch obwohl man beim Abschreiben der biblischen Bücher – wovon es in keinem Falle Originale gibt, sondern nur Abschriften von Abschriften von Abschriften – Fehler über Fehler machte, absichtlich und unabsichtlich; obwohl derart ein ganzer Varianten-Dschungel, ein gigantisches Chaos entstand – schätzungsweise eine Viertelmillion verschiedener Lesarten –; obwohl besonders die Evangelien von krassen Widersprüchen wimmeln (am meisten bei der Beschreibung ihres größten «Wunders», der «Auferstehung»), hält die moderne Bibelkritik einiges für erwiesen.

Zu den sichersten Ergebnissen der theologischen Forschung gehört der urchristliche Glaube an das *unmittelbar* bevorstehende Ende der bisherigen Welt und den Beginn der Gottesherrschaft *auf Erden*, an eine Verwandlung aller Dinge, nicht zuletzt des Menschen selber. Auch der synoptische Jesus hat diesen Glauben (von den mutmaßlich vier, sechs, sieben Jahrzehnte später schreibenden Evangelisten freilich schon da und dort nachweislich gemildert) mit aller Intensität vertreten, hat seine Generation als die letzte betrachtet und sich damit fundamental geirrt. «Jesu felsenfeste Überzeugung von dem baldigen Kommen des Gerichtes und der Vollendung», so der Theologe Heiler, «wird heute von keinem ernsten und unbefangenen Forscher mehr bestritten». Und Theologe Bultmann betont: «Es bedarf keines Wortes, daß sich Jesus in der Erwartung des nahen Weltendes getäuscht hat.»

Erst als die Zeit diesen Glauben Jesu und der gesamten Urchristenheit als falsch entlarvte, wurde er durch die bereits mächtig und reich gewordenen Kirchenführer auf den Kopf gestellt und das von Jesus verkündete *irdische* Reich Gottes mit dem *Himmelreich* identifiziert, wurde auf das *Jenseits* ver-

Was wir von Jesus wirklich wissen (1988)   133

schoben, was die ersten Christen im *Diesseits* erwartet hatten, wurde die *Naher*wartung zur *Fern*erwartung. (Eine radikale Verkehrung des Ursprünglichen gab es im Christentum auch im jähen Umschlag seines *dreihundertjährigen strengen Pazifismus* im 4. Jahrhundert in das abscheulichste Kriegsgeschrei, das die Religionsgeschichte durchgellt, und im Umschlag seines religiösen Kommunismus in den Hochkapitalismus der gesamten Großkirche und des Papsttums. Schon im 5. Jahrhundert ist der Bischof von Rom der größte Grundherr im ganzen Römischen Reich. Im Mittelalter besitzt die katholische Kirche, die Gemeinde des «armen Menschensohnes», ein Drittel Europas. Im Osten gehört der orthodoxen Kirche, gleichfalls Gemeinde jenes Ärmsten, ein Drittel des riesigen russischen Reiches bis 1917. Und das Papsttum ist heute eine finanzpolitische Weltmacht, die auch mit der Unterwelt – siehe die mittlerweile liquidierten Mafia-Bankiers Calvi und Sindona – eng kooperiert.)

Genau verfolgen läßt sich nun die systematische Steigerung des biblischen Jesusbildes, die allmähliche Vergottung.

Jedes Evangelium, so Theologe Cullmann, versucht es «besser zu machen» als seine Vorgänger. Doch ähnlich verbesserten schon die alten Ägypter ihre heiligen Schriften. Gibt es im Christentum ja nichts, was originell, spezifisch christlich wäre; alles, vom äußerlichsten Brauch bis zu jedem Mirakel, zum zentralsten Dogma, ist vorher dagewesen, im Hellenismus oder Judentum. Somit war auch der Auftritt von Wundertätern, Heilanden, vom Himmel kommenden Göttersöhnen, von Gottesmüttern, die Mutter und Jungfrau zugleich gewesen, war das ganze christliche Heilsdrama – Präexistenz, Inkarnation, Kreuzigung, Auferstehung, Höllen- und Himmelfahrt – Zug um Zug genau und vielfach vorgegeben und wurde – restlos! – auf die Gestalt Jesu übertragen, sei sie nun historisch oder nicht.

Zwar ist der Galiläer schon im ältesten Evangelium, fast ein

x) die apokalyptische, die pazifistische u. die soziale Tendenz (vgl. S. 135) halbes Jahrhundert nach seinem mutmaßlichen Tod geschrieben, «Sohn Gottes». Doch benutzt es den Ausdruck nur selten. Auch wird Jesus hier erst bei seiner Taufe zum «Sohn Gottes» *adoptiert*. Und schließlich ist er bei Markus – im Gegensatz zum späteren Kirchendogma – weder allmächtig noch allwissend noch absolut gut. Dies Durchschimmern des Menschen Jesus aber suchen die jüngeren Evangelisten Matthäus und Lukas zu tilgen. Sie «verbessern», idealisieren auch seine Jünger, sie steigern fast systematisch die Wunder. Und im vierten, zunächst eher «verketzerten», dann kirchlich überarbeiteten Evangelium, dem sogenannten Johannesevangelium, doch keinesfalls von dem Apostel Johannes verfaßt, wird Jesus weiter erhöht, wird alles Menschliche sorgfältig vermieden, seine Vergottung nahezu perfekt; wobei freilich vieles den früheren Evangelien diametral widerspricht.

Die Kirche aber brauchte und braucht Jesus als Gott. Sie mußte aus «Vater» und «Sohn» ein einziges Wesen, eine unbedingte Einheit machen. Denn nur so konnte man die offenkundige Zwei-, dann Drei-Götterlehre (durch die spätere Hinzukunft des «Heiligen Geistes» als Drittem im Bunde – im Anschluß an ungezählte Trinitäten des Heidentums) vertuschen und zum «Sohn», der ja das «Neue» war, genauso beten wie zum «Vater», den schon die Juden hatten.

Zum ältesten christlichen Glauben steht all dies indes in striktem Gegensatz. Denn nach Auskunft der gesamten kritischen Theologie war Jesus für die Urapostel zwar ein ungewöhnlich begnadetes Geschöpf, doch ein Mensch, ein sterbliches Wesen. Wie hätten auch jene, strengste Eingottgläubige, Jesus, mit dem sie täglich zusammenlebten, mit dem sie wanderten, flohen, als Herr des Himmels und der Erde und aller Kreaturen ansehen sollen! Weder kannten sie den Glauben an ihn, noch die Geschichte seiner Geburt aus der Jungfrau, noch gar seine Präexistenz. Und natürlich ist auch das «apostolische» Glaubensbekenntnis nicht von ihnen –

x) Vgl. hierzu U. Ranke-Heinemann,
"Nein und Amen", S. 221 f. !

Was wir von Jesus wirklich wissen (1988)   135

nichts, was Rom apostolisch nennt, ist apostolisch (außer den Aposteln); es entstammt erst dem späteren 2. Jahrhundert, war noch im 3. Jahrhundert in Fluß und stand endgültig erst im Mittelalter fest.

Auch für Paulus, so sehr er, in Übernahme heidnischer Gedanken, die Vergottung Jesu fördert, ist dieser nicht mit Gott identisch. Vielmehr vertritt auch der «Völkerapostel» eindeutig die im 4. Jahrhundert auf dem Konzil von Nizäa verworfene subordinatianische Christologie, die Jesus Gott unterordnet. Paulus nennt Gott das Haupt Christi in demselben Sinn wie Christus das Haupt des Mannes, und so läuft seine Lehre, nach dem Theologen Bousset vergröbert gesagt, darauf hinaus, ihn «als Halbgott» erscheinen zu lassen.

Noch im ganzen 2. Jahrhundert galt eine Christologie als selbstverständlich, die dem «Vater» den «Sohn» unterstellt (und dem «Sohn» dann ebenso den «Geist»), also eine verfeinerte Vielgötterei. *Diese «Häresie» war allgemeine Kirchenlehre!* Die Christen auch des 2. Jahrhunderts hielten Jesus nicht für «wesensgleich» mit Gott. Sie schrieben ihm, wie selbst die berühmten Heiligen der Zeit, der Märtyrer Justin, der Kirchenvater Irenäus, nur die zweite Stelle nach «dem unwandelbaren und ewigen Gott, dem Weltschöpfer» zu und erklärten im Hinblick auf Jesu Selbstzeugnis bei Markus (13,32), der «Vater» stehe über allem und sei größer auch als der «Sohn».

Wie die im späteren 2. Jahrhundert entstehende katholische Kirche alles Entscheidende im Evangelium verkehrte, die apokalyptische, die pazifistische, die soziale Tendenz, so auch das Verhalten Jesu gegenüber Fasten, Frau und Ehe.

Nach Auskunft der kritischen Theologie negierte Jesus keinesfalls Sinnlichkeit und Natur. Vielmehr bekämpfte er die Askese der Pharisäer und des Täufers, von dem er sich ebendeshalb trennt. Er hauste nicht, wie Johannes, in der Wüste, er mied die Welt nicht, die Freuden und Feste. Er trat oft als Gast oder Gastgeber auf. Er wurde von seinen Feinden, wie vor ihm schon Buddha, von dessen Worten und Wundern man vieles auf Jesus übertrug, «Fresser und Weinsäufer» geschimpft. Und auch seine Jünger, sagt die Schrift, «fasteten nicht», sondern tafelten «mit Jubel».

Mit Frauen verkehrt der evangelische Jesus ganz unbefangen. Stellt sie das Alte Testament den Haustieren gleich, standen sie zur «Zeitenwende» immer noch auf einer Stufe mit Kind und Knecht. Sie waren aus dem öffentlichen Leben verdrängt, auch von jeder aktiven Teilnahme am Gottesdienst ausgeschlossen. Man grüßte keine Frau und ließ sich nicht von ihr grüßen, man erachtete die Schlechtigkeit des Mannes immer noch für besser als jede ihrer Tugenden. Und selbst die Opfertiere sollten männlichen Geschlechtes sein! Dagegen hielt Jesus die Frauen nicht für minderwertig, setzte sie nirgends zurück. Er brach einer Frau wegen den Sabbat, er heilte auffallend viele Frauen, sie gehörten zu seinem Schülerkreis und waren unter seinem späteren Anhang vielleicht zahlreicher als die Männer.

Der Katholizismus aber, dessen römischer Star-Moralist Häring, gleich vielen geistlichen Fälschern, nun behauptet, in keiner Religion oder Weltanschauung sei «die Frau so geachtet und geehrt wie im Christentum», hat die Frau durch zwei Jahrtausende mißachtet, erniedrigt, verunglimpft. Mit Berufung auf das Alte Testament erscheint sie von Anfang an als fleischliches, nichtswürdiges, den Mann verführendes Subjekt, als Eva und Sünderin schlechthin. Wie die Gemeinden Christo untertan seien, verkündet das Neue Testament, «so die Weiber ihren Männern in allen Dingen». Die größten Kirchenlehrer (der Titel, den nur zwei Päpste bekamen, ist die höchste Auszeichnung für Katholiken), Chrysostomos, Hieronymus, Augustinus, Thomas von Aquin, verbreiten, die Frau sei nicht nach Gottes Ebenbild geschaffen, sei körperlich minderwertig und geistig «ein verfehltes Männchen», «hauptsächlich» zur Befriedigung viriler Gier bestimmt – «der Mann befiehlt, die Frau gehorcht».

An der Schwelle zur Neuzeit, im 15. Jahrhundert, nennt Papst Pius II. die Frau «Teufel», «eine Art Hölle». Um die Wende zum 18. Jahrhundert schimpft sie Kanzelredner Abraham a Sancta Clara «Koth». Noch im frühen 19. erscheinen Schriften zu dem berüchtigten scholastischen Disput «Hat das Weib eine Seele?». Und noch 1980 spricht der Regensburger Bischof Graber unter Anspielung auf die Apokalypse von dem «engen Zusammenhang des Weibes mit dem Tier» und erklärt unmittelbar darauf: «Sexualität führt zur Bestialität.» Mord im Krieg, millionenfacher Mord, führt für diese Herren nie dazu. Im Gegenteil. Krieg ist oft heilig für sie, ein Gottesdienst. Sexualität aber sehr oft des Teufels, fast schlimmer als alles.

Auch Luther, der zwar das Zölibat abschafft, die Nonnen aus den Klöstern holt und von Keuschheits-, Kasteiungspraktiken meint, sie könne «schier allemal auch ein Hund und eine Sau täglich üben», schmäht die Frau doch «ein halbes Kind», «ein Toll Thier»; «die größte Ehre, die es hat, ist, daß wir allzumal durch die Weiber geboren werden». Und wie die Katholiken, von denen er das Prinzip der Menschenverachtung und -ruinierung übernimmt, degradiert Luther die Frauen zu bloßen Gebärmaschinen. «Ob sie sich aber auch müde und zuletzt todt tragen», lehrt er, «das schadet nichts, laß sie nur todt tragen, sie sind darum da» – was allein schon Grund genug sein sollte für eine Frau, nicht mehr protestantisch zu sein.

Diese beinah bis heute reichende Verunglimpfungskampagne wirkte sich bei dem enormen Einfluß des Klerus verheerend aus. Man benachteiligte die Frau rechtlich, ökonomisch, sozial, bildungspolitisch ständig und stärkstens, ja, schleppte sie als «Hexe» jahrhundertelang auf Scheiterhaufen oder auch, schon im 17. Jahrhundert, im Bistum Breslau, beispielsweise, im Bistum Bamberg, in Verbrennungsöfen – «weilen vor diesem zuviel Holz draufgegangen», so der gleichermaßen sparsame wie bereits (in Richtung Gaskammer) progressive Oberhirte Bambergs – was allein schon Grund genug sein sollte für eine Frau, nicht mehr katholisch zu sein.

Das alles und freilich sehr viel mehr war aus der frauenfreundlichen Haltung des biblischen Jesus geworden, der doch noch eine Ehebrecherin nicht verdammt, «denn sie hat viel geliebt»! Nicht zufällig wurde gerade an dieser Stelle wie an keiner anderen des Neuen Testaments herumkorrigiert, sogar immer wieder versucht, sie überhaupt zu streichen. Ob Jesus selbst verheiratet war, wofür so manches für manche bis heute spricht, bleibt natürlich unbeweisbar. Die Katharer sahen in Maria Magdalena Jesu Frau oder Konkubine. Und nach Luther brach er wahrscheinlich mit ihr und anderen die Ehe, um ganz die menschliche Natur zu teilen.

Jedenfalls hat der biblische Jesus nirgends die Ehe bekämpft oder abgewertet, wie der ehefeindliche Paulus, der eigentliche Gründer des Christentums, der gegenüber der jesuanischen Predigt völlig Neues und für das Christentum Zentrales einführt; vor allem die aus dem Heidentum stammende Erlösungslehre, die Erbsündenlehre, die Prädestinationslehre oder eben seine Diskriminierung der Frau, auch der Ehe, die er bloß erlaubt «um (der Vermeidung) der Hurerei willen». Und hier knüpft der auf Paulus zurückgehende Luther wieder an: «Drumb hat das Meidlein ihr Punzlein, daß es ihm (dem Mann) ein Heilmittel bringe, damit Pollutionen und Ehebrüche vermieden werden.» Paulus aber erklärt ausdrücklich für gut, «kein Weib zu berühren».

Der Katholizismus hat zwar – schon um seines Nachwuchses willen – die Ehe nicht verboten, doch, so sehr man es immer von neuem leugnet, durch fast zwei Jahrtausende diffamiert, die Idee der Ehe als Sakrament überhaupt erst im Hochmittelalter aufgebracht, die Zivilehe (ohne Jawort vor dem Priester) sogar bis ins 16. Jahrhundert anerkannt! Dementsprechend wurde der Zweitehe vielerorts länger als ein Jahrtausend der kirchliche Segen versagt, darüber hinaus jede Eheschließung durch eine Fülle von Verfügungen erschwert, mitunter unmöglich gemacht: bei Impotenz, Konfessionsverschiedenheit, Blutsverwandtschaft (im Höchstfall bis in den vierzehnten Grad römischer Rechnung!). Und noch in der (religiös angeblich neutralen) Bundesrepublik Deutschland geht das im Widerspruch zur Verfassung geltende Eheverbot der Schwägerschaft auf das Kirchenrecht zurück – wie so vieles!

Gemäß ihrer asketischen Ideologie hat die Kirche aber auch den ehelichen Sexualverkehr selber rigoros eingeschränkt, jahrhundertelang verwehrt: an Sonn- und Feiertagen, an Buß- und Bittagen, an allen Mittwochen und Freitagen oder Freitagen und Samstagen, in der Oster- und Pfingstoktav, der vierzigtägigen Fastenzeit, der Adventszeit, vor der Kommunion, mitunter auch danach, während der Schwangerschaft und danach, kurz, an acht Monaten im Jahr. Und natürlich war er nicht nur verboten, sondern Verstöße wurden auch mit schweren Strafen geahndet.

Dem Klerus aber untersagte das Papsttum – extrem egoistisch, pekuniär und kirchenpolitisch motiviert – die Ehe ganz. Dabei empfiehlt das Alte Testament selbst dem Hohenpriester «eine Jungfrau zum Weibe», und nach dem Neuen Testament muß sogar der Bischof «eines Weibes Mann» sein. Die Apostel führten ihre Frauen noch auf den Missionsreisen mit; wie denn in der ganzen alten Kirche die Mehrzahl der Priester und Bischöfe verheiratet war.

Trotzdem hat Rom allmählich immer rücksichtsloser den beweibten Klerus bekämpft, verheiratete Geistliche zeitweise oder dauernd eingekerkert, gefoltert, verstümmelt, hingeschlachtet, manchmal während des Gottesdienstes. Auch ihre Frauen – «Suhlplätze fetter Säue» (Kardinal, Heiliger und Kirchenlehrer Petrus Damiani [1006–1072] und mitunter selbst auf den Altären geschändet) – wurden samt ihren Kindern von Jahrhundert zu Jahrhundert völlig rechtlos gemacht, gepeitscht, verkauft, sehr häufig auch mit ihrem

ganzen Besitz von den Bischöfen kassiert und zu Kirchen-
sklaven gemacht «in alle Ewigkeit»; noch im 17. Jahrhundert
befahl man, sie «auf immer ins Gefängnis» zu werfen. Und
Päpste und Kirchenlehrer heizten diese Verfolgungen an
«bis zur Vergießung des Blutes», «bis zur völligen Vernichtung».

Was aber aus den unterdrückten Priesterehen entstand,
war ein Priesterharem! Oder, so der österreichische Augusti-
nerchorherr Konrad von Waldhausen im Spätmittelalter (um
1325–1369), ein «Augiasstall, der sich Kirche Christi nennt –
doch nur ein Bordell des Antichrist ist».

Im 8. Jahrhundert spricht der hl. Bonifatius, der Apostel
der Deutschen, von Geistlichen, die sich «vier, fünf, auch
noch mehr Konkubinen nachts im Bette» halten. 909 gesteht
die Synode von Troslé, daß die Priester «in dem Unflat der
Unzucht verfaulen». Von England bis Italien versichert man
damals, der Klerus sei «leider viel schlimmer als die Laien».
Im 11. Jahrhundert feiert der bretonische Bischof Iuhell von
Dol öffentlich Hochzeit und stattet seine Töchter mit Kir-
chengütern aus, umgibt den Bischof von Fiesole ein ganzer
Mätressenschwarm samt Kindern. Im 13. Jahrhundert, als
Zisterzienserin Mechthild von Magdeburg klagt, daß Gott
die Domherren Böcke nenne, «weil ihr Fleisch vor Unkeusch-
heit stinkt», koitiert der Erzbischof von Besançon, der seinen
Klerus bis aufs äußerste Elend erpreßt, mit einer Blutsver-
wandten, der Äbtissin von Reaumair-Mont, er schwängert
eine Nonne und hurt offenkundig mit einer Priestertochter.
Gab es doch Oberhirten, in Basel, in Lüttich, mit 20, ja mit
61 Kindern.

Widerstanden aber Frauen geilen Geistlichen, verketzerte
man sie gern, eine Methode besonders der «Ketzer»jäger selber. Der Inquisitor – einige dieser abscheulichen Massenmörder wurden heiliggesprochen, der Dominikaner Peter von
Verona noch nicht einmal ein Jahr nach seinem Tod! –, der
Inquisitor Robert le Bougre, genannt der «Ketzerhammer»,

bedrohte Frauen, die ihm nicht willig waren, mit dem Scheiterhaufen. Der Inquisitor Foulques de Saint-George kerkerte, um sein Ziel zu erreichen, Widerspenstige als «Ketzerinnen» ein. Noch auf den großen Kirchenversammlungen vermochten die frommen Zölibatäre sich oft nicht von den Frauen zu trennen. So wirkten auf dem Konzil von Konstanz, das Hus verbrannte, außer dem Papst, über dreihundert Bischöfen und dem Heiligen Geist auch siebenhundert öffentliche Huren, nicht gerechnet jene, welche die Konzilsväter gleich selber mitgebracht.

Die tridentinischen Reformen änderten nicht allzuviel. Im 17. Jahrhundert hatte der Salzburger Erzbischof von Raitenau Gattin und fünfzehn Kinder. Im späteren 19. Jahrhundert verkehrte in einer italienischen Diözese jeder Kleriker, der Bischof eingeschlossen, mit einer Frau. Ähnlich war es seinerzeit in Südamerika. Und ähnlich dürfte es dort auch heute sein. Berichtete ja jetzt ein lateinamerikanischer Hierarch auf dem Katholikentag in Essen, daß von fünfzehn seiner Priester vierzehn mit ihrer Haushälterin wie mit einer Ehefrau lebten.

Ein mir gut bekannter katholischer Theologe gestand einem deutschen Primas «Probleme». «Welche?» fragte der Kardinal und lächelte dann mild: «Ach, des Zölibätle ...» Coram publico aber propagierte es derselbe Kirchenfürst als «eine biblisch fundierte und orientierte Lebensform» – im strikten Widerspruch zum Alten wie zum Neuen Testament! Und Papst Johannes Paul II., geradezu verbissen in die Ehelosigkeit um des Himmelreiches willen, behauptet gar noch immer, daß sie der Ehe überlegen sei – und die Kirchenführung erträgt in altbewährter Heuchelei lieber heimliche Priesterehen und zahlt für die Kinder Alimente!

Wie beim Klerus sah es von der Antike bis zur Neuzeit in zahlreichen Klöstern aus. Es blühten da Homosexualität, Päderastie, und oft war noch das Halten weiblicher Tiere verboten, obgleich ja auch mit männlichen gesündigt werden konnte. Wohl deshalb erlaubt der hl. Franziskus in seiner Zweiten Regel allen Brüdern «in keiner Weise, selbst oder bei andern oder sonst irgendwie ein Tier» zu halten. Und ruft nicht die Kirche ganz offen durch die Jahrhunderte, daß die Mönche den Völkern die «schlimmsten Beispiele geben»? Daß «fast in ganz Europa ... außer Platte und Kutte vom Mönch nichts mehr zu entdecken» sei? Daß die Mönche kein Gelübde der Keuschheit halten, sogar die Jungfrauen miß-brauchen, «welche die Gelübde getan»? Daß viele ins Kloster nur deshalb gingen, um möglichst ungestört huren zu kön-nen?

Mit Beispielen ließen sich Bände füllen, und nicht selten trieben es die Äbte am tollsten. Abt Bernharius vom Kloster Hersfeld etwa. Oder Abt Clarembald von St. Augustin in Can-terbury, der in einem einzigen Dorf siebzehn Kinder hatte. Oder der Abt von Nervesa, Brandolino Waldemarino, der sei-nen Bruder ermorden ließ und mit seiner Schwester das Tier mit den zwei Rücken machte. Giordano Bruno spricht vom «schweinischen Mönchtum». Noch im späten 16. Jahrhun-dert wimmeln die Männerklöster von Frauen und Kindern. Diese Ehelosigkeit, höhnt Oskar Panizza, nahm so katholi-scherseits ruhig ihren Fortgang. «Auf einer 1563 abgehaltenen Visitation der Klöster in Niederösterreich fand man bei den 9 Mönchen des Benediktinerklosters Schotten 7 Konkubinen, 2 Eheweiber, 19 Kinder; bei den 7 Chorherren zu Kloster Neu-burg 7 Konkubinen, 3 Eheweiber, 14 Kinder; bei den 40 Non-nen zu Aglar 19 Kinder usw. Man nannte dies Zölibat.»

Die Ordensschwestern aber eröffneten im Abendland die ambulante Prostitution.

Immer häufiger verglich man die Frauenklöster mit Frauen-häusern. Zeitweise lief die Verschleierung einfach auf Prosti-tution hinaus. Nicht zufällig hieß im mittelalterlichen Frank-reich die vereidigte Puffmutter «abesse». Und in Amerika benutzt man den Ausdruck «nun» (Nonne) – siehe Faulkners

«Requiem for a Nun» – noch heute für Nutte. Viele mittelalterliche Klöster waren als offene Bordelle bekannt, Frauenbrunn, Trub, Gottstadt bei Bern, Ulm, Mühlhausen. Die Nonnenklöster Kirchberg bei Sulz, Kirchheim unter Teck, Oberndorf im Thal hießen geradezu des Adels «hurhaus». Das Nonnenkloster Gnadenzell hieß «Offenhausen». Der Stadtrat von Lausanne befahl den Nonnen, den Bordellen keinen Abbruch zu tun, und der Zürichs protestierte scharf «wider das unzüchtige Geläuf in die Frauenklöster». In England war der Geschlechtsverkehr zwischen Fürsten und Nonnen traditionell. Russische Klosterfrauen hielten sich zeitweise öffentliche Liebhaber und erzogen ebenso öffentlich ihre Kinder, die gewöhnlich wieder Nonnen und Mönche wurden. In gewissen westlichen Häusern bekamen die «heiligen Jungfrauen» «fast alle dicke Bäuche», beseitigten aber «heimlich ihre Kinder». Wohl kaum irgendwo wurde so systematisch abgetrieben wie in vielen Frauenklöstern. Und am 18. September 1984 hatte Papst Johannes Paul II. in Kanada die Unverfrorenheit, die Abtreibung auf den Atomkrieg zu beziehen!

Natürlich saugt sich der Verfasser all diese mühelos zu vervielfachenden Fakten nicht aus den Fingern. Seine Bücher «Abermals krähte der Hahn», «Der gefälschte Glaube», «Das Kreuz mit der Kirche», die «Kriminalgeschichte des Christentums» enthalten Hunderte von Seiten kleingedruckter Quellenbelege ganz überwiegend christlicher oder kirchlicher Herkunft. Wer dennoch zweifelt – niemand schätzt Skepsis mehr als ich –, befrage die Päpste selbst, etwa im späteren Mittelalter den mächtigsten Papst der Geschichte, Innozenz III., der die Priester «sittenloser als Laien» nennt. Oder Honorius III., nach dem sie «zum Verderbnis geworden und Fallstrick den Völkern» und «verfaulen wie das Vieh im Miste». Oder Alexander IV., der klagt, «daß das Volk, anstatt gebessert zu werden, durch die Geistlichen vollständig verdorben wird».

Doch stand es bei den «Heiligen Vätern» anders?

Im 10. Jahrhundert hatte die Markgräfin von Tuszien ihren Geliebten Johannes zum Papst Johann X. machen lassen. Ihre Tochter Marozia, durch die er im Gefängnis umkam, hurte mit Papst Sergius III. und beförderte die Frucht ihrer gemeinsamen Bemühungen, fünfundzwanzigjährig, zum Stellvertreter Christi: Johann XI., bald gleichfalls im Kerker liquidiert. Johann XII., so begabt, daß er, kaum achtzehn, schon den Heiligen Stuhl besteigen konnte, bestieg auch seine Schwestern, die Konkubine seines Vaters, Witwen, Jungfrauen, fromme Rompilgerinnen, kurz, führte eine Mätressenwirtschaft sondergleichen, bis er 964 bei einem Ehebruch umkam. Papst Bonifaz VII., der seinen Vorgänger Benedikt VI. 974 erdrosseln ließ und ein Jahrzehnt danach selbst ermordet wurde, galt als schreckliches, alle Sterblichen an Nichtswürdigkeit übertreffendes Vieh. Benedikt IX. . . .

Aber lassen wir diese, zugegeben, nicht nur in puncto puncti, besonders dunkle Zeit. Doch wie hielt man es in Rom ein halbes Jahrtausend später?

Luther meinte: «Stecken selbst im Dreck bis an die Ohren.» 1410 avancierte der Kardinallegat Baldassare Cossa zum Papst, nachdem er in Bologna ganze Scharen – man sprach von zweihundert – Verheirateter, Witwen, Jungfrauen, auch sehr viele Nonnen begattet hatte. Einige Jahrzehnte darauf baute Papst Sixtus IV. nicht nur die (nach ihm benannte) Sixtinische Kapelle, sondern auch ein Bordell. Freilich bauten auch manche Kardinäle, Bischöfe, ja Äbte, Oberinnen Hurenhäuser. Zeigte sich doch immer wieder, wie berechtigt Pius II. war, dem böhmischen König sogar unter Berufung auf den hl. Augustin – «Herr, gib mir Keuschheit», betete selbst er, «doch nicht gleich»! – zu beteuern, ohne geordnetes Bordellwesen könne die Kirche nicht existieren. (Diese Einsicht wurde inzwischen fast Allgemeingut. 1987 schrieb die dreißigjährige Frankfurter Prostituierte Flori Lille dem sehr geehrten Herrn Papst: «Sehen Sie, ich weiß: solange Sie Zucht predigen, floriert meine Unzucht, solange Sie Kenntnis über Verhütung und Abtreibung in die Dunkelheit verbannen, bleibt mein Monopol ... mit anderen Worten: solange Ihr Thron fest steht, wackelt auch mein Bett nicht» – eigentlich wackelt es dann ja gerade.) Sixtus IV. führte nicht nur, selber der Geilsten einer, der noch seine Schwester und Kinder besprang, das Fest der Unbefleckten Empfängnis ein, sondern kassierte von seinen Dirnen auch zwanzigtausend Dukaten im Jahr, eine stolze Summe seinerzeit. Jede siebte Bewohnerin der «Heiligen Stadt» war damals eine Nutte. Sixtus' Neffe, Kardinal Pietro Riario, mit vier Bistümern gesegnet und einem Patriarchat, koitierte sich buchstäblich zu Tode – und bekam auch noch eines der schönsten Grabdenkmäler der Welt.

Die Doppelmoral gehört zu den wesentlichsten und widerlichsten Zügen dieser Kirche. Gemäß der alten katholischen Devise, «wenn schon nicht keusch, dann wenigstens vorsichtig», unterschieden die Heiligen Väter streng zwischen einer heimlichen und einer offenbaren Sünde, bei der sie die Strafe verdoppelten, verdreifachten gar. Wies man den mittelalterlichen Klerus doch geradezu an: «Aber man achte darauf, daß es heimlich geschehe ...» – die versteckte (un)moralische Maxime noch heute, wo man zum Beispiel Unzucht mit einem Beichtkind durch dauernde Buße und Absetzung des Priesters nur dann bestraft, «wenn das Verbrechen öffentlich bekannt geworden ist».

Besonders unter Johannes Paul II. grassiert eine neue Prüderie, unter einem Papst, der zwar ruft: «Wählt das Leben ... Respektiert euren Leib!», doch zugleich die Forderung rühmt, «sein Auge auszureißen und seine Hand abzuhakken, wenn diese Glieder Anstoß geben», der immer wieder auch «Drogen, Terror, Erotismus» auf *eine* Stufe stellt. In Italien werden Autos freisinniger Soziologen und Politiker in Brand gesteckt, die Fenster ihrer Häuser eingeschmissen, freizügige Bade- und Campingzonen beseitigt, gelegentlich

Nudisten krankenhausreif geschlagen. Die begonnene Reform des Sexualstrafrechts stagnierte. Auch die Jagd gegen gewisse Filme wurde eröffnet, vom Papst selbst angeheizt, indem er mit etwa fünfhundert Gläubigen im Vatikan einen Rosenkranz betete, um Abbitte zu leisten für die «Schändung der Gottesmutter» durch den Jean-Luc-Godard-Film «Je vous salue, Marie» (deutsch: «Maria und Joseph»). Staatsanwälte beschlagnahmten Filmrollen in Porno-Kinos, in Mailand und Rom zündete man Lichtspieltheater an.

Die Religion der Liebe kämpfte, war es möglich, stets mit Feuer und Schwert. Schon im 4., 5. Jahrhundert rauchten in Rom und weithin im Römischen Reich Synagogen, bevor die Katholiken die Juden selbst massakrierten, bevor sie im Mittelalter manchmal an einem *einzigen Tag* mehr Juden umbrachten als die Heiden Christen in der *zweihundertjährigen* antiken Christenverfolgung! Auch Luther hetzte, die Synagogen einzuäschern, «daß kein Mensch einen Stein oder Schlacke davon sehe ewiglich».

Brennen künftig statt der Synagogen Kinos? Oder Bibliotheken mit unerwünschten Büchern? Auch in Paris brannte ein Filmpalast, der Martin Scorseses «Letzte Versuchung Christi» zeigte. Dagegen hörte man nicht, daß dort der Bischofspalast brannte, als einige Jahre zuvor Bischof Tort im Bordell, Kardinal Daniélou bei Nacktänzerin Mimi entschliefen – natürlich im Dienst der Seelsorge, der Caritas, wie kirchlicherseits todernst betont.

Von den USA, wo unter Präsident Reagan bibelgläubige Fundamentalisten (ohne Fundament!) schon fast einen Kreuzzug für ein «sauberes Amerika» führten, schwappte die Welle der Prüderie über den Ozean, und man eiferte auch bei uns – aus geschichtlicher Unkenntnis oder purer Heuchelei – gegen die am Kreuz halluzinierte Liebesszene eines Mannes, der, falls er je gelebt, eines sicher nicht war: Christ. Stand dieser Jesus ja, wie die historisch-kritische christliche Theologie erwies, noch ganz im Banne jüdischer Tradition, dachte er zwar mit aller Intensität an das unmittelbare Ende der Welt, das nicht kam, doch nicht im Traum an die statt dessen kommende lange Geschichte mit Bischöfen und Päpsten, mit Kreuzzügen, Judenpogromen, Inquisition, an eine «Erlösung» mittels Legenden und Lügen und einer ungeheuren Flut von Fälschungen. (Im Abendland gab es im Mittelalter beinah so viele unechte Urkunden, Annalen, Chroniken wie echte – und Jahrhunderte lang, bis ins Hochmittelalter hinein, waren die Fälscher fast durchweg christliche Geistliche.)

Man hat oft bemerkt, von Goethe über Dostojewski, Nietzsche bis zu Henry Miller, der es mir selbst schrieb: käme Jesus wieder, würde er abermals gekreuzigt. Nur ein Kurienkardinal freilich könnte kompetent ergänzen: «Doch diesmal nicht in Jerusalem, sondern in Rom.»

Kaiser Julian
332–363

Geschrieben 1986
· · · · · · · ·

> «Ihr seid so elend, daß ihr nicht
> einmal dem treu bleibt, was
> die Apostel euch überliefert
> haben.»

Flavius Claudius Julianus wurde im Frühjahr 332 in Konstantinopel geboren. Seine Mutter Basilina starb wenige Monate darauf. Sein Vater Julius Konstantius war der Sohn von Konstantius Chlorus und Theodora, somit ein Halbbruder Konstantins, des ersten christlichen Kaisers, der ein Sohn von Konstantius Chlorus und der heiligen Helena war. Diese bedenkenlose Intrigantin, eine Schankwirtin (stabularia) vom Balkan, die die christliche Überlieferung bald als britische Prinzessin ausgab, hatte mit Konstantius Chlorus vor dessen erster Ehe mit Theodora im Konkubinat, dann in Bigamie gelebt und Julians Vater mit fortgesetztem Haß verfolgt. Schließlich erlag er einem Mordkomplott.

Bald nämlich nach Konstantins Tod (22. Mai 337) kam es zu einem grauenhaften Verwandtengemetzel, der Etablierung der ersten christlichen Dynastie. Jagte doch einer der drei Konstantin-Söhne, Kaiser Konstantius II., der sich als besonders gottgesandt (religiosissimus imperator), als «Bischof der Bischöfe» fühlte, im August 337 zu Konstantinopel die meisten männlichen Verwandten des Kaiserhauses über die Klinge: seine beiden Onkel, Kaiser Konstantins Halbbrüder

Dalmatius und Julius Konstantius, Kaiser Julians Vater; ferner nicht weniger als sechs Vettern sowie zahlreiche mißliebige Persönlichkeiten des Hofes. Geschont wurden, in christlicher Barmherzigkeit, nur Julians zwölfjähriger, aus der ersten Ehe des Vaters stammender Stiefbruder Gallus, damals so sterbenskrank, daß er ohnedies verloren schien – sein Kopf fällt 354 in Istrien –, und der fünfjährige Julian selbst; er wird 363 auf einem Perserfeldzug ermordet.

Kein Kirchenmann hat seinerzeit das Verwandtenmassaker getadelt, sowenig wie zuvor die Verwandtenmorde Konstantins. Im Gegenteil. Kirchengeschichtsschreiber Bischof Euseb von Cäsarea rechtfertigte dies Regierungsdebüt durch «höhere Eingebung» und pries den vielfachen Verwandtenabstecher und Dauerkrieger Konstantius, der auch Hunderte von Justizmorden beging, ebenso wie den Schlachtheroen und Familienschlächter Konstantin, der sogar Heiliger der Ostkirche wurde. Julian aber, der in Erinnerung an das Blutbad als Kind oft in Weinkrämpfe fiel, mit schrillen Schreien aus dem Schlaf hochschreckte, schloß aus solcher Erfahrung, «daß selbst die Raubtiere dem Menschen nicht so feindlich gesinnt sind wie die Christen gegeneinander!».

Nach der Beseitigung des Vaters indoktrinierte ein Verwandter der Basilina, Euseb von Nikomedien, beide Vollwaisen. Der mißtrauische Kaiser Konstantius II., ihr Vetter, Herr einer riesigen Geheimpolizei, trieb die Prinzen von Ort zu Ort und steckte sie von 344 bis 350 in die entlegene, einsame Bergfeste Macellum im Herzen Anatoliens, wo sie fast nur Spione und Sklaven umgaben und der Arianer Georg von Kappadokien Julian zum Priester machen sollte. Doch dann, nach Konstantinopel entlassen, in die Welt wilder Religionstumulte und rauschender Bannflüche, kam Julian, zwanzigjährig, zum Studium nach Nikomedien, nach Pergamon, Ephesus, Athen. Hervorragende Lehrer gewannen ihn dem Heidentum, eine Konversion, die geheimgehalten werden mußte. 355 wurde er von Konstantius zum Cäsar ernannt und als Statthalter nach Gallien geschickt, wo der gelehrte Stubenhocker Lorbeeren als Feldherr und Staatsmann errang. Im Februar 360, bei einer Meuterei in Paris, von der Armee zum Augustus ausgerufen und unter Androhung des Todes zur Annahme der Würde gezwungen – «ungern genug, das wissen die Götter», schrieb Julian –, erregte er, trotz äußerster Mäßigung, die Eifersucht des Konstantius, der mit einem Heer in den Westen marschierte, während Julian im Juli 361 mit seinen Truppen von Basel aus nach Osten zog; im Oktober war er in Naïsós (Niš). Da aber starb Konstantius überraschend, erst vierundvierzigjährig, am 3. November zu Mopsukrene in Kilikien, nachdem er den Vetter noch zu seinem Nachfolger designiert hatte.

Julian, der seine christlichen Vorgänger weit überragte, charakterlich, ethisch und geistig, war sensibel, ernst, bescheiden, spontan, verletzbar, auch philosophisch gebildet und literarisch vielseitig tätig. Sich nie betrinkend, ohne Luxus, Mätressen, Lustknaben lebend, begann der Monarch schon bald nach Mitternacht zu arbeiten. Seine Produktivität – einschließlich einer persönlichen Korrespondenz, wie wir sie auch nur ähnlich ausgedehnt von keinem Kaiser der Antike kennen – war stupend, fast unglaublich. Er setzte Intellektuelle in höchste Ämter ein und suchte, von ausgezeichneten Sachverständigen unterstützt, die Bürokratie zu rationalisieren. Er feuerte sofort die ganze Eunuchengesellschaft, das Schmeichler-, Schmarotzer-, Denunzianten-, Spitzelwesen, er verringerte beträchtlich die Dienerschaft, er verminderte die Steuern um ein Fünftel, ging scharf gegen betrügerische Eintreiber vor, sanierte die (gerade von den Bischöfen ruinierte) Staatspost, reformierte das Privatrecht, das Münzwesen, verbesserte verschiedene Wirtschaftszweige und half nicht zuletzt den elend ausgesogenen Bauern.

Der junge Kaiser belebte auch «paideia», die klassische Bildung, wobei er jedoch viel Haß erregte, vor allem durch das selbst von seinen heidnischen Freunden kritisierte Unterrichtsgesetz vom 17. Juni 362, das Christen das Lehren griechischer Literatur untersagte – praktisch ein Berufsverbot für christliche Professoren; statt dessen sollten sie in die Kirchen gehen, «um den Matthäus und Lukas auszulegen». Julian beseitigte im Heer das Labarum, die Kaiserstandarte mit dem Christusmonogramm, und setzte an die Stelle des Kreuzes wieder gewisse Strömungen der Philosophie, den paganen Kultus, eine hellenistische «Staatskirche». Er reorganisierte die altgläubige Priesterschaft, von der er ein hohes Ethos forderte, «philanthropia», Unparteilichkeit, Gerechtigkeit, Güte, sogar Feindesliebe, und propagierte intensiv die polytheistische Überlieferung, vor allem den «Sonnenpantheismus», den Sonnenkaiser, den «basileus Helios» – damals bereits eine über zweitausendjährige Tradition. «Seit meiner Jugend drang ein heftiges Sehnen nach den Strahlen des Gottes in meine Seele, und seit meinen frühesten Jahren war mein Inneres so verzückt von ihm, daß ich nicht nur ihn ständig anzuschauen wünschte, sondern auch, wenn ich in sternklarer Nacht im Freien weilte, alles um mich her vergaß und die Schönheiten des Himmels bewunderte . . .»

Julian, der das Christentum zuweilen mit Hohn übergoß, verfügte Rückgabe und Wiederaufbau geschleifter alter Heiligtümer, auch die Rückgabe geraubter Tempelsäulen und Kapitelle, die viele Kirchen schmückten. «Wenn sich die Galiläer Plätze zum Beten schaffen wollen, mögen sie es tun, aber nicht mit dem Material, das anderen Kultstätten gehört.» Der Herrscher untersagte den Geistlichen, die bereits große Vorrechte genossen, Richter zu spielen oder als Notare «sich das Erbe anderer anzueignen und sich selbst alles zu überschreiben» – schon im nächsten Jahrhundert war der Bischof von Rom der größte Grundbesitzer im Römischen Reich!

Allerdings verbot Julian nicht das Christentum, sondern verkündete allgemeine Glaubensfreiheit. Hielt er «die Gottlosen aus Galiläa» auch für «eine Seuche», bekannte er sich doch stets von neuem zur Toleranz. Er restituierte beschlagnahmtes Privateigentum des Klerus. Er erlaubte verbannten Priestern und Bischöfen die Rückkehr, worauf man freilich erst recht übereinander herfiel. Und von Christen provoziert, die bereits weithin Tempel, Götterbilder schändeten, raubten, niederbrannten, ging schließlich Julian selber, «trotz seiner Irrtümer einer der edelsten und begabtesten Menschen der Weltgeschichte und vielleicht der liebenswerteste» (Stein), manchmal gewalttätig gegen die Gewalttätigen vor. Doch während die Heiden bald scharenweise dem aufgehetzten Mob zum Opfer fielen, dann auch die Juden, die Julian begünstigte, sind die wirklich historischen «Märtyrer» unter seiner Regierung an einer Hand zählbar: die beiden Presbyter Eugenios und Makarios, die, nach Ägypten verbannt, dort vierzig Tage später starben, und die beiden christlichen Gardeoffiziere Juventinos und Maximos, die offenbar zur Rebellion und Beseitigung des Kaisers getrieben; Julian ließ sie hinrichten.

Schon unter Konstantin hatte die Armee den Umsturz zum Christentum forciert. Im Perserfeldzug, zu dem der Kaiser am 5. März 363 von Antiochien aufbrach, war die Lage wieder günstig. Ohne Panzer fiel er nördlich von Ktesiphon am Tigris; niemand weiß, wie. Libanios, der bekannteste Rhetoriklehrer des Jahrhunderts, mit Julian eng befreundet, versichert, ein Mann habe ihn getötet, «der sich weigerte, die Götter zu ehren». Und selbst ein antiker Kirchenautor hält Julian, der am 26. Juni 363 um Mitternacht, im 32. Lebensjahr, im 20. Monat seiner Regierung, einem Lanzenstich in die Leber erlag, für das Opfer eines gedungenen christlichen Mörders – eines tadellosen Helden natürlich, da er «um Gottes und der Religion willen eine so kühne Tat vollbracht».

Die Christen feierten den Tod des Kaisers mit öffentlichen Gastmählern, mit Tanzveranstaltungen in den Kirchen, den Märtyrerkapellen, Theatern. Sie vernichteten Julians noch kurz vorher geschaffene Streitschrift «Gegen die Galiläer», später aus einer Replik (30 Bücher!) des Kirchenlehrers Kyrill rekonstruiert. Sie zerstörten auch alle Bilder, die Julian zeigten, ebenso alle knappen Inschriften, die an seine Siege, seine Wohltaten erinnerten, von Arabien und Syrien bis nach Numidien, Norditalien, in die Alpen hinein.

Und die Kirchenführer, zu Lebzeiten des «Apostaten» zu feig zum offenen Widerstand, diffamierten ihn nun gleich und noch lange. Gregor von Nazianz begeiferte den Toten in zwei wilden Reden, in denen er ihn Werkzeug des Teufels schimpfte, «ein Schwein, das sich im Schmutze wälzt». «Alle Laster waren in ihm vereinigt.» Der heilige Ephräm schleuderte haßstrotzende Triumphtiraden gegen den «Unreinen», «Frevler», «Verfluchten», «Götzenpriester». «Bei seinem Anblick frohlockten die Bestien, die Wölfe traten auf seine Seite . . ., ja sogar die Schakale erhoben ein Freudengeheul.» Der heilige Johannes Chrysostomos behauptete, Julian habe Knaben schlachten und opfern lassen. Im 5. Jahrhundert verbreitete die Kirche schon die tollsten Schauergeschichten, bezeichnenderweise oft mit sexuellem Unterton. Julian soll Nonnen zur Entkleidung gezwungen, ihnen das Haar abrasiert, mit ihren Eingeweiden Schweine gefüttert, er soll Kinder haufenweise den Göttern dargebracht haben. In altsyrischen Geschichten tritt er als Monstrum auf, das den Kleinen, zwecks magischer Beschwörungen, das Herz herausreißt. Das katholische Mittelalter und Jesuitendramen setzen dies fort. Der verdammte Herrscher verpfändet sich der Höllenkönigin, schlitzt schwangeren Müttern den Bauch auf, schändet die Gebeine der Märtyrer und Heiligen – in allen christlichen Ländern waren gefälschte Märtyrerberichte unter Julian entstanden, obwohl es unter ihm so gut wie keine christlichen Märtyrer gab!

Erst die Aufklärung korrigierte entscheidend ein Zerrbild, das der Klerus freilich, mutatis mutandis, allen großen Christengegnern anzuhängen sucht. Montesquieu bedachte den Staatsmann und Gesetzgeber Julian mit höchstem Lob. Voltaire nannte ihn den vielleicht erhabensten Menschen. Montaigne und Chateaubriand zählten ihn zu den Großen und Größten der Geschichte. Shaftesbury und Fielding schätzten ihn. Goethe rühmte sich, Julians Haß gegen das Christentum zu verstehen und zu teilen. Schiller wollte ihn zum Helden eines Dramas machen. Ibsen schrieb «Kaiser und Galiläer», Nikos Kazantzakis seine Tragödie «Julian Apostata», der Amerikaner Gore Vidal noch Anfang der sechziger Jahre einen Julian-Roman.

Und Edward Gibbon bekannte, Julian verdiente, die Welt zu regieren.

Überfahrt ins Himmelreich

Geschrieben 1995
....

Vor fast viertausend Jahren schon erwähnt, durch David erobert, durch Nebukadnezar, durch Titus zerstört, wurde Jerusalem in christlicher Zeit (330–638) zu einem wahren Wallfahrtsmagneten, einem abenteuerlichen Arsenal nicht zuletzt von Christus-Reliquien. Und diese buchstäblich unglaublichen Glaubensschätze reichten von der mit Körperabdrücken des Erlösers gespickten Geißelsäule über Dornenkrone und Abendmahlskelch bis zu den bei der Himmelfahrt am Ölberg hinterlassenen göttlichen Fußspuren.

Nun fielen freilich diese und tausend andere heilige Kostbarkeiten leider bei dem großen Araber-Sturm in die Hand des Kalifen Omar, Mohammeds Nachfolger und Schwager. Zwar übte der «Befehlshaber der Gläubigen», der im winterlichen Februar 638 auf einem weißen Kamel in Jerusalem eintritt, ein mildes Regiment; er ließ sogar die während der Christenherrschaft verbannten Juden wieder zurückkehren (deren Glaubensgenossen die aufbrechenden Kreuzfahrer doch schon an Rhein und Donau massenhaft erschlugen). Aber nach der Eroberung des byzantinischen Kleinasien durch die Türken richtete Alexios I. Komnenos, der «Soldatenkaiser», einen Hilfsappell an den Westen. Und da mochte Papst Urban II. (1088–1099), dessen berühmt-berüchtigter Vorgänger, der hl. Gregor VII., bereits einen Kreuzzug ventiliert hatte, sich nicht versagen.

Ganz Europa – damals ein einziges Krisen- und Katastrophengebiet, voller Fehden, Bauernrebellionen, Epidemien,

Hungersnöte, voller Kämpfe von Heiligen Vätern, Bischöfen, Äbten gegeneinander – Europa drohte «in einer Fülle schwerster Konflikte in sich zusammenzubrechen» (Katholik Friedrich Heer). Was erwies sich da hilfreicher als (wie so oft in schier ausweglosen Lagen das letzte Mittel aller Staatskunst) ein gemeinsamer großer Krieg? Zumal eben auch Urban II., der einstige Mönch, in kaum abreißenden Schwierigkeiten steckte, er nicht nur Priesterehe, Simonie und Laieninvestitur sich gegenübersah, sondern auch einem ihm feindlichen deutschen Kaiser (Heinrich IV.) und einem erfolgreichen Gegenpapst (Klemens III.). Der frühere Prior von Cluny und Kardinalbischof von Ostia mußte bei den Normannen, den einst so heftig bekriegten Heiden, den Kirchen- und Klosterzerstörern, Zuflucht suchen und konnte 1094 nur durch Bestechung in den Lateran zurück, wahrscheinlich auch nur durch Bestechung 1098 die Engelsburg erobern.

Inzwischen hatte der Heilige Vater in Spanien auch mächtig die Reconquista, den Kampf gegen die Mauren, angeheizt und, so der Oxforder Kirchenhistoriker John Kelly, «seine denkwürdigste Leistung», die Kreuzzüge, eröffnet. Rief Urban doch am 27. November 1095 in Clermont in der ersten seiner (von verschiedenen Chronisten verschieden berichteten) «großen Kreuzpredigten»: «Das gottlose Volk der Sarazenen drückt die heiligen Orte, die von den Füßen des Herrn betreten worden sind … Die Hunde sind ins Heiligtum gekommen … die Stadt Gottes muß Tribut zahlen … Der Tempel des Herrn … ist zum Sitz des Teufels geworden … Die ehrwürdigen Orte sind in Schafkrippen und Viehställen verwandelt … Den Tempelschändern gilt jeder Ort, jede Person gleichviel; sie morden die Priester im Heiligtum.»

Im Zentrum solcher Agitationen stand die Behauptung von der Unterdrückung der Kirche im Osten.

Nun hatten dort zwar die christlichen Kaiser Dissidenten, nestorianische, jakobitische, koptische Christen, jahrhundertelang oft vehement verfolgt. Gerade diese Kirchen aber

Überfahrt ins Himmelreich (1995)   157

blühten unter islamischer Herrschaft auf. Doch konnten auch die übrigen Christgläubigen im Orient sich nicht beklagen. Sie riefen niemand zu Hilfe. Sie wurden auch nicht terrorisiert, sie hatten eine gewisse Kultfreiheit, hatten Zugang zu den «heiligen» Stätten, sie zahlten weit weniger Steuern als unter den christlichen Statthaltern von Byzanz, und vor allem: sie genossen Frieden. Ja, als die Kreuzfahrer kamen, lebten diese Christen unter den Türken meist lieber als unter den Franken – ganz ähnlich übrigens die christlichen Bauern im Abendland!

Gewiß kam es unter dem Fatimidenkalifen al-Hakim 1008/ 09 zu Konfiskationen von Kirchengut; er ließ sogar die Grabeskirche schleifen. Aber al-Hakim war wahnsinnig, drangsalierte selbst den eigenen Anhang, und sein Sohn, Kalif al-Tahir, baute die Grabeskirche, was man freilich verschwieg, wieder auf. Im 10. Jahrhundert reiste Bischof Konrad von Konstanz dreimal, Bischof Johannes von Parma sechsmal nach Jerusalem, wohin gerade im 11. Jahrhundert wahre Massenpilgerungen erfolgten.

Doch unter dem Eindruck der päpstlichen Aufrufe sowie anderer verlogener Kreuzpredigten begaben sich in den nächsten Jahren, verführt durch die fabelhaftesten Verheißungen irdischer und himmlischer Seligkeiten, allerlei bis zur Hysterie aufgepeitschte kleinere, zumal aber drei mächtige Kreuzzugsunternehmen auf den Weg – auf die «Reise», wie man dezent sagte, auch «Pilgerzug» (passagium generale) genannt oder «Überfahrt ins Himmelreich …». Und dies letztere, den Begriff locker genug genommen, wurde es vor allem. Kam ja bloß eine der drei großen Wellen, die mittlere, überhaupt an, das übrige jedoch allermeist um. Es blieb irgendwo buchstäblich auf der Strecke – ein gewaltiger Wallfahrer-Wurm, kilometerlange Schlangen von Weibern, Kindern, Rittern, Nutten, die Kreuzesfahnen an der Spitze, Wolken von Gestank, Weihrauch und Fliegen, glühende Wüsten, Delirierende, Vergewaltigte, Sterbende, heilige Prozessionen und noch heiligere Schlachtfeste, davor Priester mit hochgerecktem Kreuz und Abendmahlskelch ...

Wie schrieb John Kelly? Die «denkwürdigste Leistung» des Papstes.

Lebte schon bei den christlichen Ungarn, so ein Mönchschronist, «jeder, wie er konnte, von Mord und Plünderung», geschahen im Feindesland immer herrlichere Heilstaten. Vor Nikaia enthaupteten die katholischen Kämpen Anno Domini 1097 scharenweise ihre türkischen Gefangenen, schleuderten die Trophäen zurück in die Stadt und schickten, laut geistlichem Zeugnis, auch tausend Köpfe, wohlverpackt in Säcken, Seiner christlichen Majestät, dem Kaiser Alexios I. Bald darauf stieß «das Heer Gottes» bei Dorylaion «bis zur Nacht den Türken das Schwert in den Leib...». Mit dem Schlachtschrei «Gott will es!» gewann man im Juni 1098 im buchstäblich letzten Augenblick das fast uneinnehmbare Antiochia durch Bestechung und Verrat. Unter Mithilfe der ansässigen Christen metzelte man sämtliche Türken nieder und griff sich dann deren Frauen und Töchter.

Ein Jahr später endlich, nach fünfwöchiger Belagerung, nach Gebeten, Fasten, einer feierlichen Bittprozession «zu Ehren Gottes», erstürmte man Jerusalem Mitte Juni 1099, just am «Fest der Aussendung der Apostel», überdies ein Freitag. Und als «die Stunde kam, in der Unser Herr Jesus Christus es zuließ, daß Er für uns den Kreuzestod erlitt», erreichte die christliche Schwertmission begreiflicherweise einen ihrer freilich häufigen Höhepunkte.

Denn was nun eintrat, war, wie Erzbischof Wilhelm von Tyrus schlicht schrieb, das «Ende der Pilgerfahrt». Doch konnten einst diverse Päpste Rom durch Tribute vor Plünderungen retten, ließen sich die Christen auf einen Loskauf Jerusalems erst gar nicht ein. Im Tempel Salomons gab es vielmehr ein solches Blutbad, «daß die Unsrigen bis zu den Knöcheln im Blut wateten». Ja, nach dem Kaplan Fulcher von Chartres hat man allein in der Al-Aksa-Moschee etwa zehntausend Menschen geköpft. Und die Juden wurden in ihre Hauptsynagoge gestopft, bis sie übervoll war, und dann lebendig verbrannt. Die ganze jüdische Gemeinde Jerusalems kam so im Feuer um – «ein gerechtes Gottesurteil»: Erzbischof Wilhelm von Tyrus. Man schonte weder Frauen noch Greise, trat Säuglinge mit dem Schuh kaputt, zerschmetterte sie an den Mauern, man säbelte nieder, stach ab, zerhackte, erschlug, stürzte zu Tod. Die «Ritter Christi» troffen «vom Scheitel bis zur Sohle von Blut». Dazwischen plünderte man, raffte Gold und Silber an sich, schlitzte noch die Bäuche der Ermordeten auf, um aus deren Därmen vielleicht versteckte Goldstücke zu ziehen ... «Dann, glücklich und vor Freude weinend, gingen die Unsrigen hin, um das Grab Unseres Erlösers zu verehren ...»

Und auch dies natürlich, dies ganz besonders, die «denkwürdigste Leistung» des Papstes.

Über eine Million Menschen raffte der erste Kreuzzug hinweg: erst die Juden von Metz, Mainz, Speyer, Worms, Prag und anderen Städten; dann christliche Ungarn, Serben, Griechen, auch Christen Kleinasiens; den größten Teil der Kreuzfahrer selbst; und endlich ihre Gegner – und Papst Urban II., der dazu aufrief, wurde 1881 seliggesprochen. Erfuhren doch durch ihn, den «Schöpfer der Kreuzzugsbewegung», wie das katholische Lexikon für Theologie und Kirche rühmt, «das Ansehen und die Macht des Papsttums gewaltige Steigerung».

Vor allem die Macht. Denn für die katholische Welt wurden die Kreuzzüge bald ein einziges Fiasko. Ganze Heere verschwanden fast spurlos, auch fünfzigtausend Kinder. Andererseits erstarkte der (nicht selten verhandlungsbereite) Islam, das dauerhafteste Resultat der Kreuzzüge überhaupt. Die Päpste aber stachelten immer wieder zu neuen Kreuzzügen auf, sie wurden zum beherrschenden Gedanken ihrer ganzen Außenpolitik bis zum Ende des Mittelalters. Und noch im 20. Jahrhundert führte man sogenannte Kreuzzüge, den schlimmsten 1941 bis 1943 im katholischen «Großkroatien» gegen die serbisch-orthodoxe Kirche mit etwa einer dreiviertel Million grauenhafter Opfer, nicht selten lebendig zerstückelter, lebendig begrabener, lebendig verbrannter, lebendig gekreuzigter *Christenmenschen*. Und noch den Vietnamkrieg erklärten US-Bischöfe zum Kreuzzug und forderten während des Zweiten Vatikanums den Abwurf der Atombombe auf Vietnam zur Verteidigung der katholischen Schule.

Reliquien oder Das Volk gläubet jetzt
so leichthin, wie eine Sau ins Wasser brunzet ...

Geschrieben 1974
········

Ein lückenreiches Panorama – von den hochheiligen
Vorhäuten Jesu bis zum Kot des Palmesels

«Die Kirche führte die Barbaren aus
Mythos, Wunder, Furcht und Scheu zu
gehobeneren Leit- und Menschenbildern.»
Der Münchner Historiker Karl Bosl

Reliquien, besonders von Häuptlingen und Kriegern, waren schon sogenannten Primitiven bekannt. Reliquien gab es in großen Religionen, vor allem im Dschainismus und Buddhismus, doch nicht minder in der hellenistischen Welt. Sie waren weit verbreitet, und ihre Verehrung ging auf diverse religionsgeschichtliche und religionssoziologische Phänomene zurück, insbesondere auf die Ahnenverehrung sowie den Glauben an ein Fortleben nach dem Tod.

Im antiken Heroenkult, aus viel älteren Totenbräuchen hervorgegangen, huldigte man Kriegs- und Geisteshelden, die den Göttern nicht sehr nachstanden, als Nothelfern, Rettern, Heilern, als Beschützern von Menschen und Städten. Den Mittelpunkt dieser Kulte bildete das Heroengrab, ein wirkliches oder vermeintliches. Es wurde ausgebaut, geschmückt und galt als heilig. Oft erhob sich darüber eine Kapelle oder ein Tempel samt Altar, worauf man dem Heros opferte.

Das früheste Christentum kannte zunächst keinen Reliquienkult, sollte doch nach den Paulusbriefen bei der Auferstehung ein spirituell-himmlischer Leib (corpus caeleste, spirituale) verliehen, der fleischliche, irdische indes zu Staub werden. So fand das Grab des Stephanus, des ersten christlichen Märtyrers, auch keine Beachtung. Beim Tod des Polykarp von Smyrna aber im späteren 2. Jahrhundert wollte die Gemeinde sofort mit seinem heiligen Fleische «Gemeinschaft» haben und sammelte bereits, so jedenfalls nach dem überarbeiteten Martyriumsbericht, seine Überreste «wie Edelsteine». Und seit der Mitte des 2. Jahrhunderts hegten die Christen echte oder angebliche Märtyrergräber wie die Heiden ihre Heroa. Allerdings durfte man Märtyrer und Heilige – zunächst konnten nur Märtyrer heilig werden – nicht anbeten. Sonst aber war beinah alles erlaubt. Ja, während die Heiden leibliche Reliquien fast stets am Grab verehrten – ein Akt der Pietät gegenüber der Ruhe der Toten –, wurden in der Kirche seit etwa 300 körperliche Reliquien, «Primärreliquien» (im Unterschied zu den «Sekundärreliquien»: alles, was der Heilige besessen, berührt, besprochen hatte) geteilt und genaue Rangstufen dekretiert: Kapitalstücke, Güteklasse A gewissermaßen, wie Kopf, Arm und Bein, und weniger gewichtige Kostbarkeiten, die noch einmal in beachtliche, Hand und Fuß, und nun leider nur geringe zerfielen, Finger und Zähne.

Heilige – tranchiert und eingemacht

Obwohl manche Märtyrer um Schonung, Ruhe baten, tranchierten sie die Priester immer häufiger. Sie wollten ihre Schätze vermehren, verschenken, verkaufen, wollten Nachschub, Vorrat, einen eisernen Bestand. Heiligmäßige Bischöfe oder Äbte waren kaum erkaltet, mitunter noch am Leben, da schlug sich die Gemeinde oft schon um ihre Lei

che. Nicht selten kam es so zu Blutvergießen, Mord, zu förm-
lichen Schlachten.

Nach dem Tod des Einsiedlers Lupicinus zerriß man sein
Gewand und stritt noch um seinen blutigen Speichel. Den
Einsiedler Romuald wollten Gläubige in Umbrien, bloß pro-
phylaktisch, selbstverständlich, sogar töten, um sich sein
heiliges Gebein zu sichern. Die Leiche des Dominicus Loricatus, der fünfzehn Jahre in einer Eisenrüstung dem Ewigen
Leben zugestrebt, vergruben die Klosterbrüder von Fonta-
vellano noch in seiner Sterbezelle, damit ihn benachbarte
Mönche nicht raubten. Haben die Dominikaner von Fossa-
nuova doch einen der berühmtesten Katholiken, Thomas
von Aquin, aus Angst vor seinem Verlust, 1274 buchstäblich
eingemacht, Leib und Kopf getrennt, gekocht, präpariert.
Eine Hand bekam die Schwester des Heiligen, Gräfin Theodora. Später gelangte die Hand (ohne Daumen) in das Dominikanerkloster von Salerno, ein Arm des Aquinaten in das
große Kloster von Paris, ein Bein in die Dominikanerkirche in
Neapel – Spitzenwerte.

In Deutschland schnitten Verehrer der hl. Elisabeth Haare
und Nägel der Toten ab, Teile der Ohren und – zärtliche Kenner offenbar – die Brustwarzen. Ja, diese Säbelei floriert noch
heute. So reiste 1955 zur Weihe der Lagerkirche in Friedland
der Kölner Kardinal Frings mit einem Ellbogenknochen an,
den er aus dem Seligen Altfried in Essen hatte heraussägen
lassen. (Es war derselbe Kardinal, der – seit dem 2. Dezember
1948 Mitglied der CDU – 1950 als erster öffentlich in Deutschland die Wiederaufrüstung der Deutschen verlangte.) 1956
trug Frings einen Knochen des hl. Liudger von Werden nach
Osnabrück. Und 1958 «schändete» er, freilich nicht als erster,
die Leiche St. Brunos, um weitere Kirchen durch hl. Knöchlein zu bereichern.

Immerhin hatte sie Frings weder gefringst noch verhökert.
Handel damit war seit je verboten. Nur wenn «Ketzer», Juden oder Heiden – und dies geschah oft – heiliges Gebein

besaßen, durfte man es kaufen, sogar zu Höchstpreisen. Wußten doch auch die Gegner solche Preziosen zu schätzen. Dagegen mußten Reliquien aus «Ketzer»-Kirchen katholischen Bischöfen überbracht und verbrannt werden. Religiös echt, ergo wirksam, war (und ist) schließlich nur das gut Katholische.

Mäuseknochen und Bärenfett

Trotz Verbots aber handelte man in Antike und Mittelalter mit Reliquien. Und obwohl Gebeinteilungen bis zur Jahrtausendwende als sakrilegisch galten, nahm man sie immer wieder vor. Man zerlegte die heiligen Leichen und verschacherte echte, noch viel öfter freilich gefälschte. Schon im Buddhismus waren die meisten Buddha-Reliquien, wenn nicht alle, so unecht wie die Barthaare Mohammeds oder die Windeln Jesu. Im Christentum kamen auch Maulwurfszähne, Mäuseknochen, Bärenklauen und Bärenfett als ehrwürdige Märtyrerreste in Umlauf. Karl «der Große» kompromittierte vor seinem ganzen Hof einen Bischof, der für viel Geld von einem Juden als Reliquie eine ausgestopfte Maus erwarb. Oberhirte Ragnemodus von Paris warf zwar einen Knecht, der mit Reliquien das Volk betrog, in den Kerker. Aber wer hätte dorthin Kirchenfürsten, Päpste gesteckt, die oft genug die suspektesten Stücke propagierten? Oder gar Karl I. selbst, der – trotz seiner fünf Ehefrauen und zahlreichen Kebsen ein inniger Marienverehrer und offiziell heiliggesprochen – vor allem marianische Raritäten aus Rom, Konstantinopel, dem «Heiligen Land» importieren und seine Basilika in Aachen, wo man sexuell doch sehr freizügig lebte, mit Rückständen von Aposteln, Märtyrern, Bekennern und Jungfrauen vollstopfen ließ?

Als im Jahr 609 der hl. Papst Bonifatius IV. das prachtvolle römische Pantheon zur Kirche «Santa Maria ad Martyres» (mit Genehmigung des byzantinischen Kaisers Phokas, eines der größten gekrönten Christenscheusale der ausgehenden

Antike) ummodelte und dabei die Götterstatuen durch Heiligengebein ersetzte, ließ er achtzehn, achtundzwanzig oder zweiunddreißig Karren – die Zahlen schwanken in der Überlieferung – voller sogenannter Märtyrerknochen in das Pantheon versenken. Doch noch im 20. Jahrhundert belehrt uns der Mainzer Domkapitular Himioben, die Kirche setze keine Reliquie eines Heiligen zur öffentlichen Verehrung aus gegen deren Echtheit «gegründete Zweifel» bestehen. «Namentlich werden in die Altäre solche Überreste verschlossen, über deren Ursprung man die zuverlässigste Gewißheit hat . . .» In der Antike aber gab es Leute, die schon «Märtyrer!» riefen, sobald irgendwo Knochen auftauchten, weshalb selbst Mönchsvater Schenute von Atripe, ein großer Mordbrenner vor dem Herrn, sich fragte: «Hat man denn immer nur Märtyrer begraben?»

Ambrosianische Entdeckungen

Jedenfalls grub man sie aus; berief man sich auf Visionen, die Erscheinung eines Engels oder gar Heiligen, was einen, wurde man fündig, selber in den Geruch der Heiligkeit brachte. Noch blendendste Kirchenlichter operierten derart. So «fand» und erfand Ambrosius von Mailand – und Augustinus war Augenzeuge! – im Juni 386 die Leichen der Märtyrer «Gervasius» und «Protasius». Niemand hatte je von ihnen gehört. Doch Ambrosius stritt gerade mit dem arianischen Kaiserhaus und brauchte, um sich behaupten zu können, die religiöse Hysterie seiner Schäfchen. Die frisch entdeckten Märtyrer, die der Heilige, umringt von seiner Herde, aus der Tiefe seines Domes hob, wo die Erde noch gerötet war vom Blut der beiden Helden, trieben auch sogleich unreine Geister aus, heilten einen Blinden und erfüllten ihren Zweck. Und schon bald – so schießt das Heilige ins Geld, der Sinn der Sache – weihte die reiche römische Matrone Vestina den hl. Mailänder «Märtyrern» eine umfangreiche Stiftung, Liegenschaften in Rom, Chiusi, Fondi, Cassino samt Zinseinkünften von rund tausend Goldsolidi: titulus Vestinae! Der Kult der hl. «Gervasius» und «Protasius» aber verbreitete sich rasch über Afrika und Westeuropa, mit vielen ihnen geweihten Kathedralen, mit Gervasius- und Protasiuskirchen bis nach Trier und Andernach.

Doch schon für Ambrosius war sein Fund so nützlich, daß der hl. Kirchenlehrer im Sommer 393 bei einem Besuch in Bologna zwei weitere gänzlich unbekannte Märtyrer freilegte: «Agricola» und «Vitalis». Und zwei Jahre später stieß der begnadete Entdecker, nun in einem Garten außerhalb Mailands, erneut auf Blutzeugen, die hl. «Nazarius» und «Celsus», wenn er auch über sie – gar aus Scham? – in all seinen Werken schweigt . . .

Wann immer man heilige Knochen brauchte, bekam man sie.

Als Mitte des 5. Jahrhunderts die zyprische Kirche ihre Unabhängigkeit zugunsten der antiochenischen, die mit apostolischer Gründung protzte, verlieren sollte, ließ eine Vision den Erzbischof Anthemios von Zypern, eben im rechten Augenblick, die Gebeine des hl. Barnabas finden. Den Ort, wo der hl. Stephanus ruhte, erblickte der Presbyter Lucian gleich in vier Traumgesichten; zusätzliche himmlische Botschaften erreichten einen Mönch und den Bischof von Jerusalem, worauf man mit traumwandlerischer Sicherheit zu buddeln begann – und der hl. Augustinus, glücklicher Empfänger einiger Stephanusknochen, meldete bald Wunder über Wunder durch sie, sogar Totenerweckungen.

Die Nachrichten «fließen so rein und lauter ...»

Alle Welt glaubte immer schrankenloser an Mirakel, die seltsamsten nicht ausgenommen. Die Laien glaubten dies, die Kleriker, die Kaiser. Oder taten doch so. Keinerlei Kritik war mehr vorhanden. Wo immer heilige Knochen auftauchten, wurden Kranke geheilt und Teufel ausgetrieben. Die Gebeine des hl. Benedikt erweckten in Fleury einen jungen Mann durch Berührung von den Toten. Der silberne Abtsstab des hl. Magnus (St. Mang), Überwältiger eines Bären und Drachen, half wenigstens gegen Ungeziefer und wird noch heute in der Bundesrepublik Deutschland, in Schussenried und Wangen, zur Verhütung von Feldschäden über die Fluren getragen. Schließlich kann man nicht wissen ... – aber glauben. Die Leiche des hl. Bischofs Severin in Noricum machte einen Lahmen, einen Blinden sowie andere Kranke gesund. Und die Nachrichten über all dies, beteuert ein moderner Jesuit, «fließen so rein und lauter, daß sie selbst die (strengste) Kritik anerkennen muß». Ja, ein weiterer Jesuit, L. Monden, behauptet generell noch 1961: «Einer so beträchtlichen Zahl von Wundern gegenüber, die sich immer auf glaubwürdige Zeugnisse und objektive Wahrnehmungen stützen, die unter den verschiedensten Umständen des Ortes, der Zeit und der Kultur geschehen ..., ist jeder ehrliche Zweifel an der Realität der Geschehnisse ausgeschlossen.»

Natürlich stellen sich nicht alle Kirchendiener blind. «Fortschrittliche» sind großzügig, nachsichtig und sprechen von «Volksglauben». Aber glaubt das Volk nicht, was ihm die Theologen weisgemacht? Zwar wird kein Katholik formell zum Reliquienkult genötigt, doch ist es verboten, ihn zu bekämpfen. Und «Mißbrauch» tadelt die Kirche zuweilen selbst, was dem «Brauch» nur bekommt.

Der Bedarf jedenfalls war gewaltig. Wo immer man einen Altar weihte, einen bestimmten Patron für eine Kirche hatte,

168   Reliquien (1974)

brauchte man auch heilige Reste. Selbst in der Schlacht gefallene Krieger, wie die 1053 bei Città Getöteten, wurden
gelegentlich als Märtyrer gefeiert; aber auch Hingerichtete,
Gehängte, Hochverräter. Als man einen Räuber, der aus
Ehrfurcht vor der Jungfrau Maria am Sonnabend seinem
«Geschäft» nicht nachging, köpfte und der Kopf wieder an-
wuchs, setzte man diesen Räuber als «Christi Märtyrer» bei.
Doch auch die Opfer von Räubern glorifizierte man mitunter
als katholische Blutzeugen; ebenso den Einsiedler Thrudpert, den ein Knecht umbrachte, den er mit Arbeit überfor-
dert, oder St. Reinolt, den Maurer erschlugen, weil er den
Lohn gedrückt hatte, oder Gangulf, den der Liebhaber seiner
Frau, ein Kleriker, liquidierte. In der Merowingerzeit wurde
sogar ein Säufer, der bei einer Rauferei starb, als heilig angesehen. Ja, Johannes Gerson, ein namhafter Theologe des
Spätmittelalters, berichtet, man habe in Vienne lange einen
toten Hund als Heiligen verehrt – was sicher nicht das (und
der) Schlechteste war ...

Sammler und Probleme

Könige und Kirchen rissen sich jahrhundertelang um Märtyrerreste, nicht zuletzt im daran überreichen Rom. Mit
Fackelzügen und Chören geleiteten seine Bürger Skelette
hinaus; schon unterwegs sorgte man für Wunder, und bei
der Ankunft gab es wieder tagelange Feste; ein makabrer
Leichenkult, Triumph grotesken Aberglaubens. Gegen Mitte
des 9. Jahrhunderts waren Roms Reliquien von Fremden
ausgeplündert. Die letzten Langobardenfürsten sammel-
ten nun heiliges Gebein wie spätere Herrscher Antiquitäten.
Besonders Sicard (gest. 840) häufte voll finstrem Wahn
in Benevent Knochen, Schädel, Leichen en gros und en
détail, seine Agenten durcheilten suchend Küsten und Inseln, ja er benutzte noch seine Kriege, um Mumien zu

erpressen. Um dieselbe Zeit betrieb auch der Selige Rhabanus Maurus, Abt von Fulda und Erzbischof von Mainz, einen schwunghaften Reliquienhandel und füllte die Kirchen; einer seiner Lieferanten: der anrüchige römische Diakon Deusdona.

Im 10. Jahrhundert hortete der Bischof Theoderich von Metz, während er drei Jahre an Kaiser Ottos Seite durch Italien zog, mit wahrer Sammelwut, was immer er an heiligen Leichen oder Knochen ergattern konnte, begnügte sich in Rom aber schon mit mehreren Haaren des Apostelfürsten nebst etwas Blut des ersten christlichen Märtyrers, des hl. Stephanus. Aus Florenz holte er komplett den hl. Minias in das Vinzenz-Kloster in Metz – und dennoch hob ein halbes Jahrhundert später ein Florentiner Bischof den hl. Minias noch einmal feierlich aus dessen Gruft.

Wunder über Wunder.

Am 22. Juni 1352 hielt in Florenz der rechte Arm einer hl. Reparata, der ältesten Stadtpatronin, seinen Einzug. Wie von so vielen Heiligen wußte man auch von der hl. «Reparierten», «Wiederhergestellten», poetisch «duftende Rose» genannt, fast nichts. Angeblich erlitt sie als Zwölfjährige ein grausames Martyrium unter Kaiser Decius durch Abschneiden der Brüste, Zerfleischen der Eingeweide und ihre Enthauptung. Nonnen aus dem süditalienischen Teano hatten jetzt den Arm, nur auf höheren Befehl, unter viel Wehklagen dem Leib der seit elfhundert Jahren Toten entnommen, in Florenz aber Bischof, Klerus und Volk ihn begeistert begrüßt. Drei Jahre lang stand er zur allgemeinen Erbauung in dem der hl. Reparata geweihten Dom. Doch als ihm Goldschmiede ein würdiges Reliquiar schaffen sollten, schüttelten die Meister die Köpfe: der Arm war aus Holz und Gips.

Natürlich besaß eine Stadt wie Florenz noch genügend Reliquien, die sich sozusagen als etwas echter erwiesen, wie damals die jener elftausend Jungfrauen der hl. Ursula, einst

170   Reliquien (1974)

von den wilden Hunnen in Köln massakriert. Ihr Martyrium
war zwar erstunken und erlogen wie andere Massenmarty-
rien: das der Thebäischen Legion etwa, immerhin sechstau-
sendsechshundert Mann, die in der Schweiz einen fingierten
Märtyrertod erlitten, das angebliche Martyrium von zehntausend auf dem Berg Ararat gekreuzigten Christen und das
der vierundzwanzigtausend Gefährten des hl. Pappus, die
die katholische Heldensage in fünf Tagen auf einem einzigen
Felsen verbluten ließ. Die elftausend Jungfrauen der hl. Ursula aber, deren Reliquien sich nachweislich vom 10. Jahrhundert an verbreiteten, genossen in Florenz bald solche Be-
liebtheit, daß man in fünfzehn Kirchen fünfundzwanzig
ihrer Köpfe verehrte, Schädel, die zumindest als solche echter sein mochten als der Reparata-Arm. (In Hamburg bewahrte man noch im frühen 16. Jahrhundert Reliquien der
zehntausend hl. Ritter und der elftausend hl. Jungfrauen in
zwölf Beuteln auf.)

Probleme verschiedener Art brachte der hl. Lukas.

Bei der Eroberung Bosniens durch die Türken 1463 flohen
die dortigen Franziskaner nach Venedig, dem sie als kostbar-
sten Schatz komplett die Gebeine des Evangelisten Lukas
zuführten. Dieselben besaßen aber, wenn auch ohne Haupt,
schon seit dreihundert Jahren die Benediktiner von St. Justina in Padua. Sie hatten enorme Einkünfte davon und protestierten energisch gegen die Konkurrenz. Da keine Überlieferung dem hl. Lukas zwei Körper zuschrieb, ließ Papst
Pius II., nach heftigem Streit und dreimonatigem Prozeß,
durch seinen Legaten in Venedig, Kardinal Bessarion, zugunsten der dortigen Franziskaner entscheiden, während
man den Lukas der Benediktiner von Padua, wie segens-
reich immer er dreihundert Jahre lang gewirkt, als Betrug
erklärte. Ein Betrug war aber wohl eher der venezianische
Lukas, der mit Kopf; vorausgesetzt jedenfalls, daß ein in
der Vatikanbasilika schon seit dem 6. Jahrhundert verehrtes
(weiteres) Lukas-Haupt echt war. Und natürlich dachte man

in Rom gar nicht daran, die eigene Lukastrophäe für unecht zu erklären, obwohl ja auch der «echte» Lukas der venezianischen Franziskaner seinen Kopf hatte. Kompliziert wurde diese Geschichte noch durch einen dritten Arm des Evangelisten in der Basilika Santa Maria Maggiore in Rom ...

Zu viele Vorhäute, zuwenig Öl

Zu den interessantesten körperlichen Reliquien zählen ohne Zweifel Jesu Nabelschnur und hochheilige Vorhaut, die man jahrhundertelang in der berühmten Lateran-Kapelle Sancta Sanctorum zur Verehrung aussetzte. Freilich hatte auch eine Kirche in Châlons-sur-Marne eine Nabelschnur Christi, deren Echtheit Pater Charles Rapine, Oberer der Rekollekten in Paris, sogar «bewies». Welche von drei Kirchen dagegen die echte Vorhaut Christi besitze, das vermochte um 1300 auch ein Innozenz III., der mächtigste Papst der Geschichte, nicht zu entscheiden. Er überließ es Gott. Der entschied aber nicht, und so vermehrte sich Jesu Vorhaut insgeheim. Eine 1907 verfaßte Monographie «Die hochheilige Vorhaut Christi» führt immerhin dreizehn Stätten auf, die sich des Besitzes einer «echten» göttlichen Vorhaut rühmen. 1427 gründete man eine «Brüderschaft von der Heiligen Vorhaut». In Antwerpen, wo man spezielle Präputiumkapläne hatte, zelebrierte man Woche für Woche ein feierliches Hochamt zu Ehren der heiligen Vorhaut, und einmal jährlich führte man sie «im Triumph» durch die Straßen. Katholische Heilige und Stigmatisierte, darunter Katharina von Siena, trugen Jesu Vorhaut auch als Verlobungsring am Finger. Und die 1705 in Wien verstorbene Nonne Agnes Blannbekin schluckte, wie der österreichische Benediktiner Pez dokumentierte, etwa hundert Vorhäute, ein komplettes Präputiummenü.

Alle echten und unechten Märtyrerleiber hätten aber

schon in der Antike weder dem religiösen noch pekuniären Bedürfnis des Klerus genügt. Deshalb galten als Reliquien auch die von Märtyrern berührten Gegenstände, Kleider, Folterinstrumente, Särge, ja der Staub, der auf ihren Knochen oder Gräbern lag. Man trug ihn sorgfältig in kleinen Behältern nach Hause, verwandte ihn äußerlich oder schlürfte ihn wie das Wasser, womit man ihre Grabstätten gereinigt. Auch das Öl, das dort in Lampen brannte, trank man pur oder mit Wasser vermischt und kurierte damit sogar krankes Vieh.

Öl entfloß aber auch heiligen Gebeinen. «Und niemand sei ungläubig!» rief im 8. Jahrhundert Kirchenvater Johannes von Damaskus, Verfasser der «Quelle der Erkenntnis». «Denn wenn aus hartem Fels in der Wüste Wasser quillt . . ., ist es dann unglaublich, daß aus Märtyrerreliquien wohlriechendes Öl quelle?» In der Tat – und auf dem Papier – wurden die biblischen Wunderhistörchen nun mit alldem effektvoll fortgesetzt. Mancher Sarkophag hatte oben einen Einguß und unten einen Abflußhahn. Noch heute lechzt man nach dem Öl, das in Eichstätt aus dem Sarg der hl. Walpurgis tröpfelt, der Tochter des hl. Königs Richard, Schwester des hl. Willibald und des hl. Wunibald, Nichte des hl. Bonifatius. (Etliche Familien waren von Heiligkeit förmlich infiziert. Doch beschränkte sich solch sakrale Kumulation fast ausschließlich auf Mitglieder der Hocharistokratie. Diese war ja auch stets viel besser als das gewöhnliche Volk, das nur herumfaulenzte und die Reichen bestahl. So stehen in Donins siebenbändigem Heiligenwerk 80 Heiligen aus den untersten sozialen Schichten 279 aus der winzigen Schicht des Hochadels gegenüber! Und 341 hl. Priestern und Diakonen 1160 hl. Bischöfe! Die Oberen, jeder weiß das, waren eben immer der eigentliche Segen für die Menschheit.)

So auch St. Walpurgis, die Prinzessin und Äbtissin des 8. Jahrhunderts, der wir das in Fläschchen gefüllte heilkräftige «Walpurgisöl» verdanken. 1560 pilgerten die Jesuitenschüler, zwei und zwei, von Ingolstadt nach Eichstätt, um «mit dem Tau» gestärkt zu werden, wie Ranke mitteilt, «der aus dem Grabe der heiligen Walpurgis träufele». Machte dieser «Tau» doch Blinde sehend, Taube hörend und brachte Lahme wieder auf die Beine. Noch heute begehren daher Gläubige das Öl der bekanntesten ölspendenden Heiligen Deutschlands. Und wenn Gott nur wollte, wenn er es unendlich stärker aus Walpurgis sprudeln ließe – die ganze Energiekrise wäre beendet. Und die Glaubenskrise auch. Überhaupt: alles könnte viel besser sein! Aber Gott will nicht. Er will es so, schlechter. Doch ehrte er mit der «Gnade des Fließens des Öles» (Donin) auch die Reliquien der hl. Katharina, des hl. Nikolaus und des hl. Gundacker.

Reliquienexport aus der Fabrik und «Originale» aus dem «Heiligen Land»

Nicht einmal für Reliquien freilich hatte Gott ausreichend gesorgt, weder für die «Primär»- noch die «Sekundär»-Stücke. Schon früh schuf seine Kirche daher künstliche, sogenannte Kontaktreliquien (brandea), indem sie die Überreste der Heiligen oder ihre Utensilien, Heiligenreliquien also oder Heiligenmemorien, in Kontakt mit irgendwas brachte, das dann gleichfalls Reliquie war. So behielt man die «Originale» und förderte doch Glaubensleben und Geschäft, zumal die Kontaktreliquien, oft kleine Textilstücke aus Leinen oder Seide, beliebte Pilgersouvenirs wurden, während sich die «Originale» ohnedies nur Reiche leisten konnten, Leute aus dem hohen Klerus oder Adel.

Bereits seit dem 4. Jahrhundert hat Rom Tuchreliquien fabrikmäßig hergestellt und massenhaft exportiert. Im 6. Jahrhundert erklärte Papst Gregor I., «der Große», in den auf Märtyrergräber gelegten Lappen vollziehe sich – sehr glaubhaft übrigens! – ein ähnlicher Prozeß wie in den eucharistischen Elementen bei ihrer Konsekration; ja er versicherte, Papst Leo I., gleichfalls «der Große» und, wie Gregor, Kirchenlehrer, habe einmal, um Zweifler von der Wunderkraft auch der künstlichen Reliquien zu überzeugen, in das Tuch geschnitten, und es sei Blut herausgeflossen ...

Besonders potent waren natürlich noch die winzigsten Teilchen von Heiligengewändern selbst. Man legte diese Stückchen in reines Wasser, das auch Gesunde vorbeugend tranken; bei Kranken wirkte es Wunder. Der glückliche Besitzer einer solchen Kostbarkeit bekräftigte eidlich, damit in kurzer Zeit einen Taubstummen geheilt zu haben, zwei Gelähmte, drei Blinde und zwölf Besessene.

Zu Reliquien wertvollster Art kam man verhältnismäßig früh im «Heiligen Land», in Jerusalem, dem «Urpilgerort», in Bethlehem, Nazareth, den ersten Zielen christlicher Wallfahrten (peregrini, palmieri) seit dem 3. Jahrhundert. Fromme konnten hier offenbar erfolgreicher beten und so, natürlich nicht zu bald, dem Himmel näher kommen – «dann ieder-man wolt gen himl». Diese Notiz Burkhard Zinks aus der Mitte des 15. Säkulums galt selbstverständlich bereits tausend und mehr Jahre früher; ebenso freilich der Satz des 1525 enthaupteten Thomas Müntzer: «Das Volk gläubet jetzt so leichthin, wie eine Sau ins Wasser brunzet ...» Die Pilgerreisen ins «Heilige Land», zu den Wirkungsstätten Jesu – «ubi steterunt pedes eius», wie man im Mittelalter stereotyp schrieb –, wurden kirchlich gefördert, nicht ohne Widerspruch! Und schon im 5. Jahrhundert lebten allein in der Umgebung Jerusalems fast zweihundert Klöster und Hospize von Wallfahrtsbetrieb und Reliquien. So schießt das Heilige nun mal ins Geld.

Ein Pilger aus Bordeaux sah im Jahr 333 nicht nur viele wunderwirkende Teiche und Gewässer (darunter eine mirakulöse Quelle, die, ein göttliches Geheimnis für sich, sechs Tage in der Woche lief, am siebten aber ruhte), sondern am Ölberg auch den Stein, bei dem Judas den Herrn verriet, die

Reliquien (1974)

Palme, deren Zweige man zum feierlichen Einzug in Jerusalem genommen, ja den Eckstein, den die Bauleute verworfen hatten ... Ferner betrachtete dieser Pilger die Geißelsäule Christi, wenn auch kaum mit demselben seelischen Gewinn wie spätere Wallfahrer, die an ihr auch die Spuren der Hände Christi klar «wie in Wachs geprägt» sehen konnten, dazu sein ganzes Gesicht, Kinn, Nase und sogar die Augen! Gewisse Reliquien vervollkommneten sich. Vor allem aber: die Zeugen alter Zeit nahmen nicht etwa ab, was natürlich gewesen wäre, sondern, übernatürlich eben, sie nahmen stetig ungeheuer zu.

Im 4. Jahrhundert fand man Jesu angebliches Kreuz, von dem es bald in aller Welt Splitter gab, ohne daß das Kreuz, abermals ein Wunder, abgenommen hätte. Schließlich kamen so viele höchste Wertobjekte dazu, daß sie die staunenden peregrini nicht mehr aufzählen konnten: unter vielem anderen die hl. Dornenkrone des Herrn, die hl. Lanze, mit der man seine hl. Seite durchbohrt, der Kelch, aus dem die hl. Apostel nach Christi Himmelfahrt getrunken, ja, noch die Steine, mit denen die bösen Juden den hl. Stephanus, den Erzmärtyrer, getötet, der Richterstuhl des Pilatus, ein zu Jesu Lebzeiten gemaltes Bild von ihm und sogar die Fußspuren, die er bei seinem Aufstieg zum Himmel hinterlassen. Und obwohl jeder Jerusalem-Wallfahrer von dieser Erde etwas mitnahm, sah man darin immer wieder, ein weiteres grandioses Zeichen, dieselben göttlichen Fußstapfen.

Am Jordan, wegen seines heilkräftigen Wassers gerühmt – noch im 20. Jahrhundert vertreibt die katholische Kirche von Nazareth «Hlg. Jordanwasser» mit Originalurkunde –, zeigte man genau die Stelle, wo Jesus bei seiner Taufe stand; und am Toten Meer den Ort, wo Lots Weib bei der Zerstörung von Sodom und Gomorra zur Salzsäule erstarrte! Frau Lot war inzwischen leider weg – von Tieren durch Belecken genossen und vernichtet. Die abendländische Pilgerin Aetheria, eine Zeitgenossin des hl. Hieronymus, beteuert nachdrücklich:

nichts sei von Frau Lot zu sehen. Doch dann, wunderbarerweise, stand Frau Lot plötzlich als Salzsäule wieder da!

In Bethlehem stellte man selbstverständlich als Hauptattraktion die Krippe des Herrn zur Schau, über und über mit dem Gold und Silber der Pilger behangen. So schießt das Heilige nun mal ins Geld. Im 6. Jahrhundert aber konnte man dort auch die Gebeine der Unschuldigen Kinder bestaunen und noch später den Tisch, an dem die hl. Gottesmutter mit den hl. drei Königen gesessen. Und der abgeschabte Kalk aus der «Milchgrotte» kurierte, in Wasser aufgelöst, Frauenkrankheiten. Nazareth, das im 4. Jahrhundert offenbar noch keine sonderlichen Sehenswürdigkeiten präsentierte, bot im 6. bereits in der Synagoge das ABC des jungen Jesus sowie einen Balken, der ihm als Sitzbank gedient. Und zahlreiche wunderwirkende Kleider seiner Mutter.

Mit «Marienhaar» ganze Länder geraubt

Überhaupt die Reliquien der Maria! Sie selbst zwar spielte im Christentum lange keine nennenswerte Rolle. Die Einwohner Nazareths kannten sie weniger als Mutter Gottes denn, laut Bibel, als Mutter von fünf Söhnen sowie mindestens drei Töchtern und hatten an ihr nichts Ungewöhnliches entdeckt. In den Evangelien tritt sie völlig zurück. Die Apostelgeschichte erwähnt sie ein einziges Mal. Das ganze Neue Testament spricht äußerst selten und ohne jede besondere Verehrung von ihr. Noch Kirchenväter des 3. Jahrhunderts sagen ihr Eitelkeit, Stolz und anderes nach. Im späten 4. Jahrhundert entsteht die erste Marienkirche in Rom, wo es heute etwa achtzig gibt. Im 5. Jahrhundert dringt die Verehrung der Maria in die Theologie ein, seit dem 6. weist man von ihr Reliquien vor, und bald wimmelte es von Marienaltären.

Reliquien (1974)

Da man indes stets Reliquien jener in die Altäre legte, denen man sie weihte, brauchte der Klerus auch von Maria Reliquien. Nun fuhr Maria aber, was man freilich erst im Mittelalter glaubte, mit dem ganzen Leib zum Himmel auf, konnte also kaum viel zurückgelassen haben. Man besaß oder handelte jedoch mit vielerlei: Teile von Orten, an denen sie geweilt, Stücke aus ihrer Garderobe, Haare und Milch. Man habe trotzdem «kein Recht», meint ein moderner Fachmann, «überall Betrug und Fälschung vorauszusetzen». Auch geht es ja bekanntlich nur um «frommen Betrug», der anscheinend, wie alles Fromme, weniger schlimm zu sein scheint.

Eine der ältesten Marienreliquien war offenbar ein Stein, auf dem die Gottesmutter unterwegs nach Bethlehem gerastet hatte. Um 530 sah ihn ein Pilger in der Grabeskirche von Jerusalem, wo er als Altar diente. Ein halbes Jahrhundert später fand ihn aber ein anderer Pilger noch am ursprünglichen Ort, ausgezeichnet durch ein unbeschreiblich wohlschmeckendes Quellwasser, das aus ihm sprudelte. Damals zeigte man außerdem den Sessel, auf dem Maria den englischen Gruß entgegengenommen, ferner ein Körbchen aus ihrem Besitz, Mehl, mehrere ihrer Kleidungsstücke. Aus dem «Heiligen Land» brachten Fromme mit: Teile von Marias Grab, das kein Mensch kannte und kennt, Splitter vom Stein, auf dem sie saß, als der Engel sie grüßte; etwas vom Weihrauch, den die hl. drei Könige dem Christkind geopfert etc.

Häufig halfen Haare Marias. Sie steckten in Kirchen ebenso wie noch in einem Medaillon, das Karl «der Große» als Talisman «im Leben und auch im Tode» trug – höchst erfolgreich, konnte er doch auf fast fünfzig Feldzügen ein Riesenreich zusammenrauben. Da Maria aber mit Haut und Haar zum Himmel aufgestiegen, mußte sie die Haare während ihres Lebens verloren und jemand sie gesammelt haben, unterstellt man nicht, sie seien erst später vom Himmel gefallen, wie etwa die berühmten «Himmelsbriefe», was freilich weitere Probleme brächte.

Reliquien im Dienste päpstlicher Politik

Selbst Päpste spendierten Marienhaare weltlichen Potentaten zur Stärkung ihres Glaubens. So bediente damit Gregor I., der sogenannte Große, den westgotischen König Reccared, der in Spanien arianische Bibeln und Reliquien verbrennen, überhaupt den Arianismus ausrotten ließ. An diesen wilden Krieger schickte Gregor, der bereits eine einflußreiche europäische Politik trieb, wobei er noch mit den größten gekrönten Verbrechern kollaborierte, mit Brunhilde, ja mit Phokas, auch Haare von Johannes dem Täufer, der indes damit nicht, wie Maria, zum Himmel aufgefahren war, dafür aber gleich zwei Köpfe hinterlassen hatte, beide kirchlich verehrt: den einen Schädel des Täufers trug 391 Kaiser Theodosius eigenhändig nach Konstantinopel, seinen andern entdeckte 452 ein Mönch in Emesa (Syrien). Gleichfalls versandte Gregor Schlüssel zum Anhängen gegen Zauberei mit Feilspänen von den vermeintlichen Ketten des hl. Petrus, die noch Päpste des 19. Jahrhunderts ausstellten: Pius VII. 1814, Gregor XVI. 1837, als die Cholera in Rom ausbrach. Schade, daß man die Ketten heute nicht mehr sieht. Noch 1866 gründete man kanonisch die Bruderschaft von den Ketten des hl. Petrus, erhob sie im folgenden Jahr zur Erzbruderschaft und stattete sie mit unvollkommenen und vollkommenen Ablässen aus.

Auch Childebert, den König der Austrasier, beglückte Gregor I. mit wunderwirkenden Relikten. Gregor III. schickte ähnliche mehrmals an Karl Martell, der zwar ein Gemetzel nach dem andern verbrach, vom Heiligen Vater jedoch nicht gegen die Langobarden gehetzt werden konnte. Ebenfalls noch im 8. Jahrhundert sandte der ländergierige Papst Hadrian I. – dem Frankenkönig Karl drei Viertel Italiens vermachte (freilich bloß auf dem Papier) – dem hl. Ludger Reliquien vom Blute Christi und von der Milch der allerseligsten Jungfrau; eine gewiß attraktive Komposition, die sich auch

Reliquien (1974)

rasch auszahlte, denn gleich schenkten mehrere Großagrarier Land «an diese Reliquien des Erlösers und Marias».

Ein Wunder spezieller Art geschah, als 819 die seit 600 Jahren tote hl. Cäcilia, eine besonders keusche Märtyrerin, Paschalis I., einem besonders rabiaten Stellvertreter Christi, durch ihr freundliches Erscheinen die Entdeckung ihres Sargs ermöglichte, die Leinenlappen darin noch voll von ihrem Blut. Der Papst verehrte alsbald Gebeine Cäcilias Kaiser Ludwig dem Frommen. Doch Jahrhunderte später, unter Clemens VIII. (gestorben 1605), gelang es, den Leib der Heiligen nochmals und ganz unversehrt aufzufinden! Nicht geringer war das Mitte des 11. Jahrhunderts durch Leo IX. gewirkte Mirakel. Tauchte dieser Pontifex doch die Überbleibsel mehrerer Heiliger, besonders die des hl. Epurius, die er ständig mit sich trug, in Wein und heilte damit fünfhundert Pestkranke; so in Donins katholischem Standardwerk nachzulesen.

Mit Reliquien scheffelte Rom Schätze. Nicht bloß ferne, auch anreisende Fürsten und Prälaten erhielten überglücklich etwas heiliges Gerippe und revanchierten sich dafür mit erlesenen Gaben. So schießt das Heilige nun mal ins Geld. Zumal zwischen Rom und dem Frankenreich kam es fortgesetzt zu Transaktionen großen Stils, wobei man die fragwürdigsten Knochen durch Gold aufwog. Einen Höhepunkt brachte der grauenhafte Kreuzzug des Jahres 1204 mit der Plünderung des christlichen Konstantinopel. Besonders Venezianer und Genuesen vertrieben nun von dort aus (angebliche) Apostel- und Märtyrerreste, woran auch der Klerus stark partizipierte, um den teuren Zwischenhandel auszuschalten. Dabei scheute man sich nicht, selbst das «Heiligste» noch zu entweihen. So gab man die «Dornenkrone Christi» erst 1238 bei einem venezianisch-genuesischen Konsortium in Konstantinopel, dann, durch den ehemaligen König von Jerusalem, Jean de Brienne, bei Pisaner Geldleuten in Pfand. Und die Schale, die Jesu kostbares Blut aufgefangen, den heiligen Gral, verpfändete man 1319 an einen Kardinal.

Geistliche und Mönche als Reliquienräuber und -fälscher

Zum lukrativen Reliquienhandel trat der Reliquienraub. Er galt im Mittelalter nicht nur als erlaubt, sondern geradezu als Großtat. Geistliche klauten oder raubten (auch) Reliquien, brachen bedenkenlos in die Altäre ein, Äbte und Bischöfe waren daran beteiligt, ja Heilige. Und selbstverständlich geschahen auch nach diesen Diebstählen von Reliquien zahlreiche Wunder.

Der hl. Maruthas soll die Gebeine des hl. Bartholomäus entwendet haben. Der gallische Priester Felix aus Ravenna brachte im frühen 9. Jahrhundert die Leichen des hl. Bischofs Severus, seiner Gattin und Tochter, der hl. Vincentia und hl. Innocentia gewaltsam an sich, und Erzbischof Otger von Mainz schaffte sie in seine Metropole. 829 entführten Venezianer die angeblichen Gebeine des Markusevangelisten aus Alexandria nach Venedig. Einige Jahrzehnte später ließ Bischof Audax von Asti den Leichnam des hl. Dalamatius aus einem Kloster zu Pedona mitgehn. Patriarch Poppo von Aquileja holte nach seiner Plünderung Grados auch die Reliquien der Stadt. 962 gewann Bischof Otwin von Hildesheim, unter Mithilfe seines Mindener Kollegen Landward, durch einen waghalsigen Diebstahl in der Nacht des 20. November in Pavia die Knochen des hl. Epiphanius und beschenkte damit Hildesheim. Aus Myra stibitzte man 1087 die Reliquien des hl. Bischofs Nikolaus. Ganze Fehden um Heiligenreste tobten besonders zwischen rivalisierenden Prälatensitzen. Und Meister Johannes Bäls, der in Köln das Haupt des hl. Vincentius stahl und nach Bern brachte, erhielt dort vom Rat für geleistete Dienste ein Amt nebst Altersversorgung. Andererseits translozierte der Kölner Erzbischof Rainald von Dassel 1164 die vermeintlichen Reliquien der Heiligen Drei Könige aus Mailand nach Köln.

Wichtige Zentren des Reliquienkults im Mittelalter wurden die Klöster. Mit ihrem Aufschwung besonders seit dem

Reliquien (1974)   181

10. Jahrhundert steigerte sich auch die Reliquienverehrung, seinerzeit wirksamstes Mittel ideologischer Propaganda und zugleich großes kirchliches Geschäft. Zu allen bedeutenderen Wallfahrtsstätten gab es eine zahlreiche und beliebte Literatur, Heiltumsbüchlein und Reliquienbeschreibungen, worin Legendenschwindel und Wunderbetrug Triumphe feierten. Gerade in den jüngsten Jahrzehnten wurde einwandfrei erwiesen, daß man im Mittelalter Heiligenleben, Translationsberichte, Mirakelbücher haufenweise fälschte, aus primitiver Gläubigkeit oder handfestem Zweck- und Gewinndenken, und die Fälscher waren fast ausnahmslos Geistliche. Kannten oder vermuteten sie auch zumindest häufig die Unechtheit eines propagierten Objekts oder Subjekts, Hauptsache waren der religiöse und wirtschaftliche Ertrag, die Erbauung und Gängelung der Menge, das gehörte zur «kirchlichen Alltagspraxis» (Schreiner). Eine Fälschung von Heiligenleben zog häufig die nächste nach sich, und oft suchte jede die andere zu übertreffen. Die «nobiles» sprach man dabei ebenso an wie die «pauperes». Den Adel hielt die Angst vor dem Schutzheiligen der Mönche vor Übergriffen ab, ja die Herren wurden häufig aus Gegnern zu Förderern des Klerus. Und das verblödete Volk vertraute darauf dem Klosterheiligen um so mehr, sah es in ihm doch einen Helfer gegen Raub und Plünderung.

Gewiß gab es im ganzen Mittelalter auch «multi increduli», «infideles», «miseri», welche die Echtheit von Reliquien bezweifelt oder geleugnet, gelegentlich gar von Betrug gesprochen haben, selbst sehr einfache Leute. So meinten im 13. Jahrhundert einige Utrechterinnen beim Spinnen auf dem Markt angesichts des großen Zulaufs zur Kirche des Dominikanerheiligen Petrus Martyr: «Seht, diese Predigermönche wissen um alle Möglichkeiten des Profits; um viel Geld zu machen und sich große Paläste zu bauen, haben sie einen neuen Märtyrer erfunden.»

Aber diese Stimmen waren Ausnahmen. Denn Klerus und

182   Reliquien (1974)

Religiöse ließen kein Mittel unversucht, um Pilger mit Gaben
anzuziehn. War man reich, wollte man, wie meist, noch reicher werden, und war man durch allzu lockeren Lebenswan-
del schwer verschuldet, suchte man sich durch neue Reliquien zu sanieren. Man wartete nicht nur auf Pilger, man zog
auch selber mit «Corpora sanctorum» umher. Überall wurden Märtyrer und Heilige ausgegraben, die Leute zu den
Reliquien oder die Reliquien zu den Leuten gebracht. Und
immer wieder geschieht dasselbe: Wunder ereignen sich,
Volksscharen strömen herbei, und die Moneten fließen. Als
Abt Mörlin 1492 in Augsburg im Beisein des Kaisers und vieler Fürsten den Kopf des hl. Simpertus von der Kanzel zeigte
und nach Opfern rief, zerfloß das Volk in Tränen und spen-
dete tagelang Gold, Silber, Kostbarkeiten. Um Mitglied einer
Schafherde zu werden, sagt Albert Einstein, muß man vor
allem Schaf sein.

Wallfahrtsorte als Goldgruben

Die größte Rolle spielten Reliquien an den zahlreichen Pilgerstätten, die als solche nichts Neues waren. Längst gab es sie
mit frappierenden Wundern im Heidentum. Weltberühmt:
Epidauros und Ephesus. Doch wallfahrteten auch die Juden;
ebenso die Araber schon in vorislamischer Zeit.

Das Heiligtum des hl. Menas am Rand der libyschen Wüste, ein «altchristliches Lourdes», hatte «europäischen Ruf».
Allein die dazugehörenden Klosterbauten umfaßten vierzigtausend Quadratmeter. Man erhob eine eigene «Pilger-
taxe», und rundherum lebte noch eine ganze Industrie von
Menasquelle, Menasampullen und den verschiedensten Vo-
tivgeschenken.

Ein bedeutendes frühchristliches Wallfahrtszentrum war
auch die Kirche der hl. Thekla. Als Gefährtin des hl. Paulus
(andere) Männer verschmähend, wurde sie zum Feuertod

Reliquien (1974)

verurteilt, dann wiederholt wilden Tieren vorgeworfen; völlig vergeblich. Friedlich verschied die «Erzmärtyrerin» im Alter von 91 Jahren, und ihre Kirche in Seleukeia am Kalykadnos steckte so voller Gold und Gaben reicher Pilger, daß die Isaurier immer neue Raubzüge zu dem festungsartig ausgebauten Heiligtum unternahmen.

Denn Heilige wollen natürlich nicht nur im Geist verehrt, sie wollen für ihren Beistand auch materiell belohnt werden. Es war und ist üblich, am Wallfahrtsort Opfer zu geben. Das wäre ja auch noch schöner, all die Gnaden und Gaben des Himmels umsonst zu erhalten! Nicht wenige Wunderberichte lassen geradezu Taxvorstellungen erkennen. So strotzten viele heilige Plätze von Schmuck und Marmor, von Gold, Silber, Edelsteinen. Die meisten orientalischen Pilgerstätten hatten auch ganze Tierparks; Gänse, Kraniche, Fasanen, Schafe, Schweine, Kälber, Pferde. Am Grab der Elisabeth von Thüringen, der «Familienheiligen», hinterließ man unter anderem Eier samt Hühnern zwischen Weihrauchpräsenten, während ein Becher von ihr, ein Mantel, ein Gürtel von Fürstenhof zu Fürstenhof wanderten, um durch Auflegen schwangeren Hochadelsbäuchen das Entbinden weiterer Herrenmenschen zu erleichtern. Mitbringsel von Tieren, zumal Geflügel, besonders von schwarzen Hennen, waren an Wallfahrtsorten nichts Seltenes und zeitweise in Niederbayern so gebräuchlich, daß man eigene «Gockelämter» zelebrierte. Als einträglich erwies sich das Gewichtsopfer, wobei die Spende in Wachs, Weizen, Silber etc. dem Körpergewicht des Spenders entsprach; noch im 18. Jahrhundert nachweisbar. Manche Klöster ergatterten derart viel, daß ihre Listen es gar nicht mehr einzeln erfassen. So registriert das Schatzverzeichnis der Abtei Essen von 1626 unter Nr. 73: «Sieben Pfund Silber und noch fünfthalb Lot Silber an allerlei Ringen.» Nr. 74: «Ein Pfund und neunundzwanzig Lot klares Gold.»

Von Rom über Tours, Trier, Lourdes bis New York

Das bedeutendste Wallfahrtszentrum des Abendlandes war natürlich Rom mit den angeblichen Apostelgräbern. Seit der Mitte des 7. Jahrhunderts lockte man hier Tausende von Wallfahrern besonders aus Gallien, Spanien und Britannien an, zumal die Päpste es durchzusetzen wußten, daß Jerusalempilger ihren Weg über Rom nahmen, wo selbstverständlich eine kaum übersehbare Fülle heiliger Zeichen und Zeugen stand oder steht. Darunter die sogenannte Cathedra Petri, die man seit dem Ende des 12. Jahrhunderts immer mehr als Reliquie verehrte. Sie ist aber, nach neuesten Untersuchungen durch Historiker, Kunsthistoriker, Botaniker, Chemiker, Spezialisten der C-14-Methode, etwa tausend Jahre jünger als Petrus, von dem man überdies gar nicht sicher weiß, ob er Rom je betreten hat.

Der berühmteste Wallfahrtsort im Fränkischen Reich war die Basilika von Tours mit dem Grab des hl. Martin, eines Brandstifters und Diebs, der um 370 Bischof in Tours, später Schutzpatron der Franzosen und der Gänsezucht wurde. Zum Heil der Seelen und der Seelenfänger grassierte hier der Reliquienkult, erwiesen sich Dinge als wundertätig, die der hl. Halunke nur berührt hatte; heilten Fransen von seinem Rock Krankheiten, das Stroh, worauf er geschlafen, machte Besessene gesund; ein Brief von ihm kurierte eine Fiebernde; der Staub von seiner Gruft, das Öl aus der Grablampe, Wasser, womit das Grab vor Ostern gereinigt worden, all dies und mehr wirkte gegen Darmkrankheiten. Man erwarb das Zeug, Eulogien geheißen, wie heute Pillen beim Apotheker. «Ein wenig Staub aus der Kirche des hl. Martin nützt mehr als alle (Wahrsager) mit ihren unsinnigen Heilmitteln», warb der hl. Gregor, im späten 6. Jahrhundert einundzwanzig Jahre lang Bischof von Tours. Gregor selber, durch einen blühenden Wunderwahn brillierend, wie nicht nur seine Heiligenhistörchen, sondern auch seine bekannten

Reliquien (1974)

weltlichen Geschichtsbücher überreich bezeugen, trug ein «Reliquiar» am Hals mit Reliquien der allerseligsten Jungfrau, der Apostel und natürlich des hl. Martin. Ein weiteres (goldenes) Reliquiar hatte ihm seine Mutter vererbt – voll von kostbarem heiligem Staub. Wer es sich leisten konnte, besaß damals Reliquien wie unsereins Kleingeld, führte sie dauernd mit und warf sich vor ihnen auf die Erde. Bischof Gregor bestätigte als Augenzeuge, daß ein mächtiger Hausbrand augenblicklich erlosch, als ihm ein Mann seinen Reliquienschatz aus beträchtlicher Entfernung entgegenhielt. Fast ein Jahrtausend lang stand die Wallfahrt nach Tours in voller Blüte.

Attraktiv wurde auch Loreto in Italien. Lockte doch dort seit dem ausgehenden 13. Jahrhundert das Haus der hl. Familie von Nazareth! Denn: «Dieses heilige Hause wurde durch Engelshand im Jahre 1291 von seinen Fundamenten gehoben und viele Hunderte von Meilen weit über Land und Meer getragen nach Loreto», belehrt uns der katholische Theologe Jakob van Aerssen, mit Imprimatur. Zuvor allerdings wechselte das Haus mehrmals seinen Standort, ließ sich erst bei Fiume nieder, flog dann nach einigen Jahren, wieder von Englein getragen, über das Adriatische Meer, landete südlich Ancona bei der Stadt Recanati in einem Lorbeerwald, wobei sich die Bäume, wie die katholischen Altmeister Wetzer/Welte wissen, «ehrerbietigst» beugten, flog nach acht Monaten auf einen benachbarten Hügel und von dort endlich an die Stelle, wo es noch steht. «Dort wird es nun seit nahezu 600 Jahren verehrt», berichtet, kirchenamtlich beglaubigt, van Aerssen. «Unzählige Wunder sind an diesem heiligen Orte geschehen. Gelehrte haben durch ihre Untersuchungen die Echtheit des heiligen Hauses festgestellt; viele Päpste haben dieselbe bestätigt und die Heilige Kirche hat durch Einsetzung eines eigenen Festes zu Ehren der Übertragung dieses Heiligtums die Echtheit desselben besiegelt.»

Kurioserweise kam die casa santa nach einer Bulle Ju-

lius' II. vom 21.10.1507 aus «Bethlehem» (!), nach Leo X.
(1515) aber aus «Nazareth». Schon vorher hatten Paul II. und
sein Nachfolger Sixtus IV., der vehemente Hurenbock (Begründer auch des Festes der Unbefleckten Empfängnis und
der spanischen Inquisition), Besuchern des Loretohauses
Ablässe erteilt. Mitte des 16. Jahrhunderts ereiferten sich die
Jesuiten für die Wahrheit der unglaublich dummdreisten Fa-
bel. Und ebenso rückhaltlos trat Sixtus V. (1585–1590) dafür
ein, der «eiserne Papst», der Tausende von Briganten öffentlich hinrichten ließ und einer der reichsten Fürsten Europas
war, den seine Untertanen verabscheuten. Aber noch 1916
nannte die Römische Ritenkongregation die casa santa, das
angebliche Geburtshaus der seligsten Jungfrau Maria, den
Ort, «wo das Wort Fleisch geworden . . .».

Eher noch populärer war indes Santiago de Compostela in
Spanien mit dem Grab, wie man glaubte, des hl. Apostels
Jakobus. In Köln huldigte man erfolgreich den vermeint-
lichen Überresten der hl. drei Könige und der makkabäi-
schen Brüder. In Aachen wurde die Pfalzkapelle Karls I., vor
allem voller unechter Christusreliquien, eine der wichtigsten
Wallfahrtsstätten des Mittelalters. Zweiundvierzigtausend
Pilger, heißt es, zählten die Torwächter an einem einzigen
Tag. Selbst aus Ungarn strömten, so ein Augenzeuge, «die
Söhne der Pußta nach Aachen, daß die Luft meilenweit nach
ihnen roch». Doch wanderte dorthin noch 1881 auch der Je-
suitenzögling Graf Hoensbroech, der spätere Exjesuit, um
zu verehren: «Das Hemd der Muttergottes; die Windeln
Christi; das Tuch, womit Christus am Kreuze umgürtet war;
den ledernen Leibgürtel Christi; den Leibgürtel Mariens; ein
Stück des Schwammes, womit Christus am Kreuze getränkt
wurde; ein Stück des Strickes, mit dem Christus während
seiner Geißelung an die Säule befestigt war . . .» Und noch
jüngst wurde für den Aachener Domschatz ein Atomschutz-
bunker gebaut und von der deutschen Bundesregierung bezahlt!

Reliquien (1974)

Bis heute macht Trier Furore mit Jesu hl. Rock. Er hat zwanzig Konkurrenten: ein Garderobenreichtum, den man dem armen Menschensohn kaum zugetraut hätte. Das Breve Gregors XVI. vom 23. August 1843 erklärte den Rock von Argenteuil bei Paris für den echten; ein schmerzlicher Schlag für das gleichfalls echte Stück in Trier, das man denn auch im folgenden Jahr öffentlich ausstellte, obwohl gerade damals zwei Bonner Gelehrte, der Orientalist Gildemeister und der Historiker Heinrich von Sybel, in ihrer Schrift «Der heil. Rock zu Trier und die 20 anderen heiligen Röcke», die Sache als ausgemachten Schwindel erwiesen. Desungeachtet zog 1844 über eine Million Gläubige am «heiligen Rock» vorüber, und neunundfünfzig Tage lang hallten die Wände des Doms und der Liebfrauenkirche vom frühen Morgen bis in die späte Nacht wider vom Gesang der Frommen: «O ungenähtes Heilandskleid, der reinsten Magd erhaben Werk, dich trug der Herr in dieser Zeit, dein Anblick unsern Glauben stärk'!» Bei der nächsten Ausstellung des kostbaren Exponates, 1891, defilierten an ihm 1 925 130 Pilger, bei der nächsten, 1933, 2 190 121 Pilger vorbei. 1959 waren es immerhin noch mehr als eineinhalb Millionen. Und beim jüngsten Happening 1996 wälzten sich wieder die Scharen der Vielzuvielen an der gläsernen Klamottenkiste vorbei. «O ungenähtes Heilandskleid . . .»

Nun, diese Ausstellungen sind selten. In den Marienwallfahrtsorten aber bereichert man sich Tag für Tag. Etwa dreihundertfünfzigtausend Pilger strömen jährlich nach Kevelaer, vierhundertfünfzigtausend nach Altötting, dreieinhalb Millionen nach Lourdes, wo schon die Hotelnamen den genius loci signalisieren: Grand Hôtel de la Grotte, Hôtel Christ-Roi, Hôtel Golgatha, Hôtel Saint Sacrament, Hôtel Jeanne d'Arc, Hôtel de Pietat, Hôtel Vatican, Hôtel Nazareth, Hôtel Pius XII., Hôtel Paul VI. Dutzende Hotels nennen sich nach diversen Heiligen. Sechshundertfünfzig Devotionalienläden versilbern über zweitausend verschiedene

188 Reliquien (1974)

Souvenir- und Kultartikel, vor allem natürlich die wunderwirkende Madonna; Madonna auf Postkarten, auf Kopftüchern, Konfekttüten, Madonna auf Tellern, Flaschen, Aschenbechern, Madonna mit Sanduhr, mit Barometer, mit eingebauter Spieluhr, von innen leuchtende, von außen angestrahlte Madonnen, in allen Größen und Preisklassen. Und neuerdings vertreibt man da, zum Zorn des Bischofs, sogar ein Sexualtonikum, ein potenzstärkendes Mittel, dessen Fabrikanten behaupten, es sei «auf der Basis von Felsstücken aus der Grotte von Lourdes» hergestellt. Allen an schwindender Manneskraft Leidenden soll es wieder zu «neuen erotischen Glanztaten» verhelfen ... «Die Glocken verkünden mit fröhlichem Laut, das Ave Maria so lieb und so traut»: eine der sechsundfünfzig Strophen des Lourdes-Liedes.

Aber auch die Neue Welt hat ihre Reliquienschätze, kaum minder attraktive selbst als Lourdes: in New York zieht das Grab der hl. Mutter Cabrini noch in der zweiten Hälfte des 20. Jahrhunderts fast zehntausend Besucher pro Tag an.

Natürlich kannte und kennt die Christenheit auch eine Unzahl nichtkörperlicher Reliquien, und diese sind oft die sprechendsten.

Eine Träne Christi, Ohrenschmalz der Maria und Milch mehr als von hundert Kühen

Von Jesus hatte man, außer seinen hl. Windeln, hl. Röcken, dem hl. Kreuz und der hl. Lanze, die den deutschen König Heinrich I. sogar zur Kriegsdrohung gegen Burgund führte, noch weitere Raritäten. Das Kloster Prüm erwarb einen Teil der Sandalen Jesu – «eine wichtige Reliquie», versichert ein moderner Jesuit. Ein Kloster in Vendôme bewahrte eine Träne des Herrn auf, die den Mönchen jährlich viertausend Livres einbrachte. Noch heute verehrt man mehr als vierzig Tücher vom Grab Christi. Das sozusagen echteste Stück in

Turin stammt aus dem 14. Jahrhundert. Es wurde, historisch einwandfrei erwiesen, im Auftrag des Geoffroy I. von Charny, wahrscheinlich 1355, hergestellt, und der damalige Bischof von Troyes, Heinrich von Poitiers, ermittelte den Künstler, der das Bild Christi auf das Tuch gemalt.

Von Maria besaß und besitzt man unschätzbare Textilien. Es gibt ein ganzes Sortiment ihrer Schuhe, Gürtel, Schleier, Gewänder, darunter das Marienkleid aus der «Heiligen Nacht» in der Aachener Pfalz. Man verehrte auch einen «Kamm der Gottesmutter». Man erbaute sich selbst an Unserer Frau Bettstroh, wovor doch schon Bonifatius warnte. Und das Schleswigsche Augustinerkloster Bordesholm verwahrte nicht nur eine komplette Nähausrüstung, sondern auch etwas Ohrenschmalz der heiligen Jungfrau.

Vor allem aber hatte Maria jede Menge Milch hinterlassen. Schon im Trecento freilich urteilten durchaus rechtgläubige Florentiner, der Busen der Gottesmutter hätte sprudeln müssen wie ein Quell, sollte all die von ihr in Kirchen stehende Milch echt sein. Und im 15. Jahrhundert höhnte sogar der Franziskaner Bernhardin von Siena, der allerdings auch drei ihm angebotene Bistümer ausschlug: «Ja hundert Kühe haben nicht so viel Milch, als man von Maria auf der ganzen Welt zeigt.» Zu Beginn des 16. Jahrhunderts besaß die Wittenberger Schloßkirche «von der Milch der Jungfrawen Mariae 5 Partickel», «von den Haaren Mariae 4 Partickel, von dem Hembd Mariae drey Partickel». Milch gab es am meisten (besonders Milch der frommen Denkart!)

Noch zur Zeit der Aufklärung förderten zumal die Jesuiten den Marienhaarkult. Mitte des 18. Säkulums behauptete ein Jesuit in München, die Verehrung der Marienhaare mache kugelsicher. «Als hing ein Wollensack über dich, wirst mitten im Kugelregen stehen, wenn du ein Diener der Haare Mariä bist, denn Mariens Haare schützen ihre Janitscharen.» Die Münchner Jesuiten führten seinerzeit eine «Andacht

zum Haarkamm der Jungfrau Maria» ein, deren Haare auch
ein Gedicht verewigt, das beginnt:

> Gott der alle Häärlein zählet,
> hat ihm diese auserwählet,
> Mir seynd diese wenig Häärlein
> Werther drum als alle Perlein.

Reliquien vom Palmesel bis zu den Engeln

Man verehrte eine unbeschreibliche Fülle weiterer heiliger
Hinterlassenschaften: Teile von der Krippe Christi, die
Knöchlein der unschuldig ermordeten Kinder, Brosamen,
die übrigblieben, als der Herr fünftausend Menschen speiste,
Reste vom Abendmahlstisch des Herrn. Während seiner
Romreise 1510/11 sah Luther unter anderem den Judasstrick.
Und in Wittenberg hatte man etwas Ruß aus dem Feuerofen
der Jünglinge. In Verona behauptete man, die Reliquien des
Palmesels zu besitzen, dessen Kot zu den Reliquien des Klo-
sters Gräfrath bei Köln gehörte. Vom «Nährvater Jesu Christi» bestaunte man Brautring und Mantel, «deren Authenti-
zität», so ein katholisches Spezialwerk, «bewiesen ist». Ein
Stab des Nährvaters heilte Gelähmte in Florenz. Ein Zahn des
hl. Johannes, des hl. Andreas, hl. Simon, Tropfen des Täu-
ferblutes, das waren nach mittelalterlicher Anschauung über
alle Begriffe kostbare «reliquiae». Doch wurden die unter-
schiedlichsten gehegt und gepflegt, vom «Himmelstau», den
Pilger vom Berg Sinai brachten, bis zu den Stücken vom Banner des hl. Georg, die vom Blut des Drachen, den er erstochen, bespritzt waren; eines hl. Helden, den die östlichen
Christen als Erzmärtyrer, die Katholiken als Patron der Ritter, die Engländer als Nationalheiligen mit um so mehr Recht
feiern, als er nicht nur, in viele Teile zerschnitten, im kochen-
den Kessel überlebt, sondern überhaupt die ausgesuchtesten

Qualen, darunter wiederholte Zerstückelung, sieben Jahre lang ertragen hat. Leistung, zumal solche, muß auch auf seiten des Gegners anerkannt werden.

Ernsthafte Verzeichnisse berühmter Abteien notieren noch buchstäblich unglaublichste Kleinode: Zähne des Propheten Amos, Teile vom brennenden Dornbusch, Splitter von der Arche Noah. In Konstantinopel schenkte der Kaiser dem Mailänder Erzbischof Arnulf II. die von Moses in der Wüste errichtete eherne Schlange. Das war lange her. Aber man besaß auch Teile vom Stab Aarons, von der Terebinthe bei Hebron, worunter Abraham Engel bewirtete, Erde «von dem Acker, woraus Adam gebildet ward», sogar Relikte von Geschöpfen vor der Schöpfung, von Engeln. Sehr viele vom Erzengel Michael, dem Engel mit dem Schwert, Vertreiber von Adam und Eva aus dem Paradies und – das paßt – Fürst der Kirche, dessen Bild ungezählten christlichen Schlächtern auf ihren Flaggen voranwehte, nachdem sein Fest Kaiser Ludwig der Fromme 813 auf dem Konzil von Mainz festgelegt hatte: in der bisher der Verehrung des Wotan geheiligten Woche ...

Unter allen Wundern jedenfalls kein Wunder, daß man, nach einem Spötter, da und dort Fläschchen konservierte mit Reliquien der ägyptischen Finsternis.

Die christliche gibt es!

Mehr Atombunker für Reliquien!

Im Mittelalter und noch in der Neuzeit gelangte die Kultur zu ganzen Reliquienmuseen.

Ein gottbegnadeter Sammler war Luthers Protektor, Kurfürst Friedrich III. von Sachsen, der Weise, ein frommer Regent, der täglich den Gottesdienst besuchte, weite Wallfahrten machte, 1493 auch nach Jerusalem. (Eine solche Reise konnten sich seinerzeit natürlich nur Besitzende leisten, Adlige oder Patrizier, die für die acht- bis zehnwöchige Schiffsfahrt von Venedig nach Jaffa und zurück vierzig bis fünfzig Gulden zahlten, den Zweijahreslohn eines Bauhandwerkers.)

Friedrich III. von Sachsen importierte seine Reliquien vor allem aus dem «Heiligen Land», unterhielt deswegen eine umfangreiche Korrespondenz und bis 1522 einen eigenen Einkäufer in Venedig. Er tauschte und teilte seine Schätze und stellte sie in seiner Wittenberger Schloßkirche aus, wo man durch ihre fromme Betrachtung bereits Anno Domini 1518 immerhin 127800 Jahre Nachlaß von Fegfeuerstrafen bekam. Dazu verhalfen über fünftausend Reliquien: «Zwey Zähne von der heiligen Elisabeth ... Von S. Lazari Gebein 12 Partickel / von einer Zehen S. Lazari 1 Partickel. Ein gantz Glied S. Lazari ... Von den Häuten der unschuldigen Kindlein zwey große Partickel. Vom Gebein S. Pauli ein Partickel. Von dem Gürtel S. Pauli 1 Partickel ... Ein ganzer Daum der rechten Hand S. Annae ... Vom Stroh darauff der Herr / als er gebohren / gelegen ist 1 Partickel ... Vom Stein / da Christus stund und über Jerusalem weinet 1 Partickel ... Vom Himmelbrodt / den Kindern Israel geregnet in der Wüste 1 Partickel ... Vom Brodt / von welchem Christus im Abendessen mit seinen Jüngern gegessen hat ein Partickel ... Vom Busch, den Moses sahe brennen / und nicht versehret ward ein Partickel. Von einem Corporal besprenget mit Blut Christi 1 Partickel ... Vom Strick / damit der Herr Jesus gebunden ein Partickel ... Acht ganzer Dornen von der Kron des Herrn Jesu.»

Alles echt, versteht sich.

Deshalb blieb dem weisen Kurfürsten das Schicksal eines kleineren, doch nicht minder emsigen Reliquienhorters, des Nürnberger Ratsherrn Nikolaus Muffel, erspart, den man als Betrüger hingerichtet hat. Auch dem Mainzer Erzbischof, Kardinal Albrecht von Brandenburg, konnte dies natürlich nicht passieren. Denn in seinem Panoptikum in Halle, womit er Wittenberg zu überbieten suchte, war gleichfalls alles echt:

Reliquien (1974)   193

8833 Partikel und «42 ganze heilige Körper», woraus der Kirchenfürst Millionen Jahre Ablaß errechnete. Noch 1542, wenige Jahre vor seinem Tod, konnte er an hl. Preziosen bieten und ausstellen: die Gräten der von Jesus vertausendfachten Fische, den Schwanz seines Esels, einen ganzen Zipfel der Fahne, mit der Christus die Hölle aufstieß, sowie eine große Locke vom Barte Satans, die daran klebenblieb, ein Pfund vom Winde, der an Elia am Berge Horeb vorbeirauschte, zwei Federn und ein Ei vom Hl. Geiste und vieles, vieles mehr. Auch wenn Unersetzbares dem Zahn der Zeit seitdem zum Opfer fiel, wie die Strahlen des Sterns der Hl. drei Könige, ein Seufzer St. Josephs beim Holzsägen, eine Feder des Erzengels Gabriel oder ein Niesen des Hl. Geistes – alles vom Mainzer Kardinal 1542 zur Erbauung vorgezeigt –, wir besitzen noch genug!

Eine Prüfung von nur neunzehn christlichen Heiligen ergab: von ihnen ruhen in Kirchen und Klöstern – und im Herrn – einhundertsechsunddreißig hl. Leiber, einhunderteinundzwanzig hl. Köpfe sowie eine stupende Vielfalt anderer hl. Glieder. Allein der hl. Georg, wir lernten ihn kennen, ist mit je dreißig Körpern präsent; ebenfalls der hl. Pankraz, angeblich vierzehnjährig enthauptet und noch heute in der Katakombe unter der Kirche S. Pancrazio in Rom verehrt. Die hl. Juliana, die, von ihren Fesseln wunderbar befreit, auf dem Marktplatz von Nicomedia den Teufel in die Latrine stoßen und eine Tortur im siedenden Bleikessel unversehrt überstehen konnte, ehe dann doch ihr edles Haupt fiel, ist heute noch mit zwanzig hl. Leibern und sechsundzwanzig hl. Köpfen vorhanden. Kurz, von den fünf Brüsten der hl. Agatha über die siebzehn Arme des hl. Andreas bis zu den sechzig Fingern St. Johannes des Täufers – wir besitzen noch genug, genug, genug! Und mögen die Europäer, mag selbst die Menschheit in einem Atomkrieg untergehn – was hat man denn, wie schon der hl. Augustin sich so verwundern konnte, gegen den Krieg, wenn Menschen, die ja doch ein-

194   Reliquien (1974)

mal sterben müssen, darin umkommen! – wenn nur die Reliquien in Atombunkern überdauern ...

Dazu vielleicht ein paar Oberhirten – als edelster Teil der menschlichen Rasse.

Wir brauchen keine Menschen, die denken können, oder: Dicke Finsternis ruht über dem Lande

Geschrieben 1992
. . . .

Nichts haßt das christliche Europa, seit es besteht, mehr als kritische Aufklärung; nichts fördert es mehr als weltanschauliche Dummheit. Die christliche Erziehungsgeschichte ist Propagandageschichte, eine chronische Katastrophe; der Schaden – noch lange über uns hinaus – umfassender, verheerender, folgenschwerer als alles Unheil, auch das schlimmste, das sonst vom Christentum ausging. Denn erst die fortdauernde Verdummung der Massen hat mehr als alles das übrige Elend ermöglicht.

Schon die älteste Christenheit war, von ihrem Endzeitwahn her, bildungsfeindlich. Schon Jesus lehrt, «alles» zu hassen, was nicht Gott diene. Schon Paulus predigt, «die Weisheit dieser Welt» als «Torheit» zu erachten. Dann spielt man Jerusalem gegen Athen, die Kirche gegen die Akademie aus, erklärt, die «Grammatik» des Christen sei «Christus», verketzert Medizin, Naturwissenschaft und verbreitet den gemeinsten Gespenster- und Hexenglauben.

Die Weisen der Welt, sagt Kirchenlehrer Ambrosius, wandeln «in der Finsternis», «in der Finsternis ewiger Blindheit». Er selbst aber wandelt im Licht, wandelt so erleuchtet, so voller Wissen, Erkenntnis, daß ihm, zum Beispiel, die Zeugung und Empfängnis der Geier «ohne jede Begattung» ein Beweis mehr für Marias Jungfraugeburt ist.

Kirchenlehrer Augustinus glaubtkeinesfalls, obwohl schon seit Jahrhunderten bewiesen, an die Kugelgestalt der Erde; doch er glaubt, daß der Wind die Stuten schwängere, daß man mit dem Teufel koitieren könne und daß der Grad der Höllenfeuerhitze sich nach der Sündenschwere richte. Jede Wissenschaft außerhalb der «schola Christi» erscheint dem «Jahrtausendgenie» suspekt, ja, im Grunde, meint das Licht der Völker, stehe alles, was der Mensch an Wissen braucht, in der Bibel.

Genauso denkt, noch über achthundert Jahre später – hier zeigt sich ihr (tausendfach zu belegender) wissenschaftlicher Fortschritt –, Kirchenlehrer Thomas von Aquin, der einmal die Frage, wie ein Mensch gelehrt werden könne, beantwortet: «Indem er Ein Buch liest.» Zwar, daß der Wind die Stuten schwängere, glaubt Thomas, Patron aller katholischen Schulen und Hochschulen, kaum noch, sieht jetzt freilich den Wind, die «feuchten Südwinde» (venti australes) mit dem vielen Regen, verantwortlich für Kinder von größerem Wassergehalt: für das weibliche Geschlecht, die Frau – für ihn nur eine Art Mißgriff der Natur, ein minderwertiger, «verstümmelter», «mißlungener» Mann, Femina est mas occasionatus.

Womit Thomas, wieder über weitere Jahrhunderte hinweg, ganz mit Luther harmoniert, für den es der Frau – «ein halbes Kind», «ein Toll Thier» – größte Ehre ist, «daß wir allzumal durch die Weiber geboren werden ...». Und schimpft Luther die papistischen Lehrer auch «Kinderfresser und Verderber», ihre Schulen «Eselsställe und Teufelsschulen», «Pforten der Hölle», ihre Bibliotheken «Dreck und Mist»: über den Zweck der Erziehung ist der Reformator mit den «Teufelslarven» einig. Denn wieder soll die Schule vor allem die Bibel lehren, Propaganda treiben, sollen auch die hohen Schulen «fleißig sein in der heiligen Schrift». «Wenn wir todt sind», sinniert er, «wo wären Andere, so an unsere Statt träten, wenn nicht Schulen und Kirchen wären? *Umb der Kirchen willen* muß man christliche Schulen haben und

... keine Menschen, die denken können (1992)

erhalten», um des «großen Nutz» willen braucht man «stracks unwidersprechlich die Kirchen ...».

Den großen Nutz – für wen wohl? Für das Volk? Nein, für die Kirchen; stracks unwidersprechlich. Für die Herrschsucht der Pfaffen. Der Pfaffen aller Zeiten und Religionen. «Die Macht der Priester», schreibt der große Aufklärer Claude Adrien Helvétius (1715–1771), «hängt vom Aberglauben und der einfältigen Vertrauensseligkeit des Volkes ab. Sie haben kein Interesse an seiner höheren Bildung; je unwissender es ist, desto gefügiger wird es ihnen folgen ... In der Religion ist das erste Ziel der Priester, die Neugierde der Menschen zu unterdrücken, die Untersuchung all der Lehren zu verhindern, deren Absurdität zu auffallend ist, als daß sie verborgen bleiben könnte ... Der Mensch kommt unwissend, aber nicht als Narr auf die Welt; wenn er dazu gemacht wird, so doch nicht ohne Mühe. Viel Kunst und List müssen aufgewendet werden, um zu diesem Ergebnis zu kommen, um den natürlichen Funken in ihm auszulöschen; und die Erziehung muß einen Irrtum auf den anderen häufen ... Aber es gibt nichts, was die priesterliche Gewalt nicht mit Hilfe von Aberglauben erreichen könnte; damit hält sie das Volk unter ihrer Fuchtel ..., und dadurch werden schließlich die wahren Grundlagen der Sittlichkeit zerstört.»

Alles um der Kirche willen, wie Luther lehrt. Stracks unwidersprechlich. Und der Bürger darf die Schulen bezahlen – auch wenn er gar nicht kirchengläubig, ja, wenn er antiklerikal ist. Wie sagt Pascal? «Gerechtigkeit ist, was besteht.» Denkste.

Und da der Klerus seit alters – aus den schändlichsten, den niederträchtigsten Gründen! – ein Monopol hat auf dem Gebiet der Erziehung, der Verziehung, Verbildung, Verdummung, der Propaganda, ist auch im Jahrhundert der Aufklärung noch das zentrale Buch der deutschen Schule – der Katechismus; «dieweil», so ein Dekret vom 8. Januar

1731 in der Markgrafschaft Bayreuth, «aller christliches Heil und Seligkeit daran liegt durch solchen Catechismum sie als Gotteswerk zu lernen und zu wissen».

Noch zu Beginn des 18. Jahrhunderts sind mindestens zwei Drittel aller Deutschen Analphabeten, und vom knappen Rest lesen die meisten, rund fünfundsiebzig Prozent, nur Bibel, Katechismus, Gesangbuch. Das Volk der Dichter und Denker? Von seinen sechs großen Klassikern sind sechs nicht katholisch und (auch wenn man das heute noch auf deutschen Schulen nicht hört) vier erklärt nicht-kirchlich, ja antikirchlich: Wieland, Lessing, Goethe und Schiller – «Welche Religion ich bekenne? Keine von allen, / Die du mir nennst. – Und warum nicht? – Aus Religion!» Schon eher also das Volk der Richter und Henker, in dessen Kerkern unter Hitler bloß zwei Bücher standen: «Mein Kampf» – und die Bibel. (Und meine Generation trug noch den Spruch «Gott mit uns» auf dem Bauch. Und im Kopf die unentwegten Sprüche der Bischöfe, der evangelischen und katholischen, *aller* deutschen Bischöfe, für Nazideutschland zu kämpfen!)

Noch gegen Ende des 18. Jahrhunderts kann mindestens die Hälfte aller Bayern weder schreiben noch lesen. Ja, es gibt noch um die Wende zum 19. Jahrhundert, so der Augenzeugenbericht eines Staatsbeamten über Bayerns geistige Infrastruktur, in vielen Gegenden überhaupt keine Schulen; zum Beispiel in den Gerichten Landau, Erding, Rothenburg, Moosburg, Kirchberg, Bärnstein, Neumarkt, Cham, Mitterfels, Schwarzach, weshalb da häufig kaum einer oder «kein Mensch lesen noch schreiben kann ...».

Wozu auch? Die christlichen Herren Bayerns dachten sicher nicht erst damals, was dann im 20. Jahrhundert in noch katholischeren Gefilden Bravo Murillo, der spanische Unterrichtsminister der Rechten, ganz offen gesteht, als er eine Schule für sechshundert Arbeiter genehmigen soll: «Wir brauchen keine Menschen, die denken, sondern Ochsen, die arbeiten können...»

Aus dem Raum des «Rentamts München» heißt es um 1800 vom Gericht Schongau: «Das Schulwesen ist ganz vernachlässigt»; vom Gericht Aichach: «Die Schulen schlafen noch»; vom Gericht Vohburg: «Niemand kann lesen und schreiben, und dicke Finsternis ruht über dem Lande ...»

Doch warum nicht? Dicke Finsternis in den Köpfen der Beherrschten nützt allemal den Herrschern. Deshalb gibt es diese Finsternis auch. Deshalb wird sie gemacht. Deshalb ruht sie weiter dick über einem Land, das beispielsweise Frauen als Hörerinnen in seinen Universitäten erst seit 1896 zuläßt, aber nur «mit Ministerialgenehmigung», während man der Frauenimmatrikulation in München «das Wort überhaupt noch nicht geredet ...».

Wozu auch? Wenn diese Frauen doch, nach *den größten Autoritäten der Christen*, nur halbe Kinder, tolle Tiere, wenn sie verstümmelt, mißlungen, körperlich und geistig minderwertig sind, überhaupt keine Ebenbilder Gottes – mulier non est facta ad imaginem Dei, lehrt immerhin der berühmteste Kirchenlehrer Augustinus (und ich erinnere daran, der Titel «Kirchenlehrer» ist die höchste Auszeichnung für Katholiken – von mehr als zweihundertsechzig Päpsten haben ihn nur zwei).

Dicke Finsternis also fort und fort über einem Land, in dem 1917 der Münchner Professor Franz Walter schreiben kann: «Das vornehmste und wesentlichste Element der Geistesbildung ist der Schatz des religiösen Wissens, die Glaubenserkenntnis.» In dem 1970 der Direktor der Akademie für Politische Bildung in Tutzing, Felix Messerschmidt, nicht einem «wie immer gearteten Bildungsvorgang» Bahn brechen will, sondern «einem Weg, auf dem das Kreuz steht».

Einem Kreuzweg also. Auf den man die Schäfchen stets so gern schickt ... Ist Bayern eine römische Provinz?

«Die Religion soll Grundlage und Seele des gesamten Unterrichts sein», verkünden die deutschen Bischöfe am 4. März 1966. Und stimmen da mit Rom ebenso überein wie

mit der Bayerischen Verfassung, die in Art. 131, Abs. 2 fest-
setzt: «Oberste Bildungsziele sind Ehrfurcht vor Gott ...»
Und die in Art. 135 «für alle volksschulpflichtigen Kinder»
vorschreibt, daß sie «nach den Grundsätzen der christlichen
Bekenntnisse unterrichtet und erzogen» werden müssen.

Schönster Konsens vom Altertum bis heute. – Nur kein
Konsens mit dem deutschen Grundgesetz, das im Art. 4
Glaubens- und Bekenntnis*freiheit* garantiert: «Die Freiheit
des Glaubens, des Gewissens und die Freiheit des religiösen
und weltanschaulichen Bekenntnisses sind unverletzlich.»

Die Verfassung Bayerns – samt Praxis – verletzt sie. Und
gibt uns damit ein aufreizendes Beispiel, genauso aufs
Grundgesetz zu pfeifen, wenn es uns nicht paßt! Nein? Nein.
Denn nur im «Namen Gottes» ist alles gerechtfertigt. Alles
erlaubt. Wir kennen das aus der Geschichte. Und dementsprechend sieht sie aus – eine Geschichte, die nicht Enthu-
siasmus erregt, sondern das Kotzen.

Warum schweigt die Bundesrepublik, wenn die Verfassung des Freistaates Bayern die Verfassung der Bundesrepublik Deutschland bricht?

Ist vielleicht auch die Bundesrepublik Deutschland nur
eine römische Provinz?

Lauter Lügen hat dein Mund
mir erzählt ...*

Geschrieben 1994
· · · · · · · ·

Am 30. November 1986 trompetete das Regensburger Bistumsblatt: «Die Nazis ertrugen die Wahrheit nicht.» Nun, alle autoritären Regime, selbst die weniger autoritären, ertragen sie nicht. Am wenigsten aber erträgt die Wahrheit, wer die alleinseligmachende Wahrheit vertritt und jetzt schon zwei Jahrtausende mit Lug und Trug sich durch die Zeiten mogelt. Denn welcher Weg der Welt wohl wäre mehr mit Lügen gepflastert als «der Weg, die Wahrheit und das Leben»?

Am 30. November 1986 erinnerte das Regensburger Bistumsblatt daran, daß es vor fünfzig Jahren, am 29. November 1936, nicht an die Leser ausgeliefert werden durfte. Die Nazis hatten es «vorläufig sichergestellt», und aus dem «vorläufig» sei schließlich «ohne Begründung ‹endgültig›» geworden. Das suggeriert, man habe das bischöfliche Presseorgan zur braunen Pestzeit mundtot gemacht. In Wirklichkeit erschien es Jahr um Jahr weiter.

Wie? Nun, das Blatt, das es – so 1986 – als «wesentliche Aufgabe» ansah, «im Kirchenkampf aufzurichten und zu ermutigen», das «immer wieder riskierte, die Verfolgungssituation der Kirche in Deutschland selbst anzusprechen», bejubelte in Wirklichkeit Nazi-Deutschland über alles in der Welt. Und seinen Führer erst recht. Noch 1939 feierte es

---

* Text eines Schlagers aus der Nazizeit

dessen fünfzigsten Geburtstag mit markig-großem Hitlerbild und faselte und phraselte, sein Reich habe sich «unaustilgbar in die Weltgeschichte eingemeißelt», «für alle Zeiten in die Annalen der Weltgeschichte eingegraben». Wer spuckte denn größere Töne! Der «militärische Aufbau der Wehrmacht» wurde gepriesen, «die Bestandsmehrung an Kraftfahrzeugen, die gewaltige Erhöhung des Schiffsraumes und der Flugzeugindustrie sowie vieles andere – welche Unsumme von Fleiß und Erfolg, verbunden mit dem Namen Adolf Hitlers». Und mit lauter «Werken des Friedens» – vier Monate vor Beginn des bisher größten aller Kriege.

Ergo steht das Regensburger Bistumsblatt «in Ehrfurcht vor unserem Staatsoberhaupt, dem Führer und Reichskanzler, in dem die Kraft des deutschen Volkes symbolhaft geeint erscheint». Ergo fleht es «zu Gott, er möchte in Gnaden die rastlose Arbeit des Führers für Volk und Vaterland mit seinem Segen begleiten!». Ergo folgt das «Gebet für Führer und Volk», lateinisch und deutsch. Ergo folgt den «Werken des Friedens» der Kriegsausbruch. Folgen am 1. Oktober 1939 im Regensburger Bistumsblatt «Hirtenworte deutscher Bischöfe», die alle dazu aufrufen, Hitlers Krieg bis zum Äußersten zu unterstützen – «im Vertrauen auf Gott und unseren Erlöser Jesus Christus» (der Würzburger Bischof); «dem Rufe des Führers folgend» (der Rottenburger Bischof); für «Volk und Vaterland und Führer» (der Hildesheimer Bischof). Oder, wie man den Bischof von Mainz zitiert: «In dieser entscheidungsvollen Stunde ermuntern und ermahnen wir unsere katholischen Soldaten, in Gehorsam gegen den Führer, opferwillig, unter Hingabe ihrer ganzen Persönlichkeit ihre Pflicht zu tun.»

So führte die Regensburger Diözesanzeitung ihren Kirchenkampf. Und schon wenige Wochen später, nach dem Attentat auf Hitler, schrieb sie am 19. Oktober 1939 unter der Überschrift «Wir danken Gott»: «Ein verbrecherischer Anschlag ist auf das Leben des Führers und Reichskanzlers ausgeführt worden. Wie durch ein Wunder ist der Führer aus dieser Gefahr gerettet worden. Wir alle danken dem Herrgott für sein gnädiges Walten. Wir alle beten aus Herzensgrund: Herr, nimm Du den Führer und unser ganzes deutsches Volk allezeit in Deinen gewaltigen Schutz!

Der Toten gedenken wir in Ehrfurcht und im Gebet.

Glückwunsch des Papstes an den Führer.

Der Heilige Vater, Papst Pius XII., ließ durch den Apostolischen Nuntius dem Führer zu seiner Rettung aus großer Gefahr seine persönlichen Glückwünsche übermitteln.

Der Herr Kardinal von München hat im Namen der bayerischen Bischöfe den Führer zur glücklichen Rettung beglückwünscht.»

Und wieder nur wenige Wochen danach glorifizierte das Regensburger Kirchenorgan am 24. November 1939 «Helden und Heilige»: «Es geht eine Welle heldischen Sinns und frohgemuter Todesverachtung durch unsere Tage.» Ja, eine herrliche Kriegsweihnacht war's – und jeder deutsche Mann war «bereit, für Deutschland, für sein Volk sein Leben zu lassen», jeder verpflichtet, aus seinem christlichen «Glauben» heraus, «heldisch zu handeln», «heldisch jedes Opfer» zu bringen. «Blut und Leben» forderte der Regensburger Bistumsbote für die Obrigkeit und zitierte des Apostels «berühmtes Wort»: «Es gibt keine Obrigkeit, als sie ist von Gott.»

Auch Hitler war von Gott, kein Zweifel. Auch der Teufel. Auch die Hölle.

Also feierte das kirchenkämpferische Blatt den deutschen Staats- und Starbanditen auch noch am 21. April 1940, bejubelte es seinen «kraftvollen Willen und die leuchtende Idee eines wahren Volkskanzlers». Dankte es der «Vorsehung, die dem deutschen Volke einen Mann geschenkt hat, eine wahre Führernatur von säkularer Bedeutung, unter deren ordnender Regierungsmacht das Volk zur Einheit, der Staat aber aus tiefster Ohnmacht zu kraftvoller Macht und das Reich zum Adel seiner Sendung zurückfand».

Die Regensburger Bischofspostille rühmte in diesem Zusammenhang das «Werden und Wachsen des Volksstaates, die großartigen sozialen Einrichtungen mannigfachster Art, die politische Neuordnung des Reiches und endlich die Wehrhaftmachung der jungen Nation ...». Endlich, jawohl. Schließlich stand man schon im zweiten Kriegsjahr. Und gerade weil das Nazireich so wunderbar war, drohten draußen «die Mächte des Dunklen, die Kräfte der Zerstörung ... im alten Wahn ihrer bloßen Geld- und Machtherrschaft, ihrer niederreißenden und spaltenden Einkreisungspolitik ...». Und drinnen vereinte sich alles Großartige, Kraftstrotzend-Junge, Ordnende, der ganze Sendungsadel von Braun bis Rabenschwarz vereinte sich, vor allem letzterer stets von neuem mit Gebeten für Führer und Reich. «Immer und immer wieder aber wollen wir rufen: Herr, segne unser Volk, segne seinen Kampf um den Sieg der Gerechtigkeit und Neuordnung und erhalte uns den Mann, dem du die Idee und den Willen ...» und papperlapapperlapapperlapapp.

Schon die Titel des Blattes sind Signale. «Germanentum und Christentum», «Heldentum», «Wehrhaftigkeit», «Wofür wir kämpfen», «Deutschland im Kampf», «Vor keinem Feind wird Deutschland kapitulieren» und so weiter und so weiter. Lauter Lügen?

Ganz ähnlich enthusiastisch wie die Regensburger Bistumszeitung warben Dutzende von anderen deutschen (und österreichischen) Bischofsblättern für Hitler, riefen sie zu seiner Unterstützung, seinem Krieg und Sieg auf, ganz ähnlich lieferten sie Millionen Menschen mit den ja so bewährten hehren, heiligen Tiraden, mit diesem ganzen höchstkriminellen Volksverrat den braunen Verbrechern ans Messer. Bei mir stapeln sich diese Bistums- und anderen römisch-katholischen Propagandatraktätlein, und ich erbiete mich, hundert Bücher vom Umfang dieses Buchs damit zu füllen, wenn sie jemand druckt und zahlt – vielleicht die Deutsche Bischofskonferenz? Hat sie nicht Geld genug? Und das mutige Wort des damaligen Klerus, sein heldenhafter Kirchenkampf müßte ihr doch einiges wert sein? Lauter Lügen?

Der amerikanische Politologe Gordon C. Zahn begegnete nach ausgedehnten Quellenstudien in seiner Untersuchung «Die deutsche katholische Presse und Hitlers Kriege» in der von ihm durchgesehenen «exemplarischen Gruppe von Zeitschriften» «keinem einzigen Beispiel einer auch nur verborgenen Opposition gegen den Krieg». Vielmehr sei die «katholische Presse voll» gewesen «mit Aufrufen zur Kriegsunterstützung», habe sie «Seite um Seite feurigen Aufrufen zum ‹Patriotismus› und den Ermahnungen zur ‹Pflicht› gewidmet». «Der Gesamteindruck für den Leser», schreibt der amerikanische Gelehrte, übrigens in einer ausgesprochen katholischen Zeitschrift, «ist der einer äußerst nationalistischen Unterstützung des Krieges», ein Resümee, das der Autor noch ergänzt: «Der Ton der hypernationalistischen Begeisterung in allen Zeitungen, die wir für diese Studie durchsahen, macht auf den Leser nicht den Eindruck, er sei erzwungen worden.»

Er war es ja auch nicht. Die Schreiber, von denen «viele, wenn nicht die meisten Geistliche waren», folgten allenfalls ihren bischöflichen Vorgesetzten, und diese folgten dem Papst.

Alle bliesen ins gleiche Horn.

Alles zugunsten eines der größten Menschheitsverbrechen. Und hinterher wollten sie es nicht gewesen sein, hatte sich alles ganz anders verhalten, viel differenzierter, komplizierter, komplexer. Lauter Lügen?

Sie hatten gekämpft und gekämpft, jawohl. Wofür? Für ihre Interessen, ihren Einfluß, ihre Macht, ihr Geld.

Sie waren froh, daß Hitler Liberale, Sozialisten und Kommunisten totschlug, ihre eigenen Gegner. Sie traten nie öffentlich für die Juden ein, die die Gemeinschaft der Heiligen ja selbst von Jahrhundert zu Jahrhundert totgeschlagen hatte. Hitlers Antisemitismus, Hitlers Pogrome, Hitlers Gaskammern, sie waren geradezu Fortführung und Vollendung dessen, was die Kirche Christi (oder des Teufels?) Generation um Generation vorexerziert hatte. Sogar ihre eigenen Priester ließen diese Bischöfe einkerkern, haufenweise, und kaputtschinden, ohne im geringsten ihre Stimme für sie zu erheben, die sie so lautstark für Hitler erhoben. Doch als alles vorbei, als alles ausgestanden, nein ausgesessen war, beschimpften sie den vordem Gottgesandten und renommierten mit ihren Märtyrern. Was für ein heuchlerisches Pack!

Papst Pius XII., der sämtliche Faschisten – Hitler, Mussolini, Franco, Pavelić – entschieden gefördert, der insbesondere auf Nazi-Deutschland gesetzt und 1939 erklärt hatte, daß der Führer das legale Oberhaupt der Deutschen sei und jeder sündige, der ihm den Gehorsam verweigere, Papst Pius XII., der von Hitlers Soldaten rief: «Sie haben geschworen, sie müssen gehorsam sein», der mitten im Krieg «wärmste Sympathie für Deutschland» bekundete und «Bewunderung großer Eigenschaften des Führers», ja, der wieder, wörtlich, bekannte, er wünsche «dem Führer nichts sehnlicher als einen Sieg» – der sprach plötzlich, als Hitler und sein Staat zerstört waren, vom satanischen Nationalsozialismus! Und lobte die deutschen Bischöfe wegen ihres Widerstandes – «weil sie es nie unterlassen haben, auch in den letzten Kriegsjahren nicht, mutig und ernst ihre Stimme zu erheben». Jawohl. Für Hitler. Und seinen Krieg.

Zum Beispiel der deutsche Widerstandskämpfer Kardinal Michael von Faulhaber.

Er, der einst die Weimarer Republik ein Produkt von «Meineid und Hochverrat» geschmäht, er schrieb 1933 Hitler handschriftlich: «Gott erhalte unserem Volk unseren Reichskanzler.» Er pries dessen staatsmännischen «Weitblick», redete von «unermeßlichem Segen» und behauptete 1934, die nationalsozialistische Führung habe «auch dem sittlichen Leben des Volkes einen unschätzbaren Dienst erwiesen». 1936 ermutigte er – mit allen deutschen Oberhirten – die

Katholiken, bei der Volksabstimmung «ruhigen Gewissens mit ‹Ja›» zu stimmen. Im gleichen Jahr widmete zu seinem fünfundzwanzigjährigen Bischofsjubiläum eine Schrift von rund hundert Seiten vierundzwanzig seiner Soldatenzeit – «eine Schule für das Leben ...». 1939, nach dem mißlungenen Anschlag auf den Diktator, zelebrierte Faulhaber einen Dankgottesdienst. 1941 gab er die Kirchenglocken für «das teure Vaterland» hin, um die Fortsetzung des Krieges und einen Nazisieg zu ermöglichen. Zudem mahnte er in einem Hirtenbrief, «wie notwendig und wichtig es ist, daß in solcher Lage jedermann ganz und gern und treu seine Pflicht erfüllt ...» Noch unmittelbar nach dem Stauffenberg-Attentat am 20. Juli 1944 beglückwünschte er Hitler zu dessen Errettung persönlich und im Namen seiner Bischöfe und ließ in der Münchner Frauenkirche ein Tedeum singen, «Großer Gott, wir loben dich ...» Lauter Lügen?

Schon längst hatte der Kardinal – weithin aufsehenerregend – sich auch von den Juden distanziert, hatte er ein ihm unterstelltes Engagement für sie «schmachvoll» eine marxistische «Fälschung» genannt, eine «schamlose Lüge», «wahnsinnige Behauptungen» etc.

Kurz nach Kriegsende aber beschimpfte er heftig das braune Regime, donnerte: «Der Nazismus darf nicht wieder aufleben» und ließ weltweit verbreiten, weil er seit 1933 für die Juden eingetreten sei, habe man ihn unter Hitler so sehr verfolgt!

Fast noch mehr als Nazi-Gegner gefeiert wurde seit Kriegsende der Münsteraner Bischof Graf von Galen, zumal er gegen die Ermordung von Geisteskranken tatsächlich protestiert hatte; bemerkenswerterweise nicht ohne Erfolg!

Ungeachtet dessen jedoch unterstützte Galen den Despoten wie jeder andere deutsche Prälat. Der Graf, der sich rühmte, «kein Tropfen fremdrassigen Blutes» rinne in den Adern seiner Familie «nachweislich seit mehr als siebenhundert Jahren», legte 1933 als erster deutscher Bischof vor

Göring den Treueid auf die neue Regierung ab, sah durch Gott selbst «die höchsten Führer unseres Vaterlandes erleuchtet und gestärkt», dankte in seiner Predigt Hitler «für alles, was er für das Recht, die Freiheit und die Ehre des deutschen Volkes getan», pries auch die Nazi-Wehrmacht «als Schutz und Sinnbild deutscher Ehre und deutschen Rechtes» und autorisierte, ausgerechnet zur Zeit des großen Judenpogroms, der «Kristallnacht», das Machwerk «Fahneneid», eine Aufpeitschung der Soldaten zur bedingungslosen Treue gegenüber Hitler. Der «Löwe von Münster» versicherte, «die Christen werden ihre Pflicht tun», die deutschen Soldaten «wollen für Deutschland kämpfen und sterben». Er feierte den grauenvollen Rußlandüberfall («Wenn ich könnte, würde ich mitgehen») als «neuen Kreuzzug mit dem Feldgeschrei ‹Gott will es›» und «unser deutsches Volk» als «etwas überaus Herrliches und ganz Großes», ja, rückte die für Hitler Gefallenen in die Nähe von Märtyrern. Kurz, die «Symbolfigur» des katholischen Widerstandes verstieg sich zu Phrasen, die die Nazis benutzten, um Freiwillige für die SS zu gewinnen!

Aber gleich nach dem Ende der hochgelobten Herrlichkeit, 1945, sprach der Bischof, der wohl ein-, zweitausend Geisteskranke vor dem Tod gerettet, doch Millionen andere Deutsche für Hitler in den Tod getrieben hatte, vom «Gift der nationalsozialistischen Irrlehre». Er erklärte, «seit Jahren schwer gelitten» zu haben «unter der Fremdherrschaft des Nationalsozialismus» und «schwer geknechtet und vergewaltigt» worden zu sein. – Was hätte der Mensch (was hätten alle seinesgleichen) bei einem deutschen Sieg gesagt!

Weniger bekannt, auch nicht in allen Punkten vergleichbar, doch ebenso instruktiv ist der dritte und letzte Fall, der noch erwähnt sei.

Der fränkische Briefträgersohn Georg Werthmann war im Ersten Weltkrieg Pazifist geworden, wirkte in der Weimarer Republik als Priester in Nürnberg und Bamberg und wurde, so stand 1993 in einer fränkischen Tageszeitung, gerade «in den Jahren nach 1933» (wie seinerzeit ja so viele) «immer mehr als Gegner der nationalsozialistischen Ideologie bekannt». Eine gefährliche Situation. So nahm ihn der Bamberger Erzbischof von Hauck 1935 «aus der öffentlichen Schußlinie» – und schon im nächsten Jahr war der eingefleischte Pazifist und Hitlerfeind Stellvertretender Armeebischof in Berlin. Nur seine Jugend verhinderte den direkten Aufstieg zum Armeebischof. Aber sein selbstsicheres Auftreten, die bestechende Wortwahl bei seiner «Probepredigt» über den «heiligen Franz von Assisi», der, so die fränkische Zeitung 1993, «schon damals als Patron der Pazifisten galt ..., verfehlten ihre Wirkung nicht». Das läßt sich nachvollziehen. Pazifismus mußte 1936 in Berlin geradezu eine Bombenempfehlung sein. Doch die fränkische Zeitung, die für die «herausragende Priesterpersönlichkeit» immerhin einhundertfünfundsechzig Zeilen erübrigt, verliert über Werthmanns Tätigkeit als Stellvertretender Feldbischof Hitlers nur zehn Zeilen, uns darin mitteilend, er habe «diese Aufgabe stets im Geist der katholischen Kirche» erfüllt und – ebendeshalb wurde man damals Feldbischof! – «nationalsozialistisches Gedankengut ... von den Soldaten fern» gehalten.

Das spiegelt bereits das Buch des Radikal-Pazifisten: «Wir wollen dienen!» Mit dem Motto: «Glaubenskraft als Quelle der Wehrkraft!» Und mit dem Imprimatur sowohl der katholischen Kirche als auch der NS-Reichsschrifttumskammer, eine grandiose Allianz.

Eine «eigene Soldatenseelsorge», heißt es da, sei die «beste Tradition», sei der «Wesenszug deutschen Soldatentums» in den Heeren Friedrichs des Großen gewesen, der Freiheitskämpfer von 1813, der Sieger von 1870 und, «in Form einer gewaltigen Steigerung», in der «Katastrophe» des (Ersten) Weltkriegs. «Gesundes religiöses Glaubensleben», schrieb Werthmann, «gibt der soldatischen Haltung ein Fundament, das tiefer verankert ist als jedes andere.» «Religiöse Haltung trieb zur Pflichterfüllung bis zum Opfertode ...», «... es wird gekämpft, solange noch eine Handgranate vorhanden ist.» Ja, zutiefst gesund, religiös, und zumal christlich war all dies und ist es natürlich auch heute. Denn: «Das Christentum ... belehrt uns, daß nur die Gewalttätigen das Himmelreich an sich reißen.» Und deshalb, so der Radikal-Pazifist und «Gegner der nationalsozialistischen Ideologie», müsse die Wehrmacht des Dritten Reiches ihre «Feuerprobe der Bewährung» leisten, müsse der christliche Soldat mit seinem «Herzblut einstehen» für seinen Schwur, den Fahneneid auf Hitler, sei dieser Eid doch «aufbewahrt in den Archiven der Ewigkeit».

Hier reicht die Linie direkt von Hitler bis zum lieben Himmelvater. Erkannten ja auch alle deutschen Bischöfe im Juni 1933 in der Autorität des Führers «einen Abglanz der göttlichen Herrschaft und eine Teilnahme an der ewigen Autorität Gottes». Wer also nicht spurte, wider den Stachel löckte, wer gar den Kriegsdienst für einen der größten Verbrecher aller Zeiten verweigerte, zu dem kam dessen Stellvertretender Katholischer Armeebischof mit Pistole und hakenkreuzgeschmückt in die Zelle und schrie, daß man solche Kerle «um einen Kopf kürzer» machen müsse. Und noch 1945 – Werthmann fungierte wegen Erkrankung seines Chefs in den beiden letzten Jahren der Hitlertyrannei als Armeebischof –, noch 1945 trieb diese Kreatur das Kirchen- und Nazi-Kanonenfutter seiner gottgefälligen Bestimmung zu: «Vorwärts, christliche Soldaten, auf dem Weg zum Sieg!»

Werthmann mußte sich erst gar nicht in der Wolle färben. Nach dem Zusammenbruch des tausendjährigen Reiches wurde er Stellvertretender Katholischer Armeebischof in der Bundeswehr. Und hatte ihn der berüchtigte Faschistenpartner Pius XII. schon mitten im großen Schlachten für Hitler zum Päpstlichen Ehrenprälaten ernannt, so verlieh ihm 1958 Papst Johannes XXIII. noch die Würde eines Apostolischen Protonotars – die höchste Prälatenstufe. Und Bonn schmückte ihn schließlich mit dem Großen Verdienstkreuz

Lauter Lügen (1994)

des Verdienstordens der Bundesrepublik. Bei seinem Tod 1980 wurde er abermals mit kirchlichen und militärischen Ehren überschüttet. Ja noch 1993 zierte eine Gemeinde namens Mistendorf (bei Bamberg), in der Werthmann zeitweise wohnte und wirkte, den Platz vor ihrer Wallfahrtskirche voller Stolz mit seinem Namen, dem eines Pfaffen, der für einen der größten Gangster der Geschichte Millionen deutscher Soldaten in den Tod gejagt hat und dabei auch noch Millionen anderer Menschen zugrunde richten ließ.

Freilich beging Werthmann ein Verbrechen, das *alle* deutschen (und österreichischen) Bischöfe auch begingen. Haben sie doch *alle* Hitler, wie sie *zusammen* noch Ende 1941 wörtlich beteuerten, «immer wieder» und «eindringlichst» unterstützt. Und nun lügt uns diese Kirche – *entgegen dem Wort ihrer eigenen Prälaten* – schon ein halbes Jahrhundert das Gegenteil vor! Und wird, solange es sie gibt, weiterlügen.*

---

* Nähere Informationen mit allen Belegen bietet u. a. mein 1991 von Rowohlt verlegtes Buch «Die Politik der Päpste im 20. Jahrhundert».

Replik auf eine Erklärung des Sekretariats der Deutschen Bischofskonferenz

Geschrieben 1979
. . . .

Es gibt Mohrenwäschen, so perfekt, daß danach der Mohr schwärzer dasteht als zuvor: – schönstens und in allen Punkten verifiziert durch die Erklärung der Deutschen Bischofskonferenz vom 31.1.1979 «Die katholische Kirche und der Nationalsozialismus».

I

Falsch schon der Auftakt, man könne «totalitäre Systeme nicht bekämpfen, wenn sie sich etabliert haben». Man kann alles bekämpfen, wenn man will! Der Nazismus wurde von außen bekämpft durch die Alliierten; von innen durch Tausende, die dafür freilich teuer bezahlten. Andre, wie begreiflich, behielten lieber ihren Kopf; einige, mit dem gewichtslosesten, um bis 1945 «Heil!» rufen, oberhirtlich Untertanen ins Gewissen reden, eilfertig Dank- und Glückwunschadressen telegraphieren, feierlich Festmessen zu allerhöchsten Errettungen, Geburtstagen, Schlachtsiegen zelebrieren, endlich heroisch als Widerstandskämpfer figurieren zu können.

II

Auch hatte sich die Hitler-Crapule ja bereits mit geistlicher Assistenz etabliert! Denn so ganz «über Nacht», wie uns das schwarze Dokument weismachen möchte, wurde aus der braunen Pest nicht die «legale staatliche Obrigkeit» (die doch die Kirche – entgegen ihrer eignen Obrigkeitslehre! – seit dem Frühmittelalter nie im geringsten geduldet, vielmehr stets blutig befehdet hat, wenn sie ihr nicht paßte).

Hier paßte sie. Wie schon im faschistischen Italien. Und erst nachdem dort Pius XI., durch Preisgabe der katholischen Popolari-Partei, geradezu traumhafte Erfolge hatte, erstrebte er ähnliches in Deutschland durch Preisgabe des Zentrums. Jedesmal betrieb der Papst die Auflösung der eigenen Partei, derart dort Mussolini – wiederholt von ihm als «wundervoller Mann» bejubelt – zur Diktatur verhelfend, hier Hitler.

Nicht so erstaunlich, bedenkt man die ideologische Affinität: die irrationale Struktur beider Seiten, auch ihre autoritäre; ferner den gleichen Kampf gegen Kommunisten, Sozialisten, Liberale, gegen Presse-, Rede-, Versammlungsfreiheit, ja gegen fast alle wesentlichen demokratischen und individualistischen Rechte. (Die führenden Theologen der Nazizeit, Karl Adam, Joseph Adam Lortz, Michael Schmaus und andere haben dies so emphatisch wie ekelhaft erhellt.)

In Deutschland gelang der weltgeschichtliche Coup mit Hilfe des Kardinalstaatssekretärs Eugenio Pacelli (später: Pius XII.). Von 1917 bis 1929 Nuntius in München und Berlin, steuerte er die Zentrumspartei, das politische Instrument der Kurie im Reich, immer mehr nach rechts.

Sein Paladin: der Päpstliche Kammerherr und nachmalige Stellvertreter Hitlers, Franz von Papen; kein Kopf, aber ein Hut, wie General Kurt von Schleicher höhnte. Seit Sommer 1932 zum allgemeinen Erstaunen Reichskanzler, beseitigte Papen die sozialdemokratische Regierung Braun/Severing, hob das Verbot der SA und SS auf und «arbeitete dann», so das katholische Herder-Lexikon, «für die Ernennung Hitlers», 1933 öffentlich bekennend, daß ihn, Papen, «die Vorsehung ... dazu bestimmt hatte, ein Wesentliches zur Geburt der Regierung der nationalen Erhebung beizutragen». «Der liebe Gott hat Deutschland gesegnet.»

Zweiter im Bund: Pacelli-Freund Kaas, ein Trierer Domkapitular und Professor für Kirchenrecht, der als Zentrumsführer keine wichtige Entscheidung ohne Pacellis Zustimmung fällte. Kaum hatte Ludwig Kaas das Votum seiner Fraktion für Hitlers «Ermächtigungsgesetz», floh er, nach katholischer Version, «vor den Nationalsozialisten nach Rom». Von dort sandte er Hitler, mit dem er unmittelbar zuvor, ohne Wissen selbst seiner nächsten Parteifreunde, unter vier Augen konferiert hatte, «aufrichtige Segenswünsche», forderte die Auflösung des Zentrums und beschwichtigte, nach Rücksprache mit dem Papst und Pacelli, viele protestierende Katholiken: «Hitler weiß das Staatsschiff gut zu lenken. Noch ehe er Kanzler wurde, traf ich ihn wiederholt und war sehr beeindruckt von seiner Art den Tatsachen ins Auge zu sehen und dabei doch seinen edlen Idealen treu zu bleiben ...»

Nachdem Rom gesprochen, war die Sache auch für die deutschen Bischöfe erledigt. Noch 1932 geschlossen Gegner des Nazismus, gingen sie nun geschlossen zu ihm über und attestierten gemeinsam, im Juni 1933, dem Top-Gangster der Geschichte «einen Abglanz der göttlichen Herrschaft und eine Teilnahme an der ewigen Autorität Gottes ...».

Einen Monat später unterzeichnete man das Reichskonkordat (das letzte war zwischen Kaiser Friedrich III. und Papst Nikolaus V. 1448 zustande gekommen), nicht zur moralischen Aufwertung des Hitler-Regimes, so belehrt uns das Sekretariat der Deutschen Bischofskonferenz jetzt, sondern um die «Nicht-Anpassung der katholischen Kirche» vertragsrechtlich zu regeln! Im allgemeinen zwar besiegelt man selten gerade deshalb Verträge; der Grund wohl auch, warum man das Konkordat ringsum mißverstand. Papen berichtet Proteste «von allen möglichen Stellen». Auch der «Völkische Beobachter» verkannte es als «eine ungeheure moralische Stärkung der nationalsozialistischen Reichsregierung und ihres Ansehens». Auch Hitler selbst verbuchte es fälschlich als «unbeschreibliche(n) Erfolg», der ihm «große Vorteile» gebracht.

Allerdings irrte sogar ein Kirchenlicht wie Kardinal Faulhaber von München. Predigte er doch 1936, Papst Pius XI. habe «als erster Souverän des Auslandes mit der neuen Reichsregierung im Reichskonkordat einen feierlichen Vertrag abgeschlossen, von dem Wunsche geleitet, ‹die zwischen dem Heiligen Stuhl und dem Deutschen Reich bestehenden freundschaftlichen Beziehungen zu festigen und zu fördern›».

Von «freundschaftlichen Beziehungen» spricht nämlich gleich der erste Satz des Dokuments der «Nicht-Anpassung». Laut Artikel 16 mußten die Bischöfe einen *Treueid* ablegen und geloben, die Naziregierung zu achten und durch ihren Klerus achten zu lassen – eine typische Nicht-Anpassungs-Haltung. Und Artikel 30 sah an allen Sonn- und Feiertagen in sämtlichen deutschen Kirchen ein Gebet für das Wohlergehen des Hitlerreiches vor – Millionen um Millionen Nicht-Anpassungs-Gebete! Durch ein Konkordat übrigens, das laut Bestätigung des Bundesverfassungsgerichts vom 26. März 1957 hier weiterhin gilt!

«In Wirklichkeit» freilich, täuschte sich 1936 Kardinal Faulhaber, «ist Papst Pius XI. der beste Freund, am Anfang sogar der einzige Freund des neuen Reiches gewesen. Millionen im Ausland standen zuerst abwartend und mißtrauisch dem neuen Reich gegenüber und haben erst durch den Abschluß des Konkordats Vertrauen zur neuen deutschen Regierung gefaßt . . .»

Und 1937 irrte Faulhaber: «Zu einer Zeit, da die Oberhäupter der Weltreiche in kühler Reserve und mehr oder minder voll Mißtrauen dem neuen Deutschen Reich gegenüberstehen, hat die katholische Kirche, die höchste sittliche Macht auf Erden, mit dem Konkordat der neuen deutschen Regierung ihr Vertrauen ausgesprochen.»

Lassen wir hier dahingestellt, ob eine Welt, auf der die katholische Kirche «die höchste sittliche Macht» repräsentiert, nicht aussehen muß, wie sie aussieht ... Doch wer es weder Hitler noch Kardinal Faulhaber glaubt, glaubt es vielleicht dem Erzbischof und Fördernden Mitglied der SS, Conrad Gröber von Freiburg, der seinerzeit dasselbe schrieb: «Mit Empfehlung des deutschen Gesamtepiskopates»! Logen also die Bischöfe damals, oder lügt die Deutsche Bischofskonferenz jetzt?

Der Verweis jedenfalls auf das katholische Paradestück, die Pius-Enzyklika «Mit brennender Sorge», worin der Papst angeblich unwiderlegbar bewies, daß Hitler «Menschenrecht mit Füßen trat», geht wieder fehl. Denn einmal beiseite, daß dies 1937 ohnedies fast jeder wußte, der es wissen wollte; beiseite auch, daß niemand länger und zugleich scheußlicher Menschenrecht mißachtet hat als die Catholica (durch millionenweises Einkerkern, Foltern und Liquidieren von «Heiden», Juden, «Ketzern», «Hexen», Negern, Indianern eine Jahrtausende überdauernde Sklaverei: in Europa mit am längsten im Kirchenstaat; im katholischen Brasilien bis 1888); all das beiseite, trat die Pius-Enzyklika zwar für die eignen «Rechte» ein, doch schon nicht mehr für die der evangelischen Kirche, geschweige die der Menschen überhaupt. In seitenlangen Lamentationen begehrte der römische Pontifex den «rechten» Gottesglauben, «wahren» Christusglauben, den Glauben an die Alleinseligmachende etcetera. Doch kein Wort zugunsten der Juden oder gegen die Greuel der Konzentrationslager. Keine Silbe!

Vielmehr versprachen die willfährigen Oberhirten Hitler 1935, ihr Klerus werde die Häftlinge natürlich zur Anerkennung der staatlichen Obrigkeit bringen «und so zur inneren Umkehr und Besserung der Gefangenen mithelfen»! Kardinal Adolf Bertram betonte die Verpflichtung dieser Lager-priester, «insbesondere auch strengstes Stillschweigen zu bewahren»! Der Preußische Staatsrat und Bischof von Osnabrück, Wilhelm Berning, besichtigte im Juni 1936 Konzentrationslager und lobte sie derart, daß die katholische Wochenzeitschrift «Der Deutsche Weg» in Holland aufschrie: «Wir stehen vor der erschütternden Wahrheit, daß das einzige Wort, das ein deutscher Bischof bis auf den heutigen Tag in der Öffentlichkeit zu der Barbarei der Konzentrationslager gesagt hat, ein Wort der Verherrlichung Adolf Hitlers und eines Systems ist mit allen diesen Barbareien.»

Das Sekretariat der Deutschen Bischofskonferenz findet es nun «schwer begreiflich», daß die internationale Staatenwelt aus der Pius-Enzyklika keine Konsequenzen gezogen und mit Hitler bis 1939 weiter Verträge geschlossen habe. Doch was taten denn die Prälaten bis 1939? War es nicht so, wie ein Gestapobericht resümiert: in der Weimarer Republik stellte die Kirche «Freiheit, Gleichheit, Brüderlichkeit» heraus – «jetzt redet man dafür von Volkstum, Führertum, Blut und Boden»?

1933 versicherten die Kirchenfürsten in einem gemeinsamen Schreiben (vom Münchner Weihbischof Johann Neuhäusler 1945 in dem katholischen Standardwerk «Kreuz und Hakenkreuz» vielfach gefälscht): «Wir wollen dem Staat um keinen Preis [!] die Kräfte der Kirche entziehen.» 1933 mahnten auch die bayerischen Bischöfe: «Niemand darf jetzt aus Entmutigung und Verbitterung sich auf die Seite stellen und grollen ... Niemand soll sich der großen Aufbauarbeit entziehen.» Die Stimmung war so, daß gegen Jahresende die jesuitische Zeitschrift «Stimmen der Zeit» nicht nur Hitler das Glaubenssymbol der deutschen Nation nannte, sondern auch das Kreuz Christi die notwendige Ergänzung des Hakenkreuzes: «das Zeichen der Natur findet seine Erfüllung und Vollendung erst im Zeichen der Gnade.»

So paßte wieder alles. Und trotz des beginnenden Kirchenkampfes, trotz der Einsperrung und Ermordung von Hunderten katholischer Priester blieb das Ja der Prälaten zu dem größten Gangsterregiment deutscher Geschichte unerschüttert.

Nach dem berühmten episkopalen Widerstandskämpfer Clemens August Graf von Galen waren sich er und seine Mitbrüder 1935 «alle einig ..., daß es nicht unsere Sache ist ..., gegenwärtige Staatspolitik zu kritisieren». Im selben Jahr beteuerte die Fuldaer Bischofskonferenz in einer «Denkschrift» an Hitler: «Die katholischen Verbände werden dem deutschen Volk und Vaterland im nationalsozialistischen Staat stets in Opfermut und Treue dienen. Wir lehnen jede staatsfeindliche Handlung oder Haltung von Mitgliedern» (die Konferenz nannte dies «Wahnsinn») «strengstens ab.» 1936, nach Eröffnung des Spanischen Bürgerkrieges durch Massenmörder Franco, war die Begeisterung des hohen Klerus – wie bei jedem Kriegsbeginn in jener Zeit – besonders groß. «Die deutschen Bischöfe halten es für ihre Pflicht, das Oberhaupt des Deutschen Reiches in diesem Abwehrkampf [!] mit allen Mitteln zu unterstützen ...» 1937 bekräftigte Erzbischof Gröber (seinerzeit noch immer Förderndes Mitglied der SS – und wie gern, weißgott, wär er's geblieben, doch 1938 warf ihn die SS hinaus) «Mit Empfehlung des deutschen Gesamtepiskopates»: «In der gegenwärtigen Schicksalsstunde unserer Nation stellen sich die Leiter der Kirche in besonderer Treue an die Seite der Männer des Staates ...»

Als Hitler 1938 die Tschechoslowakei durch Gewaltandrohung zur Kapitulation zwang, telegraphierte Primas Bertram, auf Anregung Faulhabers, «Im Auftrag der Kardinäle Deutschlands» «ehrerbietigst» Glückwünsche und Dank, nicht vergessend, Hitler «feierliches Glockengeläute» für den Sonntag zu avisieren. Festgeläute auch 1939 zu Führers fünfzigstem Geburtstag. Von allen Kirchen Hakenkreuzfahnen. In allen Kirchen Spezial-Gottesdienste für das Geburtstagskind, den «geliebten Führer und Reichskanzler», so seinerzeit das offizielle Mainzer Bistumsblatt, den «kraftvollen Erwecker, Wahrer und Schirmer des von ihm geschaffenen großdeutschen Vaterlandes». Und Kardinal Karl Joseph Schulte, Köln, schwor: «Unsere Treue zum Deutschen Reich und seinem Führer haben wir soeben an seinem 50. Geburtstag noch einmal feierlich bekundet. Diese Treue kann durch nichts erschüttert werden.» Solches dutzendweise bis 1939: – und 1979 begreift die Deutsche Bischofskonferenz kaum, daß die internationale Staatenwelt «bis 1939 mit dem Hitler-System weiter verhandelt und Verträge geschlossen hat»!

III

Das tollste aber, das dreisteste Stück kommt nun: die Behauptung des deutschen Bischofs-Sekretariats von der «permanente(n) Aufforderung der Kirche zum Frieden während des Zweiten Weltkrieges».

Zunächst sei die wenig bekannte Tatsache betont, daß der «Heilige Stuhl» bereits 1933 in einem geheimen Zusatzprotokoll zum Reichskonkordat einverstanden war mit der eventuellen Wiedereinführung der allgemeinen Wehrpflicht im Nazireich, das heißt unter anderem mit der Mißachtung völkerrechtlicher Verträge. Die Kurie wünschte unsre Wiederbewaffnung unter Hitler – wie unsre Wiederbewaffnung unter Adenauer! (Der Kölner Kardinal Frings, seit 1948 Mitglied der CDU, forderte – dies wie jenes wenig publik – 1950 als erster öffentlich in Deutschland die Wiederaufrüstung der Deutschen. Ad futuram memoriam.)

Wenig bekannt auch, daß ausgerechnet der später zum Widerstandskämpfer erklärte Münsteraner Oberhirte Graf von Galen – der freilich, als blaublütiger Prälat wohl besonders prädestiniert, stets für Militär und Krieg zu haben war und bereits zur Besetzung der entmilitarisierten Zone des Rheinlands im März 1936 dem Oberbefehlshaber des Heeres telegraphierte: «Namens der treudeutschen Katholiken des Bistums Münster und besonders des Niederrheins begrüße ich die deutsche Wehrmacht, welche von heute an wieder den deutschen Rhein schirmt, als Schutz und Sinnbild deutscher Ehre und deutschen Rechtes» – wenig bekannt auch, daß der treudeutsche Galen, überdies zur Zeit des großen Judenpogroms, der «Kristallnacht», den «Fahneneid» auf Hitler autorisierte, mit ebenso begnadeter wie inhaltlich generöser Reimkunst:

> Was Frost und Leid!
> Mich brennt ein Eid.
> Der glüht wie Feuerbrände
> Durch Schwert und Herz und Hände.
> Es ende drum wie's ende –
> Deutschland, ich bin bereit!

Und wie lautete nun die «permanente Aufforderung der Kirche zum Frieden»?

Der katholische Feldbischof der Wehrmacht Franz Justus Rarkowski (so begabt, daß er ohne Abitur Theologe werden konnte) erließ zu Hitlers Polenüberfall eine Botschaft, mehr mit Phrasen gespickt als die Reden des Dr. Goebbels. Doch auch in corpore appellierten die deutschen Kirchenfürsten im September 1939 an «unsere katholischen Soldaten, aus Gehorsam zum Führer ihre Pflicht zu tun und bereit zu sein, ihre ganze Person zu opfern». Hatten sie doch alle schon 1936 «Treue bis in den Tod» gelobt. Hatte doch auch 1938 Widerstandsidol Galen Verteidigung des Nazireiches «bis zum letzten Blutstropfen» gewünscht! 1940 garantierte Bischof Kumpfmüller von Augsburg: «Der Christ bleibt der Fahne treu, der er Ergebenheit geschworen hat, komme, was kommen mag.» Zur selben Zeit dröhnte Bischof Franz Rudolf Bornewasser von Trier: «Wir müssen jedes Opfer bringen, das die Situation von uns verlangt.» Anfang 1941, als Erzbischof Gröber einmal mehr auf «den notwendigen Lebensraum und den gebührenden Einfluß im Weltganzen» bestand, präsentierte Bischof Maximilian Kaller von Ermland ein so hingerissenes «Hirtenwort», daß es sogar den Beifall des extrem antiklerikalen Polizeichefs Heydrich fand. Und im Sommer legte auch Graf von Galen erneut die Hand aufs kühne Oppositionellenherz: «... wir Christen machen keine Revolution. Wir werden wieder treu unsere Pflicht tun ... Unsere Soldaten werden kämpfen und sterben für Deutschland ...»

Nun, wollte Hitler mehr? Seinen Rußlandüberfall feierte der katholische Feldbischof sofort als «Kreuzzug» und Nazideutschland als «Retter und Vorkämpfer Europas». Bischof Michael Rackl von Eichstätt pries den «heiligen Krieg für Heimat und Volk, für Glauben und Kirche, für Christus und sein hochheiliges Kreuz». Ähnlich unter vielen anderen auch der Erzbischof von Paderborn, Lorenz Jäger, der zudem mit unverfälschtem Nazizungenschlag gegen die slawischen «Untermenschen» hetzte, die er «durch ihren Christushaß fast zu Tieren entartet» sah. Die bayrischen Oberhirten erwarteten von «jedermann ganz und gern und treu seine Pflicht». Und alle deutsch-österreichischen identifizierten am 26. Juni 1941 Hitlers Rußlandabenteuer mit «dem heiligen Willen Gottes» und eiferten im Dezember: «Wir haben immer wieder [!] und noch im Hirtenbrief des Sommers unsere Gläubigen zu treuer Pflichterfüllung, zu tapferem Ausharren, opferbereitem Arbeiten und Kämpfen im Dienste unseres Volkes in schwerster Kriegszeit eindringlichst [!] aufgerufen. Mit Genugtuung verfolgen wir den Kampf ...» 1942 schloß ein «Hirtenbrief» der Kirchenprovinzen Köln und Paderborn: «Mit der ganzen Autorität unseres heiligen Amtes rufen wir auch heute euch wieder zu: Erfüllet in dieser Kriegszeit eure vaterländischen Pflichten aufs treueste! Lasset euch von niemandem übertreffen an Opferwilligkeit und Einsatzbereitschaft!» Und gemeinsam jauchzten die deutschen katholischen Kirchenführer 1942: «Ein Sieg über den Bolschewismus wäre gleichbedeutend mit dem Triumph der Lehren Jesu über die der Ungläubigen.»

Auch noch 1943 und 1944 sprangen derart zahlreiche deutsche (und österreichische) Prälaten dem bisher größten Verbrecher der Weltgeschichte bei. Ja der katholische Feldbischof schrie noch 1945: «Vorwärts, christliche Soldaten, auf dem Weg zum Sieg!» Und zu alldem und während Millionen um Millionen unter Bombentrümmern und Frontfeuern krepierten, sich krümmten, während sie erstickten, ersoffen, erfroren, während sie erschossen, erstochen, erschlagen, vergast, geköpft und gehängt wurden, während sie zu Krüppeln, zu Waisen, zu Menschen ohne Obdach, zu namenlos Unglücklichen gemacht worden sind, zu alldem taten die deutsch-österreichischen Bischöfe sich nicht genug mit festlichem Glockenläuten, bis zu sieben Tagen, mit frohem Fahnenhissen, bis zu zehn Tagen, zelebrierten sie feierliche Dankmessen, stimmten sie jubelnd Tedeums an, schickten sie Geburtstagsadressen an Hitler und Glückwunschtelegramme nach mißlungenen Attentaten, kurz, trieben sie ihre Diözesanen beständig zur Unterstützung seines Krieges. Und jetzt gaukelt die Deutsche Bischofskonferenz uns und der Welt und der Nachwelt die «permanente Aufforderung der Kirche zum Frieden während des Zweiten Weltkrieges» vor! Zu den Verbrechen von einst noch die Lüge von heute.

IV

Daß etwa vier Fünftel aller den Nazis entronnenen Juden ihr Leben Katholiken verdanken, ist's nicht Aufschneiderei? Zu fragen wäre bei solchen «Schätzungen» doch auch: sind diese Retter praktizierende Katholiken gewesen? (Hitler war auch Katholik; zu seiner Zeit insistierten darauf prominente Theologen!) Haben also gerade Kirchgänger Juden geschützt oder einfach, viel wahrscheinlicher, Menschen Menschen? Tatsache jedenfalls, daß die deutsche Kirche zu den Judenmorden geschwiegen und offiziell keinen einzigen Juden dem Tod entrissen hat. Tatsache ferner, daß Hitlers Ausmerzungsaktion nur erfolgen konnte, weil ihr ein fast tausendjähriges Judenschlachten durch die europäische Christenheit vorausgegangen war, was selbst viele Katholiken nicht mehr bestreiten. Somit: hätte die katholische Kirche nicht Jahrhundert um Jahrhundert die Juden offiziell massakriert, hätten sie schließlich, unter Einsatz ihres Lebens, einzelne Katholiken nicht zu retten brauchen.

Der wildeste Antijudaismus beginnt bereits bei den bekanntesten antiken Kirchenlehrern, bei Ambrosius, Johannes Chrysostomos, Augustin – auch das Verbrennen von Synagogen beginnt schon unter ihnen! – und führte konsequent zu ungeheuren jüdischen Gut- und Blutopfern durch das ganze Mittelalter – als die Kirche auch Hitlers «Judenstern» vorwegnahm sowie den Nazislogan «Kauft bei keinem Juden!» – und weit darüber hinaus. Die Juden wurden erschlagen, ertränkt, gerädert, gehängt, zerhackt, gevierteilt, lebendig verbrannt und lebendig begraben. Sie wurden an Stricken und Haaren zum Taufbecken geschleift, und der hohe Klerus hat sich daran aktiv beteiligt, wie ihm überhaupt die Verfolgung nie scharf genug sein konnte.

Mit den Kreuzzügen Ende des 11. Jahrhunderts begann das christliche Gemetzel. 1298 wurden im frommen Bayern einhundertvierzig jüdische Siedlungen ausgerottet, 1349 in mehr als dreihundertfünfzig deutschen Städten und Dörfern nahezu alle Juden getötet, meist durch Verbrennen bei lebendigem Leib. 1389 stachen Katholiken in Prag an einem Tag dreitausend Juden ab, 1391 in Sevilla viertausend Juden, 1453 in Schlesien, nach einer Agitation des Kapuzinergenerals Johannes von Capistrano, sämtliche Juden, 1648 in Polen ungefähr zweihunderttausend Juden; Zahlen, mühelos zu häufen.

Von hier aber führt, über Tausende von Traktaten, Predigten, Papstbriefen, Konzilsbeschlüssen und Leichen, Leichen, Leichen, ein gerader Weg in die Vernichtungslager Hitlers. Wie dieser doch selbst bezeugt, von dem Wiener Bürgermeister Karl Lueger beeinflußt worden zu sein, einem katholischen Antisemiten. Wie er selbst 1933 auf einer Konferenz mit Bischöfen in Berlin bekennt: «Man hat mich wegen Behandlung der Judenfrage angegriffen. Die katholische Kirche hat fünfzehnhundert Jahre lang die Juden als Schädlinge angesehen, sie ins Getto gewiesen usw. [!], da hat man erkannt, was die Juden sind ... Ich gehe zurück auf die Zeit, was man fünfzehnhundert Jahre lang getan hat.» Aus welchem Grund aber man Juden, oder wen immer, vernichtet, ob aus rassischer Borniertheit, ob aus pekuniärem oder religiösem Kalkül, das dürfte zumindest den zu Vernichtenden gleichgültig sein.

Alles Vorstehende könnte vielfach ergänzt werden. Auch blieb Wichtiges zum Sekretariatstext, aus Raumgründen, ungesagt, zumal zum Verhalten von Pius XII., dem, quantitativ gesehen, meistbelasteten Papst der Geschichte. Denn er hat alle faschistischen Verbrecher, Mussolini, Franco, Pavelić und Hitler, systematisch unterstützt, ja, in der Anwendung äußerer Machtmittel gegen die «bolschewistische Gefahr» sogar «eine wesentliche Sendung und Aufgabe» erblickt. Er schickte bereits ein Jahr vor der deutschen Rußlandattacke Vatikanbeamte als Spione über die sowjetische Grenze. Er ließ dem Despoten seine freundschaftlichen Gefühle für das Reich überbringen, er wollte «ein blühendes, großes und starkes Deutschland» unter ihm und flehte auch «den Schutz des Himmels und den Segen des Allmächtigen Gottes» auf Hitler herab. Nach einem Attentat übermittelte er persönliche Gratulationen zur «wunderbaren Rettung», er bekundete «Bewunderung großer Eigenschaften des Führers», wünschte ihm überhaupt nichts sehnlicher als einen Sieg – während er freilich unermüdlich, wie ein gewisser Weihnachtsengel an der Spitze des Tannenbaums, Frieden rief, Frieden ...

Da man bei den deutschen Bischöfen die Kenntnis all dieser Fakten voraussetzen darf, besonders auch die Kenntnis der deutsch(-österreichischen) «Hirtenbriefe» von 1933 bis 1945, die ohne Billigung des Papstes nie so geschrieben worden wären, beschuldige ich das Sekretariat der Deutschen Bischofskonferenz aufgrund seiner Erklärung «Die katholische Kirche und der Nationalsozialismus» vom 31.1.1979 perfider Unwahrhaftigkeit und öffentlicher Irreführung.

Die Frommen und die Freudenmädchen.
Warum CSU-Politiker, wünschen sie
in München Bordelle, christliche
Tradition fortsetzen

Geschrieben 1973
. . . .

Die bayerische Metropole wühlt ein Problem auf: die Unterbringung von öffentlichen Mädchen. Sie bewegen sich immer zahlreicher und zuchtloser durch die Straßen und begegnen immer neuen Sperrgebieten, die bis hinaus ins Grüne reichen oder mitten hinein in die reputierlichsten Bürgerreviere.

Kein Zweifel: München, Sitz des katholischen Primas in Deutschland, benötigt Bordelle. Also bliesen zwei Stadträte zum Schluß des tollen Treibens – und zum Auftakt eines neuen. Sie forderten Zähmung der Gehetzten und Jagd der Freier auf die Damen oder umgekehrt nur noch in einem Gatter, kurz: geeignete Standorte für Häuser der Lust.

Walter Zöller und Lothar Gügel, die kühnen Pioniere für kaserniertes Gunstgewerbe in der «Weltstadt mit Herz» (vordem «Stadt der Bewegung» – doch um den springenden Punkt bewegt man sich weiter) gehören allerdings weder der unfrommen FDP an noch den religiös zu Unrecht suspekten Sozialdemokraten, sondern der ganz gottesfürchtig kohlrabenschwarzen Christlich Sozialen Union.

Ist's möglich, schrie man auf. Und es schallte weit über Bayern hinaus. Kenner mokierten, Prüde empörten und die eigene Partei weigerte sich, die scheinbar so forschen Kolle-

Die Frommen und die Freudenmädchen (1973)

gen zu unterstützen. Die CSU bangt um ihr Renommee; sie fürchtet den Ruf einer «Dirnenfraktion».

Aber nicht doch, liebe Feinde. Fürchtet euch nicht! Die Liaison eurer, der CSU-Religion mit Heil (und Sieg) nicht nur und Freude, nein, auch mit Freudenmädchen ist uralt und nichts geschichtlich logischer, als neben die Frauenkirche Frauenhäuser zu stellen. Denn wahrlich: ehe diese Frauenkirche war, stand in München schon ein Bordell. 1433 bescherten es die beiden Herzöge Ernst und Wilhelm, nicht lange vor ihrem Abruf in die Ewigkeit, der Bayernhauptstadt – auf daß «auch alle zucht und erberchait an mannen und frawen in unser Stat München gefurdert werde ...». Und 1468 legte Herzog Sigismund den Grundstein der heutigen Frauenkirche – doch wohl in gleicher Absicht ...

Zwar kannte man Prostitution längst in vorchristlicher Zeit. Aber sie war nicht entwürdigt, vielfach sogar heilig, wurde selbst und gerade in Tempeln von Tausenden von Mädchen ausgeübt. Das Christentum dagegen verachtete Dirnen, benötigte freilich kraft einer Sauertopfmoral sondergleichen ein Ventil. Die Prostitution wuchs förmlich aus ihm heraus.

Lassen wir auf sich beruhen, daß schon Jesus mit einer Dame verkehrte, die später zur Standesheiligen aller Nutten avancierte. Die Sache ist, wie alles, was den Herrn betrifft, dunkel. «Ich aber sage euch, setzt Eros-Center ein!», steht jedenfalls im Evangelium nicht. Dagegen bestand der Klerus, der immer furioser jene Freuden verteufelte, die er selber so glühend genoß, schon bald auf Erhaltung des Gewerbes. Die äußerste Verkörperung des «Lasters» war für ihn seltsamerweise der stärkste Schutz dessen, was er unter Tugend versteht. Sagt doch sogar der größte aller Kirchenlehrer, Augustinus: «Unterdrückt die öffentlichen Dirnen, und die Gewalt der Leidenschaften wird alles über den Haufen werfen.»

Das war in der Antike. Und schon damals florierte in Jerusalem, dem wichtigsten christlichen Wallfahrtsort, das Metzenwesen so, daß der hl. Gregor von Nyssa eindringlich empfahl, besser zu Hause zu bleiben. Und im Abendland begründeten die nach Rom wandernden Büßerinnen und Jesusbräute, allerlei Nöten und Lüsten während der langen Reise erliegend, die umherziehende Prostitution.

Der üble Ruf der Pilgerfahrten hielt sich durch Jahrhunderte. Bonifatius, der militante Deutschenapostel, der auch bei seinen Klerikern oft «vier, fünf und noch mehr Konkubinen nachts im Bette» fand, drang im 8. Jahrhundert geradezu darauf, das Wallfahren zu zügeln oder zu regeln, gebe es doch wenige Städte auf dem Weg nach Rom, wo englische Pilgerinnen, «Weibspersonen und verschleierte Frauen», das heißt Nonnen, nicht in offener Hurerei lebten. Konkurrierten die Asketinnen mit wachsender Ausbreitung des Reiches Gottes auf Erden doch überhaupt immer häufiger mit Nutten. Schon vom 9. Jahrhundert an wiederholt sich der Vergleich von Frauenklöstern mit Frauenhäusern ständig. Wie andererseits Bordelle auch «Klöster» oder «Abteien» hießen, Puffmütter oft «abbesses», «Äbtissinnen», und die Insassen «Nonnen».

Während der Kreuzzüge, die, nach vorsichtigen Schätzungen, zweiundzwanzig Millionen Menschen verschlangen, lebte das triste Metier erst richtig auf. Die bewaffneten Wallfahrer, deren Gattinnen daheim oft in Keuschheitsgürteln darbten, zogen stets mit Scharen von Freudenmädchen zum Heiligen Grab. Den ersten Troubadour, Graf Wilhelm IX., umgab bei seinem frommen Vorstoß ein solcher Nuttenschwarm, daß der Chronist Geoffroy de Vigeois das Mißglükken der Expedition mit auf die Freuden des sexbedürftigen Ritters zurückführte. 1180 sollen den Franzosen weit über tausend Dirnen gefolgt sein. Und sogar unter Ludwig IX. erhoben sich im Lager die Bordelle nahe dem Zelt des schon bald darauf heiliggesprochenen Königs.

Natürlich waren bei weniger sakralen Gemetzeln Kokotten

nicht minder notwendig. So führte der katholische Massenmörder Alba, der mit päpstlichem Segen ganze Städte bis
auf das letzte Kind liquidierte, mit seinen Truppen vierhundert Lustweiber zu Pferd und achthundert zu Fuß nach den
Niederlanden – «in Kompagnien geteilt und hinter ihren besonderen Fahnen in Reih und Glied geordnet». Bei Staats-
akten fehlten die fahrenden «Fräulein» ebenfalls nicht. Zum
Reichstag in Frankfurt 1394 kamen achthundert Huren. Wie
denn reisende Beamte noch die Kosten ihrer Bordellbesu-
che als Spesen verbuchen konnten. Kein christlicher Staat,
kein christliches Beamtentum, keine monogame Gesellschaft eben ohne käuflichen Sex.

Und kein zölibatärer Klerus.

Gerade auf den großen Kirchenversammlungen drängten
sich die «Hübschlerinnen». In der Blütezeit des Christentums, dem 13. Jahrhundert, als es Bischöfe (in Basel und Lüttich) mit zwanzig, ja einundsechzig Kindern gab, als Papst
Innozenz III. von den Priestern sagte: «Sie sind sittenloser als
Laien», als Papst Alexander IV. bestätigte, «daß das Volk,
anstatt gebessert zu werden, durch die Geistlichen vollständig verdorben wird», als Papst Honorius III. von den Klerikern bekannte, sie verfaulen «wie das Vieh im Miste», da soll
auch der spätere Kardinal Hugo von St. Cher auf dem Konzil
von Lyon (1251) zum Abschied gerufen haben: «Freunde!
Wir haben dieser Stadt viel genützt. Als wir herkamen, fan-
den wir nur drei oder vier Hurenhäuser, bei unserem Ab-
gang verlassen wir nur eines. Dieses aber reicht von einem
Ende der Stadt bis zum anderen.»

Im 15. Jahrhundert wirkten auf dem Konstanzer Konzil,
das Hus auf den Scheiterhaufen brachte, außer dem Heiligen
Geist, dem Papst und weit über dreihundert Bischöfen, wie
Stadtchronist Ulrich von Richenthal meldet, auch siebenhundert öffentliche Damen, nicht gerechnet jene, welche die Prälaten gleich selber mitgebracht.

Im Bordell sah man Priester freilich nicht gern. So verbot

230   Die Frommen und die Freudenmädchen (1973)

ihnen Nördlingen 1472, eine ganze Nacht im Puff zu stecken.
Und Schaffhausen gab 1522 dem Ratsdiener das Recht, Geistlichen im Frauenhaus die Kleider zu pfänden. Der höhere
Klerus aber, mehr standesbewußt, holte sich seine Allein-
unterhalterinnen ins eigene Haus. Manche Prälaten (ein
Dompropst etwa aus der Heimat von Hus) bereicherten ihr
Palais durch eine besondere Hurenpforte. Befahlen doch
selbst die gestrengen Ordensritter, die ganz allein im Dienst
ihrer «himmlischen Dame Maria» standen und einen Schwur
zu leisten hatten, der mit den Worten begann: «Ich verheiße
und gelobe Keuschheit meines Leibes ...», Professionelle zu
sich. So führten sie in Königsberg, wo sie alles vögelten, was
eine Vagina hatte, Ehefrauen, Jungfrauen, neunjährige Mädchen und, wie wir nicht ohne Grund vermuten dürfen, weibliche Tiere, zwischen Morden und Beten auch genau Buch
darüber, was sie «den megdelin» gegeben, «die uffs huws
komen getanczt». Eine feinere Umschreibung für das, was
ein «Hurenweibel», ein Beaufsichtiger der Frauenhäuser,
nach einem Bordellbesuch exakter so in seiner Spesenrech-
nung registriert: «Hab' a gebickt, tut dreißig Pfennig.»
   Einen Übergang zum Bordell bildeten die öffentlichen
Bäder. Männlein und Weiblein, Mönch und Nonne hockten
hier gewöhnlich nackt zusammen in einer Wanne, wohlver-
sorgt von hauchdünn gekleideten oder gleichfalls textilfreien
Bademägden, die teils Speisen und Getränke servierten, teils
Waschungen und Massagen vornahmen, was ihnen, wegen
der speziellen Art der letzteren, den Namen «Reiberinnen»
eintrug. Diese Reiberinnen – Agnes Bernauer etwa war eine
von ihnen – beschäftigten immer mehr die fromme Volks-
phantasie und erschienen schließlich so sehr als vollendete
Geliebte, daß selbst die Kirche in einem geistlichen Lied die
Jungfrau Maria als ideale Reiberin empfahl:

«Dîn badebule sîe
Die allerschönste Marie.»

Die ersten Bordelle kamen im ausgehenden 13. Jahrhun-

Die Frommen und die Freudenmädchen (1973)   231

dert auf, und im späten Mittelalter hatte fast jede Stadt ein Öffentliches Haus. Dabei ist es weder Zufall, daß dies meist in einer Seitengasse nahe der Kirche stand, noch daß die Papststädte stets besonders von Dirnen wimmelten. Und keiner, der auch nur halbwegs die Rolle des von Jesus so verdammten Mammon in der «Heilsgeschichte» kennt, wird sich darüber wundern, wie flink gerade der hohe Klerus aus den «Offenen Bübinnen» Kapital zu schlagen wußte – und daß die Inquisition sich im allgemeinen kaum um Bordelle gekümmert, doch gern Damen verfolgt hat, die auf eigene Rechnung Geschäfte machten.

Wie gewöhnlich gingen die «Stellvertreter» mit gutem Beispiel voran. Schon in Avignon, wo am maitressengesegneten päpstlichen Hof vielleicht die moderne Kurtisane entstand, gab es ein öffentliches Freudenhaus. Im späten 15. Jahrhundert erbaute eins Sixtus IV. in Rom. Der ehemalige Franziskaner bezog von seinen Dirnen eine Steuer von zwanzigtausend Dukaten im Jahr und führte, selber den tollsten Exzessen ergeben, das Fest der Unbefleckten Empfängnis ein; sein Neffe, Kardinal Pietro Riario, koitierte sich buchstäblich zu Tod. 1490 weist eine ziemlich zuverlässige Statistik in Rom, das damals noch nicht hunderttausend Einwohner zählte, sechstausendachthundert Freudenmädchen nach – jede siebente Römerin war eine Nutte! Im frühen 16. Jahrhundert beglückte auch Papst Julius II., der drei «natürliche» Töchter und, nach dem Zeugnis des päpstlichen Zeremonienmeisters de Grassi, die Syphilis hatte, Rom mit einem neuen Nuttenhaus. Immer wieder eben zeigte sich, wie berechtigt Papst Pius II., der Vater zweier «natürlicher» Kinder, war, dem böhmischen König ausdrücklich und unter Berufung auf Augustinus zu erklären, die Kirche Christi könne ohne geordnetes Bordellwesen nicht existieren.

Wie die Päpste, so ihre Diener. Ein englischer Kardinal kaufte ein Bordell. Ein Bischof von Straßburg baute selber eines. Der Mainzer Erzbischof beschwerte sich 1442 darüber, daß die städtischen Frauenhäuser seinem eignen Puff Abbruch täten. Als Oberhirte aller wollte er auch über alle Lustmädchen herrschen – «ungeschmälert». Noch Äbte und Oberinnen angesehener Klöster hielten sich im Mittelalter Hurenhäuser – und daneben «Häuser der Magdalena» für «reumütige Sünderinnen»!

In Bordelle kamen bloß Christen. Mit Türken, Heiden, nicht zuletzt Juden durften Dirnen nicht schlafen. Der Koitus zwischen Christen und Juden galt (wie dann in der Nazizeit) als gleichwertig dem mit einem Tier! Manchmal auch der Verkehr mit Türken und Sarazenen – «insofern als solche Personen in den Augen des Gesetzes und unseres heiligen Glaubens sich in keiner Weise von den Tieren unterscheiden»!

«Rechtgläubigen» standen Bordelle das ganze Jahr über offen. Nur an Sonn- und Feiertagen und in der Karwoche ruhte das Geschäft. Diese Atempause schuldete man offensichtlich dem Erlöser und der Erlösung. Doch moralisch schuldete man viel, wenn nicht fast alles den Huren.

So mag verständlich sein, daß zwar heute noch Moraltheologen die Prostitution die «entwürdigendste und ärgerniserregendste Form der Unzucht» schimpfen, daß sie aber meist ungewöhnlich schamhaft über das Thema hinwegeilen. Kein Zufall. Denn eine Gesellschaft, die frustriert, deren Sexualleben von Wänden umstellt, in die angeblich so freie «Intimsphäre» verbannt, meist auf das Dunkel der Nacht verwiesen ist wie jedes finstere Geschäft, deren harmlose Liebesekstasen noch heute – von Rom bis New York – Strafrechte bedrohen, die auf Albernheiten von Augustin und Paulus fußen, ja auf Hirngespinsten irgendwelcher nomadisierender Ziegenhirten vor zweieinhalbtausend Jahren, eine Gesellschaft, die die Frau unterdrückt, zur Gebärmaschine macht oder Frigiden, eine solche Gesellschaft braucht Dirnen. Was es in der Natur nirgends gibt, ist in der Unnatur Notwendigkeit.

Die Frommen und die Freudenmädchen (1973)

Sollte es also nun in der Stadt der Frauenkirche, kraft einer, wie könnte es anders sein, CSU-Initiative, zu neuen Frauenhäusern kommen, stünde man damit nur in einer langen christlichen Tradition. Und was eignete sich zur Stopfung böser oppositioneller Mäuler besser als über den Eingang der freudenreichen Stätten dann ein schönes Papst-, ein goldnes Augustinus-Wort zu setzen oder gar Matthäus 21,31: «Wahrlich ich sage euch: Die Zöllner und Huren werden eher ins Gottesreich kommen denn ihr»?

Antwort auf die Frage:
Sind wir Deutsche noch Christen?

Geschrieben 1971
. . . .

Ein Pastor, der vierzig Jahre taufte, konfirmierte – und predigte: Es hat nie einen Jesus gegeben. Ein zweiter, der bei Begräbnissen tröstet, niemand stehe wieder von den Toten auf. Ein dritter, der von einem Seminar schreibt, von dreiundzwanzig Theologen seien zweiundzwanzig Atheisten. Ein katholischer Geistlicher, der Jesus öffentlich desavouiert. Ein Dominikaner, der lehrt: «Gott lebt und stirbt mit den Menschen», «Es gibt keinen Gott ohne die Menschen», den Osterglauben begründe keine Tatsache, kein Naturgeschehen, sondern das künstliche Produkt der Predigt . . .

Beispiele nur aus meinem Bekanntenkreis.

Immerhin, zwei Fakten stehen in dem drohenden Debakel fest: Die deutschen Kirchen sind reich wie seit langem nicht – und sie sind leer wie noch nie. Aber sie wollen ihre alte autoritäre Rolle spielen, und der Staat unterstützt sie. Schließlich ist er eng mit ihnen liiert, geradezu ihr (illegitimes) Geschöpf, besonders das der Catholica. Die keineswegs unpolitischen Katholikentage wurden im Kloster Ettal vorbereitet; die programmatischen Leitsätze der CDU im Dominikanerkloster Walberberg; die ersten Arbeiten für das Aufstellen der Bundeswehr in der Zisterzienser-Abtei Himmerod; der erste, der öffentlich in Deutschland die Wiederaufrüstung der Deutschen forderte, war der Kölner Kardinal Frings.

So wurden die Kirchen in der Bundesrepublik, deren Grundgesetz jede Bevorzugung von Konfessionen ausdrück-

Sind wir Deutsche noch Christen? (1971)

lich verbietet, von vornherein privilegiert. Sie haben Einfluß auf den Ämterproporz, auf die Erziehung, das Militär, Funk und Fernsehen, sie genießen Sonderrechte durch Vorschriften zu ihrem ausschließlichen Schutz, Sonderrechte auch durch den Abschluß von Konkordaten, und sie profitieren durch eine Fülle von Gesetzen, die auf christlichen Ansichten basieren oder christlich ausgelegt werden.

Mit der politischen Macht wuchs den Kirchen die wirtschaftliche sozusagen von selbst zu. Sie, die sich auf einen Mann berufen, der einst in vielfache Weheschreie über die Reichen ausbrach, der den «ungerechten Mammon» und den «Betrug des Reichtums» geißelte, der lehrte: «Verkauft euren Besitz und gebt ihn den Armen», «Keiner von euch kann mein Jünger sein, der nicht auf alles verzichtet, was er besitzt» und dergleichen Radikales mehr – sie gehören zu unseren größten Grundeigentümern, unseren größten Geschäftemachern, sie partizipieren an einer langen Reihe führender deutscher Firmen, sie gewinnen Riesensummen durch ihre «soziale» Bautätigkeit, erhalten Hunderte von Millionen Mark jährlich durch Bund, Länder, Gemeinden, Hunderte von Millionen Mark jährlich durch Industriespenden, Geld aus Sammlungen, Opferstöcken und dergleichen und einige tausend Millionen Mark durch Kirchensteuern.

Diesen beträchtlichen Segen des Staates honorieren die Kirchen durch den nicht unbeträchtlichen Gottes: sie stützen mit ihrer Soziallehre die sogenannte freie Marktwirtschaft, kompensieren durch ihre Jenseitsoptik die Frustrationen der Zukurzgekommenen, leisten der CDU/CSU den ausschlaggebenden Wahlbeistand und fördern überhaupt durch ihre Erziehungs- und Kulturpolitik staatshöriges Verhalten. Ein Generalinspekteur der Bundeswehr schreibt ein Vorwort zu der protestantischen Schrift «Soldat und Liebe», und ein katholischer Militärseelsorger verkündet, daß «Christus [!] mehr von uns verlangt, als selbst Hitler ...».

Trotz der enormen äußeren Macht der Kirchen ist ihre in-

nere erstaunlich instabil, einfach kläglich der Besuch ihrer
«Gotteshäuser» (von denen zwischen 1945 und 1961 in der
Bundesrepublik eintausendeinhundert neu erbaut wurden –
mehr als in den vierhundert Jahren vorher!). Und die wenigen Beter darin rekrutieren sich zumeist aus Frauen, aus
Menschen, die der Klerus doch durch zwei Jahrtausende abscheulich diffamiert und benachteiligt hat. Immer mehr
Schüler melden sich vom Religionsunterricht ab oder bleiben ihm fern, immer weniger studieren Theologie, immer
mehr geben dies Studium auf. Selbst katholische Studenten
erklären die kirchliche Autorität für unglaubwürdig, brechen über ihre Religionsbücher in «schallendes Gelächter»
aus und verhöhnen die repressive römische Sexualpolitik:
«Die Heiligsprechung von Knaus-Ogino dargestellt durch
die Schauspieltruppe des Altersheims St. Peter zu Rom unter Anleitung Papst Pauls VI.» Immer mehr Kleriker lassen
sich laisieren, und Hunderttausende von Laien treten aus
der Kirche aus; manche wechseln zu den zahlreichen, oft
hochaktiven Sekten über, besonders zu den proselytensüch-
tigen Zeugen Jehovas, die meisten aber ziehen die Konfes-
sionslosigkeit vor – die Konfession der Zukunft.

Auf der Seite des artikulierten Antichristentums – einstweilen, laut theologischer Auskunft, noch «auf kleinere
Kreise gehobener Intellektualität beschränkt» – attestiert
Wolfgang Beutin dem Christentum: «Es ist wirklich die erle-
digtste Sache», «die bestgetötete Angelegenheit der Welt»,
es ist nur noch «ihre Leiche, die fort und fort stinkt». Aber
auch im katholischen Lager fühlt sich der Theologe Bernhard
Hanssler zumindest versucht zu sagen: «Die Kirche stirbt
in den Seelen.» Und das Evangelische Sonntagsblatt klagt:
«... die Kirche gleicht einem Totenfeld».

Nominell Christen, sind die Deutschen in ihrer großen
Mehrheit lau, gleichgültig, skeptisch, ablehnend. Religiöses
Bewußtsein (verschiedenster Art) existiert noch bei vielen,
bedingt durch Pietät etwa, Kindheitserinnerungen, Krieg,

Sind wir Deutsche noch Christen? (1971)   237

Gefangenschaft, durch Furcht vor dem Altern, vor Einsamkeit, Tod. Aber mit Christentum hat dies oft wenig zu tun und noch weniger mit Kirche. Man entwickelt einen «Privatglauben» und hält sich mehr ans individuelle Gewissen als an angeblich dafür zuständige Gehaltsempfänger.

Furcht und Zittern auf Seite der Hierarchen. Mühsam sucht man Schock und Panikstimmung zu kaschieren, macht viel Wind um Reformen, duldet nolens volens die Oppositionellen oder Pseudo-Oppositionellen, was Toleranz suggeriert und dem «demokratischen» Zeitgeist entspricht, obwohl Bischöfen bekanntlich wenig so fatal ist wie Toleranz, die sie anderen gewähren sollen, und eine Reform, die an ihren Interessen rüttelt. Doch macht man gute Miene zum verhaßten Spiel, tut so als ob und hofft auf totalitärere Zeiten. (Unter Hitler hatte man nicht nötig, gegen «Schmutz und Schund» und allgemeine Verwahrlosung der Sitten zu predigen!)

Einstweilen hört man sich um, ergründet, was denn die Gläubigen, damit sie Gläubige bleiben, zu glauben belieben oder nicht, verändern wollen oder nicht. Und während die «Fortschrittlichen» viel traditionellen Ballast über Bord werfen möchten, argwöhnen die Konservativen, daß man die Tradition nicht aufgeben könne, ohne sich selbst aufzugeben. Und das eben ist der springende Punkt, für die Hierarchen wie ihre theologischen Jünger, die zwar über den Tod Gottes meditieren, aber zugleich über die Zukunft der Theologie. Denn auch wenn Gott tot ist – die Theologen wollen leben.

So rückt man, im selben sinkenden Boot sitzend, näher zusammen, der konfessionelle Hader verfliegt, die getrennten Brüder tagen immer häufiger gemeinsam, beginnen ökumenische Pfingsttreffen, worauf allerdings der Präsident des vatikanischen Sekretariats zur Förderung der christlichen Einheit, Kurienkardinal Jan Willebrands, seine Teilnahme wieder absagt – aus Furcht vor der zu erwartenden Abendmahlsgemeinschaft mit den Protestanten. Ganz nahe möchte man sich doch erst kommen, wenn es ganz sicher zu spät ist.

238   Sind wir Deutsche noch Christen? (1971)

Denn noch hofft man, wenn auch ziemlich kleinlaut. So versichert Jesuit Karl Rahner unentwegt, daß die Kirche keine «Volkskirche», daß sie nur die «kleine Herde» sein werde, welche die «Versuchung eines Minderwertigkeits-komplexes überwinden» und allerlei durch zwei Jahrtau-sende lieb (das heißt unlieb) gewordene Glaubensvorstel-lungen aufgeben müsse; weshalb Rahner auch gleich «ein neues Symbolum apostolicum» erwartet, womit er indes nicht sagen wolle, «daß das alte abgeschafft werden müß-te» – was Rückversicherung, Vorsicht, Spitzfindigkeit, was die ganze Zweideutigkeit und doppelte Moral, um nicht zu sagen den eigenen Unglauben geradezu klassisch-katholisch demonstriert. Ist doch «das formulierte Dogma» für den-kende Christen, wie einer von ihnen gesteht, «kaum noch begreiflich» – was freilich besser hieße: kaum noch glaub-haft; denn begreiflich war es nie, nicht zuletzt deshalb wurde es ja geglaubt – und ebendeshalb wird es jetzt nicht mehr geglaubt. So ändern sich die Zeiten.

Kruzifix noch mal
Rhapsodisches zum Jahresende 1995

Geschrieben 1995
. . . .

Ja mei, dös Kreiz ... is dös a Kreiz! Gleich «Gift und Schlange» war's ihm z'wider, «das Widerwärtigste unter der Sonne». Na klar, daß sie den, geistig versaut, moralisch, er nannte sich Goethe, jetzt im «Pfaffenwinkel» zerrissen hätten: die Bajuwaren, dies kolossalische Geschlecht, das Messer im Hosensack, den Herrn im Herzen, s'Kopferl leicht verschattet zwar, doch Kinnbacken, Kaumuskel: gewaltig! Herkulische Genießer wie Bekenner, für d'Biergärten auf die Barrikaden, für's Kreuz – Irdisches und Himmlisches, Salvator, das süffig Dunkle, und Salvator, der süße helle Heiland, ja, Kruzifix noch mal, zieht jenes sie runter, hebt sie dieser wieder auf. Und alles, in Kirche, Kabinett, es segnet, preist, es reißt sie mit empor und ihr gesundes Volksempfinden, indes nur eines ganz und gar versagt, das Bundesverfassungsgericht – und das in einem Rechtsstaat! Oh Schande.

Nebenan, in der Alpenrepublik, nannte der Kanzler das Verhältnis Staat – Kirche gleich «ein geregeltes und ordentliches ...». Probleme, gewiß, selbst im hohen Klerus. Nur geht man in Wien halt wienerisch damit um. Ein Bischof, so erzählt man dort, aus reiner Keuschheit kugelrund geworden, sei nun vom Himmel ausgeschlossen: zu dick, um das Ozonloch zu passieren; indes sein Kardinal, geschaßt als Pädophiler, noch abgefunden werde mit den Sängerknaben.

Ja, das Zölibat! Wahre Märtyrer sieht man in den geweihten Sündern. Und wenigstens ein Teil des Kirchenvolks, von

Mutterbrust an voll mit doppelter Moral gesogen, will nun zumindest diese Heuchelei nicht mehr.

Passé die guten alten Klerikalmaximen: «si non caste caute», falls schon nicht keusch, dann aber vorsichtig. «Doch man achte darauf, daß es heimlich geschehe ...» Bloß wenn die Sache sozusagen schreit – «nur was schreit ist eine Sünde» (Panizza) –, ist's wie eh und je oder wie eben beim Pfarrer von Allmendingen.

Rom freilich braucht den Zölibatär: ein stets disponibles, an Weib weder und Kind noch an den Staat gebundenes Werkzeug. Und es kommt billiger.

Ja, das Geld – «immer mehr Geld», gestand erst kürzlich Fuldas zungenkeckes Kirchenhaupt, während die Konfratres, ein plumper Trick, eine «Finanzkrise» beklagen – bei jährlich sechzehn, siebzehn Milliarden Kirchensteueraufkommen. Wovon man für Soziales ganze acht Prozentchen abzweigt ...

Und da sicher an der Erlösung nur der Erlös daraus ist, erschließt man laufend neue Geldquellen, alles zur höheren Ehre Gottes, versteht sich: versteigern Protestanten in Franken ledige Männer an Frauen, erwägen Katholiken in Holland noch durch ihre Kirchtürme Mobilfunk, sei's auch mit Telefonsex, mit Kriminellenkontakten flott übers Sanktissimum hin. Gott, man ist realistisch, innovativ. Und fischen Petri Jünger nicht längst gern im Trüben, sogar, bis man sie umbringt, mit Finanzhaien der Unterwelt? Ist etwa Siziliens «Mafiabank» kein Instrument des Vatikans? Ist nicht erst jetzt wieder Palermos Erzbischof mafioser Kontakte verdächtig? Und kooperiert in Indien nicht «Mutter Teresa» mit einem US-Multi, der seine Millionen ergaunert hat? In Mecklenburg verkaufen die Protestanten schon «Gotteshäuser». Sie stehen leer. Oh arme Religion: zu Beginn 1995 fast dreimal so viele Kirchenaustritte in deutschen Großstädten wie im Vorjahr! Auch jede dritte der elftausend katholischen Gemeinden hat bereits keinen Pfarrer.

Kruzifix noch mal (1995)

Doch liegt's am Zölibat bloß, an der Kirchensteuer? Unsinn! Denn ganz beiseite, daß man für Religionen noch immer weniger mit seinem Geld bezahlt als mit seinem Leben, mit dem auch seiner Kinder, Kindeskinder oft – man geht gewöhnlich, weil man nicht mehr glaubt! So schluckt selbst Mutter Kirche jetzt, die autoritäre, ein Mitbestimmung heischendes Volksbegehren, nur um die «Laien» dann wie stets zu leimen, ein wenig «progressiv» zu spielen, heißt: Inszenierung etwas ändern, um das Repertoire zu retten. Denn was vor allem war «Kirche», was ist sie, was bleibt sie? Die perfide Verteidigung der Führung gegen das Fußvolk, das perpetuelle Übertölpeln des Haufens durch die Hierarchie.

Ausgespielt hat sie noch lange nicht. Denn je unglaubwürdiger, desto machtgieriger, auch machtbedürftiger – um Positionen zu wahren, Privilegien, Kapital. Je weniger man ihr in puncto Glauben glaubt, desto mehr präsentiert sie sich in der Medien-, zumal der Fernsehwelt, nimmt sie Einfluß auf die Wirtschafts-, Finanz-, die Erziehungs-, die Schulpolitik (Kindergärten, Kruzifixe, Schulgebet, Religionsunterricht), wirkt sie auf die Justiz, Medizin, Psychologie, kurz, beeinflußt sie im weitesten Sinn die Gesellschaft, sei's unmittelbar oder, noch effizienter, hinter den Kulissen, durch mehr oder weniger geheime Kanäle, Verbände (Opus Dei, Ritter vom Heiligen Grab und vieles andere).

Nicht zufällig doch war das Papsttum einer der entscheidenden Schrittmacher bei der Zerschlagung Jugoslawiens, dem jüngsten Balkankonflikt. Und was es wirklich will, signalisierte es nicht am deutlichsten am 24. Juli 1995 die Schlagzeile einer bekannten süddeutschen Zeitung: «Der Papst ruft zum Krieg auf»?

Merke, frei nach Faust II: Kirche, Krieg und Kapital, dreieinig sind sie allemal. – Und: wo Klerus herrscht, hat Kreuz kein Ende.

Der Papst

Geschrieben 1991
....

Wie er es wurde, ist Eingeweihten bekannt. Ehrenwerteste Kreise hatten dem Heiligen Geist unter die Flügel gegriffen, vor allem drei: die CIA, die längst ein ganzes Spionagenetz im Vatikan aufgebaut und den Kleinbürgersprößling vom Fuß der Beskiden, den Krakauer Kardinal, vehement favorisierte; das «Opus Dei», der sinistre Geheimverband, der, im Franco-Faschismus groß geworden, schon in Südamerika die Diktatoren gestärkt, Allende mitgestürzt hatte; endlich die Souveränen Malteser Ritter, darunter CIA-Boß William Casey, US-Vatikanbotschafter Wilson, US-Finanzminister William Simon, US-Außenminister Alexander Haig. Eine Weltsensation.

Seit fast einem halben Jahrtausend der erste Nichtitaliener, Karol Wojtyla – witzig-bissig einmal «Pius XIII.» genannt –, auf dem Stuhl der Stühle. Die Menschheit staunte. Nur er, nach eigenem Bekenntnis, staunte nicht, sondern begoß noch in der Wahlnacht nebst Kardinälen und Nonnen die Sache mit etwas Champagner, bedauerte auch kurz den so jäh (und weißgott wie) verblichenen Vorgänger, den Dreiunddreißig-Tage-Papst, den immer lächelnden Albino Luciani, dem dann so mordsschnell das Lächeln verging ... Und anderntags stieg selbst abgebrühten Diplomaten in ihrer Loge das Wasser in die Augen. Schließlich bekannte gar Helmut Schmidts kesse Zunge, «bei einem solchen Mann beichten» zu können. In Italien feierte man ihn als «Papa bravo», für andere wurde er ein «geistlicher de Gaulle», «religiöser John F. Kennedy», «spiritueller Adenauer», «Ayatollah Wojtyla», «John Travolta des Heiligen Geistes» etc. etc.

Und er, «Johannes Paul Superstar», er stürzte in die Manege, von Kontinent zu Kontinent, in all die Happenings des Glaubens, badete im Beifallsgebrüll, im Tränenwasser, im Glanz der TV-Lichter, er, der Laienschauspieler von einst, der Helden und Schurken mit gleicher Bravour zu verkörpern verstand, er breitete die Arme («diesen Kuß der ganzen Welt»), er, der schon als Bischof den hautnahen Körperkontakt liebte, wurde der «Papst zum Anfassen», einer zudem, der auch selbst gerne anfaßt, so viele Hände er nur fassen kann, «den Daumen nach unten, wie ein hungriger Schnabel, der nach Futter pickt ...» (Frossard) – ja trefflich, das Bildchen; aber hat's nicht was Widerliches auch, Vampirhaftes, Blutsaugerisches? Doch die Massen wollen gepickt, gepackt, wollen angemacht werden. Mundus vult decipi, die Welt will betrogen werden, also werde sie betrogen. Sie will eine Vater-, Führer-, Identifikationsfigur. Und so strahlt er bald seinen gesammelten Ernst, bald seinen schlitzohrigen Charme aus, spricht er, der privat oft so Schweigsame, und spricht und spricht und spricht. Modern ist er, sportlich, durchbricht das Protokoll, stemmt (ausgewählte) Kinder («Lasset die Kleinen zu mir kommen») aller Größen, jeden Gewichts, er singt und swingt mit Jungen («Wer die Jugend hat, hat die Zukunft», alter Nazi-Slogan), erscheint im Sombrero, unter indianischem Federschmuck, winkt im südamerikanischen Konfettiregen, beim Donner von bayrischen Gebirgsjägerhaubitzen, trinkt polnischen Wodka, steigt gar in einen Swimmingpool. Was Wunder, stoßseufzte eine amerikanische Lady: «I wish he would run for President.»

Seit der Antike bedanken sich Päpste für entscheidende Schrittmacherdienste. Das «Opus Dei», das hochberüchtigte, erhob Johannes Paul II. zu einer «Personalprälatur», einer Diözese gleichsam ohne Territorium. Und das Weiße Haus – weiß, die Farbe der Unschuld, weiß trägt auch der Papst – besuchte er, als erster «Heiliger Vater» überhaupt, bereits im Oktober 1979. Er konferierte mit Jimmy Carter, mit Außenminister Shultz, Vizepräsident Bush, Präsident Reagan. Der «Stellvertreter Christi» rühmte, ohne rot zu werden, die «sittlichen und geistigen Werte im Leben des modernen Amerika», die vielfältigen Beweise «von Selbstlosigkeit, Hochherzigkeit, Sorge für andere – für die Armen, Bedürftigen, Unterdrückten»! Schauspieler Reagan stimmte kräftig ein in das weltweit dargebotene Stück und salbaderte mit biblischem Anklang, «daß sein Land wie ein guter Samariter gegenüber den anderen Völkern handeln müsse» (siehe Golfkrieg!).

Auch leistete der Papst dem Präsidenten Wahlhilfe. Nach Kräften verwässerte er einen Entwurf der US-Bischöfe «gegen das Gerede von ‹gewinnbaren› Atomkriegen» und verschob einen «vernichtenden» Hirtenbrief des amerikanischen Episkopats über die Wirtschafts-, Sozial- und Auslandshilfepolitik der Reagan-Administration auf die Zeit nach der Wiederwahl (1984): sechsundfünfzig Prozent katholische Wählerstimmen für Reagan – statt siebenundvierzig Prozent 1980.

Auch in Südamerika agiert er in stetem Einvernehmen mit den USA und einheimischen Blutsaugern. Dem nicaraguanischen Priester-Minister Ernesto Cardenal verweigerte er die Hand, drückte aber um so herzlicher die des Diktators Ríos Mentt oder die des Romero-Mörders d'Aubuisson. Den Armen machte er Hoffnung auf «bessere Tage», nannte sie vor Gott «auch die ‹Reichen›», und bat Maria, die Staaten vor Revolution zu bewahren. Im Osten dagegen schürte er den Umsturz, rollte er, vereint mit dem Westen, die Ostfront auf. Seine Kirche führte in Polen die Opposition an, war allgegenwärtige Gegenöffentlichkeit, Gegengewalt, setzte ihren Totalitarismus gegen den des Staates, der Partei, steckte sich hinter die «Solidarność», wohl Wojtylas Geschöpf, und hinter Lech Wałeşa, einzig befähigt, Marionette des Klerus zu sein, während er, Seine Heiligkeit, die Welt gegen Polen mobilisierte und die Polen gegen ihren Staat. Ein polnischer

Papst, der gerade in Polen «ein unabhängiges Polen» forderte, zu einer «Wiedervereinigung Europas unter dem Christentum» rief, der dort den alten Kreuzfahrerruf schrie: «Ja, Christus will es ...», der im spanischen Großwallfahrtsort Santiago de Compostela eine «Europa-Feier» zelebrierte und eine «Europa-Vesper» zum dreihundertjährigen Jubiläum der Befreiung Wiens von den Türken auf dem Wiener Heldenplatz, dabei, wie so oft, «willkürliche Grenzen» anprangernd und die gemeinsame europäische Geschichte beschwörend «vom Atlantik zum Ural». Seine Kader (warum verschweigt es die Welt?) treiben jetzt eben in Litauen zum Aufstand, in Jugoslawien, der Slowakei (die einst schon Nazi-Staatspräsident und Antisemit Prälat Josef Tiso separierte!). Und immer schön fromm mit Maria im Bunde, der Keuschen, Reinen nicht nur, der großen christlichen Blut- und Schlachtengöttin auch, deren «Maria-Sieg-Kirchen» das Abendland überziehen.

Und ausgerechnet dieser Papst führt öfter als jeder andere die Worte «Freiheit» im Mund, «Gewissensfreiheit», «Religionsfreiheit», die Worte «Menschenrechte» und «Menschenwürde», er, Haupt einer Kirche, die er als «Expertin der Menschlichkeit» preist, die aber selbst, Jahrhundert um Jahrhundert, keine dieser Freiheiten gewährt hat, die mit Folterkammern und Scheiterhaufen dagegen vorging, mit Blutorgien und Betrug, die mehr mit Verbrechen belastet ist als irgendeine andere Kirche der Welt: durch Heiden-, Juden-, Indiovernichtung, durch Zwangstaufen, Kreuzzüge, Inquisition, Despotie, durch Versklavung und Kolonialismus, durch Sexualrepression, durch Frauendiffamierung und -entrechtung, durch Ausbeutung fast jeder Art, durch finsterste Finanzgeschäfte erst wieder kürzlich (mit den dann liquidierten Mafia-Bankiers Calvi und Sindona) – kein Wort über all dies, kein Bedauern, kein Eingeständnis. Nur Aussparung, Idealisierung, Malerei auf Goldgrund. Er selber ließ den schwerbelasteten Vatikanbankchef Erzbischof Marcinkus weiter im Amt (beförderte ihn sogar), ebenso dessen Freund Erzbischof Cody von Chicago, der enorme Kirchengelder an eine Freundin verschleuderte, die er noch zu seiner Kardinalsernennung nach Rom mitnahm. Und warum nicht – wenn in Paris Bischof Tort im Bordell, Kardinal Daniélou bei Nacktttänzerin Mimi entschlief?

Nun, all das stört wenig die katholischen Massen, die von derlei ohnehin kaum hören und die, falls doch, es kaum recht glauben; glauben sie ja lieber was ganz anderes. Aber was sie selbst betrifft, sie ganz unmittelbar, ihr geliebtes, ihr über alles gehendes Ego – daß ihnen der römische Oberzölibatär ihr bißchen Unterleibsleben vergällte, daß er ihnen Keuschheit, Kasteiung gebot (wie doch alle seine Vorgänger, nur er etwas häufiger noch, eifriger, eifernder), ja, das machte die Gläubigengesichter länger und länger, die frommen Seelen sauer, da flauten die Hosiannaschreie ab, die globalen Triumphe.

Eine Sexualmoral locker vom Hocker wünschen sie (kein schlechtes Gewissen). Und dafür sähen viele bei vielem dann auch gern durch die unkeuschen Finger, bei vielem, was da verdammt wie doppelte Moral aussieht, in Wirklichkeit, im Licht des Glaubens, des Höheren, freilich nur papale Verwandlungskunst ist. Daß der Papst stets zu den Armen und doch immer auf Seite der Reichen steht? Daß er die «Vergötzung des Marktes» geißelt und einem milliardenschweren Wirtschaftskonzern präsidiert? Daß er Solidarität mit Asylanten fordert, ihnen aber die eignen leeren Palazzi verwehrt? Daß er in Rom eine lutherische Kanzel besteigt und in Guatemala zur Bekämpfung des Protestantismus treibt? Daß er im Schulterschluß mit den Moslems Pille und Präservativ verteufelt und in Afrika ideologisch den antiislamischen Kreuzzug forciert? Daß er Menschenhandel verdammt, doch jährlich aus hundert philippinischen Nonnenfilialen die Novizinnen in seine verlassenen italienischen Klöster verschleppt? Daß er die Mafia attackiert, selbst freilich samt Monsignori in einem mafiosen Sumpf ohnegleichen steckt? Daß er ...

Der Papst (1991)   247

Genug, das alles und derlei viel mehr noch, das hätten die Schäfchen schon verkraftet, geht's ja nicht, meinen sie, sie selber an – und ein religiöser Mensch, sagt Nietzsche, denkt nur an sich. Was ihnen aber immer saurer aufstieß, war seine Moraltheologie: seine «Familienpastoral», seine «Urwahrheit über die Ehe», sein Wettern gegen Empfängnisverhütung, Sterilisation, Abtreibung (die er in einem Atemzug mit dem Einsatz von Nuklearwaffen nannte, als Vorstufe des Atomkriegs!), sein Verteufeln der Homosexualität, der «Fleischeslust», sein Feldzug für das Zölibat, ja, also da sähen sie – e tutti quanti papabili – Johannes Paul II., der so gern selig spricht, am liebsten schon selber selig.

Denn Undank ist der Welt Lohn.

An König David

Geschrieben 1989
. . . .

Majestät!
Seit je bewundere ich Sie. Dieser Aufstieg vom Schafhirten zum König! Gewiß, auch in unserer Religion – sozusagen, mit Verlaub, die Vollendung der Euren – war oft das Ziegen-, Gänse-, Schweinehüten Start steiler Karrieren. Doch wer erschlug so jung schon Löwen, Bären! Und wie Sie es gar Goliath, diesem «unbeschnittenen» Berserker, zeigten, diesem Großmaul, mit nichts fast, nur «im Namen des Herrn Zebaoth». Wie Sie drohten, ihn zu Kleinholz zu machen, zu Häcksel, ihm den Kopf abzuhauen und seinen Kadaver und die der Philister den Vögeln unter dem Himmel zu geben, dem Wild auf der Erde – «damit alle Welt innewerde, daß Israel einen Gott hat . . .» Ja, MIT GOTT, Majestät, wie wir noch im Ersten, im Zweiten Weltkrieg! Und von Schaarajim bis Gath, bis an die Tore Ekrons lagen Eure Gottesbeweise. «Saul hat tausend erschlagen, aber David zehntausend.» Das prägt, Majestät! Das verpflichtet!

Der alte Saul freilich ward sauer und wollte als Brautpreis für seine Tochter «hundert Vorhäute von Philistern». Schon als Junge, Majestät, imponierte mir das, wie Sie, so mir nichts dir nichts, hundert, zweihundert Philister killten – denn «der Geist des HERRN» war über Sie geraten, «Gott ist mit dir», wie es immer und immer wieder heißt. «Wohlan, alles, was in deinem Herzen ist, das tu, denn der HERR ist mit dir . . .» Und lieferten so, fast im Handumdrehen, die geforderten «Vorhäute dem König in voller Zahl . . .».

An König David (1989)

Man stelle sich doch vor! Sauls mörderische Hintergedanken, dann, MIT GOTT, erst Eure Grobarbeit, dann MIT GOTT, gleich die subtileren Operationen: das Freilegen der Philisterschwänze, hundert, zweihundert, das säuberliche Absäbeln, Einsammeln, das Zählen, Nachzählen – nur wer selbst diente, Herr, ahnt die Kommentare Eures Aufgebots. Und ab nach Kassel; ich meine: zum König. Das feierliche Auftischen dort, sicher doch vor versammeltem Hofstaat, vor allen Damen auch, das neuerliche Zählen ... – wenn es in unsrer Heiligen Schrift nicht stände, Majestät, ich könnte es kaum glauben.

Ob Ihr hundert Penisse, zweihundert serviertet? Ihr nahmt's gern genau. Erinnert Euch, als Ihr die Moabiter schlugt. Da ließ David, so Euer, nein, so sagt unser Heiliges Buch, die Moabiter «auf den Boden legen und maß sie mit der Meßschnur ab; und er maß zwei Schnurlängen ab, so viele tötete er, und eine volle Schnurlänge, so viele ließ er am Leben ...». Denn Ihr wart stets human auch, Hoheit, und barmherzig; wart allzeit, mit Bischof Theodoret, «dieser so sanftmütige ... Prophet».

Und lieb, lieb! Ach, David, «Liebling». Denkt an Jonathan. Er liebte «sehr» Euch, lobt die Schrift. «... sie küßten einander und weinten miteinander, David aber am allermeisten.» Ihr hattet «große Freude und Wonne» an ihm; «deine Liebe ist mir wundersamer gewesen als Frauenliebe ist ...». Also, hoher Herr, unser Dichter Rilke hat das nachempfunden. Übrigens auch Euer Verhältnis zu Vater Saul, von dem ein andrer Autor nun behauptet, weniger Davids Musik «denn sein Hinterer» habe «dem König Erleichterung verschafft».

Zumal Ihr in puncto puncti stets generös gewesen seid. Als Euer Erstgeborener, Amnon, die schöne Thamar bestieg, wißt Ihr noch? «Komm, meine Schwester, lege dich zu mir!» lockte sie der Lüstling, der angeblich Kranke, geil wie sonstwas in die Heiapeia, wie artig immer sie sich zierte. «Nicht doch, mein Bruder, schände mich nicht; denn so tut man nicht in Israel.»

Gott, wie tat man denn in Israel?

Ihr, zum Beispiel, hattet ja, trotz Jonathan, trotz Saul, auch eine Frau, dann zwei, ein halbes Dutzend, zehn, und konntet, als es Absalom, Euer Sohn – «vor den Augen ganz Israels» –, mit zehn Eurer Gattinnen getrieben, die einsperren lassen «bis an ihren Tod». Und littet doch nicht Mangel; wenn auch Euer Salomon vielleicht noch mehr besaß, siebenhundert Haupt-, dreihundert Nebenfrauen, Himmel – und schrieb, bei solchem Streß, diverse Bücher noch der Heiligen Schrift. Und heute, König, nein, Ihr glaubt es nicht, gönnt unser Klerus uns nur eine Angetraute – fürs ganze Leben.

Doch Sie? Sie schnappten sich Bathseba noch, die Tochter Eliams, die Frau Urias, des Hethiters. An die vorderste Front steckten Sie den, zum Fraß der Ammoniter-Schwerter – «und zieht euch hinter ihm zurück», befahlt Ihr, «daß er erschlagen werde und sterbe». Wenn Ihr wüßtet, wie dies Schule machte im Abendland! Und Eure Beichte erst, im Schnellverfahren: «Ich habe gesündigt gegen den HERRN. Nathan sprach zu David: So hat auch der HERR deine Sünde weggenommen ...» Ja: Alle meine Sünden sind weggeflogen mit dem Wind, riefen selbst die «Wilden», warfen sie bei ihrer Beichte Stroh in die Luft. Und nun? «Man lispelt mit dem Mündchen, man knixt und geht hinaus, und mit dem neuen Sündchen löscht man das alte aus.» Nichts Neues unter der Sonne.

Auch auf Abigail waren Sie scharf, Nabals Frau. Und gleich «schlug der HERR den Nabal, daß er starb». Und nahmt auch sie zu Euch, Tröster der Witwen, der Waisen. Majestät, Majestät!

Doch nein, wie konntet Ihr bereuen, weinen! Manchmal, bis Sie «nicht mehr weinen konnten». Immer wieder berichtet das Buch der Bücher davon, Rotz und Wasser, Sire.

Sehen Sie, wenn heute was passiert, und natürlich passiert immer was, immer – sagen wir, wenn ein Flugzeug (ja, wir haben Dinger, Boote in der Luft, bemannte Pfeile, mit denen Menschen schneller als die schnellsten Vögel fliegen), also wenn da mal bei einer Militärschau ein Kunstflieger aufs gaffende Volk fällt, wenn fünfzig draufgehn, wenn's von Verletzten, Verstümmelten, Verbrannten wimmelt (und nachher noch so einer nach dem andern stirbt, in aller Stille), ja, da hängen schon mal die Fahnen – die Fahnen! – auf Halbmast, und unsere Repräsentanten, Hoheit, wir nennen sie Politiker, ziehn in der Glotze Leichenbittermienen, versprechen schnelle, unbürokratische Hilfe, beteuern: nie wieder! Und denken: Fünfzig?! Doofes Volk! Morgen bereits können's Millionen, fünfzig, fünfhundert Millionen sein! Und keiner weint, Majestät, keiner! Während es bei Euch, bei *einem* Tod schon, nur so aus den allerhöchsten Augen kullerte. Was für Zeiten!

Sehen Sie, die kleine dynastische Bereinigung damals. Die Bibel nennt das nicht so. Im Gegenteil. Denn Ihr wünschtet Sauls Königtum nicht, nie und nimmer. Ihr zerrisset Eure Kleider, als er hinging, Ihr weintet, fastetet bis zum Abend und bedanktet Euch bei dem Überbringer der Krone mitnichten, rieft einen Haudegen: «Schlag ihn nieder! Und er schlug ihn nieder, daß er starb.»

Auch Abners Tod grämte Euch arg. Sauls Generalissimus, Ihr entließet ihn, doch «mit Frieden», «mit Frieden». Dreimal heißt es «mit Frieden». Und stracks die Euren hinterher. Und im Tor Hebrons nahm Joab den Abner beiseite, «um heimlich mit ihm zu reden, und stach ihn dort in den Leib, daß er starb ...». Doch Majestät waren unschuldig «vor dem HERRN ewiglich», flehten Eiterfluß und Aussatz auf Joabs Haus, geboten ihm und allen, die Kleider zu zerreißen, und weinten «bei dem Grabe Abners, und auch alles Volk weinte ... Und alles Volk und ganz Israel merkten an diesem Tage, daß es nicht vom König ausgegangen war, daß

Abner, der Sohn Ners, getötet wurde ...» Nein: «Fürst», rühmet Ihr den Verstorbenen, «Großer»; Euch selbst aber, König von Juda schon, nanntet Ihr «schwach». Regierte ja noch Sauls Sohn Isch-Boscheth über Israel. Und flugs waren Baana und Rechab bei ihm, ehrenwerte Offiziere – raffiniert, Herr! – des Gegners. Sie drangen bei Isch-Boscheth ein, als der Tag am heißesten war, selbst die Pförtnerin ein Nickerchen machte und der König Siesta im Bett seiner Schlafkammer hielt. «Und sie stachen ihn tot und hieben ihm den Kopf ab und nahmen seinen Kopf und gingen durch das Jordantal die ganze Nacht ...» Die ganze Nacht, Hoheit, bloß um Euch schnell die Trophäe zu bringen. Und Ihr, Herrscher von Gottes Gnaden, Ihr stauchtet diese Mörderbrut zusammen und gabt Ordre, und die Euren «schlugen sie nieder und hieben ihnen die Hände und Füße ab und hängten sie auf am Teich bei Hebron».

Ganze Arbeit, Fürst. Prägend, prägend! Strahlend standet Ihr da. Könige sticht man nicht ab. Zumindest keinen «Gesalbten des HERRN»! Kronen raubt man nicht. Jedenfalls nicht jüdische. (Die Krone des Königs von Rabba – «einen Zentner Gold schwer» – konntet Ihr freilich auf das viel edlere eigene Haupt drücken lassen.)

Und, Majestät, Ihre Kriege!

«... denn der Krieg ist des HERRN.» Alle unsre Kirchenväter, Kirchenlehrer schwärmen davon. Durch zwei Jahrtausende. Das bildet, glauben Sie. Das erzieht! Immer wieder: «Gürte sich ein jeder sein Schwert um ...» Immer wieder Feldzüge, Raub, Mord, Brand. Immer wieder Plünderungen. Immer richtetet Ihr mehr aus «als alle Großen Sauls», wart Ihr «wie zehntausend von uns». «Und jeder ergriff den andern bei dem Kopf und stieß ihm sein Schwert in die Seite, und sie fielen miteinander.» Bloß vierundzwanzig. Ein andres Mal starben schon «dreihundertsechzig». Dann lähmten Sie «alle Pferde». Dann schlugen Sie von den Edomitern «achtzehntausend Mann», dann schlugen Sie «zwanzigtau-

An König David (1989) 253

send Mann», dann «zweiundzwanzigtausend», dann vernichteten Sie von den Aramäern «siebenhundert Wagen und vierzigtausend Mann». «Danach erhob sich noch ein Krieg bei Gob mit den Philistern ... Und es erhob sich noch ein Krieg bei Gob mit den Philistern ... Und es erhob sich noch ein Krieg bei Gath ...»

Die Philister gewährten Ihnen einst Unterschlupf. Sechzehn Monate boten sie Ihnen Schutz – und Sie, Sie rotteten sie nahezu aus. Doch das, Sire, macht gerade den Staatsmann, macht hochberühmt. Und hatte nicht Gott selbst Euch gelobt: «Ich will dir einen großen Namen machen gleich dem Namen der Großen auf Erden»?!

Vom Philisterland aus suchten Sie alles heim, die Geschuriter, Girsiter, Amalekiter, das Südland Judas, die Jerachmeeliter, die Keniter. «Und so oft David in das Land einfiel, ließ er weder Mann noch Frau leben und nahm mit Schafe, Rinder, Esel, Kamele und Kleider ...» Vorbildlich, Majestät. Und unsre Bibel – noch das Erste Vatikanum 1870 dekretiert, daß sie «unter Eingebung des Heiligen Geistes verfaßt, Gott selbst zum Urheber» hat –, unsre Bibel wiederholt, «David aber ließ weder Mann noch Frau lebend» und bezeugt feierlich: «So tat David, und das war seine Art ...»

Und die Gottes!

Stets hattet Ihr besten Kontakt zu den Priestern. Ihr trugt selber den leinenen Priesterschurz. Auch Eure Söhne waren Priester. Priester und Priesterkinder fungierten als Eure Spione. Ihr machtet Prozessionen, geleitetet die Lade des HERRN mit Jauchzen und Posaunenschall, Ihr tanztet samt «ganz Israel vor dem HERRN her mit aller Macht im Reigen, mit Liedern, mit Harfen und Psaltern und Pauken und Schellen und Zimbeln». Ihr opfertet Stiere und Kälber, brachtet Brandopfer dar, Dankopfer, schenktet dem HERRN Kostbarkeiten, viel Silber und Gold, das Ihr den Heiden genommen, von Edom, von Moab, den Ammonitern, den Philistern, von

Amalek, von Hadad-Eser, dem Sohn Rehobs, dem König von Zoba, gestohlen alles, geraubt. «So machte sich David einen Namen.»

Ja, MIT GOTT, mit seinen Dienern; das hängt gar eng zusammen stets! Der HERR hatte Euch «zum König ersehen», «des HERRN Kriege» führtet Ihr, «der HERR» selber nahm Rache «an den Feinden Davids», er selber rottete «die Feinde Davids» aus, «Mann für Mann» – und oft auch Frau für Frau, «der HERR war mit ihm», immer wieder lesen wir's. Er gab strategische, taktische Winke – «komm von hinten über sie». Kurz, «der HERR half David, wo er auch hinzog», half «ihm einen Namen zu machen und so große und furchtbare Dinge zu tun» – als Terroristenoberst etwa, als Bandenchef.

Oder, Majestät, Eure Verbrennungsöfen! Sie wurden zum Bahnbrecher damit, Schöpfer einer wahrhaft gewaltigen, noch ferne Jahrhunderte befruchtenden Kultur, Vorläufer so manch wackeren Bischofs, der Menschen, Frauen zumal, aus purer Ökonomie, aus Ersparnisgründen, wie im 17. Jahrhundert der Bamberger, der Breslauer Oberhirte, in großen Öfen verheizte. Ganz zu schweigen von Eurem berühmtesten Kollegen, einem Herrn namens Hitler. Hattet nicht Ihr ihn inspiriert, die Ihr Kriegsgefangene, Männlein, Weiblein, Kindlein, massakriertet und verbranntet!? (Sie waren «bräunlich», David, steht in der Bibel!) «... und legt sie unter eisern segen und zacken / und eisern keile / und verbrand sie in Zigelöfen», wie unser größter Christ der Neuzeit, Luther, übertrug.

Aber, Majestät, nach Hitler kratzt man an Euren Lorbeeren, Eurem Erfindergeist. Eine Übersetzung, 1971 durch unsere Evangelische Kirche autorisiert, mißgönnt Euch Eure Leistung, will Euch um Eure Pioniertat bringen. Sie behauptet, Sie hätten diese Leute nur «als Fronarbeiter an die Sägen, die eisernen Pickel und an die eisernen Äxte» gestellt und «sie an den Ziegelöfen arbeiten» lassen. Arbeiten, Majestät, arbeiten – statt verbrannt...

An König David (1989)

Als müßten Sie etwas verbergen! Als hätten Sie, gleich allen Großen, nicht das sauberste Gewissen gehabt! Sie rühmten selbst die «Reinheit» Ihrer Hände «vor seinen Augen». Sie erklärten selbst: «Denn ich halte die Wege des HERRN», «ich bin ohne Tadel vor ihm, und hüte mich vor Schuld». Auch: «Den Bösen kann ich nicht leiden ... Jeden Morgen bring ich zum Schweigen alle Gottlosen im Lande, daß ich alle Übeltäter ausrotte aus der Stadt des HERRN.» – «Meinen Feinden jagte ich nach und vertilgte sie, und ich kehre nie um, bis ich sie umgebracht habe.» – «Ich will sie zerstoßen zu Staub der Erde, wie Dreck auf der Gasse will ich sie zerstäuben und zertreten.» Und alles, alles, alles: MIT GOTT! Nie, preist Euch unser hl. Ambrosius, nie fing er einen Krieg an, «ohne den Herrn zu Rate gezogen zu haben. Deshalb ging er aus allen Schlachten als Sieger hervor, die Hand bis ins höchste Greisenalter am Schwerte ...» So führten Sie Israel zu seiner größten Machtentfaltung. Und, oh Wunder, stammt nicht von Ihnen, über Joseph, nach drei Evangelisten, unser Herr Jesus ab, dessen Vater der Heilige Geist ist ...?

Majestät! Stets der Ihre

Karlheinz Deschner

An Michael Kardinal Faulhaber

Geschrieben 1990
. . . .

Er ist typisch: – ihre Methode seit 313!

Eminenz,
längst wollt' ich's tun ... Und nun geschieht's: nichts Geringeres, so gering, so unwürdig ich bin, als schlechthin das Größte für Sie anzuregen hier auf Erden – Ihre Heiligsprechung. Ich erflehe Ihr Einverständnis, Ihren Beistand, ich bitte, bete darum – und starre dabei, wie so oft jetzt, auf Ihr Konterfei, Kardinal, das mir seinerseits, verzeihen Sie, von einem Buch entgegenstarrt, imprimiert zwar, und doch, pardon, stets aufs neue an ein Wort mich erinnernd, ein schlimmes, von Ihnen selbst in Ihrer Münchner Bischofskirche. Man stelle nun, sagten Sie da 1929, oft Heilige dar, «Heilige mit einem so abschreckenden Gesichtsausdruck, als ob ausgesuchte Verbrecher Modell gestanden hätten». Oh, Eminenz, bei allem Respekt: doch dies krude Porträt scheint so verzeichnet: arg wächsern, verschwommen etwas, leicht schielend der Blick, stumpf-stechend. Nein, Eminenz, gleicht's manchem Haupt der Ehrenwerten Gesellschaft nicht? New Yorker Cosa Nostra-Bossen – kurz nach der Festnahme?! Um so entzückender das Stilleben rückseitig: der bratpfannenflache Kardinalshut – wie in Elevation. Darunter das Kardinalskreuz, einem Degen ähnlich (und ohne jede Zutat rasch umzumodeln in ein Hakenkreuz). Schließlich Ihr Wappen, Ihr Wahlspruch: *Vox temporis vox Dei*. Die Stimme der Zeit, die Stimme Gottes!

Fürwahr, Kardinal, welch kraftvoller Feldpropst der baye-

rischen Armee waren Sie doch 1914/18! Welch gottbegnadeter Besinger des vielen Blutes, «das für die heilige Sache
unseres Volkes schon geflossen». Wie bezeichnend bereits
die Titel in Ihrem so würdig wie beschwingt «die Schlachten
des Herrn» schlagenden «Schwert des Geistes»: «Die Kreuz-
wegandacht als Kriegsandacht», «Die Seelsorge als Kriegsdienst», «Jung, aber gut gestorben» – bis hin zu fast lyrisch
benannten Kabinettstückchen wie «Maiandacht im Felde»,
«Gottesdienst im Walde» («Die Bäume denken: Nun laßt uns
senken vorm lieben Herrgott das Gezweig!»). Bei Gott, «dieser Band Feldpredigten», wie Eminenz als Herausgeber
rühmt, wird «ein geschichtliches Denkmal von eigenartiger
Sprache bleiben. Er wird einer späteren Zeit Kunde bringen,
daß auch unter Blut und Eisen ‹Gottes Wort seinen Lauf
nahm und verherrlicht wurde› (2 Thess. 3,1).»

Denn wie immer der Herr «die Axt an die Wurzeln gelegt»,
wie voller «Blut und Eisen», wie «höllendunkel» die Welt –
«keine Zeit» war's für «Jammerreden», «Jammerbriefe»,
keine Zeit zu zweifeln nach Art der Ungläubigen, die nur
höhnen, zersetzen, nur dumm nach dem Warum fragen
konnten. Als kämen da nicht auch von militärischen Stellen
unbegreifliche Befehle. Und «doch haben wir Vertrauen: die
Armeeleitung wird schon wissen, warum so und nicht anders. So müssen wir auch die Wege der Vorsehung *anbeten*:
der Allwissende und Allgütige wird schon wissen, warum so
und nicht anders.» Wie die Armeeleitung, klar.

Auch wurde die «Blutflut» zum «Neubau», die «große,
große Totenschau» zum «Glockengruß der deutschen Zukunft». Jede «Leiche», jawoll, «Sämann und Saatkorn», war
die Leiche «auch persönlich am Tag der Ernte nicht dabei ...».
«‹Ein andrer sät, ein andrer erntet› (Joh. 4,27).» Wie nach
dem Siebziger Krieg, als wir «bis 1914» auch «geerntet und
genossen haben». So ist's *«Gesetz im Christenleben»*. So war's
bei Jesus schon: «am Karfreitag blutige Aussaat ... am
Ostersonntag jubelnde Ernte ...» «Trauersaat und Freuden-

ernte». Na, doch so simpel im Grunde. Alles «in den Plänen der Vorsehung in Rechnung gestellt» – wie in den Armeebefehlen. «Läuterung der Völker» der Krieg; «Erwecker und Erzieher des Glaubens»; «eine Pflugschar in der Hand Gottes»; die «Erscheinung des Herrn im Dornbusch, die uns lehrt, vor dem Heiligen in Ehrfurcht die Schuhe von den Füßen zu ziehen», der «Triumph der sittlichen Weltordnung».

Und wie *wegweisend*, Eminenz, wie erhellend verwoben Sie «das grausige und grausig lange Weltereignis» mit der «Frohen Botschaft»! Schon «der Tag von Bethlehem»: «eine Tat staatsbürgerlichen *Gehorsams*»; das Zinsgroschenwort des Herrn: «im ehernen Klang ... eines militärisch gemessenen Armeebefehls»; das «Bekenntnis zu den Kronrechten des Kaisers»: «*Nachfolge Jesu*». «Wenige Jahre nach dem gesegneten Tage von Bethlehem ... die Schlacht im Teutoburger Wald ...»

Jawoll: Krieg und Kreuz seit je! Schon Christi Kreuz: «Kaiserstandarte». Schon seinerzeit: die «biblischen Kameraden», «vier Offiziere im Hauptmannsrang», «prächtige Charakterköpfe soldatischer Edelart», auf «stramme Zucht» aus, «militärischen Gehorsam ohne Gegenrede und Gebrumm». Jawoll, «Kameraden», das «hat damals dem Heiland gefallen». Und auch dem Petrus, vor dem Hauptmann Kornelius in die Knie ging «wie vor einem höheren Wesen» – «der Papst [!] mit dem Offizier». «Militär und Christentum waren also von Haus aus gute Freunde.» Und seht doch: «Christus selber in der Uniform eines Kämpfers»! Die Menge: seine «Mannschaft»; die Apostelschar: «der Generalstab seines Geistes»; die «wunderbare Brotvermehrung»: «ein rechter Feldgottesdienst»; die Kommunion überhaupt: eine «*Kriegsschule*», «beste Deckung» und «Rüstung *zum Angriff*» zugleich. Das Ganze eine einzige große konzertierte Aktion. Der Donner der Seeschlacht: «die Stimme des Herrn über dem Meere»; der Luftkampf: «die Stimme des Herrn über den Zedern des Libanon»; der Artilleriekampf: «die

An Michael Kardinal Faulhaber (1990) 259

Stimme des Herrn über der Wüste»; noch die Kanonen:
«Sprachrohre der rufenden Gnade»; und selbst der «Chor der
Vögel singt in den Geschützdonner ein Benedicite hinein».

Oh, wie lyrisch wieder. Welche Musik, Maestro, welch ein
Jahrhundert. Welche Lust zu sterben! Wahrhaftig, die reine
Wohltat ... Die beiden Tiroler, erinnern 'S sich? Grad noch
«mitsammen den Rosenkranz gebetet», und schon «mitsammen tödlich verletzt ...: Wir sterben mitsammen, gelt, wir
sterben mitsammen. Für unsern Kaiservater in Wien sterben
wir gern.» Oder der Flieger, den Sie (nach «herrlichen Taten,
die wahrlich keine Lufthiebe waren») schon mit dem flotten
Motto «Christus entgegen durch die Luft» (1 Thess. 4,17)
und mit weiteren sinnigen Parallelen von der Luftfahrt («im
Rattern der Maschinengewehre», «im Kreis der Schrapnell-
wolken») zur Himmelfahrt so locker leicht entschweben ließen. «Tägliche Aufstiege, Höhenflüge der Seele also zu dem,
‹der in der Höhe wohnt› (Ps. 112,5), ‹dessen Treue bis an die
Wolken reicht› (Ps. 107,5)» – wo ja auch noch das Kreuz, «das
Zeichen des Menschensohnes ... an den deutschen Flugzeu-
gen ... leuchtet». Wo also auch noch, wie Sie so treffend
sagen, «Gottes Wort seinen Lauf nahm ...». Ja: «Auch diese
neue Kunst und Waffe führt nicht notwendig an Gott vorbei.» Und starb doch mal einer nicht so glücklich, wie jener,
der zuletzt noch «krampfhaft» Ihre Hand umfaßte und nach
seiner Frau, nach seinen Kindern fragte? Na, «Bruder, sei
zufrieden», sagten Sie dem, Ihrerseits ganz unverkrampft.
«Für deine Familie muß das Vaterland sorgen. Und deine
Kinder werden die gleiche religiöse Erziehung erhalten, die
der Vater ihnen gegeben hätte.»

Ja, «im Bereich der himmelweiten Heilandliebe» starben
sie und, wenigstens die Söhne der deutschen Mütter, «nicht
als Kanonenfutter», nein, nein, «als Anwärter des ewigen
Lebens». Und schön krepierten sie, schön! Erinnern sich
Eminenz, als über den Verwundeten auf dem Schlachtfeld
ein Schneegestöber begann und «ein weißes Tuch über die

Sterbenden» breitete? «Das Blut aus ihren Wunden färbte den Schnee, und es war, wie wenn Engel im Chore sängen: ‹Wären Eure Sünden rot wie Scharlach, sie sollen weiß werden wie Schnee› (Jes. 1,18). Amen.» Und wie heißt es doch im Psalm 36,24 «so schön: ‹Wenn einer fällt, soll er nicht Schaden nehmen, denn der Herr fängt ihn auf mit der Hand.›»

Gott, was für ein gütiger Gott! Und wie leicht all dies Leiden und Sterben – zumal neben Jesu Passion! «Der Soldat im Lazarett hat doch gute Pflege, Christus hatte keinen Sanitätsdienst», keinen «vom Roten Kreuz», «keine Narkose», «keinen Arzt und keinen Verband», nicht mal eine «Matratze»! (Ja, jetzt wissen wir's: 1916, 1917 hätte Christus sterben sollen, inmitten all der weltweiten Fürsorge damals. Denn für die Soldaten – auch wenn sie nicht bloß, wie jener, drei Tage, sondern drei Jahre und länger litten – waren «tausend Hände ausgestreckt in der Kriegsfürsorge. In der Feldfürsorge ... der Invalidenfürsorge ... Hinterbliebenenfürsorge ... Jugendfürsorge ...», «alle Todesnot von Schlachtfeldern und aus den Lazaretten», dieser «Ozean von Todesnot», ergab «doch nur einen Tropfen im Vergleich mit Jesu Leiden», nur einen «Tropfen im Salzmeer ...»)

Nein, nein, da ließen Eminenz nicht mit sich fackeln, da wiesen Sie aufs Kreuz, «schaut auf zu Jesus, der das Kreuz erduldete», «gehorsam bis zum Tode»! Also mußten auch sie «dem Tod ins Auge schauen», den «Weg zum Tode unter Blut und Wunden gehen», «mit Christus ans Kreuz geheftet» sein, «Wunden machen dem Heiland ähnlich», «Sein Wille geschehe!», «Ihm nach». Die «christliche» Tugend der Tapferkeit forderten Sie. Und immer wieder Treue, die Todestreue, die Sie, versteht sich, metaphysisch fundierten, war sie doch sonst «überhaupt nicht zu begründen», war es zuletzt doch nur Gott, «*der die Treue lohnt*», «die Tore des Himmels öffnet», «die Krone des Lebens» schenkt. Ja, dafür konnte man schon krepieren, gut, Bischof, gut. Und so riefen Sie immer wieder Treue, Treue, tausendmal (– während die deutsche Industrie, unter uns, Eminenz, ganz unter uns, mitten im Krieg, *mit Wissen der obersten deutschen Behörden*, auch die Feindstaaten beliefert hat, gelegentlich fast nur halb so teuer wie die eigene Heeresleitung: mit einem Umsatz von hunderttausend Mark, einem Reingewinn von sechzigtausend Mark pro Toten!). Ja: «das gibt ein zweites Nibelungenlied», riefen Sie da. (Das erste, wenn Eminenz sich gütig erinnern, initiierte ein großer Fälscher vor dem Herrn, Ihr Kollege «Von Pazowe der bischof Pilgerîn ...».) Ja, «In Treue fest!» riefen Sie, «Treue um Treue!», «Treue der Heimat!», «Treue dem Fahneneid», «treu dem Firmungseid». Immerzu beschworen Sie «das hohe Lied der Treue», die «Heilandstreue», «Königstreue», die «Fürsten- und Fahnentreue», die «Bundestreue!», «die alte germanische Mannentreue», «alte Nibelungentreue», «die heilige Soldatentreue» – (sechzigtausend Mark pro Stück, immerhin. Und die Kirchen voller als je). «Laßt hoch das Banner wehn, uns treu zusammenstehn!» Auch der Krieg war «ein Hammerschmied der Treue», «Gott die Treue selber», Treue auch «Gotteskinderart», «heiliges Gottesgebot», «Geist vom Geiste Gottes» – das hing alles zusammen «wie Schwertklinge und Schwertgriff. ‹Fürchtet Gott, ehret den König!› (1 Petr. 2,17).»

Und wie der Treue, so bedurfte es natürlich der Stärke, der «Starkmut von Gottes Gnaden», der «Gabe des Heiligen Geistes», der «Salbung deutscher Kraft». «Männer von Stahl und Eisen» verlangten Sie, Männer «mit einem Gesicht wie von Kieselstein», «Kriegsmänner», «Hüter und Rächer der göttlichen Weltordnung»! Gott, nur nicht schlapp machen jetzt, nicht ungläubig werden, defätistisch, nur «nicht vorzeitig unsere Waffen zerbrechen», «die Flinte nicht vorzeitig ins Korn ...». Nein, nein, «mit eiserner Faust», halb zerfetzt noch, immer wieder durchhalten, aushalten, stillhalten. «Stillhalten im Trommelfeuer, stillhalten auf dem Operationstisch ...», «seid standhaft und unerschütterlich» (1 Kor. 15,58), «sagt nicht mehr: Es geht über unsere Kraft, sagt: ‹Ich kann alles in dem, der mich stärkt› (Phil. 4,13).» «Seht den Fels, aus dem ihr gehauen, ihr christlichen Soldaten!» «Haltet Euch tapfer!» «In Gottes Namen!» «Gott will es», «Gott mit uns», «Der Herr der Heerscharen ist mit uns», *«Gott hilft Hammer sein»*, *«Gott hilft Amboß sein»*. «Geht's wieder in die Stellung, geht's zum Sturm …: Auf, laßt uns gehen!» Mit dem Alten, dem Neuen Testament, mit den «großen Kriegspropheten», mit dem «Heiland», mit Thomas von Aquin trieben Sie die Schwachen an, mit allen möglichen Heiligen, mit Petrus Canisius: «Persevera – ‹Halte nur aus!›» Ja, immer, immerzu trommelten Sie zum Kampf «mit dem gesalbten Schwert», schrien Sie: «‹Gott will es› und ‹Gott hilft›, ‹Auf, laßt uns gehen› und ‹aushalten!› Amen.»

Das nennt man Seelsorge, Eminenz! «Segen des Altars» für die «an der Front», «Waffen des Lichtes» – *«Licht aus der Höhe»*, *«Kraft aus der Höhe»*, «Trost aus der Höhe». Das schuf «die Vorbedingungen des Sieges», verhinderte zumindest «den Todesstoß» – den frühen jedenfalls. Nein, nie hätte man ohne Sie und Ihresgleichen so gekämpft, nie so lang, so verbissen, nie ohne Sie «alle herrlichen Waffenerfolge» erzielt, «die Lorbeeren militärischer Siege», «die Lorbeeren des Krieges», die der Herr «so reichlich» gab (beiden Seiten, gerechterweise). «Großer Gott, wir loben dich!» Noch 1917 wollten Sie – denn Sie hielten durch, Eminenz, immer und eisern (ziemlich hinten, selbstverständlich, weit vom Schuß, auf Nummer Sicher, wo Ihresgleichen auch sich uns erhalten muß, um weiter wirken, weiter helfen zu können, ja noch 1917 wollten Sie mithelfen «in dieser Kraftprobe der Kanonen und der Gewissen», wollten Sie «fort und fort auf dem Blutacker die Saat bestellen zu hundertfacher Ernte», versprachen Sie, «den Mitbrüdern im Felde homiletische Munition nachzuliefern», «vom hochwürdigsten deutschen und österreichischen Episkopat in hochherziger Weise unterstützt». Wahrhaftig, Ihre Munition war wirksam, war tödlich schon vor dem Tod).

An Michael Kardinal Faulhaber (1990)   263

Und dann Ihr ganzes segensreiches Tun in der Republik von Weimar. Bereits Ihre Predigt-Titel «Mein Reich ist nicht von dieser Welt», «Am Werk der Völkerversöhnung», «Weltkirche und Weltfriede», «Vom Frieden auf Erden» spiegeln die Wende. *Vox temporis vox Dei. «Wir müssen die Zeit bejahen.»* Zwar, Kardinal, unter uns: Auch wenn Sie nun stets beteten: «O daß doch kein Krieg mehr komme!» et cetera pp., ganz klar, wofür Ihr christlich Herz fürderhin schlug. Denn nicht zufällig floß auch jetzt ab und an ein, daß selbst «die Kirche den Krieg gepredigt», selbst «die Kirche auch Kriege geführt», daß sie «niemals verkündigt» habe, «es werde *kein Krieg mehr* kommen», nein, nein, bloß das nicht, «im Gegenteil»: «immer wieder blutige Zusammenstöße unter den Völkern», prophezeiten Sie, bis zum «Silvesterabend der Weltgeschichte», bis zum «*Ende der Tage* ...». Denn: «Wo die Welt aus tausend Wunden blutet, da schlägt die Stunde der katholischen Kirche.»

Wie wahr, Eminenz. Doch was sag ich! Als hätten Sie je anderes gepredigt, anderes als Wahrheit und nichts als die Wahrheit. Als wären die notorischen Lügner, Heuchler, die verkleideten Wölfe nicht stets Ihre Gegner gewesen! Jaja: «Nur der Mensch bringt es fertig, den falschen Propheten zu spielen, mit einem umgehängten Lammfell seine innere Wolfsgesinnung zu verdecken, trotz schlechter Früchte sich den Anschein eines guten Baumes zu geben (Mat. 7,15 ff.).» Und, gut, gut, Bischof: «Die Wölfe sind niemals gefährlicher, als wenn sie im Fell der unschuldigen Lämmer daherkommen.» Seit den Tagen des Michäas jedoch waren die «Lügengeister und Lügenpropheten ausgezogen ... Lügengeister kämpften im Weltkrieg mit, und ihre Zahl war Legion.» Pfui Teufel, wie widerlich. Also: «Deutsche Männer und Frauen! Wahrheit reden! Wahrheit sein! Wahrheit wirken! Wahrheit fordern! ‹Liebet Wahrheit und Frieden!› (Zach. 8,19).»

Schließlich hatte alle Welt jetzt «dieses grausige Elend» vor Augen gehabt, hatte fast alles nun die Schnauze voll, hatte genug von dem «Leichengeruch», den «Totenlisten», von «den Trümmern des schrecklichen Krieges», des «mörderischen», «des größten aller Kriege». Schließlich waren zumal die Deutschen «reich an Wunden», «von der Fußsohle bis zum Scheitel», «mit Geißeln und Skorpionen geschlagen». Ergo galt es jetzt, die «Stimme gegen den Krieg zu erheben». Predigten Sie jetzt: «Du sollst die bösen Geister des Hasses und der Rachsucht und der Kriegslust aus deinen Parlamenten und Volksversammlungen verbannen!» Ließen Sie nun «das Wort des Meisters vom Frieden weiterklingen... ‹Vergeltet nicht Böses mit Bösem ... Wer seine Seele liebt, suche den Frieden›.» Jetzt zitierten Sie: «Wie schön ist das Kommen derer, die vom Frieden Botschaft bringen!» Jetzt beteten Sie: «Gott im Himmel ... laß Deinen Frieden über die Völker leuchten!» «O Du Lamm Gottes, das Du hinwegnimmst die Sünden der Welt, gib uns den Weltfrieden!» Jetzt wurde der «Weltfrieden ... für alle Bekenner des christlichen Namens *der Auftrag Christi*». Jetzt zeigten Sie *die besondere Befähigung der Weltkirche für den Weltfrieden*», «die Kirche als Großmacht des Weltfriedens», als «die neutrale Großmacht des Friedens».

Ja, jetzt gab es «Grund genug ... über den *Frieden auf Erden* zu sprechen», «die Gesinnungen des Friedens zu pflegen». Jetzt mußten Sie «die Völker zu dem Ehrgeiz erziehen, lieber den *Frieden* zu gewinnen als den Krieg», mußte «überall der Friedensgedanke Einzug halten». Ihre Charitasreise nach Amerika begannen Sie in New York: «Let us have peace.» «Aufbau des Weltfriedens von innen heraus!» wünschten Sie. «Friede frohlocke in euern Seelen!» «Ihr habt gehört: Es ist süß und ehrenvoll, für das Vaterland zu sterben. Ich aber sage euch: Es ist süß und ehrenvoll, für das Vaterland zu *leben*.» Ja, «in jeder Weise» jetzt *Verständigung und Versöhnung*». Das deutsche Erziehungswesen sollte sich «auf den Friedensgedanken umstellen», «mehr und mehr» mußten «die alten Schlachtenbilder» verschwinden, «die waffenklirrenden geschmacklosen Kriegslieder». Ja, nun waren Sie glücklich, die Friedensbewegung «im Wachsen» und ein Großteil der Jugend «vom Friedensgedanken stark erfaßt» zu sehen.

Und um so glücklicher waren Sie, als Jesus ja jetzt nicht mehr so, wie 1914/18, das «Salböl der Kraft», «ein starker Turm», «starker Held», «starker Gott» war, «das Urbild des Mannes nach dem Herzen Gottes», «der Held im Kampfe», der «Herr der Heerscharen». Nein, das schrieben Sie *im* Krieg. *Jetzt* schrieben Sie: «Einige haben sogar das Christusbild der Evangelien so verzerrt und verlästert, daß sie Christus *eine Kampfnatur* nannten ...» Ungeheuerlich, Eminenz! Alle Stationen seines Lebens boten Sie auf, um stets aufs neue zu beweisen: «*Christus war keine Kampfnatur.*» «Wir können uns den Meister nur im Gewande eines friedlichen Hirten, nicht in der Uniform eines wilden Kriegers vorstellen.» Ja, nun wollten Sie nichts mehr wissen von «Auge um Auge, Zahn um Zahn», von «Faust gegen Faust, Gewalt gegen Gewalt». Im Gegenteil! Jetzt erschien Jesus schon im Alten Testament als «Fürst des Friedens», wurde ihm in Bethlehem «*als Wiegenlied das Lied vom Frieden auf Erden*» gesungen. Jetzt galt Lk. 10,3: «*Siehe, ich sende euch wie* Lämmer unter die Wölfe.» Und Mt. 11,29: «‹Lernet von mir›, spricht der Herr, ‹denn ich bin *sanftmütig.*›» Jetzt zitierten Sie immer wieder Mt. 5,9: «Selig die Friedensstifter!» Und immer wieder Joh. 14,27: «Meinen Frieden hinterlasse ich euch.» Jetzt belehrten Sie die böse Welt (hervorgehoben, wie so oft): «*Nur der Friede, nicht der Krieg ist Geist vom Geiste Christi.*» «Er wollte nicht als Herr der Heerscharen kommen und auf dem Sturmwagen der Cherubim durch die Geschichte fahren. Er wollte der Gute Hirte sein und der Barmherzige Samariter. Er mahnt: ‹Haltet Frieden miteinander!› (Mk. 9,49) Er verweist dem Petrus den Schwerthieb. Wenn die Jünger fragen: ‹Herr, sollen wir nicht mit dem Schwert dreinschlagen?› mahnt er: ‹Laßt ab!› (Lk. 22,49–51) Nur der Friede, nicht der Krieg ist Geist vom Geiste Christi.»

Und das entsprach ja auch der Historie des Papsttums. Ein Papst war als Stellvertreter Christi doch von vornherein ein Verkünder des Friedens, das «Reich der Päpste» überhaupt das «*friedlichste Reich* der Weltgeschichte». Im Krieg mußte Eminenz natürlich «den Kleinmütigen» wenigstens unter den toten Heiligen Vätern «eine Kriegergestalt in Marmor gemeißelt» vor Augen stellen, «mit sehnigen Muskeln, mit hiebfestem Helm und Schild ...». Aber jetzt zeigten Sie das eigentliche, das wahre Wesen dieser Heiligen. Und da seht nur: Pius X. schon im «August 1914 aus Kummer über den Ausbruch des Krieges gestorben».

Nachfolger Benedikt XV., der Papst des Ersten Weltkriegs, ein «Herold des Friedens», «Papst des Friedens», der «Friedenspapst» schlechthin. «Sein Reden und sein Schweigen dienten dem Frieden.» Noch sterbend opferte er sein Leben auf «für den Frieden der Welt» und verschied auch «Mit einem Gebet um den Weltfrieden». Danach kam «Pius XI., öffnete seinen Mund und ... sprach vom *Frieden der Welt*», war er doch selbst, der Faschistenpapst, die «neutrale Großmacht des Weltfriedens», wie denn Pius' XI. ganze Amtszeit, dies einzige «Alpenglühen» seines Geistes, unter dem Wahlspruch stand: «Friede Christi im Reiche Christi.» Und ebenso ist «der Ölzweig des Friedens» «durch die Hände unseres hochverehrten Nuntius gegangen, dessen Name schon ‹Friedensbote› bedeutet» – Pacelli, der spätere Pius XII., Papst des Zweiten Weltkriegs.

Und weil die Heiligen Väter überhaupt nichts anderes denken konnten und können als: Frieden, weil zudem, jeder weiß es, ihr «Königtum ... *nicht von dieser Welt*» ist, deshalb verbündeten sie sich immer, so auch jetzt, mit ihresgleichen – ihresgleichen, Eminenz, soweit möglich. Sie erinnern sich? Na, wie nicht! *Vox temporis vox Dei.* «Mit Posaunen der Freude» begrüßten Sie den Pakt zwischen dem Vatikan, der «Gralsburg katholischer Weltanschauung», und den Faschisten – einen Pakt, wie er «der Würde der beiden Partner»

An Michael Kardinal Faulhaber (1990)

entsprach. Der Würde, sehr wohl. «Eine weltgeschichtliche Stunde hat geschlagen», jauchzte der geistliche Kenner, «eine Jahrhundertstunde in der Kirchengeschichte, nicht weniger groß als die Stunde ... von 313.» Mehr noch: «Die Stunde ist so groß wie jene, da der Engel der Geheimen Offenbarung ...» Ja, die Stimme der Zeit war wieder mal die Gottes – und Mussolini «ein Mann, den die Vorsehung geschickt hat, wie der Hl. Vater sich ausdrückte», «einer der Großen der Weltgeschichte», «dessen gesunder Rechtssinn nicht durch eine Fülle von staatsrechtlichen Paragraphen verdunkelt, dessen Tatkraft nicht durch ein hundertköpfiges Parlament an die Kette gelegt war...». Nein, wozu Staatsrecht, Paragraphenreiterei und Parlamente, Eminenz! Nein, «kein Traum» war es, «nicht Menschenwerk», «eine Gottestat»: «*Der Herr* hat es vollbracht ...» Und hellsichtig erkannten Sie schon seinerzeit, daß «an diesem Wendepunkt der Geschichte die Weltweisheit umlernen muß! Es gibt noch andere Wege, um die nationale Ehre zu retten, als das blutige Schwert. Freilich müssen große Stunden große Männer finden. Gesegnet seien diese großen Männer, die da kommen im Namen des Herrn und zusammen mit der Palme des Sieges den Ölzweig des Friedens tragen!»

Klar, Eminenz: Sie dachten bereits an Hitler. Sie, der Große, erkannten stets die Großen, die Mächtigen der Zeit. Und standen zu ihnen. Unverbrüchlich! Schon zum Kaiser, zu dieser «erzstarke(n) Herrschergestalt mit dem goldenen Herrschergewissen», diesem «Reinwuchs deutscher Kraft», der «majestätische[n] Verkörperung soldatischer Edelart». Und zum Bayernkönig – «gleich den drei Weisen ein Fürst im Reiche des Wissens, gleich ihnen eine Majestät der goldechten Glaubenstreue und des diamantenen Gottvertrauens ...». Und so zu Kronprinz Rupprecht, zu Prinz Leopold, Prinz Heinrich ... Oh, wir wissen doch, wie nahe Sie den Herren jeweils kamen, hautnah, näher noch, wissen doch beide, Kardinal, was Sie waren. Es gibt für solch engsten Anschluß eines Menschen an andere ein herrliches, ein unvergleichlich bildhaftes deutsches, ein, zugegeben, ordinäres Wort, ahhh, ja – neinnn: «*Herr, gib Heil dem König!*» riefen Sie unter dem König. «Gib Heil dem König», «Heil unserm König, Heil . . .»

Und 1933 – *Vox temporis vox Dei* – beteuerten Sie Hitler handschriftlich: «Uns kommt es aufrichtig aus der Seele: Gott erhalte unserem Volk unseren Reichskanzler.» «Was die alten Parlamente und Parteien in sechzig Jahren nicht fertigbrachten», bedankten Sie sich nach Abschluß des Reichskonkordats beim Führer, «hat Ihr staatsmännischer Weitblick in sechs Monaten weltgeschichtlich verwirklicht. Für Deutschlands Ansehen nach Osten und Westen und vor der ganzen Welt bedeutet dieser Handschlag mit dem Papsttum, der größten sittlichen Macht der Weltgeschichte, eine Großtat von unermeßlichem Segen.»

Ja, Segen, Segen, lauter Segen in diesem Jahrhundert. Segen durch den Kaiser, Segen durch Mussolini, Segen durch Hitler, Segen durch all «diese großen Männer, die da kommen im Namen des Herrn . . .». «Niemand darf jetzt . . . sich auf die Seite stellen und grollen; niemand . . . auf die Seite gestellt werden . . . Niemand soll sich der großen Aufbauarbeit entziehen», forderten Sie mit all Ihren bayrischen Bischöfen, verlangten auch später unablässig «Ehrfurcht und Gehorsam» zugunsten Hitlers, prophezeiten ihm «Taten . . . von weltgeschichtlicher Größe», sahen über «allen staatlichen Thronen» einen «Strahl der Autorität Gottes» leuchten – und alarmierten Ende 1934, als man Ihnen zu Unrecht, Eminenz, zu Unrecht, eine Predigt *gegen* den Juden- und Rassenhaß unterstellte, die halbe Welt wegen dieser «schmachvollen» Hetze, dieser «marxistischen Fälschung»; eine «schamlose Lüge» nannten Sie es, «wahnsinnige Behauptungen». Und als die bösen Juden (Abschaumobjekte ja schon für unsere heiligsten Kirchenväter der Antike) sich auf ihrer Genfer Weltkonferenz auf Sie, Michael Kardinal Faul-

An Michael Kardinal Faulhaber (1990) 269

haber, beriefen, zu Unrecht, Eminenz, zu Unrecht, da legten Sie denn auch «entschieden Verwahrung dagegen ein», daß Ihr guter deutscher Name auf dieser Konferenz genannt werde.

Und 1936 ließen Sie zu Ihrem fünfundzwanzigsten Bischofsjubiläum eine Schrift erscheinen, in der ein Viertel, wacker, wacker, Kardinal, Ihrer Militärzeit gewidmet, auch mitgeteilt war, mit welchem Gewehrmuster man Sie ausgebildet. Und hatten Sie 1929 der Internationalen Frauenliga für Frieden und Freiheit bekannt: «In der Tat würde ein neuer Krieg mit den neuen Mitteln der Vernichtungstechnik ein solches Elend und einen so großen Jammer über die kriegführenden Völker bringen, daß alle, die es mit der menschlichen Kultur gut meinen, im voraus ihre Stimme gegen den Krieg erheben müssen», so erhoben Sie 1941, im Krieg, im Zweiten Weltkrieg, Ihre Stimme wieder für den Krieg. Wußten Sie doch «aus einer harten und bitteren Erfahrung, *wie notwendig und wichtig* es ist, daß in solcher Lage jedermann *ganz und gern und treu seine Pflicht erfüllt* . . .» et cetera, et cetera. Ja, oft erhoben Sie so, vor dem Krieg und im Krieg, Ihre Stimme für Hitler und sein Werk, ließen Sie dafür beten, Fahnen hissen, Glocken läuten, Glocken abnehmen, umgießen – weitere «Sprachrohre der rufenden Gnade», Eminenz. Sie reisten zu Hitler, Sie feierten einen Dankgottesdienst nach dem mißglückten Attentat 1939, beglückwünschten ihn mit sämtlichen bayerischen Bischöfen, gratulierten auch noch nach Stauffenbergs Anschlag am 20. Juli 1944 persönlich und im Namen Ihrer Bischöfe – und klagten 1945, *vox temporis vox Dei*, vor amerikanischen Korrespondenten: die Nazis hätten unablässig Propaganda für den Militarismus getrieben! Und im Frühjahr 1946 meldeten die Zeitungen Ihren Auftritt, Ihre Erklärung vor der in Rom tagenden englisch-amerikanischen Palästina-Kommission: weil Sie seit 1933 für die Juden eingetreten, habe man Sie im Dritten Reich so sehr verfolgt!

Einen der «aufrechtesten Bischöfe» rühmt Sie denn auch

der derzeitige (1990) Präsident des Deutschen PEN-Clubs, Carl Amery, «durchaus bereit, Verhaftung und Martertod zu riskieren». Eine «führende Gestalt im deutschen Episkopat», schwärmt das katholische Herderlexikon, «von großer Zeitaufgeschlossenheit und starkem Bekennertum». Wieder andere feiern Sie als «Kämpfer für die höchsten Güter des Glaubens, der Sitte, des Rechts», als «Verkörperung echter Würde», einen neuen «Moses», «den gewaltigen Prophetengestalten des Alten Bundes, den großen Kirchenvätern der christlichen Frühzeit verwandt» und so weiter und so fort. Doch all dies reicht nicht, reicht nicht, Eminenz. Zeit, hohe Zeit, daß Sie, der Katholik «reinrassiger Art», der Gelehrte, Feldprediger, Kriegsprediger, Friedensprediger, Kriegsprediger, Friedensfürst, kurz der Kirchenfürst, der Sie fort und fort so viel Segen, Wahrheit, lauterste Wahrheit dieser dauernd geschlagenen Menschheit gebracht, ganz besonders aber uns Deutschen so viel Heil, Heil, daß Sie, der Bekenner, der doch nur ungezählter Widrigkeiten wegen die Krone des Martyriums nicht errang, daß Sie endlich die Ehre der Altäre erringen, ein großer, großer Gnadenschatz mehr werden unserer heiligen Mutter Kirche, der an Gnadenschätzen (und auch sonst) gewiß nicht armen, Zeit ist's, Zeit, Herr, daß man Sie endlich heilig spricht, heilig, heilig, dreimal heilig. Ja, lassen Sie es mich sagen, wagen, mich vorwegnehmen, es kann nicht ausbleiben, es wird kommen, ich weiß es: OH, HL. MICHAEL KARDINAL FAULHABER, DU BEKENNER, BITTE FÜR UNS SÜNDER, AMEN.

Karlheinz Deschner

Ist Kirchenbeschimpfung
überhaupt möglich?
Ein Gutachten

Geschrieben 1986
....

Gutachten

zu dem Strafverfahren gegen Herrn... wegen Verdachts des Verstoßes gegen § 166; erstattet auf der Grundlage des inkriminierten Flugblattes «Das Mittelalter lebt» vom 3. November 1984.

Hat der Beschuldigte wirklich, wie ihm die Anklageschrift der Staatsanwaltschaft Bochum am 23.7.1985 unterstellt, «a) den Inhalt des religiösen Bekenntnisses anderer und b) eine im Inland bestehende Kirche in einer Weise beschimpft..., die geeignet ist, den öffentlichen Frieden zu stören»? Hat er wirklich geschrieben, die katholische Religion sei «eine Lüge», «die Religion der unanständigen Leute» und der Papst «der beste Schauspieler» Roms? Hat er wirklich behauptet: «Der Katholizismus verteidigte stets den Diebstahl, den Raub, die Gewalttat und den Mord», «in der Regel» werde «jeder katholische Priester zu einem Scheusal», «jeder anständige Mensch» müsse es «als eine Beleidigung ansehen... katholisch genannt zu werden»? Hat er wirklich dem Christentum «siebzehnhundert Jahre Schurkereien und Schwachsinnigkeiten» attestiert, wirklich das Christentum den «Wahn» genannt, «der die ganze Welt bestach», den *einen* unsterblichen Schandfleck», «das Blatterngift der Menschheit» und «die fähigen Kopfjäger alle Christen»? Hat er wirklich das heiligste Symbol der Christenheit, das Kreuz, widerlich «wie Gift und Schlange» gescholten, «das Widerwärtigste unter der Sonne», die Worte Gott, Heiland, Erlöser, Heiliger «zu Schimpfworten, zu Verbrecher-Abzeichen» erklärt, Religion überhaupt als «universelle Zwangsneurose»? Schrieb er wirklich – «die Phospordünste der Glaubenspisse»?

Nein, all dies schrieb der Angeklagte nicht. Dies schrieben Pierre Bayle, Voltaire, Helvétius, Goethe, Schiller, Heine, Hebbel, Mark Twain, Nietzsche und Freud.

Sollte der Angeklagte wirklich so viele christliche Lehren «Krankheit», «Seuche», «fressenden Krebs» geheißen haben, «von Gottlosigkeit strotzende Possen», «wildes Heulen und Gekläff», «Wahngebilde und Hirngespinst», «Erbrechen und Auswurf», «Schmutz», «Gift», «stinkenden Unrat», «Unflat», «Jauchengrube», «Kot»? Lästerte er wirklich Christen «Verseuchte», «Verstümmelte», «Vorläufer des Antichrist», «Söhne des Teufels», «Teufel»? Schmähte er sie wirklich «nur äußerlich Menschen, im Innern aber voll von der Tollwut der Tiere», «Tiere in Menschengestalt»? Schimpfte er sie «Hunde», «tolle Hunde», «kranke Hunde», «Insekten», «Füchse», «Wölfe», «wilde Tiere», «Bestien», «schlimme Bestien», «die Brüder der Juden», «schmutzige Schweine», «Schlachtvieh für die Hölle», «ganz irrsinnig, und sie müßten niedergeschlagen werden»?

Nein, so schrieb der Angeklagte nicht. So schrieben Apostel, Bischöfe und Päpste! So schrieben sie, als die Erde, mit einem der ihren zu sprechen, noch gerötet war vom Blut Christi. Und so schrieben Christen über Christen und schrieben nicht die geringsten, nämlich Paulus, Ignatius, Irenäus, Ephräm, Athanasius, Hilarius, Johannes Chrysostomos, Hieronymus, Augustinus, Papst Leo I. So traten die größten Heiligen des Katholizismus andersgläubige Christen in den

Dreck, sieben der erwähnten zehn auch mit dem Titel eines «Kirchenlehrers» geehrt, der höchsten Auszeichnung für Katholiken – von mehr als zweihundertsechzig Päpsten haben sie nur zwei. Und so heilig hundsgemein diffamierten sie auch Heiden und Juden, überhaupt alles, was nicht lehrte und glaubte wie sie.

Doch gehören Verbalinjurien, Griffe ins Gossenvokabular, noch zu den kleinsten Vergehen vieler Heiliger des Christentums. Hinzu kommen: Ausbeuterei, Diebstahl, Judennachstellung, Erpressung, Fälschung, Brandstiftung, Bestechung, Mord und Massenmord. Helvétius wußte es: «Wenn man ihre Heiligenlegenden liest, findet man die Namen von tausend heiliggesprochenen Verbrechern.» Und den öffentlichen Frieden, den der Angeklagte gestört haben soll, erschütterten durch zwei Jahrtausende keine Religionsgemeinschaft und keine Dynastie, kein Staat derart fortgesetzt und grauenhaft wie die christliche Kirche, was Millionen und Abermillionen unschuldig Eingekerkerter, unschuldig Gefolterter, unschuldig Hingemordeter nur allzu schrecklich beweisen. Wie grotesk, diese nicht nur durch viele der abscheulichsten Verbrechen der Geschichte, sondern wirklich durch eine Blutschuld ohnegleichen gezeichnete Kirche zu schützen – und nicht jene, die sie verfolgt!

Wie grotesk auch, daß durch ein paar Feststellungen, ein paar Dutzend Buchstaben, durch etwas Druckerschwärze der «öffentliche Friede» gestört worden sein soll. Inwiefern denn, wann denn, wo denn eigentlich? Wie grotesk, daß der Angeklagte wegen der Ausdrücke «Bespitzelung» und «Trick» vom Staatsanwalt belangt wird, während doch die berühmtesten Dichter und Denker der Neuzeit Katholizismus und Christentum ungleich schärfer verdammen, während den angeführten Verdikten von Bayle über Voltaire, Goethe bis zu Nietzsche und Freud nicht bloß von ihnen zahlreiche ähnliche hinzugefügt werden können, sondern auch entsprechende Zeugnisse von Giordano Bruno, Leo-

274   Ist Kirchenbeschimpfung überhaupt möglich? (1986)

pardi, d'Holbach, Schopenhauer, Shelley, Bakunin, Marx und anderen mehr, von vielen hervorragenden Köpfen auch unseres Jahrhunderts, von Arno Holz, Panizza, Tucholsky, Theodor Lessing, Klages, Øverland, Jahnn, Benn oder Henry Miller, der mir wiederholt schrieb, an die Existenz von Christen gar nicht zu glauben, dem die ganze Kirchenpredigt nur «Hohn und Spott» schien, das Christentum insgesamt nichts als «ein Verrat und eine Karikatur dessen, was Jesus vertrat». Beurteilen es ja selbst namhafte christliche Theologen wie Bruno Bauer, David Friedrich Strauß oder Franz Camille Overbeck vernichtend. Denn nicht grundlos stellt Hebbel fest: «Woher kommt's doch wohl, daß alles, was auf Erden jemals *bedeutend* war, über Christentum dachte, wie ich?» Und während die angesehensten Heiligen Christen anderer Konfession Hunde, Schweine, Wölfe, Bestien, Schlachtvieh et cetera nennen (Tiervergleiche prävalieren im interkonfessionellen Streit durch die Jahrhunderte!), während etwa Jesuit Leppich ganz ungeniert noch in der Gegenwart mit Augustinus andersgläubige Christen «Insekten» schimpfen, sie «Hornissenschwärmen» gleichsetzen darf, dem «Satan», und jedem der von ihm Gegeißelten, auch «wenn sie hundertmal die Bibel in der Hand halten», mit Paulus zurufen kann: «verflucht sei er!», «der sei verflucht!», während man all diese Verunglimpfungen von Christen (und anderen) auf kirchlicher Seite ganz ohne Störung anscheinend des öffentlichen Friedens und unbeanstandet durch die Justiz in immer neuen Auflagen und Ausgaben verbreitet, inkriminiert die Staatsanwaltschaft Bochum auf einem *anti*christlichen Flugblatt Wendungen wie «Kalauer» und «Phrase» als «besonders grob verletzende Äußerungen» und zwingt den Angeklagten vor Gericht.

Ja, hätte dieser zum Beispiel Karol Wojtyla «Tier» genannt, «wildes Tier», «ungeheures Tier», «Krokodil», «Wolf», «Drachen und Höllendrachen», «Bestie der Erde», hätte der vom Staatsanwalt Belangte den regierenden Papst Jo-

Ist Kirchenbeschimpfung überhaupt möglich? (1986) 275

hannes Paul II. als «Fastnachtslarve» charakterisiert, «Rattenkönig», «Räuber», als ein «erzpestilenzialisches Ungetüm», «Monstrum», hätte er gesagt, Seine Heiligkeit sei ein «spitalischer, stinkender Madensack», «besessen vom Teufel», «des Teufels Bischof und der Teufel selbst, ja der Dreck, den der Teufel in die Kirche geschissen», hätte er ihn als «beschissen» und «ausgeschissen» bezeichnet, als «Papstesel» und «Papstsau» und gedroht, er wolle ihm, wie allen Kurialen, die Zungen hinten zum Hals herausreißen und sie so der Rangordnung nach an den Galgen nageln – hätte *er* also, der Beschuldigte, das alles (und derlei kübelweise mehr noch) gegen den «vicarius Christi» geschleudert, wäre dies wirklich Beschimpfung gewesen, vielleicht sogar Störung des öffentlichen Friedens.

So aber schrieb der Angeklagte nicht. (Und der Friede wird heute durch ganz anderes gefährdet – doch strikt legal! –, durch ABC-Waffen etwa, für alle Fälle, auch für den Fall des Weltuntergangs, im Rahmen des Gesetzes, wie gesagt ...) Nein, so schrieb ein erst kürzlich, 1983, von den führenden Herren der Deutschen Bundesrepublik und der Deutschen Demokratischen Republik in würdevollen Festakten fast wie im Wettstreit Gefeierter, der denn auch, mit Goethe und Nietzsche, zu den genialen Wortschöpfern unsrer Zunge zählt und zweifellos vieles ebenso klar erkannt wie benannt hat, zumal das Papsttum (seiner Zeit).

Doch zugegeben, so wie der erste Protestant über Christen anderen Glaubens sprach oder wie darüber die größten Heiligen des Katholizismus durch nahezu alle Jahrhunderte sprachen, so verhöhnt kaum einer ihrer Gegner das Christentum, auch eben der Angeklagte nicht; womit ich das von der Staatsanwaltschaft zunächst Inkriminierte kurz zu kommentieren beginne: 1. «Bespitzelung» für Beichte; 2. «Trick» für Wandlung; 3. «Kalauer» und «Phrase» für Nächstenliebe.

1. Die Beichte war zwar schon vielen «Primitiven» bekannt, afrikanischen Naturvölkern etwa, auch dem Buddhismus oder dem hellenistischen Mysterienwesen, aber keinesfalls dem Urchristentum! Überhaupt wurde sie für Katholiken erst im Jahr 1215 heilsnotwendig, nachdem man sie freilich bereits lang praktiziert, auch schon im Frühmittelalter der Kirche Genugtuung durch Geld geleistet hatte, Kommutation oder Redemption genannt. Allmählich kamen, in Verbindung mit der Bußsitte, Ablässe für Verstorbene auf; um die Mitte des 14. Jahrhunderts durch den bekannten, bei den Päpsten in hohem Ansehen stehenden Kanonisten Heinrich Suso (Hostiensis) zwar als sündhafte Betrügereien gebrandmarkt, bald jedoch, wie der ganze Ablaßhandel (wobei der Klerus Aberhunderte von Ablässen sozusagen noch zusätzlich fälschte), ein immer lukrativeres Geschäft sowohl für die römische Kurie, die Bischöfe, Beichtväter, Ablaßprediger wie für Landesfürsten, Wechsler und Agenten. «Sobald das Geld im Kasten klingt, die Seele aus dem Fegfeuer springt ...» Da die Katholiken indes fast zwölfhundert Jahre lang ohne Beichte selig werden konnten (und erst in den letzten siebeneinhalb Jahrhunderten nicht), da die Beichte – wie das meiste im Christentum! – historisch nicht auf Jesus und die Apostel zurückgeht, sie in der ganzen ältesten Zeit nicht existiert, kann sich ein Christ, dem es ernst mit dem *ur*christlichen Glauben ist, durch eine «Beschimpfung» der Beichte auch kaum betroffen fühlen; vorausgesetzt überdies, daß eine solche Beschimpfung tatsächlich vorliegt, was die Staatsanwaltschaft bloß behauptet, nicht beweist. Daß man zudem die Ohrenbeichte, seit es sie gibt, vorsichtig gesagt, zumindest *auch* zur Überwachung und Gängelung der Gläubigen benutzt, nicht zuletzt hochgestellter, ist geschichtlich unbestreitbar und insofern das Wort «Bespitzelung» sachlich korrekt. Viel schärfer formuliert der italienische Jesuit Alighiero Tondi: «Wie der dogmatische Apparat ein Kerker für den Verstand ist, so ist die Beichte ein Kerker für den ganzen

Menschen.» Kann ein kompetenter und hochgelehrter Kopf wie Tondi, unter anderem lange Professor an der Päpstlichen Universität, die Beichte «Kerker» nennen, warum sollte sie ein Kirchengegner nicht «Bespitzelung» nennen dürfen, was weit harmloser klingt, mag es auch manchmal wirklich zum Kerker führen...

2. Die Wandlung geht, religionshistorisch betrachtet, über ein ganz realistisches Abendmahl – im Urchristentum auch mit Brot und Wasser, Brot und Käse, Brot und Gemüse gefeiert – letztlich auf ein kannibalisches Mahl zurück. Ganz selbstverständlich überschreibt so der Theologe Klaus Ahlheim (heute Professor in Marburg/Lahn) 1971 ein Kapitel «Heiliges Mahl und Kannibalismus», ohne natürlich gerichtlich belangt zu werden.

Das Abendmahl, das dem Christen «den totalen Verzicht zu denken» zumutet (Ahlheim), entstand in genauer Nachahmung religiöser Bräuche des Heidentums und wurde zum Mittelpunkt der katholischen Messe, der Wandlung. Die Lehre aber, so das Kunstwort, von der «Transsubstantiation», also die – begreiflicherweise stets bloß behauptete, nie bewiesene – «Umwandlung der ganzen Substanz des Brotes in die Substanz des Leibes Christi und der ganzen Substanz des Weines in die Substanz des Blutes Christi» (nach der «Konsekration»), diese Lehre kannte weder der apostolische noch nachapostolische Christ. Somit stammt auch sie, wie die Beichtpraxis, nicht von Jesus. Vielmehr rührt sie von der Eucharistie der valentinianischen Markosier her, einer gnostischen Sekte, von «Ketzern», weshalb sie auch die Kirche damals durch ihren führenden Theologen, den hl. Irenäus, als populäres krasses Mißverständnis verworfen – ein Jahrtausend später aber, 1215 wieder, dogmatisiert hat. Ergo braucht, wer es ernst mit dem *ur*christlichen Glauben meint, sich auch durch die Bezeichnung der Wandlung als «Trick« nicht verletzt zu fühlen. Und da durch diese Wandlung, so das «Lexikon für Theologie und Kirche», «nur [!] noch die Akzidentien (Farbe, Geschmack, Ausdehnung, Gewicht usw.) zurückbleiben», die «Substanz» aber angeblich anders, eben gewandelt ist, drängt sich, nüchtern betrachtet, die Frage auf: Ähnelt die Behauptung nicht der eines Weinhändlers, der zwar reines Wasser anbietet, doch jeden eindringlich beschwört, dies sei, gewiß, reines Wasser, sobald man es aber trinke, werde es reiner Wein, sogar ein ganz besonders gesundes, ganz besonders langes, wenn auch vielleicht nicht gerade ewiges Leben garantierender Wein ...? Spräche nach der Anzeige eines solchen Weinhändlers der Staatsanwalt nicht auch von «Trick»? Würde er nicht noch ganz andere Worte wählen? Allerdings nicht. Er würde nicht einmal einschreiten. Er würde den Weinhändler für verrückt halten und natürlich jeden, der solches Wasser als Wein kauft, erst recht. Er würde sagen: Wer reines Wasser als Wein kauft und trinkt, ist selber schuld. Er will das offenbar. Und so ist es auch – solang der Weinhändler es fertigbringt, daß der Kunde ihm glaubt ...

Mundus vult decipi, die Welt will betrogen sein; ein altes Sprichwort, das Luther am 24. Januar 1529 zitiert mit dem Zusatz: «verum proverbium». Wenige Zeilen später schreibt er: «Mundus vult decipi. Ich wil da zu helffen.» (In Sebastian Francks «Paradoxa» sagt bald darauf, 1533, ein Mönch: «Mundus vult decipi, darum bin ich hie.») Luthers Erklärung aber ist der erste Beleg für die Schlußfolgerung in dem bekannten Sprichwort: «Mundus vult decipi, *ergo decipiatur*, die Welt will betrogen sein, also werde sie betrogen – was man auch katholischerseits zu schätzen begann. «Quandoquidem populus ... vult decipi, decipiatur», da das Volk betrogen werden will, mag es betrogen werden. Dies gesteht 1556 der mit der Führung der vatikanischen Geschäfte beauftragte Kardinal Carlo Carafa, der Neffe Pauls IV., eines Papstes, der eigenhändig die Kardinäle mit Stöcken schlug, den Juden gelbe Hüte aufzwang (siehe den gelben Judenstern der Na-

Ist Kirchenbeschimpfung überhaupt möglich? (1986)   279

zizeit!), fünfundzwanzig Juden, darunter eine Frau, öffentlich verbrennen ließ und selber, sicher zum wenigstens deshalb, seinen Arm «bis zum Ellbogen in Blut getaucht» sah.

Ich bin, insofern wir von Trick, Betrug und Transsubstantiation sprechen, um so mehr bei der Sache, als das Wort «Hokuspokus» – erstmals 1624 in England bezeugt und 1634 auch in dem Titel «Hocus Pocus junior, the anatomie of legerdemain» eines in London verlegten Lehrbuches der Taschenspielerkunst stehend – nach vielen Forschern nichts anderes ist als eine Entstellung der Konsekrationsformel «Hoc est corpus meum». (Auch Goethe gebraucht «Hockuspockus» für eine kirchliche Zeremonie, allerdings bloß für eine Kerzenweihe, der er kurz in der Sixtinischen Kapelle zusah, die bekanntlich Sixtus IV. schuf, ein Heiliger Vater, der nicht nur – dies ist weniger bekannt – den Bluthund Torquemada zum Inquisitor gemacht, sondern auch ein Bordell erbaut, eine hohe Jahressteuer von seinen Nutten bezogen, selbst mit seiner eigenen Schwester und seinen Kindern koitiert – und 1476 das Fest der Unbefleckten Empfängnis gestiftet hat. Wäre es nicht nützlich, diese Data über Papst Sixtus IV. an der Sixtinischen Kapelle anzubringen?)

Den Nachweis jedenfalls, daß die Wandlung *kein* «Trick» sei, hätte meines Erachtens zu führen, wer das behauptet. Solange dieser Nachweis aber aussteht – und er dürfte auf sich warten lassen –, liegt der Gedanke an einen «Trick» nicht nur nicht im Bereich des Denkunmöglichen, sondern durchaus im Bereich des Denkbaren und des Möglichen, ja, eher wohl im Bereich des Wahrscheinlichen, weit mehr sogar, glaube ich – und darf nicht auch ich einen Glauben äußern? –, als das Gegenteil. Natürlich scheint auch nicht erst dem Beschuldigten, einem jungen Mediziner, der den Vorgang (oder Nicht-Vorgang) einmal «im Beisein eines Biochemikers» überprüfen möchte, die Sache suspekt, wie eine fast endlose Debatte zeigt, lange vor und nach dem 13. Jahrhundert, als die «Transsubstantiation» übrigens gegen die Albigenser formuliert wurde, die man dann, wider den Willen einflußreicher Fürsten, doch nach unentwegter päpstlicher Hetze, zwanzig Jahre lang abzustechen begann: allein in Béziers, das die Bischöfe von Bordeaux, Limoges, Bazas, Cahors, Agen und le Puy mit ihren Mordhaufen heimsuchten, laut Angabe selbst des Päpstlichen Nuntius beinahe zwanzigtausend Menschen; nur in der Kirche Maria Magdalena siebentausend: Priester am Altar mit der Monstranz in der Hand, Frauen, Säuglinge, Greise. Schon damals zogen Mütter ihre Kinder an sich und bedeckten deren Augen, ehe man sie ins Feuer stieß – wie später in den Gaskammern von Auschwitz.

3. Wer die Kennzeichnung der christlichen Nächstenliebe durch Begriffe wie «Phrase» und «Kalauer» beurteilen will, kann dies gerecht nur angesichts der ganzen Geschichte dieser Religion. Bloß wenige Stichworte dazu deuten hier ein bändeweise demonstrierbares erschütterndes Gesamtbild an.

Ohne Zweifel hat die älteste Christenheit oft eine wirksame Sozialhilfe geleistet, weshalb auch gerade die Ärmsten, Sklaven, Arbeiter, kleine Handwerker, verjagte Bauern, Christen geworden sind. Bereits im 5. Jahrhundert aber gab es Christen, die über zweitausend und mehr Sklaven geboten. Bereits im 5. Jahrhundert war der Bischof von Rom der größte Grundbesitzer im Römischen Reich – und ein riesiges christliches Proletariat darbte elend dahin, war versklavt und wurde immer wieder energisch zu sklavischem Gehorsam angehalten. Und während die Päpste von Jahrhundert zu Jahrhundert in Saus und Braus regierten, in Luxus, Verschwendung, kostspieligen Lastern, lebten unübersehbare Katholikenscharen von Jahrhundert zu Jahrhundert in Not, waren sie weiterhin Sklaven ihrer geistlichen Despoten, ja, was es sonst nirgends gab, als Kirchengut unveräußerlich! Nicht zufällig bekam die Sklaverei in Südeuropa gegen Ende des Mittelalters noch einen Aufschwung. Und nicht zufällig hielt unter allen Hauptstädten Europas das päpstliche Rom am längsten an der Sklaverei fest, die Thomas von Aquin ausdrücklich gerechtfertigt, Aegidius von Rom geradezu als «christliches Institut» gefeiert hat. Im katholischen Mittelalter, als die Kirche ein Drittel Europas besaß und von hörigen Bauern bearbeiten ließ, kostete zeitweise ein Pferd fast dreimal soviel wie ein «Landsklave». Und im katholischen Lateinamerika zahlte man in der frühen Neuzeit bis zu achthundert Indianer für ein einziges Pferd!

Überhaupt Lateinamerika. Ein wunderbares Beispiel christlicher Nächstenliebe!

Einst hatte Papst Alexander VI., Vater von neun, mit mehreren Mätressen gemachten Kindern und passionierter Liebhaber einer eignen, noch sehr jungen Tochter, durch die Bulle «Inter coetera» vom 4. Mai 1493 den neuen Kontinent den Spaniern und Portugiesen geschenkt, obwohl er ihm natürlich gar nicht gehörte! Sie eroberten das Land unter dem Schlachtruf «Sant Jago», der dauernden Anrufung der Allerheiligsten Jungfrau Maria, zahlreicher weiterer Heiliger, dem täglichen Feiern Heiliger Messen, unter der Kreuzesfahne und den Bildern der Madonna, wobei sie die Indios – «sprechende Tiere», nach dem spanischen Hofprediger Gregorio, in Wirklichkeit ein Volk hoher, selbst von einem Albrecht Dürer noch im Superlativ bestaunter Kultur – weit weniger schonten als Tiere. «Wollte Gott, sie hätten sie nicht grausamer als ihr Vieh behandelt!» rief der spanische Dominikaner und Bischof Bartolomé de Las Casas, der als Augenzeuge in Haiti, Kuba, Nicaragua, Guatemala, Peru und Mexiko fast ein halbes Jahrhundert lang das betrachtete und beschrieb, was 1979 Papst Johannes Paul II. in Lateinamerika immer wieder als «Evangelisierung» zu rühmen liebte, – «sie achteten sie nicht höher, ja noch weit geringer als den Kot auf den Straßen». Während sie das eröffneten, was Herr Wojtyla «die Zeit des Heiles» nannte, «das Reich Gottes», «das erste

282   Ist Kirchenbeschimpfung überhaupt möglich? (1986)

internationale Recht», hetzten sie die Einheimischen mit
Hunden, die sie mit lebend zerfetzten Indianerbabys fütter-
ten, schnitten sie ihnen hundertweise Hände, Nasen, Lip-
pen, Brüste ab, rösteten sie überm Feuer, knüpften sie in
Reihen an Galgen auf, zerrissen sie zwischen Pferden oder
Kanus, pulverisierten sie vor Kanonenmündungen. Zwölf
bis fünfzehn Millionen Indios wurden so nach Bischof Las
Casas in vierzig Jahren massakriert. Und dreißig bis vierzig
Millionen krepierte Neger kamen noch dazu! Hauptziel laut
Eroberer Cortez: «Ausbreitung des katholischen Glaubens.»
Für solche und weitere «Evangelisierung» hatte der von Jo-
hannes Paul II. 1980 selig gesprochene Jesuit José de An-
chieta, der «Pionier der Evangelisierung», so der Papst,
«das Modell für ganze Generationen von Missionaren», die
Parole ausgegeben: «Schwert und Eisenrute sind die besten
Prediger!»

In diesem, von katholischen Raubmördern und Marien-
brünstigen eroberten Südamerika – wo noch 1812 der Jesuit
del Coronil den gegen die aufständischen Venezolaner aus-
rückenden Truppen befahl: «Bringt alles um, was älter ist als
sieben Jahre!» – bildete die Kirche, «die erste Instanz, die sich
für Gerechtigkeit einsetzte und die Rechte der Menschen»
(Wojtyla), das eigentliche Fundament der «Ordnung», der
Großfinanz, der latifundären und halbfeudalen Kolonialme-
thoden, entsetzlicher Verhältnisse. Und während sie selbst
beinah allmächtig war, immens reich, während viele Klöster
riesige Ländereien besaßen, Jesuiten und Franziskaner Sklaven fast wie Viehherden züchteten, während die katholischen Herren eingefangene Indios zur Finanzierung von
«Gotteshäusern» versteigerten, Tischorchester von dreißig
Mann unterhielten und zuweilen der Sklavenhände sogar
zum Pissen sich bedienten und zum Scheißen, verkam die
Masse der Katholiken, Generation um Generation, in Dreck
und Elend. Und heute herrschen in Lateinamerika, wo bald
die Hälfte aller Katholiken leben wird, Analphabetismus,

Ist Kirchenbeschimpfung überhaupt möglich? (1986)   283

chronische Unterernährung, Mord, Totschlag, vegetieren
Menschen, wie der Adenauer-Verwandte und erste Präsident des Weltbundes katholischer Unternehmerverbände,
Peter Werhahn, einmal sagte, «die von einem Misthaufen leben, auf den andere Leute ihren Abfall schütten», heute
scheinen diese Länder dem Kommunismus zuzufallen – alles
dank christlicher Nächstenliebe durch ein halbes Jahrtausend! «Wie ist es möglich», fragte Katholik Werhahn, «daß in
einem Kontinent, der so naturreich ist, in diesem Kontinent,
in dem eine katholische Bevölkerung jahrhundertelang gelebt hat, ein solches Maß von Unrecht existiert?» Und fand
«in dem Katholizismus, wie er sich historisch in Südamerika
entwickelt hat, auch die Ursache . . .».

Kurz bevor der katholische Geistliche Giuliano Francesco
Giovanni Patrizio Ferrari, nach mehreren Mordversuchen
auf ihn, am 3. Juli 1980 in einem leeren Abteil des Schnellzugs
Genf–Paris tot aufgefunden wurde, verfaßte er für ein von
mir projektiertes Buch einen Beitrag über Lateinamerika.
Darin schreibt Ferrari, der in Oxford, Rom, Innsbruck und
Tübingen Theologie, Philosophie, Neuphilologie und Volks-
wirtschaft studiert hatte, in Europa kaufmännisch, in Lateinamerika für die Kirche tätig, mit etwa fünfzig Kardinälen bekannt, mit einigen der namhaftesten der Kurie, Tisserant
und Bea, befreundet war, ebenso mit dem ermordeten Erzbischof Romero: «In Lateinamerika leben die Bischöfe in Palä-
sten, kontrollieren die Zeitungen, vertreten die Politiker, die
das Volk ausbeuten, und benützen die Vermögenswerte, die
sie von ihren Kirchen ziehen, dazu, ihre bevorzugten ‹Armen› auszustatten oder zu anderen sehr dubiosen politischen und kirchlichen Zwecken. Während meiner Anwesen-
heit in Lateinamerika verbrachten die Geistlichen aller Ränge
ihre Zeit damit, Geldsammlungen zu veranstalten; vom Ergebnis behielten sie, wenn sie z. B. zehntausend Dollar erhalten hatten, viertausend für sich, und für den Zweck, für den
die Spende erhoben worden war, wurden am Ende noch

zweitausend Dollar ausgegeben ... Was sich in die religiösen Gemeinden in Lateinamerika an Mitteln ergießt, wird in großen Summen auf die iberische Halbinsel und nach Italien und an den Vatikan überwiesen. Hätten die Leute vom Reichtum der Bischöfe oder der Religionsgemeinden auch nur die leiseste Ahnung, dann würde niemand mit Verstand in Zukunft irgendeine weitere Zuwendung, welcher Art auch immer, leisten ...»

Als Ferrari, mit Kurienkardinal Tisserant Begründer der «Gottesgesellschaft für die Menschheit» (La Sociedad de Dios para la Humanidad, SDH), einmal «im Jet irgendwo über den amerikanischen Kontinenten» ein Mitreisender fragte: «Was tun Sie denn eigentlich?», sagte er: «Ich arbeite beim größten und schmutzigsten Geschäftsunternehmen der Welt», und antwortete, gefragt, wen er damit meine, unterm donnernden Gelächter der Zuhörer: «Die katholische Kirche.»

Originell war das nicht. Hatte sie doch längst auch Karl Kautsky zur «riesenhaftesten Ausbeutungsmaschine der Welt» erklärt.

Im protestantischen England, das bis ins 18. Jahrhundert Sklaven hielt, wo noch zu Schopenhauers Zeiten «zwei Drittel der Nation nicht lesen können», behandelten Klerus und Großagrarier den christlichen Bauern schlechter als alle Stalltiere. Noch im späten 19. Jahrhundert war er halb so gut genährt und hatte doppelt soviel zu arbeiten wie die Insassen der englischen Zuchthäuser. 1840 beträgt die durchschnittliche Lebensdauer der Arbeiter in Liverpool fünfzehn Jahre. In Manchester stirbt mehr als die Hälfte der Arbeiterkinder vor dem fünften Lebensjahr. In Irland verhungert 1846 über eine Million Christen. Zwei Millionen wandern vor Elend aus. Die englische Hochkirche aber war enorm reich und verzieh, so Marx, «eher den Angriff auf 38 von ihren 39 Glaubensartikeln als auf $\frac{1}{39}$ ihres Geldeinkommens».

Die russisch-orthodoxe Kirche besaß ein Drittel von ganz

Rußland bis 1917 – ein großer Teil der christlichen Russen aber lebte in lebenslanger Armut, weit schlechter als unter dem jetzigen atheistischen Sowjetregime, mit dem die russische Orthodoxie kollaboriert.

In Europa ist die christliche Kirche noch heute der größte Grundbesitzer, gehören ihr noch immer viele Millionen Hektar Land, in einigen Staaten fast zwanzig Prozent aller Felder. Auch sind vatikanische und andere geistliche Kreise, teilweise führend, an einer Fülle riesiger Industriekonzerne beteiligt, von europäischen Automobil- und Luftfahrtunternehmen bis hin zur Rüstungsindustrie der USA – indes gleichzeitig wiederum Millionen ihrer Gläubigen tief unter dem Lebensstandard selbst noch des niedersten Klerus leben, nicht zuletzt im Land des Papstes oft im nackten Elend. Ist doch überhaupt, kein Zufall, in Europa wie Amerika, gerade in katholischen Ländern der Kommunismus am stärksten.

Erscheint nun aber angesichts solcher gewiß grob skizzierten, doch fast endlos zu vermehrenden und im Detail noch viel fürchterlicheren Fakten die christliche Nächstenliebe wirklich mehr als «Kalauer» und «Phrase»? Für den synoptischen Jesus hat die Nächstenliebe – wie alles im Christentum schon vor ihm da – besondere Bedeutung. Ein außerkanonisches Jesuswort lautet geradezu: «Sahst du deinen Bruder, so sahst du deinen Gott», ja, bei den jüdischen Zeitgenossen des Galiläers konnte sogar der Eindruck entstehen, die Liebe zum Nächsten sei für ihn wichtiger als die zu Gott.

Wie bekannt jedoch in und außerhalb des Christentums das Gebot der Nächstenliebe ist, sehr viel weniger kennt man seine einzig authentische, weil logisch einzig überzeugende Interpretation, den Satz des Heiligen und Kirchenlehrers Basilius: «Wer den Nächsten liebt wie sich selbst, hat nicht mehr als der Nächste!» So gesehen, und dies ist ganz genau gesehen, existiert eine christliche Nächstenliebe offenbar (so gut wie) nirgends auf der Welt. Vielmehr ist so gesehen ge-

286   Ist Kirchenbeschimpfung überhaupt möglich? (1986)

wöhnlich immer weniger Nächstenliebe vorhanden, je mehr ein Christ besitzt.

Selbstverständlich gibt es solche Nächstenliebe auch keineswegs in christlichen Klöstern, von denen mitunter ein einziges Kloster einen Jahresumsatz von einhundert Millionen Schweizer Franken hat. Selbstverständlich gibt es eine solche Nächstenliebe auch nicht bei den sogenannten Bettelorden, gibt es sie, zum Beispiel, nicht bei Jesuiten, die das Gelübde der Armut ablegen, doch im frühen 20. Jahrhundert ein Drittel des gesamten spanischen Kapitals kontrollieren, oder die im späten 20. Jahrhundert die größte Privatbank der Welt, die Banc of America, mit einundfünfzig Prozent besitzen. Selbstverständlich gibt es eine solche Nächstenliebe erst recht nicht und am allerwenigsten im Vatikan, wo einer der meistverehrten «Stellvertreter Christi» unserer Zeit, Papst Pius XII., 1958 mit einem *Privat*vermögen von achtzig Millionen DM in Valuten und Gold starb – indes seine drei Neffen, die Fürsten (durch Mussolinis Gunst!) Marcantonio, Carlo und Giulio Pacelli, sämtlich Großwürdenträger des «Heiligen Stuhles» sowie Präsidenten und Aufsichtsräte maßgeblicher Banken und Monopolgesellschaften und an fast allen großen italienischen Finanzskandalen der Nachkriegszeit beteiligt, womit das Land des Papstes ja gesegnet ist wie kaum ein zweites, indes die drei Nepoten unter den Fittichen des engelgleichen Oheims, Pastor angelicus, eines Menschen, schwärmte Reinhold Schneider, wie ein Lichtstrahl, sich rund einhundertzwanzig Millionen DM in die fürstlich katholischen Taschen stopften.

Vor solchen Hinter- und Untergründen einer Kirche und Religion, angesichts solcher Tatsachen, die ich seit einem Vierteljahrhundert in Büchern, Aufsätzen, Vorträgen, Diskussionen, Interviews im In- und Ausland verbreite – gänzlich unwidersprochen übrigens von kirchlichen Kreisen! –, erhebt sich doch für jeden redlich Denkenden die Frage, wer da eigentlich wirklich schuldig, verwerflich, verdammens-

Ist Kirchenbeschimpfung überhaupt möglich? (1986)

wert ist, der hier vor Gericht Gestellte, der bei einer derart praktizierten Nächstenliebe – und weltweit ist es, alles in allem, mutatis mutandis nicht anders – von «Phrase» und «Kalauer» spricht, oder jene, die sie durch Jahrtausende an exponiertesten Stellen verkünden – und schamlos verraten.

Zu fragen wäre auch, ob die beanstandeten Worte «Bespitzelung», «Trick», «Kalauer», «Phrase» – völlig unabhängig von den pars pro toto genannten historischen Befunden – überhaupt, wie die Anklage behauptet, «besonders grob verletzend» und geeignet sind «zu beschimpfen»? Als Schimpfworte jedenfalls werden sie wohl in keinem deutschen Lexikon geführt – doch führen sie ungezählte Deutsche Tag um Tag für alles mögliche im Mund, selbstverständlich auch unsere Politiker, in wie außerhalb des Parlaments. Und sehr wunderte es mich, fühlte sich dadurch jemand sonderlich getroffen, beleidigt gar, oder hätte man deshalb hier auch nur einen Menschen strafverfolgt – es sei denn veranlaßt durch jene eben, die ihre Nächstenliebe, ihre Feindesliebe drängt und die damit, wie durch diese Denunziation, nichts als ihre Liebe bekunden. Deren einstiger Ausdruck, Tortur, Scheiterhaufen, die ultima ratio theologorum, ist nicht mehr möglich (oder noch nicht wieder), aber § 166.

Niemand kann den Unterschied verkennen; niemand jedoch, der Geschichte treibt und Kirchengeschichte, kann auch verkennen, daß man die mildere Verfolgungsform, die immerhin noch eine Laufbahn und somit ein Leben zu zerstören vermag, nicht den Verkündern der Nächsten- und Feindesliebe verdankt. Früher bespritzten diese ihre Opfer auf der Wippe, dem Folterbock, dem glühenden Rost, in der Daumenschraube, den Spanischen Stiefeln et cetera, et cetera noch mit Weihwasser, ehe sie die Unglücklichen vor ganzen Haufen ihrer schaulustigen Schäflein lebendigen Leibes verbrennen und dazu «Großer Gott, wir loben dich ...» singen ließen. Heute stehen sie, während der Staat ihre Interessen vertreten muß, dezent im Hintergrund, mit Genugtuung vermutlich nicht nur, sondern voller nostalgischer Gedanken auch an feurigere Zeiten.

Die Staatsanwaltschaft selber dagegen scheint die schon mehrfach erwähnten, von ihr inkriminierten Wendungen unseres Beschuldigten nicht besonders gravierend zu empfinden. Zumindest verwendet sie darauf nur ganze fünfeinhalb Zeilen der Anklage. Auch sonst, dies muß gewürdigt werden, geht sie gelassen über eigentlich sehr viel schärfere Vorwürfe hinweg; etwa wenn der Denunzierte von der «vernunftverheerenden Wirkung» der christlichen Kirchen spricht, ihrem «vernichtenden Einfluß auf die menschliche Intelligenz und das menschliche Lebensglück», ihrem «Verdummungsmonopol», «religiösen Wahn», ihrem «einmaligen Rekord an Folter- und Mordopfern». Dies alles darf nach dem Leitenden Oberstaatsanwalt der Staatsanwaltschaft Bochum anscheinend gesagt werden. Und es stimmt ja auch.

Den eigentlichen Grund seines Einschreitens hingegen, so kann man vermuten, bildet wohl die Äußerung des Angeklagten, die Kirche sei die «größte Verbrecherorganisation aller Zeiten». «Diese Behauptung», heißt es dazu in der Anklageschrift, «wird zwar im Textzusammenhang aus allgemein bekanntem, schwerwiegendem Unrecht hergeleitet, das im Laufe der Kirchengeschichte unter Beteiligung oder Duldung kirchlicher Stellen tatsächlich begangen worden ist. Aus dem Begründungszusammenhang folgt aber eindeutig, daß die erwähnte Bezeichnung auf die Kirchen in ihrer heutigen Konstitution und Wirkung abzielt. Die Gleichsetzung der christlichen Kirchen in ihrer heutigen Ausgestaltung mit dem größten organisatorischen Zusammenschluß von Menschen zum Zwecke der Begehung von Verbrechen diffamiert das Wirken der kirchlichen Amtsträger; sie ist aber auch ein schwerer Vorwurf gegen alle Kirchenmitglieder.»

Auf die Vergangenheit gemünzt, scheint also offenbar selbst der Staatsanwaltschaft die Behauptung «größte Verbrecherorganisation aller Zeiten» – siehe besonders «zwar» im zitierten ersten, «aber» im zweiten Satz – nicht unbegründet und somit nicht unberechtigt auch. Das ehrt sie, ehrt sie nicht nur in meinen Augen.

Für «die Kirchen in ihrer heutigen Konstitution und Wirkung» freilich verwirft die Staatsanwaltschaft die Behauptung «größte Verbrecherorganisation aller Zeiten», ja hält sie für justitiabel. Doch umschlösse der vorstehend zitierte Zeitbegriff «heutig» bloß die gegenwärtige Generation, wären von dem vernichtenden Vorwurf des Angeklagten nur rund ein Sechzigstel der Kirchengeschichte ausgenommen und neunundfünfzig Sechzigstel nicht. Das spräche für sich und bedürfte kaum noch eines Kommentars. Doch selbst wenn wir den Begriff «heutig» nicht pressen, nicht zu eng begrenzen, wenn wir die Gegenwart auf die letzten zwei Generationen, ja, großzügig, auf das ganze 20. Jahrhundert ausdehnen, gälte das furchtbare Verdikt immer noch für neunzehn Zwanzigstel der Kirchengeschichte und nur für ein Zwanzigstel nicht – falls die Einschränkung der Staatsanwaltschaft zu Recht besteht.

Besteht sie aber zu Recht?

Vordergründig, bloß unmittelbar tagesbezogen betrachtet, im Hinblick auf die christliche Umgebung der meisten von uns, gewiß. Denn kennen wir nicht alle seelengute Christen? Kennen wir nicht alle Ordensschwestern, die sich Tag und Nacht aufopfern für ihre Kranken? Kennen wir nicht alle Dorf- und Stadtpfarrer, die sich für ihre Gemeinde verzehren? Ich selber verdanke einem katholischen Geistlichen viel, einige der schönsten Erinnerungen meines Lebens. Er betete für mich täglich bis zu seinem Tod, was mich oft bewegt hat, doch mein Urteil über seine Kirche natürlich kein Jota ändern konnte und kann. Jede Religion lebt auch davon, daß ein Teil ihrer Diener mehr taugt als sie. Und die guten Christen sind am gefährlichsten – man verwechselt sie mit dem Christentum.

290 Ist Kirchenbeschimpfung überhaupt möglich? (1986)

Nicht von den Ausnahmen her darf eine Religion, eine Kirche, bewertet werden, nicht einmal vom Durchschnitt ihres Anhangs, von der Regel ihrer Priester, sondern allein vom Durchschnitt, von der Regel ihrer führenden Priester. Denn nur sie, die faktischen Machthaber, bestimmen die Politik, die Geschichte und damit das Schicksal der Menschen maßgeblich mit. Und sie, die Führer des Christentums, besonders des Katholizismus, haben auch und gerade unser Jahrhundert entscheidend mitgeprägt, buchstäblich verheerend, ja, in der Tat derart, daß die zur Debatte stehende Äußerung des Angeklagten auch angesichts dieser Zeit keineswegs so abwegig erscheint. Im Gegenteil: Rein quantitativ betrachtet ist die christliche Kirche, ist insbesondere die römisch-katholische Kirche mehr belastet als in irgendeiner früheren Epoche ihrer Geschichte, weil eben auch im 20. Jahrhundert, um es mit den zurückhaltenden, dennoch deutlichen Worten der Anklageschrift zu sagen, schwerwiegendes Unrecht «unter Beteiligung und Duldung kirchlicher Stellen tatsächlich begangen worden ist».

Der Vatikan nämlich hat alle faschistischen Regimes in den zwanziger, dreißiger und vierziger Jahren mitetabliert. Und die katholische Hierarchie hat sämtliche faschistischen Staaten von ihren Anfängen an systematisch unterstützt. Dadurch aber wurde die römisch-katholische Kirche entscheidend mitschuldig am Tod von etwa sechzig Millionen Menschen. Sie war nicht nur der Förderer Francos, Mussolinis, sondern auch Hitlers. Sie war der Freund selbst dieses exorbitanten Verbrechers, war sogar, repräsentiert durch den Papst, sein erster und bester Freund. Denn: «Papst Pius XI.», bekannte kein anderer als Kardinal Faulhaber von München 1936 in einer Predigt (Hervorhebungen von mir), «hat *als erster Souverän des Auslandes* mit der neuen Reichsregierung im Reichskonkordat einen feierlichen Vertrag abgeschlossen, von dem Wunsche geleitet, ‹die zwischen dem Heiligen Stuhl und dem Deutschen Reich bestehenden freund-

Ist Kirchenbeschimpfung überhaupt möglich? (1986)

schaftlichen Beziehungen zu festigen und zu fördern›.» Ja: «*In Wirklichkeit*», sagte der nun als Widerstandskämpfer geltende Kardinal, nach dem heute Straßen und Plätze heißen, «*ist Papst Pius XI. der beste Freund, am Anfang sogar der einzige Freund des neuen Reiches gewesen.* Millionen im Ausland standen zuerst abwartend und mißtrauisch dem neuen Reich gegenüber und haben erst durch den Abschluß des Konkordats Vertrauen zur neuen deutschen Regierung gefaßt.»

Da der Papst aber, der ja ein Jahrzehnt zuvor schon den italienischen Faschismus immer massiver protegierte, sich jetzt auch für den Führer des Nationalsozialismus entschied, blieb dem Episkopat in Deutschland nichts anderes übrig, als ihm zu folgen. Dabei haben die deutschen katholischen Bischöfe, um bloß sie jetzt zu nennen, jedoch keinesfalls nur 1933 Hitler begünstigt und in dessen Herrschaft in ihrem gemeinsamen Hirtenbrief vom Juni «einen Abglanz der göttlichen Herrschaft und eine Teilnahme an der ewigen Autorität Gottes» erblickt. Nein, sie standen auch in allen folgenden Jahren zu ihm, sogar mit zunehmender Intensität, was Hunderte sogenannter Hirtenbriefe und Bistumsblätter bezeugen, auch wenn hier der Nachweis fehlt. Der steht in meinen beiden Bänden über die Politik der Päpste im 20. Jahrhundert. Doch sei wenigstens betont, daß *alle* deutschen (und österreichischen) Bischöfe, selbstverständlich auch die angeblichen «Widerstandskämpfer» Galen und Faulhaber, noch am 26. Juni 1941 die deutschen Katholiken nachdrücklich aufriefen, den Hitlerkrieg zu unterstützen, «einen Krieg von nie gekannten Ausmaßen», wie sie selbst schrieben, einen Angriffskrieg noch dazu, den ihre eigne Kirchenlehre verbietet, wobei sie, im selben Atemzug, «zu treuer Pflichtenerfüllung, tapferem Ausharren, opferwilligem Arbeiten und Kämpfen» aufstachelten und ohne Scham den Deutschen, Millionen künftige Schlachten- und Bombenopfer darunter, beteuerten: «möge die trostvolle Gewißheit euch stärken, daß ihr damit dem heiligen Willen Gottes folgt ...»!

Oh, die Hirten, die Oberhirten – «Weide meine Lämmer!» «Ja gewiß!» schreibt der von Hitlerschergen am Schreibtisch erschossene Jude Theodor Lessing. «Aber stellt Euch doch einmal die Frage, wozu und aus welchen Beweggründen der gute Hirte für seine Herde das Nachdenken besorgt? Erstens: weil er sie scheren will. Zweitens: weil er sie fressen will.»

Schon am 10. Dezember 1941 bekannten *alle* katholischen Oberhirten Deutschlands (und Österreichs), natürlich abermals auch die «Widerstandshelden» Galen und Faulhaber: «Wir haben immer wieder [!] und noch im Hirtenbrief des Sommers unsere Gläubigen zu treuer Pflichterfüllung, zu tapferem Ausharren, opferbereitem Arbeiten und Kämpfen im Dienste unseres Volkes in schwerster Kriegszeit eindringlichst [!] aufgerufen. Mit Genugtuung verfolgen wir den Kampf ...»

«Mit Genugtuung» verfolgten somit alle deutsch-österreichischen Bischöfe den Hitlerkrieg, wie sie samt und sonders versicherten; «immer wieder» und «eindringlichst» riefen sie alle zum Kämpfen in diesem Krieg auf, wie sie wieder gemeinsam bezeugen; zur Führung eines Krieges «von nie gekannten Ausmaßen», wie sie abermals in corpore erklären. Und nun wollen sie schon vierzig Jahre lang «Widerstandskämpfer» gewesen sein!

Was waren sie in Wirklichkeit?

Wenn nicht nur ein kleiner Raubmörder, der einen einzigen Menschen tötet, Verbrecher ist, sondern auch der Helfershelfer eines Raubmörders – und wir alle zögern kaum, nicht bloß den Raubmörder, sondern auch seinen Helfershelfer Verbrecher zu nennen –, was sind dann Leute, die einen millionenfachen Raubmörder unterstützen? Sind diese Leute dann nicht millionenfach schuldig? Sind sie es nicht um so mehr, je einflußreichere Ämter sie bekleiden? Je wirkungsvollere Beihilfe sie leisten? Je größer – wie unverdient immer – ihr Ansehen beim Volk ist, das sie in den Tod hetzen? Und hatte nicht auch Papst Pius XII. 1939 erklärt, daß der «Führer» das legale Oberhaupt der Deutschen sei und jeder sündige, der ihm den Gehorsam verweigere? Hatte er nicht seinerzeit von den Millionen Katholiken in den deutschen Heeren gesagt: sie haben geschworen, sie müssen gehorsam sein? Hatte er nicht gleich durch zwei Nuntien übermitteln lassen, er «wünsche dem Führer nichts sehnlicher als einen Sieg...»?

Ich wiederhole: Rein quantitativ gesehen ist die katholische Kirche im 20. Jahrhundert mehr durch Verbrechen belastet als in irgendeinem früheren Jahrhundert ihrer Geschichte. Daß sie darüber hinaus aber seit wenigen Jahrzehnten durch eine Blutschuld gebrandmarkt wird, die an Scheußlichkeit hinter den schlimmsten Massakern des katholischen Mittelalters nicht zurücksteht, sie eher übertrifft, sei abschließend erhärtet – wobei es mir bezeichnend scheint, daß der grauenhafteste Skandal des Christentums im 20. Jahrhundert bis heute das unbekannteste Geschichtsfaktum in der christlichen Welt geblieben ist.

Ich spreche von den katholischen Blutorgien im sogenannten «Unabhängigen Staat Kroatien» unter Ante Pavelić zwischen 1941 und 1943.

Denn damals fielen dort einem katholischen Kreuzzug gegen die serbisch-orthodoxen Christen zweihundertneunundneunzig orthodoxe Kirchen zum Opfer. Die Katholiken haben sie ausgeraubt, vernichtet, viele auch zu Warenhäusern gemacht, öffentlichen Toiletten und Ställen. Von den zwei Millionen orthodoxen Serben dieses Staates wurden zweihundertvierzigtausend zum Katholizismus zwangsbekehrt – angeblich «ohne den geringsten Druck der zivilen oder religiösen Behörden» («Osservatore Romano»). In Wirklichkeit wurde nicht nur eine Viertelmillion Menschen mit Gewalt katholisch gemacht, sondern auch eine dreiviertel Million orthodoxer Serben durch Katholiken ermordet;

294   Ist Kirchenbeschimpfung überhaupt möglich? (1986)

nach niedrigster, doch vielleicht noch ernst zu nehmender
Schätzung: sechshunderttausend, nach höchster: annähernd
eine Million.

Dabei starben viele dieser Männer, Frauen, Kinder oft
schlimmer als jedes Vieh. Man jagte sie auf Straßen und Fel-
dern, in Häusern und Wäldern wie Wild auf der Treibjagd.
«Jagd heute ergiebig. Insgesamt fünfhundert», meldete der
Ustascha-Kommandant von Vojnić. Man rottete ganze Dörfer aus, erschoß Menschen massenweise, man erschlug sie
mit Äxten, warf sie in Flüsse, Abgründe, ins Meer. Man
trieb sie in Kirchen, schlachtete sie und verbrannte sie darin
lebendig. Man folterte sie auf alle mögliche Weise, bevorzugt bei nächtlichen Orgien, man spießte sie auf, pfählte,
vierteilte sie, hängte gelegentlich ihr Fleisch in Metzger-
läden. Man stach Orthodoxen lebend die Augen aus, schnitt
ihnen lebend die Ohren, die Nase ab, man begrub sie lebendig, erwürgte, köpfte, kreuzigte sie. In Kosinj ließ man eine
Mutter mit einer Schüssel das Blut ihrer vier Söhne auffan-
gen.

Der orthodoxe Patriarch Dr. Dožić und die Bischöfe Dr.
Velimirović und Dr. Djordjević wurden verhaftet und verschwanden bis 1945 von der Bildfläche.

Fünf weitere orthodoxe Bischöfe ermordete man. Der acht-
zigjährige Metropolit von Sarajewo, Petar Simonić, wurde erwürgt, indes der katholische Erzbischof der Stadt, Ivan Šarić,
Oden zu Ehren des Pavelić, «des angebeteten Führers»,
schrieb. Dem einundachtzigjährigen Bischof Platov aus
Banja Luka beschlug man die Füße wie einem Pferd und
zwang ihn, so lang zu gehen, bis er ohnmächtig zusammen-
brach; dann stach man ihm, während auf seiner Brust ein
Feuer brannte, die Augen aus, schnitt seine Nase und Ohren
ab und gab ihm den Todesstoß. In Zagreb, Kroatiens Haupt-
stadt, wo Primas Stepinac und der Päpstliche Legat Marcone
residierten, folterte man den orthodoxen Metropoliten Dositej so, daß er wahnsinnig wurde. Auch mindestens dreihun-

dert orthodoxe Priester liquidierte man, zum Teil auf fürchterliche Weise, wie den Priester Dušan Subotić oder den Priester Branko Dobrosavljević, dem man das Haar ausriß, den Bart, die Haut abzog, die Augen heraussäbelte, wobei man seinen kleinen Sohn vor ihm buchstäblich in Stücke schnitt.

Der katholische Terror schockierte selbst die Faschisten. Insgesamt sollen sechshunderttausend Menschen durch italienische Truppen gerettet worden sein, darunter einige tausend Juden, die man ebenfalls total entrechtete und nach Auschwitz deportierte. Doch griffen auch deutsche Truppen wiederholt die mit ihnen verbündeten katholischen Kroaten an, um die orthodoxen Serben zu schützen. Ja, die Schlachtfeste der Katholiken in «Groß-Kroatien» waren derart grauenhaft, daß auch hohe deutsche Stellen protestierten, Diplomaten, Generäle, Parteileute, sogar der Sicherheitsdienst der SS. Schließlich ließ auch Naziaußenminister von Ribbentrop in Zagreb das stärkste Befremden der Reichsregierung wegen «ungeheurer Ausschreitungen» übermitteln. Und selbst Hitler erklärte: «Ich werde mit diesem Regime schon einmal Schluß machen – aber nicht jetzt!»

Denn dieses Regime – Wahrzeichen und Kampfmittel «Bibel und Bombe nebeneinander» – war von seiner ersten bis zu seiner letzten Stunde ein durch und durch katholisches Regime und eng mit der katholischen Kirche verbunden.

Sein Diktator, der Poglavnik Ante Pavelić, schon vor Antritt seiner Schreckensherrschaft wegen Mord von Jugoslawien und Frankreich in Abwesenheit zum Tod verurteilt, dann sogleich, so die Londoner Wochenzeitschrift «New Review», «einmütig als der größte Verbrecher des Jahres 1941 betrachtet», wurde von Primas Stepinac «ein ergebener Katholik», von Papst Pius XII.«ein praktizierender [!] Katholik» genannt, dies noch 1943; er wurde vom «Heiligen Vater» auch im Vatikan empfangen, mit den besten Wünschen für die «weitere Arbeit» wieder verabschiedet und von ihm noch auf dem Totenbett gesegnet. Hunderte von Fotos zeigen den durch Hitler und Mussolini gestützten Staats-, Regierungs- und Parteichef, der, wie Erzbischof Stepinac betonte, der Kirche «volle Aktionsfreiheit» gab, zwischen Bischöfen, Priestern, Mönchen und Nonnen. Er hatte eine eigene Kapelle in seinem Palast, einen eigenen Beichtvater, und vielleicht, eine Vermutung, beichtete er auch oft, wie, nach Voltaire, gewisse fromme französische Fürsten beichteten, «sobald sie ein großes Verbrechen begangen hatten, und sie beichteten oft, so wie die Feinschmecker Medizin einnehmen, um größeren Appetit zu bekommen ...». Ein Priester war auch Erzieher seiner Kinder. Zahlreiche Kleriker, darunter der Erzbischof von Sarajewo, Ivan Šarić, gehörten zu seiner Partei, den Ustaschen, die ständig die Worte Gott, Religion, Papst, Kirche im Mund führten. Die Ustascha-Kapläne schworen Gehorsam vor zwei Kerzen, dem Kruzifix, einem Dolch und Revolver. Bischöfe und Priester saßen im Sobor, dem Ustascha-Parlament. Geistliche dienten als Offiziere in Pavelićs Leibwache.

Die katholische Presse des Landes feierte bei jeder Gelegenheit «das neue und freie Kroatien als einen christlichen und katholischen Staat», sah «das Kroatien Gottes und Marias aus alten Zeiten» wiedererstanden, sah «Christ und Ustaschen, Christ und Kroaten ... zusammen durch die Geschichte» marschieren, beteuerte dem von Gott gesandten Pavelić die Loyalität und pries Adolf Hitler als «Kreuzfahrer Gottes». «Gott, der die Geschicke der Nationen lenkt und die Herzen der Könige regiert, hat uns Ante Pavelić gegeben und den Führer ... Ruhm sei Gott, unsere Dankbarkeit Adolf Hitler und unendliche Treue unserem Poglavnik, Ante Pavelić.»

Wie man das «Kroatien Gottes und Marias» herstellen, wie man «missionieren» wollte, wurde frei heraus gestanden. So forderte das Bistumsblatt des Erzbischofs Šarić, den Katholizismus zu verkünden «mit Hilfe von Kanonen, Maschinengewehren, Panzern und Bomben». Und Unterrichtsminister

Mile Budak, der auch bekannte: «Alle unsere Taten gründen sich auf die Treue zu der Religion und zur katholischen Kirche», erklärte offen: «Wir töten einen Teil der Serben, wir vertreiben einen anderen, und der Rest, der die katholische Religion annehmen muß, wird in das kroatische Volk aufgenommen werden.» Das entsprach genau dem Pravoslavenrezept (zur Lösung des Serbenproblems) von Pavelić selbst: «Ein Drittel muß katholisch werden, ein Drittel muß das Land verlassen, ein Drittel muß sterben!»

Nur den letzten Programmpunkt vermochten die katholischen Kreuzritter ganz zu verwirklichen, wobei ein Teil des Klerus auch aktiv mithalf.

Geistliche, besonders Jesuiten, mehr noch Franziskaner, führten bewaffnete Mordbanden an, organisierten Massaker, brüllten: «Nieder mit den Serben!» Sie gaben zu, «oft nach dem Maschinengewehr» zu greifen; verkündeten, es sei «die Zeit gekommen für den Revolver und das Gewehr», es sei «keine Sünde mehr, ein siebenjähriges Kind zu töten, wenn es gegen die Gesetzgebung der Ustaschen verstößt». «Alle Serben in möglichst kurzer Zeit zu töten», das proklamierte der Franziskaner Šimić, ein Militärvikar der Ustaschen, gegenüber dem italienischen General der «Sassari-Division» am 21. Mai 1941 als «unser Programm». Der Franziskaner Hermenegildo alias Častimir Hermann initiierte, zusammen mit dem Justizminister Mirko Puk, ein Blutbad in der Kirche von Glina (Bosnien), die man acht Tage lang in einen Schlachthof verwandelte. «Die Uniformen der Schlächter mußten gewechselt werden, weil sie vom Blute durchnäßt waren. Man findet später aufgespießte Kinder mit noch vor Schmerz gekrümmten Gliedern.»

Franziskaner waren auch Henker in Konzentrationslagern, die im «Unabhängigen Staat Kroatien», im «Kroatien Gottes und Marias», nur so aus dem Boden schossen. Das Konzentrationslager Jasenovac, berüchtigt wegen seiner Massenenthauptungen – etwa zweihunderttausend Serben

298 Ist Kirchenbeschimpfung überhaupt möglich? (1986)

und Juden kamen darin um –, hatte zeitweise den Franziskaner Filipović-Majstorović, genannt «Bruder Teufel», zum Kommandanten. In vier Monaten wurden dort unter seiner Leitung vierzigtausend Menschen beseitigt. Allein der Franziskaner-Stipendiat Brzica hat da in einer Nacht, am 29. August 1942, eintausenddreihundertsechzig Menschen mit einem Spezialmesser geköpft. Erzbischof Stepinac, der im Mai 1943 dem Vatikan ein Memorandum vorlegte, worin er die Verdienste der Ustascha betonte, dankte dabei nicht zufällig dem kroatischen Klerus, «vor allem den Franziskanern».

Alojzije Stepinac, der kroatische Primas, kollaborierte fortgesetzt mit dem Verbrecherregime, war es ihm doch «leicht, die Hand Gottes in diesem Werk zu erkennen». Er forderte vom Episkopat enge Zusammenarbeit mit der Ustascha. Er amtierte seit Januar 1942 als ihr Militärvikar. Er autorisierte das Soldatengebetbuch «Der kroatische Staat», voll von heißen Gebeten für denselben. Er saß auch mit zehn seiner Geistlichen im Ustascha-Parlament. Er ließ die Geburts- und Namenstage von Pavelić, der ihm 1944 das «Großkreuz mit Stern» verlieh, in allen Kirchen feiern und dazu das Tedeum singen. Er rühmte ihn im Vatikan über die Maßen, als Regierungschef, als Katholik, und er rechtfertigte dort nicht nur den kroatischen Staat, sondern auch die «gegen die Juden angewandten Methoden».

Und selbstverständlich wußte man in Rom, wo Stepinac mit Pius XII., mit Staatssekretär Maglione konferierte, mit weiteren Kardinälen und Prälaten, mit dem späteren Papst Montini, genau Bescheid über das «Kroatien Gottes und Marias», «das Königtum Christi». Man ist im Vatikan stets über sehr viel geringere Vorfälle, die ihn betreffen, informiert, wo immer auf der Welt sie sich ereignen, und nun sollte man über die Zwangsbekehrung von zweihundertvierzigtausend Orthodoxen sozusagen in seiner Nachbarschaft nichts gewußt haben und über die Ermordung von einer dreiviertel Million serbischer Christen?

Die italienischen Zeitungen verbreiteten sich damals ganz offen darüber. Erst recht die englische Presse und der englische Rundfunk. Von allen alliierten Regierungen trafen Protestschreiben beim «Statthalter Christi» ein. Selbst die Führer der katholischen Slowenen schrieben in einem Memorandum vom 1. März 1942: «Im Unabhängigen Staat von Kroatien wurden alle orthodoxen Bischöfe und Priester entweder getötet, gefangengesetzt oder in Konzentrationslager geschickt, ihre Kirchen und Klöster zerstört und beschlagnahmt. Es ist das eingestandene Hauptziel der Politiker in Zagreb, die serbische Bevölkerung in Kroatien auszulöschen.» Der katholische Erzbischof von Belgrad, Dr. Ujčić, leitete die «Information über die Massaker ... aus den verschiedensten Quellen ... an den Vatikan weiter». Der New Yorker Erzbischof Spellman, Intimus des Papstes, mit dem er im Frühjahr 1943 in vier langen Audienzen sprach, erklärte damals wiederholt dem kroatischen Ustascha-Vertreter beim Vatikan und Päpstlichen Geheimkämmerer, Fürst Erwin Lobkowicz: «Ihr könnt mir über Eure Angelegenheiten nichts Neues sagen. Ich bin über alles genau informiert.» Der Substitut des Staatssekretariats, Montini, der nachmalige Papst Paul VI., sagte seinerzeit zu Lobkowicz: «Ihr könnt euch nicht vorstellen, wie viele Proteste aus Kroatien selbst kommen wegen der Repressalien der Ustascha-Behörden ... Ist es möglich, daß so große Verbrechen geschehen sind?» Auch Kardinalstaatssekretär Maglione hatte «wenig schöne» Nachrichten aus Groß-Kroatien, verkehrte aber «sehr herzlich» mit dessen Geschäftsträger und ermunterte ihn im Namen des «Heiligen Stuhles», weil für ihn «kroatisch das gleiche bedeute wie katholisch» – eine nur allzu stimmige Identifikation, zumal 1942. Der zweite Mann der Kurie fand in dem Dorado der Mörder vieles «lobenswert», bewiesen doch «die Hochwürdigen Bischöfe» Kroatiens, «wie stark in ihnen das Gefühl für die Verantwortung ist, die unter den gegenwärtigen, so besonders heiklen [!] Umständen auf ihnen lastet ...»

Fast der einzige aus der Kurienprominenz, der dem katholischen Gangsterregiment eher widerstrebend gegenüberstand, war der (in jenen Jahren ziemlich isoliert gehaltene) Kardinal Tisserant. Ustascha-Geschäftsträger Fürst Lobkowicz erklärte ihn zum «Feind!», schrieb, nach Tisserants «Beleidigungen für Kroatien» könne man mit ihm «keine Beziehungen mehr aufrechterhalten» und vergaß nicht zu dokumentieren, daß der «Heilige Vater» die Art, «wie Kardinal Tisserant die politische Lage sieht, nicht teilt . . .».

Der berühmte «Stellvertreter» hatte natürlich auch direkte Kontakte zum kroatischen «Reich Gottes». Nicht nur den Primas Stepinac, der wiederholt im Vatikan erschien. Auch den Theologieprofessor Krunoslav Draganović, Verbindungsmann zwischen Stepinac und der Kurie, Mitglied des Komitees für Bekehrung und Kaplan im «Todeslager» Jasenovac, Pavelićs späteren Begleiter auf seiner Flucht nach Lateinamerika! (Natürlich über Rom!) Auch den Benediktiner Giuseppe Ramiro Marcone, den Pius XII., am Namenstag von Pavelić, mit dem Titel eines Päpstlichen «Visitators» zum Vertreter der Kurie in Zagreb ernannte, wo er bis zum Tag der Einnahme durch Titos Truppen blieb. Selbstverständlich gab es auch ein eigenes Amt für Kroatien im Vatikan. Und schließlich besaß das Staatssekretariat Fotoalben von den Massakern und Massenbekehrungen, angeblich achttausend Fotografien, möglicherweise auch jenes von Italienern gemachte Dokument darunter, das einen Ustaschen zeigte, um dessen Hals zwei Ketten aus menschlichen Zungen und Augen hingen.

Seine Heiligkeit selbst aber gab den Kroaten eine Audienz nach der anderen, Ustascha-Ministern, Ustascha-Generälen, Ustascha-Diplomaten. Der Papst befragte den ersten Geschäftsträger Kroatiens, den Pater Cherubin Šegvić, über «alles», wie dieser mitteilt, «was in Kroatien vorgeht». Er gab dem dritten Geschäftsträger des Regimes, Lobkowicz, seinen «besonderen Segen». Er bemühte sich, «jeder Forderung der Ustascha Genüge zu tun», empfing ihre Repräsentanten mit

Ist Kirchenbeschimpfung überhaupt möglich? (1986)   301

außerordentlichen Ehren und rief im Dezember 1942 bei einer Audienz der Ustascha-Jugend, die an ihren Uniformen das große «U» mit der explodierenden Bombe trug: «Es leben die Kroaten!» Die Serben starben seinerzeit, etwa siebenhundertfünfzigtausend, um es zu wiederholen, oft nach fürchterlichen Folterungen – zehn bis fünfzehn Prozent der Bevölkerung Groß-Kroatiens.

Genug! Mehr und alle Belege in meiner Papstgeschichte des 20. Jahrhunderts. Ich betone: Seit einem Vierteljahrhundert verbreite ich diese Historie des Grauens in Büchern, Aufsätzen, Reden et cetera im In- und Ausland, ohne je zu der geringsten «Berichtigung» genötigt worden zu sein. Zudem hat jüngst mein jugoslawischer Übersetzer, Dr. Milan Petrović, Lehrer für Staatsrecht* an der Universität Niš, bei seiner Übertragung des genannten Doppel-Bandes ins Serbokroatische das einschlägige Kapitel «Katholische Schlachtfeste in Kroatien oder ‹das Reich Gottes›» auf seine Stichhaltigkeit hin geprüft und – außer vereinzelten, nicht ganz exakt geschriebenen Namen sowie zwei, drei unscharfen Berufsbezeichnungen – sämtliche Angaben korrekt gefunden.

Noch während der Abstechung der serbischen Orthodoxen durch die Katholiken äußerte nicht nur ein Professor der Päpstlichen Gregoriana, daß die Ustascha Greueltaten begehe, wie die Geschichte sie kaum je gekannt, sondern auch die Führer der in Kroatien geduldeten Moslems bezweifelten in ihrem in Zagreb vorgelegten Protestschreiben vom 13. November 1941, «daß das, was bei uns geschieht, in der Geschichte irgendeines Volkes zu finden ist …!». In der Tat wird, was nun für immer jenen Staat brandmarkt, der «bei jeder Gelegenheit», wie sein Primas, Erzbischof Stepinac, versichert hat, «seinen herrlichen katholischen Traditionen treu zu bleiben» suchte, durch keine noch so große Scheuß-

---

* Milan Petrović ist heute Ordinarius für Verwaltungsrecht und Professor für Politologie.

302   Ist Kirchenbeschimpfung überhaupt möglich? (1986)

lichkeit der christlichen Vergangenheit überboten. Eher übertrifft, was sich im «Kroatien Gottes und Marias» noch in der
Mitte unseres Jahrhunderts ereignete, an Grauen die meisten
aus der älteren Geschichte bekannten klerikalen Großverbre-
chen. Doch ist, um auch das zu wiederholen, die christliche
Kirche, besonders die römisch-katholische, auch rein quantitativ gesehen im 20. Jahrhundert mehr durch Verbrechen belastet als irgendwann zuvor.

Wer also die inkriminierte Behauptung «größte Verbrecherorganisation aller Zeiten» für die Vergangenheit, das
Mittelalter, die frühe Neuzeit, bejaht, kann sie auch und gerade für das 20. Jahrhundert nicht verneinen. Wobei noch gar
nicht an weiteres erinnert sei, an die Sexualmoral zum Beispiel, besonders wieder der katholischen Kirche, etwa ihren
unentwegten Kampf gegen die Geburtenbeschränkung und
für das Gegenteil, für das faktisch kaum gehemmte Gebären
von immer neuen Millionen und Abermillionen Katholiken,
obwohl man sicher weiß, daß immer neue Millionen und
Abermillionen dieser Menschen verhungern werden. Oder
vielleicht auf künftigen Schlachtfeldern krepieren. Und auch
dann, kaum zu bezweifeln, wieder mit Beihilfe der Kirche;
zumal schon ein Kirchenvater des 5. Jahrhunderts, Theodoret, bekannte: «Die geschichtlichen Tatsachen lehren, daß
uns der Krieg größeren Nutzen bringt als der Friede»; zumal auch schon Augustinus rief: «Was hat man denn gegen
den Krieg? Etwa daß Menschen, die doch einmal sterben
müssen, dabei umkommen?»; und überhaupt seither der
Klerus, was er im Mutterschoß schützt, preisgibt im Krieg,
als sammelte er in Weiberbäuchen – Kanonenfutter. Wie
denn noch in der zweiten Hälfte des 20. Jahrhunderts Papst
Pius XII. wiederholt die Erlaubnis gab selbst für den (vor-
erst) schlimmsten aller Kriege, den ABC-Krieg – gegen «gewissenlose Verbrecher»; wobei man auf kirchlicher Seite
zum «Mut» aufforderte auch angesichts der «Aussicht auf
millionenfache Zerstörung menschlichen Lebens» (Jesuit

Hirschmann), zum Entschluß, «sogar den Untergang eines ganzen Volkes in der Manifestation der Treue zu Gott» zu riskieren (Jesuit Gundlach), ein Einsatz, den auch der Papst, wie der ihm besonders nahestehende Gundlach erklärte, «zweifellos nicht für unsittlich» hielte, «wenn nur *irgendwie* eine Aussicht besteht, dem Gegner *wirksam* zu *begegnen*». Nicht genug. Noch der Untergang der ganzen Welt dabei würde wenig bedeuten. «Denn», so Gundlach S. J., «wir haben erstens sichere Gewißheit, daß die Welt nicht ewig dauert, und zweitens haben wir nicht die Verantwortung für das Ende der Welt. Wir können dann sagen, daß Gott der Herr ...»

Noch das größte denkbare Verbrechen: MIT GOTT.

Zuletzt bitte ich, mir in aller Bescheidenheit den Hinweis zu gestatten, daß auch ich einst, aus demselben Grund wie der Beschuldigte, 1971 in Nürnberg angeklagt war; als erster, nebenbei, erinnere ich mich recht, kraft der seit dem 1. September 1969 gültigen Neufassung des § 166. Meine Verteidigung legte mehrere Gutachten international renommierter Gelehrter vor, von Fritz Fischer, Universität Hamburg, Eduard Winter, Humboldt-Universität Berlin, Friedrich Heer, Universität Wien, Carl Schneider, Speyer, und dem Präsidenten des Internationalen Schutzverbandes deutschsprachiger Schriftsteller, Zürich, Hans Kühner-Wolfskehl. Vieles Grundsätzliche, das dabei vorgebracht wurde, gilt noch heute, wo sich solche Prozesse, irre ich nicht, seit dem letzten Regierungswechsel auffallend zu häufen scheinen. Und nur wegen der prinzipiellen Bedeutung sei erlaubt, einige Sätze aus der oder jener Stellungnahme zu zitieren.

Der österreichische Katholik Friedrich Heer schrieb seinerzeit: «Die christlichen Kirchen, die wörtlich sprachlos gegenüber den Greueln der Jahre 1933 bis 1945 waren, die in Amerika buchstäblich nichts zu sagen hatten zum Einsatz der

304 Ist Kirchenbeschimpfung überhaupt möglich? (1986)

ersten Atombomben, eben diese christlichen Kirchen haben eine außerordentliche Gelegenheit ... sich mit dem großen Skandal: Genocid, Ausmordung von Völkern, nuklearer Krieg, Schändung des Menschen in der Gegenwart auseinanderzusetzen: mit einem Skandalon, das ihnen – mit vielen anderen wachen Christen und Nichtchristen – heute K. H. Deschner vorstellt, und sie, die christlichen Kirchen, als Mitverantwortliche einfordert.

Das fleischgewordene Ärgernis K. H. Deschner – Ärgernis für die Kirchen – ist mit einer gerichtlichen Aburteilung nicht aus der Welt zu schaffen: die christlichen Kirchen sind gebeten und eingeladen, sich in ihrer Mitte mit Deschner auseinanderzusetzen. Weltliche Gerichte sind aufmerksam zu machen, daß sie sich als Nachfolger kirchlicher Inquisitionstribunale etablieren, wenn sie Ärgernisse dieser Art formalrechtlich ‹behandeln› wollen. Als ein engerer Landsmann des Österreichers Adolf Hitler erlaube ich es mir, deutsche Gerichte der Gegenwart aufmerksam zu machen: es steht ihnen nicht gut an, jene hohe, gefährliche Kontinuität politischer Fehlurteile fortzusetzen, die bereits einmal, in der Weimarer Republik, vorzüglich dazu beigetragen haben, den ‹öffentlichen Frieden› und die Demokratie, die Freiheit des Staatsbürgers zu gefährden, ja, ‹aufzuheben›. Mit formaljuridischer Berufung auf Paragraphen kann man jederzeit die Sache des Menschen liquidieren.»

Der Schweizer Katholik Hans Kühner-Wolfskehl, vor dem Krieg Häftling im KZ Dachau, danach unter anderem im Vatikan lebend und tätig, äußerte: «Das grundlegende Thema Deschners bei allen Untersuchungen, an denen immerhin Namen höchsten Ranges mitgearbeitet haben, darunter Katholiken, ist das Verhältnis der Kirche zum Krieg ... Da ich selber seit Jahren auf dem Gebiet Kirche/Krieg arbeite, forsche und veröffentliche, muß ich bestätigen, daß Herrn Dr. Deschner nirgends falsche Fakten nachzuweisen sind. Ich muß daher seine Sehweise bejahen und stelle fest, daß die

Ist Kirchenbeschimpfung überhaupt möglich? (1986)   305

radikale Ehrlichkeit Deschners der Wahrheitsfindung ganz erheblich näher kommt, als das bisher bekannte Schweigen der großen Kirchen zu ihrer entsprechenden Mitverantwortung ... Es ist sicher nicht Deschner anzulasten, wenn seine scharf formulierten Thesen ... nur ‹heftigen Widerspruch›, also Emotionen anstatt Frage- und Sachdiskussion hervorgerufen haben, wobei der Redner sachliche Antworten nicht schuldig geblieben wäre. Auch kann durch affirmative Feststellungen kein ‹öffentlicher Friede› gestört werden. Ich habe in der Schweiz nirgends gelesen, daß in und um Nürnberg auf Grund des Vortrages von Dr. Deschner ein Religionskrieg ausgebrochen wäre, obwohl mir die hierzu fähigen Mentalitäten bestens bekannt sind; erst damit wäre ‹öffentlicher Friede› gestört worden. Es ist mir nicht bekannt, daß jemand wegen ‹der *Behauptung* einer schimpflichen Tatsache› in irgendeinem freien Lande vor Gericht zitiert wird ... Nicht der sattsam bekannte Ruf nach dem Staatsanwalt wäre hier am Platze gewesen, sondern der bündige Nachweis der dem Vortrag von Deschner zuhörenden Christen, daß und wo er historisch Falsches gesagt hat. Da dies aber auch niemandem bei seinen Büchern gelungen ist, war es wohl auch bei seinem Vortrag nicht zu erwarten und zu erweisen.»

Und der protestantische Theologe Carl Schneider, nicht nur in Fachkreisen über Europa hinaus bekannt, schrieb: «Überhaupt scheint mir der Prozeß gegen Deschner in die Kette der Asebieprozesse zu gehören, die meist für den Kläger verhängnisvoller waren als für den Beklagten ... Wenn die moderne Publizistik sich dieses Prozesses bemächtigt, wird m. E. der öffentliche Friede erst recht gestört. Wir leben doch wirklich nicht mehr in den Zeiten der Inquisition. Wer mit Herrn Deschner nicht übereinstimmt, hat doch alle Möglichkeiten, ihn literarisch zu bekämpfen. Sollten die Ankläger Dr. Deschners sich als Christen bekennen, müßte man sie dringend auf 1. Korinther 6, Vers 7 hinweisen. Hier rät der

Apostel Paulus ganz dringend von solchen Prozessen als dem wahren Christentum nicht entsprechend ab. Gerade im Sinn und Interesse eines echten Christentums sollte man diesen Prozeß vollständig niederschlagen.»

Die inkriminierte, in der Nürnberger «Meistersingerhalle» gehaltene Rede, die mit den Sätzen begann: «Warum beachten wir noch eine Leiche? Den Riesenkadaver eines welthistorischen Untiers? Die Reste eines Monstrums, das ungezählte Menschen (Brüder, Nächste, Ebenbilder Gottes!) verfolgt, zerfetzt und gefressen hat, mit dem besten Gewissen und dem gesündesten Appetit, eineinhalb Jahrtausende lang, wie es ihm vor den Rachen kam, wie es ihm nützlich schien, alles zur höheren Ehre seines Molochs und zur immer größeren Mästung seiner selbst ... », diese Rede «Über die Notwendigkeit, aus der Kirche auszutreten» enthielt auch die Stelle: «Man räumt ja ein, daß die Ideale des Evangeliums sehr hochgesteckt sind, daß man Christentum und Kirchen nicht schon deshalb verdammen darf, weil sie diese Ideale nicht ganz, nicht halb oder, wenn Sie wollen, noch weniger realisieren. Aber es faßt, um es zu wiederholen, den Begriff des Menschlichen und selbst Allzumenschlichen doch etwas weit, wenn man von Jahrhundert zu Jahrhundert, von Jahrtausend zu Jahrtausend genau das Gegenteil realisiert, kurz, wenn man durch seine ganze Geschichte als Inbegriff und leibhaftige Verkörperung und absoluter Gipfel welthistorischen Verbrechertums ausgewiesen ist! Eines Verbrechertums, neben dem selbst ein hypertropher Bluthund wie Hitler noch fast wie ein Ehrenmann erscheint, weil er doch von Anfang an die Gewalt gepredigt und nicht, wie die Kirche, den Frieden!»

Da einerseits der Prozeß gegen mich «nach einer ebenso lapidaren wie nichtssagenden Erklärung des Schriftstellers» («Pardon») eingestellt wurde *wegen Geringfügigkeit* und andererseits das nunmehr zum Prozeß führende Flugblatt im allgemeinen deutlich weniger scharf ist als meine eigene inkriminierte Rede (von mir übrigens nach dem Prozeß unverändert, ungekürzt und unbeanstandet mehrfach wieder veröffentlicht, zuletzt in «Opus Diaboli»), im besonderen nicht über den von mir zuletzt zitierten Passus hinausgeht, was gar nicht möglich ist, wäre eine Verurteilung seines Verfassers schon allein insofern schwer verständlich – von allen anderen hier vorgebrachten Gründen abgesehen.

Der Angeklagte ist mir unbekannt. Ich habe ihn weder je gesehen noch gesprochen. Um der Sache willen aber trete ich ihm zur Seite und erkläre abschließend: Nach intensiver Beschäftigung mit der Geschichte des Christentums kenne ich in Antike, Mittelalter und Neuzeit, einschließlich und besonders des 20. Jahrhunderts, keine Organisation der Welt, die zugleich so lange, so fortgesetzt und so scheußlich mit Verbrechen belastet ist wie die christliche Kirche, ganz besonders die römisch-katholische Kirche. Diese Erklärung, durch die von mir verfaßten oder herausgegebenen kirchenkritischen Publikationen bereits gedeckt, wird durch meine «Kriminalgeschichte des Christentums» weiter erhärtet werden und solange gültig sein, bis dem von mir erbrachten und wohlfundierten Material irgendwann irgend jemand ein ebenso wohlfundiertes Material gegenüberstellen kann, das irgendeine andere Organisation der Welt genauso lang, so fortgesetzt und so scheußlich belastet.

Hammers Tiefschlag gekontert

Geschrieben 1963
....

Während der fünfjährigen Niederschrift meiner Kirchengeschichte «Abermals krähte der Hahn» (Hans E. Günther-Verlag, Stuttgart) war ich mir klar darüber, daß man dieses Buch entweder totschweigen oder umfassend verleumden würde. Das letztere hat am 4. Mai in der Zürcher Zeitung «Die Tat» unter dem Titel «Tiefschlag gegen das Christentum» Wolfgang Hammer mit pfäffischer Vollkommenheit besorgt.

Herr Wolfgang Hammer, obwohl Sie nichts unterließen, um meine Arbeit fast auf der ganzen Linie zu diffamieren, konnten Sie mich doch angesichts eines Bandes von 703 Seiten keiner einzigen Unwahrheit überführen – ausgenommen jenes «Exempel kunstvoller Verdrehung», das Sie mir freilich zu Unrecht unterstellen. Denn ich kann einfach nicht umhin, im Röm. 3,7 ein Pauluswort zu erkennen; ganz beiseite, daß Sie auch die anderen dort von mir erbrachten Zitate, die dasselbe wie Röm. 3,7 bezeugen, nicht zu widerlegen vermögen. Sie hingegen haben Ihren vierspaltigen Artikel, wenn ich den Sachverhalt einmal angemessen charakterisieren darf, mit Unwahrheiten nur so gespickt.

1. Die Vertreter der kritischen Theologie, behaupten Sie, könnten von mir «freilich nur bis ca. 1925 zitiert werden», da selbst diese Richtung längst keine so übertriebenen Thesen mehr verfechte, «wie sie Deschner in seinen Kram passen».

Tatsächlich aber führe ich *Dutzende* von kritischen Theologen an, die weit über 1925 hinaus veröffentlicht haben: u. a. F. Buri mit drei Publikationen, letzterschienene 1946; C. Schneider mit drei Publikationen, letzterschienene 1956; J. Gross mit drei Publikationen, letzterschienene 1961; K. Aland mit zwei Publikationen, letzterschienene 1957; H. Braun mit zwei Publikationen, letzterschienene 1957; H. Conzelmann mit drei Publikationen, letzterschienene 1959; E. Hirsch mit fünf Publikationen, letzterschienene 1941; K. Heussi mit sieben Publikationen, letzterschienene 1955; M. Werner mit sieben Publikationen, letzterschienene 1959; G. Bornkamm mit vier Publikationen, letzterschienene 1959; M. Dibelius mit acht Publikationen, letzterschienene 1953; R. Bultmann mit neun Publikationen, letzterschienene 1958; J. Leipoldt mit achtzehn Publikationen, letzterschienene 1958. Die meisten dieser Gelehrten schreiben noch heute. Doch auch die Arbeiten zahlreicher weiterer kritischer Theologen, die lange nach 1925 publizierten, oder es ebenfalls noch heute tun, habe ich verwendet. Dessenungeachtet äußern Sie, die Vertreter der freien oder kritischen Theologen könnten von mir «freilich nur bis ca. 1925 zitiert werden». Die Wahrheit, Herr Hammer, ist nicht Ihre Sache.

2. «Er tut ‹kritisch›», schreiben Sie, «übernimmt aber die staubigsten Ladenhüter der Wissenschaft von vor sechzig Jahren!»

Ein Vorwurf, den zum Teil schon die genannten Werke widerlegen. Und insgesamt sind unter den rund eintausend von mir benutzten Schriften nur etwa zwanzig aus dem letzten Jahrhundert. Fast alle von ihnen erwähne ich überdies bloß am Rande. Sie spielen für meine Feststellungen kaum eine Rolle. Der größte Teil der von mir verarbeiteten Sekundärliteratur aber stammt weder aus der Zeit von vor sechzig noch vor fünfzig oder vierzig Jahren. Zum Beweis pars pro toto die Erscheinungsjahre aller Publikationen, die mein Literaturverzeichnis unter dem Buchstaben A registriert: 1928, 2. A. 1925, 1952, 1961, 5. A. 1928, 1960, 1955, 1957, 1952, 1938, 1956, 1958, 1937, 1959, 1950, 1951, 1955, 6. A. 1956, 1932, 1959, 1955, 1937, 1939, 1926. Analog verhält es sich mit den Erscheinungsjahren aller anderen von mir benutzten Titel – «die staubigsten Ladenhüter der Wissenschaft von vor sechzig Jahren!». Die Wahrheit, Herr Hammer, ist nicht Ihre Sache.

Im übrigen sind die neuesten wissenschaftlichen Thesen bekanntlich nicht immer die richtigen. Und wo käme, will man schon an staubige Ladenhüter denken, die kirchliche Theologie hin, die noch die gleichen Glaubenssätze vertritt wie in der Antike!

3. «Über kommunistische Christenverfolgungen verliert unser Autor keine Silbe.» Es ist wahr, ich schreibe fast nur über Verfolgungen von Christen, Juden und «Heiden» durch die Kirchen. Denn erstens ist das Christentum, nicht der Kommunismus, Gegenstand meines Buches. Zweitens hat die Kirche alle Andersgläubigen schon vom vierten Jahrhundert an bis weit in die Neuzeit systematisch verfolgt und dabei viele Millionen von Unschuldigen gefoltert und umgebracht. Drittens sind demgegenüber die Verbrechen an Christen durch Kommunisten beinah eine Bagatelle; gar nicht zu reden davon, daß nicht das kommunistische Manifest, sondern die Bibel zur Feindesliebe verpflichtet. Im übrigen heißt es in meiner Kirchengeschichte, die angeblich über kommunistische Christenverfolgungen «keine Silbe» enthält: «Indes ließen es die Sowjets [!]) nicht an rigorosen Maßnahmen fehlen. Kirchliche Schulen, theologische Seminare und Klöster wurden geschlossen, Kapellen beschlagnahmt, Kirchen hoch besteuert, Geistliche verbannt und christliche Lehrer an den öffentlichen Schulen durch Kommunisten ersetzt.»

Die Wahrheit, Herr Hammer, ist nicht Ihre Sache.

Hammers Tiefschlag gekontert (1963)

4. Da behaupten Sie weiter, nachdem Sie sogar, kaum zu glauben, ein paar Verdienste von mir bemerkten, diese Verdienste würden «sofort zum Unrecht, ja zur Schuld, wenn Deschner zum Beispiel zwei verirrte Propaganda-Sätze des heutigen Landesbischofs D. Lilje zitiert, aber verschweigt, daß der gleiche Mann nach dem 20. Juli im Zuchthaus saß und daß es außer ihm eine Reihe viel gewichtigerer und ernster zu nehmender Warner, Zeugen, ja Märtyrer der evangelischen Kirche in Deutschland gab».

Was die Männer vom «20. Juli» betrifft, achte ich sie, waren sie spätestens seit Kriegsbeginn Gegner Hitlers. Hingen sie ihm aber vorher an, unterstützten sie ihn noch, als er siegend in Hektakomben von Blut watete und halb Europa in Schutt und Asche legte, und wandten sie sich erst gegen ihn, als seine Niederlage feststand, verachte ich sie doppelt. Das gilt auch für den Bischof Lilje.

Herr Lilje hat sich zu der Erklärung der Bevollmächtigten des Deutschen Evangelischen Kirchenausschusses am 25. April 1933: «Zu dieser Wende der Geschichte sprechen wir ein dankbares Ja. Gott hat sie uns geschenkt» ausdrücklich bekannt. Ebenso zu dem Aufruf des evangelischen Wehrkreispfarrers Ludwig Müller am Tag darauf: «Mit Gottvertrauen und im Bewußtsein der Verantwortung vor Gott gehe ich ans Werk. Das Ziel ist die Erfüllung evangelisch-deutscher Sehnsucht seit den Zeiten der Reformation.» Lilje sympathisierte also mit Hitler mindestens seit 1933. Und noch im dritten Weltkriegsjahr veröffentlichte der damalige Generalsekretär des Lutherischen Weltbundes, Lilje, von dem ich «zwei verirrte Propaganda-Sätze» zitiere, eine eigene Schrift mit dem sprechenden Titel: «Der Krieg als geistige Leistung». Sie aber lügen weiter, ich habe außer Lilje eine Reihe gewichtigerer und ernster zu nehmender Warner, Zeugen, ja Märtyrer verschwiegen. Tatsächlich jedoch liest man in meiner Kirchengeschichte, was Ihnen eigentlich nicht entgangen sein sollte, nur wenige Zeilen nach der Erwähnung von Liljes Hitler-Welt – «Krieg als geistige Leistung»: «Denn selbstverständlich gab es Protestanten, die nicht nur immun gegenüber der nazistischen Ideologie waren, sondern auch öffentlich davon Zeugnis ablegten. Es sei nur an die Bekennende Kirche erinnert, an Männer wie Karl Immer, Paul Schneider, Landesbischof Wurm oder Martin Niemöller, dessen Briefe an Hitler-Minister man lesen muß, um seine Unerschrockenheit würdigen zu können.» Auch bei meiner ausführlichen Darstellung des klerikalen Antisemitismus – mehrere evangelische Landeskirchen hatten unter Hitler die getauften Juden sogar aus der Kirche ausgeschlossen, was nicht einmal im finstersten Mittelalter vorgekommen war – betone ich das mannhafte Verhalten einzelner evangelischer Theologen und Kirchenführer. Die Wahrheit, Herr Hammer, ist nicht Ihre Sache.

5. Ferner behaupten Sie, ich gönnte Jesus nur «einige Nebensätze», worauf Sie nach einem Doppelpunkt fortfahren, als stammte diese Formulierung von mir: «Jesus sei ein armer Schlucker gewesen, dessen Wirken sich lediglich durch seine Intensität und Radikalität von anderen religiösen ‹top-men› abgehoben habe.» Die Ausdrücke top-men und armer Schlucker sind von Ihnen. Ich pflege über Jesus nicht so zu sprechen, über dessen Verkündigung ich einmal schreibe: «Durch ihre aufs äußerste gesteigerte Konsequenz und Kompromißlosigkeit, durch die Ausschließung des Unnötigen und die Beschränkung auf das Wesentliche, geht Jesus über vieles Frühere hinaus. Er vermochte zu erschüttern und anzuziehen, und *er vermag es noch heute*.» Nicht grundlos bekannte selbst der Katholik Bernard von Brentano in einer Verteidigung meines Buches in der «Rhein-Neckar-Zeitung» Heidelberg: «Meine tiefe Bewunderung für die Person Jesu ist nicht kleiner geworden, sie wurde eher größer, tiefer, klarer bei der Lektüre dieser leidenschaftlichen Kampfschrift.»

Hammers Tiefschlag gekontert (1963)

Daß Jesus keine gänzlich singuläre Erscheinung war, können Sie von vielen der besten protestantischen Neutestamentler hören, falls es Ihnen nicht schon die vergleichende Religionswissenschaft deutlich macht, die nach Ihnen freilich so verfährt: «Hamburg ist eine Stadt. Und Leningrad ist auch eine Stadt. Wozu sich also noch über ihre Eigenschaften unterhalten?» Ein Urteil, das über die vergleichende Religionswissenschaft nichts, über Sie aber alles sagt.

Im übrigen gilt ein großer Teil meines Buches, direkt oder indirekt, der jesuanischen Lehre, denn sie wird, geradezu mein Grundanliegen, mit dem konfrontiert, was daraus geworden ist. Auf Hunderten von Seiten spreche ich deshalb von Jesus, ein eigenes Kapitel wurde ihm gewidmet, auf den Seiten 170–171, 258–259, 292–294, 410–412, 493–500 und anderen ist ganz ausschließlich und stets positiv von ihm die Rede, dem ich nach Ihnen nur «einige Nebensätze» gönne. Die Wahrheit, Herr Hammer, ist nicht Ihre Sache.

6. Da erzählen Sie Ihren Lesern auch, bei mir seien die Kirchenväter «samt und sonders Lügner, Speichellecker der Kaiser, ja Verbrecher!». Gewiß, alle diese Typen sind unter den Vätern und Heiligen der katholischen Kirche vertreten, wie kein ernst zu nehmender Historiker bestreitet. Daß ich jedoch die Kirchenmänner «samt und sonders» so bezeichne, ist eine Erfindung von Ihnen.

In der hervorragenden, leider nur hektographiert erscheinenden Hamburger Zeitschrift «Lynx» schreibt der Herausgeber Wolfgang Beutin: «Auch den Männern der Kirche gegenüber versucht er [Deschner] immer gerecht zu werden. Er differenziert. Würfe man ihm den Namen Johannes XXIII. in die Debatte – Deschner wäre wahrscheinlich der letzte, der die Verdienste dieses Friedenspapstes leugnete, der erste, der die Qualitäten des Menschen Roncalli hervorhöbe. Aber die Gestalt Johannes XXIII. zu achten, bedeutet denn das auch, die Geschichte der christlichen Kirchen, speziell der katholischen, zu vergessen?» Ich kann nur zustimmen. Und immer, wo es gerechtfertigt schien, habe ich die Verdienste der Kirchenväter anerkannt oder gerühmt, in der sozialen Frage etwa besonders die der Kirchenlehrer Basilius, Johannes Chrysostomos und anderer, in der Frage Krieg, Kriegsdienst und Todesstrafe die von Tertullian, Cyprian und anderen, in der Judenfrage wies ich auf die wenigsten teilweise entgegenkommenden Absichten Papst Gregors I. hin, um nur einige Fälle zu nennen, die Sie völlig ignorieren. Denn die Wahrheit, Herr Hammer, ist nicht Ihre Sache.

7. Sie ist es so wenig, daß Sie von mir schreiben: «Er bringt es fertig, auf 700 Seiten nicht die leise Spur eines guten Hauchs an zweitausend Jahren Christentum zu lassen.» Er glaubt, womit Sie schließen, «daß alles Christentum Schwindel ist ...». Ich frage mich nur, wie ist es da möglich, daß protestantische Theologen mein Buch wohlwollend beurteilen? Daß darüber noch im «Hamburger Sonntagsblatt» eine nicht unfreundliche Rezension erscheinen, ja daß ein evangelischer Pastor, dem ich freilich nicht ganz zustimme, in den «Bremer Nachrichten» schreiben konnte: «Deschner ist radikaler Pazifist im Sinne des Urchristentums, er beabsichtigt eine grundsätzliche Wiederherstellung des ursprünglichen Christentums als Religion der absoluten Liebe, ohne jede weltliche Rücksicht und ohne Kirche und politisches Außentum»?

Herr Hammer, haben Sie denn überhaupt mein Buch, das Sie in vier Spalten verleumden, gelesen? Schon bei flüchtiger Durchsicht hätten Sie sehen müssen, daß ich nicht ein paar Nebensätze, sondern ganze Kapitel zur Verteidigung christlicher Männer oder Bewegungen schrieb. So ein Kapitel über den größten Christen des zweiten Jahrhunderts, Markion, den ich nach Ansicht eines bekannten protestantischen Theologen sogar überschätzt haben soll. Ein weiteres positives Kapitel widmete ich dem christlichen Montanismus.

Das Kapitel «Die soziale Richtung im Christentum» rühmt die Haltung katholischer Kirchenführer. Außerdem gibt es mehrere Abschnitte, die den edlen Origenes würdigen, den bedeutendsten großkirchlichen Theologen in den ersten drei Jahrhunderten, um nur diese Beispiele zu nennen. Nach Ihnen aber lasse ich «auf 700 Seiten nicht die leise Spur eines guten Hauchs an zweitausend Jahren Christentum» und glaube, «daß alles Christentum Schwindel ist . . .». Die Wahrheit, Herr Hammer, ist nicht Ihre Sache.

«Und hat die katholische Kirche nur Bischöfe wie Bornewasser oder Faulhaber besessen?» O nein! Endlich kann ich Ihnen einmal zustimmen. Sie besaß auch noch den Erzbischof Gröber von Freiburg, den Weihbischof Burger, den Kardinal Bertram von Breslau, den Kardinal Schulte von Köln, den Bischof Wilhelm Berning von Osnabrück, den Kardinal Innitzer von Wien, den Fürsterzbischof Weitz von Salzburg, den Augsburger Bischof Kumpfmüller, den gefeierten katholischen Widerstandskämpfer, den «Löwen von Münster», Bischof Graf von Galen, der unter Hitler versicherte, «die Christen werden ihre Pflicht tun», die deutschen Soldaten «wollen für Deutschland kämpfen und sterben» und dergleichen. Die Kirche besaß weiter den Fürstbischof Ferdinand von Seckau und den Bamberger Erzbischof Kolb, die noch im fünften und sechsten Kriegsjahr Hitler beistanden. Nicht zuletzt besaß sie den katholischen Feldbischof der Wehrmacht, Franz Justus Rarkowski, der sich nur so überschlug vor nazifreundlichen Parolen. Er war kein Außenseiter. «Der gesamte deutsch-österreichische Episkopat verhielt sich wie er.» So steht es mit Recht in meiner Kirchengeschichte, in der Ihnen wenigstens, zumal er als Überschrift hervorgehoben und dann einwandfrei belegt wird, der Satz nicht hätte entgehen sollen: «Bis in die letzten Jahre des Zweiten Weltkrieges unterstützten die deutschen (und seit 1938 auch die österreichischen) katholischen Bischöfe mit zunehmender Intensität einen der größten Verbrecher der

Weltgeschichte.» Nein, die katholische Kirche, wie Sie ganz richtig vermuten, besaß nicht nur Bischöfe wie Bornewasser und Faulhaber. *Alle* deutschen Bischöfe bekannten sich in einem gemeinsamen Hirtenbrief 1933 zum Nationalsozialismus. Und alle, hören Sie, alle katholischen deutschen und österreichischen Bischöfe haben noch 1941 – und doch wohl kaum im Widerspruch zu Papst Pius XII., oder? – in einem gemeinsamen Hirtenbrief den Zweiten Weltkrieg «mit Genugtuung» verfolgt: fünfundfünfzig Millionen Tote!

In Parenthese: Meines Wissens hat bis jetzt noch niemand, auch kein einziger katholischer Kritiker, den bisher in Deutschland so sehr gefeierten Kardinal Faulhaber verteidigt; mein Material über ihn ist zu vernichtend.

Einen kurzen Hinweis auf die wahrhaft tragikomische Fortsetzung Ihres so siegessicheren Satzes «Und hat die katholische Kirche nur Bischöfe wie Bornewasser oder Faulhaber besessen?» will ich nicht versäumen. Erwartet doch jeder Leser jetzt die Namen anderer Kirchenfürsten. Aber was schreiben Sie? Kennt Deschner nicht den Märtyrer-Pfarrer Dr. Metzger, hingerichtet in Regensburg?» Nicht doch. Nur einen Pfarrer wissen Sie zu nennen? Keinen Kardinal? Keinen Bischof und Weihbischof? Vielleicht nicht einmal einen der niederen Prälaten? «Nie gehört?» fragen Sie. «Nein? Warum erwähnt er ihn nicht?» Warum? Ich will es Ihnen sagen. Weil ich, weniger kleinlich als Sie, dem katholischen Klerus nicht nur *einen* anständigen und mutigen Mann zutraue. Deshalb steht in meiner Kirchengeschichte, die Sie vielleicht doch einmal lesen sollten: «Kein deutscher Bischof, beiläufig bemerkt, wurde damals Märtyrer oder saß auch nur in einem Konzentrationslager. Dafür waren geringere Geistliche gut genug.» Oder: «Tatsächlich aber stand der Episkopat mit der Kurie auf Seite der Achsenmächte, während nicht wenige [!] Mitglieder des niederen Klerus in allen besetzten Ländern aktiv am Widerstand gegen die deutschen Okkupanten teilnahmen und oft [!] dafür starben.» Sie sehen, ich gönne nicht, wie Sie, der katholischen Kirche nur einen geistlichen Helden. Wer mein Buch genau liest, erkennt überdies, daß ich zwischen dem niederen und hohen Klerus in nicht ganz peripheren Dingen öfter unterscheide, weshalb ich indes keinesfalls diesem alles Schlechte und noch weniger freilich jenem alles Gute zutraue. Ich verdanke die schönsten Erinnerungen meines Lebens Katholiken, auch einem Geistlichen, und in meiner Erziehung ist durchaus nicht, wie Sie taktvoller Weise vermuten, «einiges mißraten».

Immerhin bin ich glücklich, daß Sie wenigstens nicht noch Pius XII. verteidigen. Ich möchte dafür an Ihre – ahne ich recht – Pastoren- oder zumindest Protestantenbrust wohl Karl Barthscher Provenienz sinken. Denn was etwa Hochhuth in seinem «Stellvertreter» gegen diesen Papst vorbringt, ist beinah ein Pappenstiel neben meinen Inkriminierungen.

«Diesen direkten Draht», höhnen Sie gegen Ende Ihres Elaborats, an dem noch mancherlei zu berichtigen wäre, «von Golgatha nach Hiroshima hat wahrlich noch niemand, auch nicht die kühnsten Christenfeinde wie Nietzsche oder (laut Deschner auch) Goethe, jemals erkannt bis auf – Karlheinz Deschner!»

Herr Wolfgang Hammer, nicht genug, daß ich Sie der Unwahrheit am laufenden Band überführte – nun muß ich Sie auch noch der Lächerlichkeit preisgeben. Und was für einer! Überlegen Sie mal: das Hiroshima-Verbrechen. Nietzsche. Goethe. Kapiert? Nein? Ich will Ihnen helfen! Nietzsche und Goethe hätten nach Ihnen mit den größten Propheten der Bibel konkurrieren sollen. Und dabei unterlief Ihnen auch noch ein Grammatikfehler, wie ich Sie überhaupt um Ihr Deutsch nicht beneide.

In Anbetracht all Ihrer hier gezeigten Qualifikationen: hat die Redaktion der «Tat» wieder einmal eine wichtige Besprechung zu vergeben – von meiner Kirchengeschichte gilt für jeden ernsthaft Interessierten das Lichtenberg-Wort «Wer zwei Paar Hosen hat, mache eins zu Geld und schaffe sich dieses Buch an» –, erbiete ich mich, eine solche Kritik an Ihrer Stelle zu schreiben, der Sie genau das haben, was Sie mir in Ihrer Rezension unterstellen, «im einzelnen wie im ganzen durchaus unrecht».

Pars pro toto: Bericht für eine
Katholische Akademie

Geschrieben 1996
········

Editorial

Nach rund dreißig Jahren der Vorbereitung erschien im September 1986 der erste Band von Karlheinz Deschners auf zehn Bände angelegter «Kriminalgeschichte des Christentums». Es folgten im Oktober 1988 der zweite und im Oktober 1990 der dritte Band. Damit war die erste Epoche, das Altertum, abgeschlossen.

Drei stattliche Bände – was da auf etwa 1600 Seiten dargestellt und auf rund 350 Seiten wissenschaftlich belegt wird, umfaßt rund anderthalbtausend Personen- und fast ebenso viele Ortsnamen, zitiert Tausende von Primär- und Sekundärquellen –, alles in allem eine wahre Milchstraße von Namen, Daten, Dogmen, Titeln, Fakten.

Eine so fundierte und so fundamentale Anklage gegen das Christentum (nicht etwa nur die Kirche) hatte es noch nicht gegeben. Gleichwohl hielt sich die angegriffene Seite zunächst an die Oggersheimer Regel: aussitzen.

Als den berufenen und beruflichen Christen das Totschweigen nicht gelang, als Zehntausende von Lesern alle zwei Jahre einen neuen Band von Deschners historischem «Krimi» verschlangen, als die Zahl derjährlichen Kirchenaustritte rapide auf sechs Stellen anschwoll und viele Austrittswillige für ihren Entschluß historische Gründe nannten, eben die Greueltaten, die Deschner anprangert – da

320   Pars pro toto (1996)

wurde es den attackierten Amtsträgern des organisierten Christentums dann doch zu bunt. 1992 bliesen sie zum Gegenangriff.

Hans Reinhard Seeliger, Professor für Historische Theologie an der Universität-Gesamthochschule Siegen, organisierte unter der Überschrift «Kriminalisierung des Christentums? Karlheinz Deschners Kirchengeschichte auf dem Prüfstand» ein dreitägiges Symposium in der Katholischen Akademie Schwerte am Nordrand des Sauerlandes.

Vom 1. bis zum 3. Oktober 1992 wurden dort Vorträge gehalten, die sich im allgemeinen oder im einzelnen mit den bis dato erschienenen 23 Kapiteln der ersten drei Bände befaßten. Die meisten Referenten waren Professoren aus Deutschland und Österreich: ordentliche, außerordentliche, außerplanmäßige, eremitierte; dazu ein Titular- und ein Honorarprofessor. Zwei gehören dem Benediktiner-, einer dem Franziskanerorden an. Das Fächerspektrum reicht von Alter und Älterer Kirchengeschichte, Patrologie, Christlicher Archäologie, Alter Geschichte, Altphilologie über Judaistik bis zur Historischen und Systematischen Theologie. Hinzu kamen ein Hochschullehrer für Strafrecht, Strafprozeßrecht und Kriminologie (weil es sich ja um eine Kriminalgeschichte handelt!) sowie ein frisch promovierter Dr. med. aus Freiburg.

Auch Karlheinz Deschner war – eine ritterliche Geste – eingeladen worden, «die Grund- und Gesamtkonzeption seines Werkes» vorzutragen. Einer allein gegen zweiundzwanzig – für einen kämpferischen Geist wie Deschner eine durchaus reizvolle Herausforderung. Trotzdem hat er abgelehnt. Zu dem angebotenen Thema hatte er bereits in der Einleitung zum Gesamtwerk ausführlich geschrieben: «Über den Themenkreis, die Methode, das Objektivitätsproblem und die Problematik aller Geschichtsschreibung» (60 Druckseiten). Dem habe er, schrieb Deschner an die Veranstalter, nichts hinzuzufügen.

Sämtliche Referate erschienen 1993 als Buch in dem katholischen Traditionsverlag Herder in Freiburg, herausgegeben vom Initiator Hans Reinhard Seeliger. Umfang: 320 Seiten. Auf dem Umschlag: «Die Verbrennung des Dominikaners Savonarola als Ketzer in Florenz» von Fra Bartolommeo. Ein Scherz? Wunschdenken? Immerhin schreibt der Herausgeber in seiner Einleitung, daß «ein ‹Dahinschlachten› des Autors ... leicht zu bewerkstelligen gewesen wäre» (II).

Das bei Herder erschienene, recht teure Buch (58 DM) wurde, natürlich, kein Bestseller. Doch auch in kleiner Stückzahl erfüllte es seine Alibifunktion, wenn man fortan mit dem so gelehrt wirkenden Hinweis auf diesen Sammelband das Verdikt verquickt, dort sei von über zwanzig Experten bewiesen worden, Deschner arbeite unwissenschaftlich und schreibe parteiisch. Wenn jetzt jemand mit Verweis auf Deschner peinliche Fragen an die Kirche richtet, braucht der Eingeweihte nur noch mitleidig zu lächeln und auf diesen – natürlich ungelesenen – Band zu zeigen, und schon löst sich durch diesen autoritären Zaubertrick das ganze historische Mosaik der «Kriminalgeschichte» in Wohlgefallen auf, und die von Deschner verführte Seele darf weiter glauben, das Christentum und seine Kirche(n) hätten nie eine Kriminalgeschichte gehabt, sondern immer nur eine Sakralgeschichte.

Der Dortmunder Philosoph Prof. Hermann Josef Schmidt hat Seeligers Herder-Band gründlich untersucht und seinen katastrophalen Befund unter dem Titel «Das ‹einhellige› oder scheinheilige ‹Urteil der Wissenschaft›? Nachdenkliches zur katholischen Kritik an Karlheinz Deschners ‹Kriminalgeschichte des Christentums›» veröffentlicht.*

Deschner ging davon aus, daß der interessierte Leser selbst beurteilen könne, welcher Standpunkt überzeugender, welcher Autor kritischer und der geschichtlichen «Wahrheit» näher sei. Er, der seinem Publikum stets empfiehlt, zu prüfen, was er sagt, ihm nicht zu «glauben» – er glaubt seinerseits: an den Sog der Vernunft.

Doch Schweigen wäre in diesem Falle selbstschädigend und weltfremd. Calumniare audacter, semper aliquid haeret: beim Anschwärzen nur nicht schüchtern! Etwas bleibt immer hängen! An diesen alten (und wahren) Zynismus erinnerte besonders nachdrücklich ein ausländischer Wissenschaftler: Deschner müsse unbedingt, unverzüglich und öffentlich Stellung nehmen zu seinen Schwerter Kritikern.

Eine böse Grippe im Winter 1996 erschwerte Deschner das Schreiben des fünften Bandes der «Kriminalgeschichte». Da nahm er sich, gleichsam als geistige Krankengymnastik, erneut den Herder-Band vor und suchte nach einem Modus operandi. Den ganzen dreihundert Seiten langen Text analysieren? Unmöglich. Also konnte man nur exemplarisch vorgehen: einen Aufsatz herausgreifen und den gründlich durchmustern.

Deschner entschied sich für das Referat «Kaiser Konstantin: ein Großer der Geschichte?» von Maria R.-Alföldi (der einzigen Frau in der Korona von Schwerte). Dieser Aufsatz entspricht, alles in allem, dem durchschnittlichen Pegelstand des Bandes. Etliche Texte darin sind unter aller Kritik. Einige wenige enthalten sich wenigstens der persönlichen Verunglimpfung und versuchen, Deschners Eigenart und Leistung gerecht zu werden.** Maria R.-Alföldi liegt im Mittelfeld, ist also repräsentativ.

Maria Radnóti-Alföldi, geboren 1926 in Budapest, wurde 1949 promoviert, 1961 in München habilitiert, arbeitete seit 1965 als Wissenschaftlicher Rat, später als Professorin am Seminar für Griechische und Römische Geschichte der Universität Frankfurt am Main in den Fächern Hilfswissenschaften der Altertumskunde sowie Geschichte und Kultur der römischen Provinzen. Zu den historischen Hilfswissenschaften zählen Disziplinen wie Epigraphik, Papyrologie, Glyptographie, Sphragistik. Maria Radnóti-Alföldi hat vor allem über

Pars pro toto (1996)

Numismatik (Münzkunde) publiziert, unter anderem «Die constantinische Goldprägung: Untersuchungen zu ihrer Bedeutung für Kaiserpolitik und Hofkunst» (1963) oder «Antike Numismatik: Theorie, Praxis, Bibliographie» (1978).

Frau Prof. em. Radnóti-Alföldi ist korrespondierendes Mitglied der Akademie der Wissenschaften und der Literatur in Mainz. Der Schwerte-Initiator Seeliger stellt sie als «international angesehene Konstantinforscherin» (148) vor. Ihr Referat wurde in Schwerte besonders beifällig aufgenommen, schien hier doch eine Koryphäe Deschners Zuverlässigkeit als Historiker zu torpedieren. Wie viele Treffer landete sie denn nun wirklich? Dies untersucht Karlheinz Deschner in der folgenden Replik.

Reinbek, 23. August 1996   Hermann Gieselbusch
Sachbuchlektorat
Rowohlt Verlag

---

* In: Clara und Paul Reinsdorf (Hg.): *«Drahtzieher Gottes. Die Kirchen auf dem Marsch ins 21. Jahrhundert.»* Aschaffenburg: Alibri 1995. Darin auch die Studie von Oliver Benjamin Hemmerle: *«Klerikale Kontinuitäten: Wer sie lehrte, was sie lehren. Biographisch-bibliographische Annotationen zu ausgewählten Deschner-Kritikern, ihren Lehrern und Vorbildern».*

** Aus Gesprächen mit Karlheinz Deschner weiß ich, daß er besonders vier Referenten für ihre Fairneß dankt: Professor Ulrich Faust O.S.B., Dekan der Historischen Sektion der Bayerischen Benediktinerakademie, Professor Theofried Baumeister O.F.M., Universität Mainz, Professor Erich Feldmann, Universität Münster, und zumal Professor Gert Haendler, Universität Rostock.

Wes Brot ich ess' oder Vor jeder Form
von Macht auf dem Bauch

Maria R.-Alföldi rezensiert und zensiert auf knapp 12 Seiten (148–159) unter dem Titel «Kaiser Konstantin: ein Großer der Geschichte?» die 72 Seiten (213–285) des Kapitels «Der Hl. Konstantin, der erste christliche Kaiser. ‹Signatur von siebzehn Jahrhunderten Kirchengeschichte›» in Band I meiner «Kriminalgeschichte des Christentums». Gleich eingangs findet sie es «schwer, auch annähernd den Inhalt der Ausführungen Deschners anzugeben» (149). Warum? Wohl weil der Inhalt selbst, in zehn Zwischenüberschriften doch präzisiert und dementsprechend genau referiert, ihr mißfällt, ebenso die unakademische Direktheit der Darstellung, die sie «populär» nennt, «sogar populistisch» (159), von «starker Tendenziösität geprägt» (149), zu der ich mich in meiner «Einleitung zum Gesamtwerk» bereits nachdrücklich bekannte (Band I, 36 ff.). Und mahnt sie zum Abschluß ihres Berichts zu einem vorsichtigen Umgang mit der Geschichtsschreibung, kann ich nur energisch beipflichten!

Maria R.-Alföldis Versuch steht im Dritten Teil, den der Herausgeber «Exemplarische Einzelkritik» tituliert. Exemplarisch, pars pro toto, unterziehe ich diesen Aufsatz jetzt, dicht am Text bleibend, einer Einzelheitenkritik. Notwendig muß solche Kritik der Kritik Kleinigkeiten aufgreifen, muß daraus fast zwangsläufig eine etwas mühselige Lektüre werden. Manches mag krittelsüchtig, pedantisch, spröd wirken. Anders aber geht es kaum, soll die Entgegnung überzeugend sein. Viele Steinchen ergeben so immerhin ein klar konturiertes aussagefähiges Mosaik, an dem die Geister sich scheiden mögen. «Man liest, daß Konstantin seine Abstammung gefälscht hat ...» (149). Man liest's. Na und? Ist's falsch? Das sagt die Autorin nicht. Sie suggeriert es nur – ein Nadelstich, Bestandteil der Taktik, mich unterschwellig unglaubhaft zu

machen, zu disqualifizieren. Daß Konstantin, um die Mit-
herrscher als Usurpatoren abzustempeln, seinem Vater Konstantius Chlorus eine viel edlere Aszendenz andichten, daß
er den Heiden und, nach Kirchenvater Laktanz, sogar Kir-
chenzerstörer, als Christen ausgeben ließ, verhehlt sie und
bagatellisiert die gefälschte Abstammung als «zeitweiliges
Propagandamanöver» (149). Man liest, er habe, fügt sie
hinzu, «seine Vorfahren kompromittierend gefunden». Na
und? Ist's falsch? (Siehe oben)

«Seine Mutter Helena wird mit allem Klatsch bedacht,
die [!] eine mißgünstige Meinung je zutage fördert; sie war
seinerzeit situationsabhängig und natürlich standesbedingt.
Deschner kriecht ihr unbesehen auf den Leim» (149).

Erneut ignoriert Frau Alföldi die Gründe für diese «mißgünstige Meinung». Sie nennt sie «situationsabhängig» (was
Meinung meistens ist) und, was sie hier ja nicht abschwächt,
«standesbedingt». Wobei sie abermals verschweigt, daß
auch prominente Prälaten den «Klatsch» kolportierten, daß
deswegen Konstantin Eustathius von Antiochien auf Nim-
merwiedersehen exiliert, daß Kirchenlehrer Ambrosius gar
von Helena sagt, Christus habe sie «von der Miste auf den
Thron erhoben».

«Die ersten Regierungsjahre des jungen Kaisers im Westen
sind nichts als schreckliche Kriege gegen armselige Germanen, die dann, gefangengenommen, erbarmungslos abgeschlachtet werden.» Alles scheint da von mir grausig über-
trieben, nicht wahr, wird aber wieder nicht gesagt. Denn alte
Quellen wie neue Untersuchungen bestätigen, Konstantins
Barbarei war schon seinerzeit ungewohnt, furchtbar. Doch
liebt die Kritikerin diskrete Andeutungen, tadelnde Bei-
klänge, die mich als historischen Obskuranten hinstellen,
ohne daß sie, dezente Tücke, dies ausspricht; obwohl sie
auch davor, unter dem Druck ihrer Beweislast, nicht zurück-
schreckt (vgl. S. 154, 156), ja meinen Text einfach fälscht
(S. 150).

Konstantins Opfer Maxentius, meint sie, werde «trotz nachgewiesener Willkürherrschaft stets entschuldigt» (149). Stets? Als schriebe ich nicht auch von Maxentius, daß er «die Landbewohner schröpfte», daß er «den bisherigen Steuerlasten neue hinzu» fügte – freilich «sein Geld in erster Linie eben dort» holte, «wo es fast unbegrenzt vorhanden war»; letzteres doch ein löbliches Unterfangen. Im übrigen: nicht ich entschuldige. Ich führe einen Forscher an, der im 28. Halbband der «Realencyclopädie» von Pauly-Wissowa so extensiv wie intensiv begründet, warum er Maxentius verteidigt – dessen Lage der «eines umstellten Wildes» glich (Groag).

Die christliche Seite allerdings schmäht den «gottlosen Tyrannen» beinah bis heute und verfälscht systematisch seine Biographie (vgl. S. 220f.). Bereits der «Vater der Kirchengeschichte», Bischof Euseb, den Jacob Burckhardt «den ersten durch und durch unredlichen Geschichtsschreiber des Altertums» nennt, behauptet zum Beispiel von «der blutigen Rohheit des Tyrannen» Maxentius: «Die Zahl der Senatoren, die er hinrichten ließ ..., kann gar nicht berechnet werden. In Massen ließ er sie ... ermorden.» Tatsächlich aber ist kein von ihm getöteter Senator bekannt. Auch kennt die Überlieferung für die ihm unterstellte Grausamkeit «keinen einzigen konkreten Beleg». Ebensowenig stimmt, weder für Rom noch für Afrika, die ihm kirchlicherseits angeschwindelte Christenfeindschaft. Manche seiner Wohltaten für den Klerus hat man später auf Konstantin übertragen. Selbst christliche Quellen bestätigen die Toleranz des Maxentius. Bischof Optatus von Milewe nennt ihn korrekt den Befreier der Kirche.

Von alldem erwähnt die Autorin nichts. Vielmehr rügt sie, und wieder ohne es zu bestreiten, «Konstantin gilt als Aggressor» (149). Als erklärte nicht Konstantin den Krieg, sondern Maxentius! Als stürmte nicht Konstantin vom Rhein nach Rom, sondern Maxentius von Rom an den Rhein! Als habe nicht Konstantin bald auch die anderen Mitregenten nieder-

Pars pro toto (1996)

gerungen bzw. niederringen und töten lassen! Und als brächte nicht Konstantin bald auch den Vater des Maxentius um!

Konstantins «Kriegsführung, die Schlachten, triefen vor Blut, vor allem die eben noch bedauerten Germanen, nunmehr dienstverpflichtet, strotzen vor Grausamkeit» (149). Nun schreibe ich zwar, überlieferungsgemäß, Konstantin habe die Aufstände seiner germanischen Gegner in Blut erstickt, ihre Könige in der Trierer Arena von Bären zerfleischen lassen und derartige Darbietungen als «Fränkische Spiele» zu einer Dauereinrichtung, dem jährlichen (14. bis 20. Juli) Höhepunkt der Saison erhoben. Doch äußere ich – sosehr ich es empfinde – weder Bedauern, noch strotzen da «die eben noch bedauerten Germanen . . . vor Grausamkeit». Was ja auch kein Widerspruch wäre.

Unmittelbar darauf zitiert Frau Alföldi mich: «Am Ende wird ‹der Sohn des Besiegten samt seinen politischen Anhängern über die Klinge gejagt›» (I/223) und fährt fort: «doch der Maxentius-Sohn Romulus lebt damals seit Jahren nicht mehr. Ob ein zweiter Sohn brutal beseitigt wird, ist nicht bekannt». Daß Romulus Valerius «seit Jahren» nicht mehr lebte, mag stimmen. Wir kennen aber sein genaues Todesjahr sowenig sicher wie das genaue Jahr seiner Geburt. Und ich nenne gar nicht Romulus Valerius. Wäre freilich auch kein anderer Maxentius-Sohn seinerzeit umgekommen, hätte ich mich geirrt. Ich gebe jedoch zu bedenken, daß beispielsweise Karl Hönn in seiner Biographie «Konstantin der Große. Leben einer Zeitenwende» auf S. 107 von Maxentius schreibt: «Seine Kinder [!] wurden getötet»: wonach sogar mehrere Kinder des Besiegten Konstantins Opfer geworden sind. Wie denn Frau R.-Alföldi mein Zitat mitten im Satz abbricht und unterschlägt: «. . . das ganze Haus des Maxentius [wird] ausgerottet». Dies ist das entscheidende Faktum.

«Daß die hohen heidnischen Würdenträger in Rom mit

äußerster Klugheit verschont und in Dienst genommen werden, nimmt der Autor nicht zur Kenntnis» (149 f.). O doch! «Vielmehr sehen wir die führenden römischen Aristokraten», steht bei mir auf Seite 220, «unter Konstantin wieder in Amt und Würden.»

Bewußt falsch gleich weiter die Behauptung, den nächsten Bürgerkrieg gegen Maximinus Daia «führte jedoch nicht, wie Deschner suggeriert, Konstantin, sondern sein Mitkaiser Licinius» (150). Denn ich berichte (228), daß «Konstantin und [!] Licinius», daß «zwei [!] gottgeliebte Männer» den Ausbruch dieses Waffengangs betrieben, daß ihn aber «Licinius» mit «christlichen Devisen unternommen» und «Licinius» vor der Schlacht am 30. April 313 kommandiert habe: «Helm ab zum Gebet . . .» Von Konstantin ist in diesem ganzen Konflikt keine Rede.

Während Frau Alföldi jedoch, wie so oft, mir ankreidet, den Leser hinters Licht zu führen, tut sie es selbst. Und während sie erklärt, ich suggeriere, Konstantin habe den Krieg geführt, suggeriert sie, erneut unwahrhaftig, schon mit dem nächsten Satz – «Man liest wieder extrem emotionale Schilderungen von Atrozitäten aller Art» (150) –, diese Schilderungen seien von mir, obwohl sie sämtlich, wie klar vermerkt, von den Kirchenvätern Euseb und Laktanz stammen. Indes muß ich um so eher als Verfasser erscheinen, als sie mich unmittelbar darauf auch noch zitiert: «Licinius' Soldaten heißen schlicht ‹Schlächter›» (150). (Nebenbei: also plötzlich doch Licinius! Und nicht Konstantin, wie sie mir zwei Zeilen vorher untergeschoben hatte!)

Soldaten sind Schlächter bei mir: wie unseriös! Die Professorin für Hilfswissenschaften der Altertumskunde etc. schaudert's. Schlachterfahren, Schlachtenlenker, Schlachtenglück, Schlachtenruhm, Schlachtentod, das darf man sagen und schreiben, es klingt gut, ist aller Ehren wert, wie die Schlacht selbst! Doch Schlächter ist schlicht unfein.

Mit «hämischer Schärfe» (150) – so wird mir vorgeworfen –

kommentiere ich dann die Alleinherrschaft dessen, den sogar sie des «Byzantinismus» zeiht. «Er zwingt die Kirche unter seine Fuchtel; diese wiederum beugt sich Deschner zufolge gerne und opportunistisch, um zu Geld und Macht zu kommen.» Das sei aber nur «eine bestimmte klar abgrenzbare Gruppe am Hofe ...».

Nein. Denn die Kirche gelangte durch Konstantin (und seine nächsten Nachfolger) *als ganze* zu eminentem Einfluß, zu Prestige, was unbestritten ist. Überall im Reich jubelten dem Diktator die Bischöfe zu. Ergossen sich seine Gunstbezeigungen doch über die Hierarchen auch ferner Länder, ja kamen dem katholischen Klerus, der nun anerkannten, privilegierten Kaste, insgesamt zugute durch Geld, Ehren, Titel, durch Basiliken und andere Bauten, durch Auflagen-, Steuererlaß, Befreiung von Eidesleistung, Zeugnisabgabe, durch die Erlaubnis zur Benutzung der Staatspost, durch das Recht, letztwillige Verfügungen, Vermächtnisse anzunehmen, ja, der Herrscher trat – wie so viele künftige noch! – den Prälaten staatliche Macht ab, und er entschied freilich auch Fragen des Glaubens. Nicht wenige Oberhirten ahmten an ihren Amtssitzen schon das Gepräge und Zeremoniell der Kaiserresidenz nach. Immer wieder heißt es in den Quellen, «er machte sie geehrt und beneidenswert in aller Augen», «verschaffte ihnen durch seine Befehle und Gesetze noch mehr Ansehen», «öffnete mit kaiserlicher Großherzigkeit alle Schatzkammern ...». Und so preisen Konstantin – der sich nicht nur Mit-Bischof, «Bischof für die äußeren Belange» (epískopos tōn ektós), sondern, bescheiden, «Unsere Gottheit» (nostrum numen) nannte – bald noch und gerade die größten Kirchenlichter, Ambrosius, Chrysostomos, Hieronymus, Kyrill von Alexandrien.

Meine Kritikerin aber tadelt, daß «andere in Opposition gehen, wird nicht gesagt» – weil nicht relevant; der ungleich bedeutendere Widerstand der Schismatiker und Häretiker wird seitenlang erörtert. Was hilft's! «Daß die Kirchengeschichtsschreibung als erste ihrem Helden den Beinamen eines ‹Großen› gegeben hat, ist wieder falsch: Es war der Athener Praxagoras ...» (150). Was heißt hier «wieder» falsch? Und was heißt da «falsch»? Steht bei mir doch korrekt: «die Kirchengeschichte gibt Konstantin den Beinamen ‹der Große›». Um dies freilich erst falsch zu machen, um mich eines weiteren «Fehlerchens» überführen zu können, schmuggelt Frau Professor R.-Alföldi ebenso unauffällig wie infam die beiden Wörtchen «als erste» ein, die bei mir fehlen!

Nun spricht nicht alles für mich, was bei mir fehlt: «Offenbar fehlende Forschungstechnik» zum Beispiel, die mir der Herausgeber nachsagt. Frau R.-Alföldi hat sicher jede Menge «Forschungstechnik». Nicht zuletzt deshalb mißfällt ihr auch meine Polemik. Und besonders polemisch findet sie mich gegenüber Kirche, Militär und Krieg. Indes weder polemisch noch populistisch, nein, fachlich elegant hebt sie an: «Er sieht in dieser Form des Mittragens des Staates schlicht den Verrat an Christus selbst. Seine Tendenziösität gipfelt in der eigens herausgehobenen Wendung: ‹Genau dies aber, die Größe des Wütens, die das Verbrechen straflos macht, wurde die Moral der Kirche und blieb es» (150f.).

Nun ist die stets obszöne Liaison von Thron und Altar, zumal in ungezählten Gemetzeln vom 4. Jahrhundert bis heute, ja nicht ein Produkt meiner «Tendenziösität» (149), sondern grauenhaft genug. Doch wie bei sehr vielen Konformisten vom Fach fließt auch bei ihr kaum Blut, in Wahrheit: kein Tropfen, während sie mir, so scheint's, mit allem Abscheu zuruft: «die Schlachten triefen von Blut» (149) – als würde ich es vergießen!

Dagegen ignoriert sie, zweifellos mit dem Gros der Historiker-Zunft, die geschichtsnotorische Perversität, die Epoche um Epoche moralisch ad absurdum führt, ethisch gänzlich diskreditiert: die überaus peinliche Praxis, kleine Gangster hängen, große glorifizieren zu lassen. Nichts spezifisch Christliches, gewiß. Schon der afrikanische Bischof, Märtyrer und Heilige Cyprian geißelt dies am Heidentum. Werde Blut im einzelnen vergossen, klagt er, nenne man es Untat, wenn öffentlich, Tapferkeit. «Die Größe des Wütens ist es, die das Verbrechen straflos macht . . .» (251 f.).

Meine «Tendenziösität», so Maria R.-Alföldi, gipfele in dieser Wendung, wobei sie völlig verschweigt, daß sie vom hl. Cyprian stammt! Ich dagegen werde, heißt es gleich danach, «immer undifferenzierter und gefühliger . . .» (151). Denn während sie, nur in einem Nebensatz, forschungskühl, summarisch vom «tragischen Ende» der Konstantin-Verwandten spricht, zähle ich offenbar «immer undifferenzierter und gefühliger» auf, daß der große Heilige und heilige Große seinen Schwiegervater Kaiser Maximian 310 in Marseille erhängen, dann seine Schwäger Licinius und Bassianus erwürgen, den Sohn des Licinius, Licinianus, in Karthago totschlagen, seinen eigenen Sohn Krispus vergiften (dazu auch zahlreiche Freunde massakrieren) und seine Gattin, Fausta, Mutter von fünf Kindern, im Bad ersticken ließ – indes er selber andere Verwandtenmörder durch das längst abgeschaffte fürchterliche Säcken (poena cullei, besonders langsames Ersäufen in einem Ledersack) zur Hölle schickte.

Nicht genug des immer Gefühligeren: ich untersuche auch «die Veränderungen in der Strafgesetzgebung», bemängelt die Professorin indigniert, «stets mit negativem Vorzeichen» (151). Und ist damit wieder unwahrhaftig, falls sie meine Arbeit nicht bloß überflogen und einfach geschlampt hat. Denn ich räume – durchaus nicht stets negativ – sehr wohl ein, daß die Rechtsentwicklung «oft humanisierenden Tendenzen des älteren (heidnischen) Rechts oder der (heidnischen) Philosophie folgte, sie manchmal, zugegeben, unter christlichem Einfluß verstärkte». Und betone vom ersten christlichen Kaiser überdies, «gewiß hat auch Konstantin manche Strafbestimmung gemildert, vielleicht sogar, im einzelnen oft schwer zu ermitteln, unter christlichem Einfluß. So wurde die einseitige Ehescheidung erschwert (nicht abgeschafft!), der Schuldner besser vor seinen Gläubigern geschützt, die Todesstrafe durch Kreuzigung und Beinbrechen (320 gesetzlich noch bezeugt) durch Erdrosseln am Galgen ersetzt. Auch verbot Konstantin das Brandmarken im Gesicht (der zu Gladiatorenkampf und Bergwerksarbeiten Verurteilten), ‹weil der Mensch nach dem Ebenbilde Gottes geschaffen ist ...›» – wobei ich nicht den Nachsatz verbergen will: «und man ja auch Hände und Waden brandmarken könne!» So steht es bei mir auf Seite 266.

Die Kritikerin aber macht nicht einmal den Versuch, ihre Rüge zu begründen. Denn natürlich paßt es gar nicht in ihr apologetisches Konzept, daß der von Theologen und Historikern bis heute hoch gefeierte Despot (der, «unter dem Einfluß christlicher Vorstellungen», wie ihm das «Handbuch der Kirchengeschichte» nachrühmt, «eine steigende Achtung vor der Würde der menschlichen Person» bekunde, die «christliche Achtung vor dem Menschenleben»: Katholik Baus), daß dieser heilige Halsabschneider zum Beispiel Denunzianten vor ihrer Hinrichtung noch die Zunge herausreißen, daß er bei Brautraub noch das beteiligte Hauspersonal töten, Sklaven verbrennen, Ammen durch flüssiges Blei in den Mund sterben ließ; daß er überhaupt jeden Sklaven und Domestiken, der seinen Herrn nur anklagte (ausgenommen, bezeichnenderweise, Fälle von Ehebruch, Hochverrat und Steuerbetrug!), ohne Untersuchung oder Zulassung von Zeugen sofort zu töten befahl; daß er, selber der Astrologie ergeben, selber gesetzlich Heil-, Wetterzauber, Sympathiekuren erlaubend, schon das bloße Verabreichen von «Liebesbechern» mit Exil und Güterkonfiskation, bei Todesfolge aber mit Zerreißen durch Raubzeug oder Kreuzigung bestrafte.

Zu alldem und mehr kein Wort der Konstantinexpertin. Vielmehr fährt sie unmittelbar nach der Falschmeldung, ich bespräche die konstantinische Strafgesetzgebung stets negativ, fort, ich zeihe «den Kaiser sogar des Antisemitismus», und dies «trotz der bekannten Tatsache, daß die Juden zu jener Zeit ihren Glauben noch frei ausüben können» (151).

Als widerspreche die freie Glaubensausübung der Juden dem Antisemitismus des Kaisers – eines Herrschers, der die Juden geistig blind schimpft, ein «verhaßtes Volk», dem er «angeborenen Wahnsinn» attestiert; der ihnen das Betreten Jerusalems nur an einem Tag im Jahr gestattet, ihnen die christliche Sklavenhaltung ganz untersagt, womit ihre folgenschwere Verdrängung aus der Landwirtschaft beginnt; ja, dessen erstes judenfeindliches Gesetz aus dem Herbst 315 für Bekehrung zum Judentum dem bekehrenden Juden und dem bekehrten Christen bereits mit Verbrennung droht!

Daß ich Konstantins Zurückhaltung gegenüber den Heiden nur «zögerlich» einräume (151), trifft ebenfalls nicht zu. Gegenüber den Heiden, konzediere ich auf Seite 278, wahre der Regent «zunächst deutlich Reserve». Ich hebe seine lebenslange Stellung als Pontifex maximus hervor, als Präsident des heidnischen Priesterkollegiums, betone, daß sein Oberpontifikat, der die Verbundenheit mit der paganen Religion bezeugt, in den offiziellen Texten immer an der Spitze seiner Ämter stand u. a.

Dagegen verschweigt die Kennerin des Kaisers, daß ihr Heros mit wachsender Macht und Bewegungsfreiheit stets rigoroser auch die Heiden attackierte, am deutlichsten in seinen letzten Regierungsjahren, wenn es auch nicht in seinem Interesse lag, die große Mehrheit des Reiches frontal anzugehn. Immerhin, er verbot die Wiederherstellung baufälliger Tempel, befahl auch bereits das Schließen von Tempeln. In allen Provinzen wurden sie außerdem für ihn, seine Günstlinge, für die Kirchen bestohlen, «rücksichtslos ausgeplündert» (Tinnefeld), ja es kam zu einem «Kunstraub noch nie dagewesener Art» (Kornemann). Und dann verfügte Konstantin auch schon ihre Vernichtung; «er zerstörte von Grund aus gerade diejenigen, die bei den Götzendienern in höchster Ehre standen». «Auf einen Wink», triumphiert Bischof Euseb, lagen ganze Tempel «am Boden». Nicht zuletzt ließ der Potentat die fünfzehn Bücher des Porphyrios «Gegen die Christen» verbrennen, womit dieser der «gesamten Bibelkritik der Neuzeit» vorgreift (Poulsen) und «auch heute», so der Theologe Harnack, «nicht widerlegt» ist.

Von alldem verlautet bei Maria R.-Alföldi wieder absolut nichts. Hingegen vermerkt sie die «nicht zu leugnende Zurückhaltung Konstantins gegenüber den Heiden», die ich angeblich nur «zögerlich» zugebe, und tischt gleich die weitere Unwahrheit auf, von mir werde «wieder kaum gesehen», daß seine «Strenge» gegen Häretiker aus dem Wunsch resultiere, «den inneren Frieden zu sichern» (151).

Denn in Wirklichkeit, so steht bei mir auf Seite 277 f., ging der Kampf des Kaisers gegen die «Ketzer» weniger um Religion «als um die Einheit der Kirche ... und damit um die Einheit des Reiches ... zur Stärkung des Staates erstrebte der Herrscher die Einheit der Kirche, haßte er den ‹Brand der Zwietracht›». Ich mache deutlich, daß Konstantin, wie er selbst sagt, «unter allen Dienern Gottes Einigkeit» wünschte, auf daß auch der Staat «von deren Früchten genießen könnte»; ich unterstreiche, daß der Regent deshalb «staatliche Einheit suchte wie nichts sonst», daß er in Briefen an Bischöfe, Synoden, Gemeinden «unermüdlich die Einigkeit, Concordia» beschwor, «Frieden und Einklang», «Zusammenklang und Einheit», daß er immer wieder «eine einheitliche Ordnung» postulierte, immer wieder forderte, daß bei «der katholischen Kirche ein einziger Glaube», «daß die allgemeine Kirche eine sei» – und bekomme nachgesagt, dies werde «wieder kaum gesehen ...».

Dagegen konkretisiert die Autorin die knapp gestreifte kaiserliche «Strenge» gegenüber Häretikern wieder nicht im geringsten. Der erste christliche Imperator im Kampf gegen Christen, das paßt nicht gut ins Bild. Kein Wort also dazu, daß Konstantin in einem scharfen «Ketzer»-Edikt (falls es Bischof Euseb, der Überlieferer, nicht gefälscht hat) alle Häretiker «Lügen» zeiht, der «Torheit», sie «Feinde der Wahrheit» schimpft, «Verführer zum Untergang», daß er jahrelang die afrikanischen Donatisten bekriegt, ihnen die Kirchen wegnimmt, das Vermögen, daß er Soldaten gegen sie schickt, wobei es, noch ehe man die Heiden massakriert, zur ersten, im Namen der Kirche geführten Christenverfolgung kommt, zum Sturm auf Basiliken, zur Ermordung von Männern, Frauen, zur Tötung von zwei donatistischen Bischöfen, zu einem blutigen Bauernkrieg auch, da sich die Verfolgten mit den schwer drangsalierten Landsklaven verbinden. Und ebenfalls nichts natürlich über die Bekämpfung der markionitischen Kirche, die vielleicht größer, jedenfalls älter war als die katholische. Er verbot ihre Gottesdienste, konfiszierte ihre Grundstücke, zerstörte ihre Bethäuser. So kann die Expertin, alles Abträgliche im einzelnen weitgehend aussparend, zuletzt nicht nur einem vieltausendfachen Mörder, sondern auch einem unumschränkten Autokraten, dem ersten Kaiser, der seinen persönlichen Willen als «unmittelbare Rechtsquelle» (Schwartz) aufstellte, das Attribut «der Große ... nicht ohne Grund» zuerkennen (159).

Alles Bisherige betraf bloß etwas mehr als zwei Seiten Text der Historikerin.

Nun offeriert sie im Kleindruck einige «besonders störende Fehler und Einstellungen». Doch da sie schon im Großdruck wenig, vor allem wenig Wesentliches zu sagen wußte, vielerlei Unrichtiges aber, Richtigstellungen, die Falschstellungen waren, euphemistische Verdrehungen, unredliche Suggestionen, Unterschlagungen, vom Entscheidenden – typisch für den nach der Kirchen- oder Staatsmacht schielenden Geschichtsdarsteller – meist Ablenkendes, ahnt man wohl, welche Bedeutsamkeiten sie im Kleindruck bietet.

Ich will damit nicht langweilen. Doch pars pro toto ein paar Beispiele (von insgesamt zehn).

Da werde der Name eines Senators der Konstantinzeit «stets ‹Anylinus› geschrieben» (152). Nun, der Name kommt zweimal vor. Wieso also «stets»? Und die Schreibung «Anylinus» ist durchaus nicht falsch. Denn so schreibt u. a. stets auch der «Vater der Kirchengeschichte», Bischof Euseb. Und selbstverständlich kann man ungezählte Namen griechisch oder lateinisch schreiben, ohne im geringsten einen Lapsus zu begehen. Sie aber behauptet: «er heißt in Wirklichkeit Annulinus …»

Zu Seite 223 notiert sie: «‹Doch noch in seinen letzten Lebensjahren läßt Konstantin sich in einer Porphyrstatue wie Helios abbilden (…)› – was bei Deschner für seine eminente Falschheit steht» (152). Davon aber ist in meinem Kontext überhaupt nicht die Rede. Denn es geht hier gar nicht um den Kaiser, sondern um die Kirchenväter, die dessen Sieg über Maxentius mit Hilfe einander widersprechender Legendenlügen zu einem Sieg des Christentums über das Heidentum machen und damit eine bis in den Ersten und Zweiten Weltkrieg fatal fortwirkende politisch-militante «Religiosität», die «Kaisertheologie», begründen. Demgegenüber, berichte ich auf Seite 223, erscheint auf Konstantins Münzen noch lange Juppiter Conservator, auch Mars, am längsten jedoch der unbesiegte Sonnengott, Sol Invictus. Dann folgt der von ihr gebrachte Satz, und ich zitiere den Abschnitt zu Ende: «Doch noch in seinen letzten Lebensjahren läßt Konstantin sich in einer Porphyrstatue wie Helios abbilden, ja, noch einen Tag vor seinem Tod schärft ein Gesetz ein, ‹daß die heidnischen Priester für immer von allen niederen Lasten frei sein sollen›. Wie er denn selber der Meinung war, den Gott, zu dem er betete, nie gewechselt zu haben.»

Wo hätte ich hier Konstantins «eminente Falschheit» auch nur angedeutet? Die Forscherin erfindet es.

Auf derselben Seite (152) greift sie meine Bemerkung auf und an, der Kopf des Licinius erscheine zunächst, «wie der Konstantins, auf Münzen mit einem ‹nimbus›, einem Heili-

genschein: Symbol ihrer inneren göttlichen Erleuchtung»
(233).

Worum geht es? Solange Konstantin den Licinius zur Vernichtung seiner Gegner braucht, loben und preisen die Kirchenväter auch den Licinius. Sobald aber Konstantin sich gegen Licinius wendet, verteufeln die krassen Opportunisten den bisher «Gottgeliebten» und krempeln ihn zu einem Scheusal ohnegleichen um; nun plötzlich ist er grausam und verrückt! Alles, was der Kritikerin dazu einfällt: «Die Gleichsetzung von Nimbus und Heiligenschein stimmt für die Spätantike nicht» (152). Sie lenkt vom Wesentlichen ab. Sie geht auch hier wieder auf meine größeren und großen Anschuldigungen, auf die eigentliche Sache, gar nicht ein und präsentiert statt dessen irgendwelche Nebensächlichkeiten wie «stimmt für die Spätantike nicht ...». Als ob das mein Thema wäre! Doch trifft der Einwand überhaupt für sich genommen? Denn was heißt hier Spätantike? Wie lange dauert sie? Bis 313? Bis 375? Bis 476? Oder bis gegen die Mitte des 7. Jahrhunderts? Darüber gibt es keine communis opinio. Und jeder weiß, solchem Epocheneinteilen, zeitlichem Abgrenzen, Zuordnen haftet immer etwas Willkürliches an – stets nur scheinbare, weil in Wirklichkeit ungewisse Fixpunkte.

Fest steht dagegen, daß der Nimbus, der in Form einer verhüllenden oder leuchtenden Wolke göttliche Erscheinungen signalisiert, sich bereits bei Homer zeigt, daß er Götter, Heroen, Könige auszeichnet, Venus etwa, Neptun, Mithras, Alexander, schließlich, im 4. Jahrhundert, von Konstantin auf Christus übertragen wird und seit dem beginnenden 5. Jahrhundert regelmäßig und allgemein bei Engeln, Aposteln, Heiligen vorkommt. (Findige katholische Theologen entdecken den nimbus, die gloria, den Heiligenschein schon im Neuen Testament!) Wie auch immer: die inkriminierte «Gleichsetzung von Nimbus und Heiligenschein» spielt erstens in meinem Textzusammenhang keine

338   Pars pro toto (1996)

Rolle, zweitens ist sie sachlich richtig, und drittens stimmt sie auch zeitlich für die Spätantike.

Zu meiner Seite 243 f. passim merkt Maria R.-Alföldi an, «*divus*» werde «als Titel der Kaiser apostrophiert, *sacer* und *sanctus* im kaiserlichen Umfeld als höchste Anmaßung gescholten» (153). Aber bei mir heißt es erstens klar, daß «man Konstantin nicht mehr, wie noch Diokletian samt Mitregenten, Divus nennen» durfte; und zweitens werden die Termini *sacer* und *sanctus* von mir nirgends gescholten, weder als höchste Anmaßung noch überhaupt.

Ein letztes Beispiel für das kritische Ingenium Maria R.-Alföldis aus ihrem kleingedruckten Einschub über «besonders störende Fehler und Entstellungen» (151). Sie zitiert mich: «Auf Münzen aus den Prägestätten seiner christlichen Söhne fährt er zum Himmel auf, wie schon sein Vater», und findet hier «einmal mehr, wie wenig sich Deschner unter Kontrolle halten kann, wenn er seine Kritik formuliert: Es ist ihm offenbar unbekannt geblieben, wie gerade auf Münzen die klassisch-heidnische *consecratio* mit dem aus dem brennenden Scheiterhaufen aufsteigenden Adler von Constantius Chlorus überliefert ist» (153).

Danach fehlt mir also nicht nur die «Forschungstechnik», nein, es fehlt mir auch an Wissen. Dessen bin ich mir übrigens selbst sehr bewußt. Wem fehlte es nicht an Wissen? Keinesfalls «offenbar unbekannt» aber blieb mir, womit sie meine vermeintliche Wissenslücke stopft. Zitiert sie mich ja selbst, Konstantin fuhr «zum Himmel auf, wie schon sein Vater . . .». Und vor fast vierzig Jahren bereits, in «Abermals krähte der Hahn» nachzulesen, waren mir zahlreiche weitere Himmelfahrten heidnischer und jüdischer Herrschaften bekannt, die von Kybele, Herakles, Attis, Mithras, von Caesar und Homer, von Henoch, Moses, Elias . . . Freilich: «Das ‹Himmelfahrt› zu nennen, ist zumindest mißverständlich» (153). Doch warum denn? Soll etwa nur Herr Jesus ganz wirklich und wahrhaftig aufgefahren sein?

Maria R.-Alföldi, die es schon «schwer» fand, «auch annähernd den Inhalt» meines Konstantin-Kapitels anzugeben, hatte, wie sie eingangs ihres II. Textteils bekennt, bereits Probleme beim Lesen der «als Motto vorangestellten Zitate»; war ihr die Auswahl doch wieder «nicht eben einsichtig», zugleich aber «charakteristischer noch als die eben angedeuteten Einzelheiten», nämlich: «Tendenz und Stimmungsmache also schon als Auftakt» (153f.). Doch tendenziös ist jede Geschichtsschreibung, ausnahmslos; die ehrliche gibt es zu! Denn jede hat eine gewisse Neigung, Richtung, jede tritt für oder gegen etwas ein, «stimmt» also für oder gegen etwas. Jeder Historiker ist selbstverständlich vorgeprägt, gebunden, subjektiv. Jeder hat seine Determinanten, Prämissen, Prädilektionen; jeder seine Wertesysteme, Hypothesen, Auswahlmechanismen, Projektionen, Egoismen, seine Deutungsmuster und Typisierungen, seine Interpretationsmodelle. Jeder beleuchtet, erforscht, erklärt die Welt und die Geschichte im Sinne seiner Weltanschauung. Und am gefährlichsten allemal: wer dies leugnet, wer unparteiisch tut, Wertneutralität vortäuscht, wissenschaftstheoretische Unschuld, kurz, wer Objektivität mimt, die es vermutlich nicht gibt, am wenigsten wohl in der Theologie und in der Geschichtsschreibung (man lese dazu meine «Einleitung zum Gesamtwerk» im Ersten Band, Seite 37 ff.). «Objektiv», sagt Johann Gustav Droysen, «ist nur der Gedankenlose!»

Es geht um sechs Zitate. Das erste, von Augustin, preist in aller Kürze Konstantins Kriege und Siege; das zweite, von Kirchenhistoriker Bischof Euseb, bejubelt des Herrschers Ausrottung aller Arten von «Götzendiensten». In drei weiteren Zitaten von Theologen aus dem späteren 20. Jahrhundert ist der erste Christenkaiser für Peter Stockmeier ein «leuchtendes Vorbild», für Kurt Aland «Christ, und zwar Christ dem Herzen, nicht nur der äußeren Handlung nach». Und Karl Baus nennt seine Seelenhaltung «die eines wirklichen Gläubigen». Den Beschluß bildet ein Text Percy Bysshe Shelleys, «des frühvollendeten großartigen Lyrikers vom Anfang des 19. Jhs., der für Deschner offenbar das einzig Wahre gesagt hat» (154): «... dieses Ungeheuer Konstantin ... dieser kaltblütige und scheinheilige Rohling durchschnitt seinem Sohn die Kehle, erdrosselte seine Frau, ermordete seinen Schwiegervater und seinen Schwager und unterhielt an seinem Hofe eine Clique blutdürstiger und bigotter christlicher Priester, von denen ein einziger genügt hätte, die eine Hälfte der Menschheit zur Abschlachtung der anderen aufzureizen.»

Nun ist Shelleys Statement für mich keinesfalls «das einzig Wahre». Wohl aber kommt diese Sicht der Dinge dem Geschehenen sicher näher als die der vor ihm zitierten antiken und modernen Pfaffen.

Bevor ich gleich zum III. und letzten Hauptteil der Alföldi-Kritik übergehe, noch einige Vorwürfe aus ihrer Nummer II.

Zum Beispiel belehrt sie mich über Termini technici, die ich schon vor Jahrzehnten bei der Darstellung des Herrscherkultes und seiner Beeinflussung des Neuen Testaments beschrieb, und suggeriert – ein so beliebter wie plumper Trick –, ein «Spötteln» über Titel wie «Heiland und Wohltäter» renne offene Türen ein; es «lohnt sich nicht». Als wüßte nicht auch sie: das Gros der Gläubigen hat von diesen (und hundert anderen) religionshistorischen Hintergründen, hat von der Tatsache, daß *nichts* im Christentum ursprünglich ist – vom Weihnachtsfest zur Himmelfahrt lauter Plagiate –, noch heute keine Ahnung. Davon leben ja die Kirchen! Im übrigen erschöpft sich mein «Spötteln» in dem Satz – von mir angeblich «eigens höhnisch hervorgehoben» –: «Der ‹Heiland und Wohltäter› hatte den Entscheidungskampf mit religionspolitischen Aktionen vorbereitet ...»

Sie hat nichts Entscheidendes vorzubringen, also kann sie immer wieder nur andeutend, weil unbegründet, sticheln, muß sie verzerrend übertreiben, glatt unterschlagen oder

Pars pro toto (1996)

einfach unwahrhaftig sein. Doch zeigt die mir häufig zuge-
dachte, nicht nur in Anbetracht des zur Debatte Stehenden
geradezu lächerliche Schulmeisterei mehr als vieles, wie wenig stichhaltig dies alles ist. Etwa wenn sie (S. 154f.) moniert,
der Gebrauch moderner, der Antike unbekannter Ausdrücke
wie «Agressor» (sic) und «Angriffskrieg» sei nicht «sachge-
recht» und führe den Leser «in die Irre». Doch wie viele
neuere Historiker verwenden neue Vokabeln für alte Epochen; in meinem Konstantin-Kapitel zitiere ich Altmeister
Otto Seeck mit dem Wort «Angriffskrieg».

Aus eklatantem Mangel an handfesten Einwänden bemä-
kelt sie sogar, bei mir seien «Aufsätze verglichen mit den Mo-
nographien relativ unterrepräsentiert» (155). Nun, das genügt doch. Auch hier gibt es keine Norm. Zwar wird gewiß
«gerade in Aufsatzform sehr viel Neues geschrieben»; viel
zuviel. Doch «sehr viel Neues» muß ja nicht, worauf es mir
ankommt, schon sehr viel Gutes sein. Und nach dem Guten
frage ich bestimmt nicht sie.

«Unkenntnis» kreidet mir Frau R.-Alföldi auch über die
stammesmäßige Zusammensetzung der Franken an.

Der junge Kaiser Konstantin, schreibe ich auf Seite 217,
habe als Herr über Britannien und Gallien die Franken besiegt und darauf «deren Könige Ascaricus und Merogaisus
zur allgemeinen Augenweide von hungrigen Bären zerfleischen» lassen. Etwas später ergänze ich, diese «fränkischen»
Könige seien möglicherweise Brukterer oder Tubanten
gewesen. Das aber, kontert sie, offenbare nicht, «wie vielleicht beabsichtigt, Gelehrsamkeit und Wissen, sondern
die Unkenntnis der historischen Tatsache, daß ‹die Franken› ein Stammesverband sind, in denen [sic] sehr wohl
auch die Brukterer und die Tubanten ihren Platz haben»
(156).

Doch schließt mein Text das aus? «Möglicherweise», sage
ich, waren die beiden Könige der Franken «in Wirklichkeit
Brukterer oder Tubanten». Konstantin hatte seinerzeit den

germanischen Stamm der «bructeri» am Rhein besiegt. Es gab aber auch «Boruktuarier», wie Beda berichtet, die erst sehr viel später, gegen Ende des 7. Jahrhunderts, zwischen Lippe und Ruhr unter sächsische Herrschaft kamen. Als Missionsbischof Suitbert (gest. 713) diese westfälischen Brukterer zu «bekehren» suchte, mußte er vor den Sachsen fliehen. Somit gingen die Brukterer zunächst keinesfalls (ganz) in den Franken auf. Und gehörte auch zur Zeit Konstantins ein Teil jener zu diesen, waren sie doch Brukterer – so wie die Sachsen auch unter den Franken Sachsen blieben.

Ich zitiere nie sinnwidrig. Und führe ich Zitate an, so geschieht es mit aller Sorgfalt. Natürlich zitiere ich regelmäßig aus dem «Zusammenhang gerissen» (154); das habe ich mit allen Zitierenden der Welt gemein. Erstaunlich aber die Verleumdung, ich böte «Zitate aus antiker und moderner (Fach-)Literatur meist verstümmelt» (154). Dies wäre, selbst wenn ich nicht auf der besonders infamen Vokabel «meist» insistiere, durch eine Fülle von Belegen zu untermauern gewesen. Wo sind sie?

Einen Treffer freilich kann Maria R.-Alföldi wirklich verbuchen (156): meine Verwechslung der Lateranbasilika mit der Basilika am Forum Romanum. Triumph!

Ich fasse meine Darstellung des Kaisers zusammen, beziehe auch bereits Erörtertes, das mir besonders triftig scheint, ein und konfrontiere damit abschließend, ebenfalls nur kurz, das von der Kritikerin skizzierte «Gegenbild Konstantins».

Konstantin I. hat um seiner Karriere willen die Religion seines Vaters Konstantius Chlorus, eines einstigen kaiserlichen Leibwächters, gefälscht, hat illegal zum Kaiser sich erhoben und in einer Machtsucht ohnegleichen das diokletianische System der Tetrarchie zerschlagen, drei Mitkaiser ermorden lassen. Konstantin führte sein Leben lang Krieg. Er ist aggressiv «von Anfang an» (Stallknecht); vor Augen stets «nur dieses Ziel einer größeren Herrschaft» (Vogt); dabei immer

Pars pro toto (1996)

wieder «furchtbare Härte» (Kornemann) praktizierend: 306 gegen die Brukterer, 310 gegen die Brukterer, 312 gegen Mitkaiser Maxentius, 313 gegen die Franken, 314 gegen die Sarmaten, 315 gegen die Goten, ungefähr um diese Zeit auch gegen Mitkaiser Licinius, wobei Konstantin mehr als 20000 seiner Feinde vernichtet haben soll. 320 gegen die Alemannen, 322 gegen die Sarmaten, 323 gegen die Goten, wobei er jeden, der ihnen beisteht, lebendig zu verbrennen befiehlt. 324 gegen Mitkaiser Licinius, ein «Religionskrieg», vor dem Konstantin, der schon mit Feldbischöfen ausrückt, «heilig und rein» mit seiner Soldateska betet und schließlich 40000 Leichen das Schlachtfeld bedecken; 130 Schiffe und 5000 Matrosen versinken vor der Steilküste bei Kallipolis.

Dem Licinius verspricht Konstantin eidlich das Leben und läßt ihn ein Jahr später erwürgen, auch viele seiner prominenten Parteigänger in allen Städten des Ostens liquidieren. «Diesem großen Vorbild nachzueifern bemühte sich jeder christliche Kaiser», versichert der katholische Theologe Stockmeier; «beliebig ließ sich darauf verweisen, um ein Ideal [!] vor die Augen der Fürsten zu stellen.» Ja, er wurde zur «Idealfigur ... christlichen Herrschertums überhaupt» (Löwe).

All dies, hier nur aufgezählt, spiegelt sich bei R.-Alföldi (148) in dem Satz: «Er behauptet sich zunächst, gewinnt dann Schritt für Schritt die Gebiete seiner Mitregenten hinzu, um schließlich 324 das ganze römische Reich unter seinem Zepter zu vereinen.» So gesehen wird Geschichte gewiß eine saubere, aseptische Sache. Blut fließt da kaum, selbst wenn sie noch hinzusetzt: «Er muß wiederholt an den Grenzen kämpfen, um das Reichsgebiet zu sichern.»

328 zieht Konstantin gegen die Goten, 329 gegen die Alemannen, 332 gegen die Goten, deren Verluste, auch durch Hunger und Frost, auf hunderttausend berechnet worden sind. Und noch in seinem Todesjahr 337 wollte der «Schöpfer des *christlichen* Weltreiches» (Dölger) mit vielen

Militärbischöfen zu einem Kreuzzug gegen die Perser ausrücken.

Von alldem aber, womit Konstantin das christliche Abendland begründete, was Konstantin ja erst – wie mutatis mutandis dann Karl I. – zu «dem Großen» macht, steht bei Maria R.-Alföldi sehr wenig, und dies mehr zwangsläufig in der Polemik gegen mich. Auch von der persönlichen Grausamkeit des Kaisers, für den Menschenleben «keinen Wert» hatten (Seeck), von den durch ihn initiierten «Fränkischen Spielen» (14.–20. Juli), von den «ludi Gothici» (4.–9. Februar), wobei er Gefangene massenweise in der Arena wilden Tieren vorwerfen ließ, findet sich schlechthin nichts; ähnlich von der Meuchelung seiner nächsten Verwandten. Wahrscheinlich gilt diesem brutalen Hinmorden (das sein Sohn Konstantius II. noch im Todesjahr seines Vaters fortsetzt, wie überhaupt Verwandtenmassaker in christlichen Dynastien die Regel bleiben), wahrscheinlich gilt diesem schlimmen Wesenszug des heiligen Großen Maria R.-Alföldis damenhafter Satz, der grotesker kaum sein könnte: «Er scheint sogar zu Jähzorn zu neigen» (158).

Die vom christlichen Idealfürsten Konstantin gewünschte Beibehaltung der Folter auch vor Gericht – «und die dafür vorgesehenen Methoden waren grausam» (Grant) – wird von der «international angesehenen Konstantinforscherin» (148) mit keinem Wort erwähnt. Ebenso die jämmerliche Sklavenschinderei. Wann immer Sklaven durch Schläge ihrer Herren sterben, verfügt Konstantin am 18. April 326, so sind die Totschläger «von Schuld frei (culpa nudi sunt) ... mögen die Herren keine Untersuchung (quaestionem) befürchten ...». Und seine Majestät verbietet in einem weiteren Dekret sogar ausdrücklich nachzuforschen, ob absichtlich getötet wurde oder nicht! Derlei verschweigt die Verteidigerin des «Großen» gänzlich. Auch nahezu jedes Detail aus dem besonders wichtigen und deshalb mit Abstand längsten Unterkapitel «Von der Kirche der Pazifisten zur Kirche der

Feldpfaffen». Es thematisiert die fundamentale, die Catholica bis heute desavouierende Tatsache, daß ihre Theologen der ersten *drei Jahrhunderte* nirgends in Ost und West den Kriegsdienst erlauben; daß sie sogar jede Notwehr und die Todesstrafe, das Todesurteil ebenso wie die Hinrichtung oder auch nur die Anzeige, die dazu führt, verbieten (daß nach der Kirchenordnung des römischen Bischofs und Heiligen Hippolyt aus dem 3. Jahrhundert selbst Jäger nicht Christen sein können). Da macht Konstantin das Christentum 313 zu einer erlaubten Religion mit einer Fülle von Vorteilen zumal für die Hierarchen – und sofort liefern die bisherigen Pazifisten dem plötzlich prochristlichen Staat die Schäfchen ans Messer. Wer jetzt im Krieg die Waffen wegwarf, wurde ausgeschlossen, und die Soldatenmärtyrer von einst flogen aus den Kirchenkalendern!

In diesem Zusammenhang kämpfe ich gegen alte und neue Verteidiger solch ungeheuren Verrates, unter anderem auch gegen Hans von Campenhausen – worauf Maria R.-Alföldi mit dem ihr eigenen Gespür fürs Wesentliche nichts zu sagen weiß als den Satz: «Einen Höhepunkt stellt die Zitierweise ‹der freiherrliche Theologe› ... dar» (156).

Und wie sieht nun ihr «Gegenbild Konstantins in wenigen Zügen skizzenhaft» (157) aus? Ich muß es hier noch einmal, wo möglich *in wörtlicher Anlehnung*, verknappen: Der geschwächte Limes wird vom Herrscher wieder ausgebaut, ein effektiveres Steuersystem eingeführt, das Reichsgebiet zur Mehrung der Erträge neu durchstrukturiert, die Bürokratie gewaltig vermehrt. Berufe und Aufgaben werden – das ist nicht mein Deutsch – zwangsweise erblich gemacht, Mängel tunlichst beseitigt, ein mächtiger Generalstab entsteht, gegründet wird die neue Residenz Konstantinopel an strategisch entscheidender Stelle.

Konstantin selbst hat demnach nicht zu bezweifelnde militärische Gaben und weiß seine enormen Möglichkeiten als Kaiser souverän zu nutzen. Er kann mild sein, greift aber, kommt seine Position in Gefahr, hart durch, bleibt indes anfangs ein vorsichtiger Realpolitiker. Mit Macht versucht er die Gräben zwischen dem alten und dem neuen Glauben einzuebnen, bevorzugt freilich die Christen, doch handelt er auch hierbei meist vorsichtig-realistisch, wenngleich das Problem des gerechten Krieges der Angegriffenen gute Christen stark belastet. Kurz, ein unerschrockener Neuerer, sein Wirken hat erstaunlich lange Bestand und dient der Zukunft als brauchbare Basis – «auch das Christentum ist in diesem Sinne neu, es führte und führt bis heute historisch weiter» (159).

Klingt das nicht gut, nicht sehr vertraut akademisch, wie sie, so der Herausgeber im Vorspann, «den Wissensstand zu Kaiser Konstantin zusammen» faßt? Fließt da Blut? Krepieren da Stämme und Völker im Dreck? Nein, der Dreck staut sich bei mir! Mein «übermäßiger, mehr noch, gefühlsgeladener Eifer befremdet», wirkt «unglaubwürdig», macht «echte Diskussionsbeiträge» unmöglich. Und so gilt für mein Unternehmen «ohne Einschränkung das nachdenkliche Wort des französischen Dichters Paul Valéry, wenn er sagt: ‹Die Geschichtsschreibung stellt das gefährlichste Produkt dar, das in der Giftküche des menschlichen Intellekts je gebraut wurde.›» (Nebenbei: «wenn er sagt ...», etwas linkisch, dämlich, völlig überflüssig. Nicht nebenbei: Die Professorin für Hilfswissenschaften der Altertumskunde liefert in einer Fußnote die Originalfassung des Satzes. Den Tippfehler «dangeureux» übergehe ich. Aber von der «Giftküche des menschlichen Intellekts», in der «je» etwas «gebraut» wurde, findet sich bei Valéry keine Silbe. Hätte *ich* mir irgendwo derartige Übersetzerfreiheiten herausgenommen, wären mir von der Hilfswissenschaftlerin garantiert «traduttore, traditore», «Tendenziösität», ja «Fälschung» nachgesagt worden.)

Im übrigen: von der Trefflichkeit des Valéry-Bonmots, seiner Signifikanz, bin auch ich überzeugt, von der Bedeutung

Pars pro toto (1996)

dieses Wortes im Hinblick auf die übliche, von machtpoliti-
schen Kategorien beherrschte Geschichtsschreibung, auf
eine Geschichtsschreibung, die zwar stets alles kleine Gang-
stertum beflissen verteufelt, oft auch bloß vermeintliches, gar
erst dazu gemachtes, die großen Geschichtsverbrecher aber
devot durch die Zeiten hofiert. Fort und fort stellt diese Geschichtsschreibung die verderblichsten Leitbilder auf. Fort
und fort korrumpieren ihre perversen, bösartigen Pseudo-
ideale die Menschheit. Fort und fort hat sie deren aus zutiefst
unethischem, menschenverachtendem, aus nur machthöri-
gem, nur erfolgsberauschtem Denken resultierendes Elend
kaum weniger mitverschuldet als die glorifizierten Blut-
hunde selbst. Und als das Christentum. Jenes Christentum,
von dem es bei R.-Alföldi (159) im unmittelbaren Anschluß
an Konstantins «Wirken» heißt: «auch das Christentum ist in
diesem Sinne neu». Es klingt unziemlich zynisch angesichts
seines damaligen ungeheuren Verrats, doch auch unbestreitbar wahr.

Und nichts wurde so fatal für die Völker, zumal für die
christlichen, nichts spricht diesem Christentum selbst so vernichtend das Verdikt wie gerade das gerühmte Faktum, daß
es «bis heute historisch weiter»führte und -führt.

Folgte aber der herkömmlichen, nur die Sieger bekrän-
zenden, nur eine andere Art von Hagiographie pflegenden
Historiographie eine herrschaftskritische, eine wirklich ethische Geschichtsbetrachtung und -beurteilung, was wäre
wünschenswerter, was den Völkern, diesen immer und
immer wieder unterdrückten und verheizten Völkern,
nützlicher? Und so erinnere auch ich zum Schluß an ein
Dichter- und Denkerwort, an eine Sentenz des Literatur-
nobelpreisträgers Elias Canetti, die dem ersten Band der
«Kriminalgeschichte des Christentums» voransteht: «Den
Historikern sind die Kriege wie heilig, diese brechen, heil-
same oder unvermeidliche Gewitter, aus der Sphäre des
Übernatürlichen in den selbstverständlichen und erklärten

Lauf der Welt ein. Ich hasse den Respekt der Historiker vor irgendwas, bloß weil es geschehen ist, ihre gefälschten, nachträglichen Maßstäbe, ihre Ohnmacht, die vor jeder Form von Macht auf dem Bauche liegt.»

Interview mit Anselmo Sanjuán
Für die Madrider Zeitung «El Independiente» im
Sommer 1990 (leicht gekürzt)
....

EL INDEPENDIENTE: Herr Deschner! Nach Wolfgang Stegmüller und anderen namhaften Gelehrten sind Sie der
sowohl schärfste wie kenntnisreichste Kirchenkritiker des
20. Jahrhunderts. Wie fühlt sich der kompromißlose Gegner der Kirche angesichts der Tatsache, daß diese wieder zu
erstarken scheint und neue Stellungen im Osten gewinnt?

DESCHNER: Ich sehe meine Arbeit durch die Entwicklung bestätigt. Betonte ich doch immer wieder die wachsende
Macht der christlichen Kirchen, besonders der Papstkirche.
Betonte ich doch immer wieder, daß die Kirchen im 20. Jahrhundert weit stärker als im 19. sind. Daß sie noch ganze
Weltreiche überdauern werden: kein Elefant verfault an
einem Tag! Nicht mich also führt die Entwicklung ad absurdum, sondern meine sozialistischen, marxistischen,
kommunistischen Kritiker, die mir einst so gern etwas
hämisch-jovial die Schulter klopften: «Ja, alles gut und
schön, Ihre Kirchen-, Ihre Christentumskritik. Aber zweihundert Jahre nach der historischen Aufklärung» (als wäre
kritische Aufklärung auf eine bestimmte Zeit beschränkt!)
«doch reichlich überholt.» Gingen ja, so glaubte, so prophezeite man, all die diversen Christentümer in Kürze im großen sozialistisch-kommunistischen Endsieg unter. Nun
ging indes der Kommunismus unter. Oder richtiger das,
was sich dafür ausgab. Und noch manch anderes könnte
untergehen.

EL INDEPENDIENTE: Im Osten? Die russische Orthodoxie?

DESCHNER: Zum Beispiel. Sie zittert schon. Und als Herr
Gorbatschow den Papst besuchte, glänzte der ihn beglei-
tende Patriarch durch Abwesenheit. Kein Wunder.

EL INDEPENDIENTE: Inwiefern? Könnten Sie das erklären?

DESCHNER: Gewiß. Eine lange Geschichte. Ein tausendjähri-
ger Kampf. Seit man Rußland christianisierte im 10. Jahrhundert, seit es griechisch-orthodox geworden war, versuchte
dort auch das Papsttum Fuß zu fassen: durch diplomatische,
durch kriegerische Vorstöße, durch Kreuzzüge, deutsche
Ordensritter, schwedische Heere, durch Lockungen, Drohungen, ungeheuren Betrug. Durch einen falschen Zaren
namens Dimitri – eine mit Hilfe der Päpste Klemens VIII. und
Paul V. inszenierte –

EL INDEPENDIENTE: Bitte, wann inszenierte? –

DESCHNER: 1604 und 1605 inszenierte weltgeschichtliche
Schmierenkomödie fast ohnegleichen. Und durch einen
echten Zaren, Paul I., um die Wende zum 19. Jahrhundert.
Doch beide Zaren, der falsche und der echte, wurden liquidiert, und Roms größte Sehnsucht blieb ungestillt. Im Ersten Weltkrieg versuchte das Papsttum die Unterjochung
der russischen Orthodoxie mit Hilfe des Hauses Habsburg
und mit dem wilhelminischen Deutschland, die beide Ex-
pansionsgelüste im Osten hatten. Und im Zweiten Weltkrieg versuchte das Papsttum dasselbe mit Hilfe Hitlers.
Und danach mit Hilfe der USA. Ich schrieb darüber «Die
Politik der Päpste im 20. Jahrhundert», zwei Bände, fast
vierzehnhundert Seiten.

EL INDEPENDIENTE: Doch warum, Herr Deschner, zittert
der Osten, wenn er befreit wird?

DESCHNER: Weil die Missionen Roms, Herr Sanjuán, das
Zittern lehren. Weil sie alle Andersgläubigen bedrohen.
Ihre Freiheit bedrohen. Ihr Leben. Im Osten erinnert man
sich noch an die Zwangskatholisierungen zwischen den
beiden Weltkriegen, als Polen, nach hundertjähriger Tei-
lung, durch den Versailler Vertrag wiedererstanden war.

Interview in «El Independiente» (1990)   351

Von Weißrußland, von der Ukraine aus, wo sieben bis acht
Millionen Weißrussen und Ukrainer lebten, rund die Hälfte
davon russisch-orthodox, operierte Papst Benedikt XV. gegen die «schismatische» slawische Welt. Und während die
vordem russischen Gebiete unablässig vatikanische Visi-
tatoren bereisten, begannen da ausgedehnte Pogrome. Um
1930 steckten etwa zweihunderttausend Ukrainer im Gefängnis, darunter mehr als tausend orthodoxe Priester. Die
meisten ihrer Kirchen wurden von den polnischen Katholiken geplündert, als Pferdeställe, Latrinen benutzt, ganze
Dörfer durch Massaker entvölkert. Kurz vor Ausbruch des
Zweiten Weltkriegs, im Juli 1938, waren von dreihundert
orthodoxen Kirchen einhundert in römisch-katholische um-
gewandelt, über siebzig niedergebrannt oder sonstwie zerstört, etwa ebenso viele geschlossen. Im August 1938 hatte
man schon hundertachtunddreißig orthodoxe Kirchen ein-
geäschert. Schlimmer, erheblich schlimmer, waren nur
noch die Kroatengreuel.

EL INDEPENDIENTE: Sie meinen den katholischen Kreuzzug
unter Ante Pavelić?

DESCHNER: Ja – als man wenige Jahre später in Jugoslawien
zweihundertneunundneunzig serbisch-orthodoxe Kirchen
ruiniert, zweihundertvierzigtausend orthodoxe Serben
zwangsbekehrt und etwa eine Dreiviertelmillion dieser unglücklichen Menschen abgeschlachtet hat, Männer, Frauen,
Kinder, Greise, oft viel schlimmer als Tiere, oft scheußlicher
als je im Zeitalter der Inquisition – in der Mitte des 20. Jahrhunderts, mit aktiver Beteiligung des Klerus, besonders der
Jesuiten, mehr noch der Franziskaner, die Mordkomman-
dos anführten und zeitweise das größte jugoslawische Konzentrationslager befehligten, wo sie vierzigtausend Menschen köpfen ließen.

EL INDEPENDIENTE: Sie haben das als erster Deutscher in
verschiedenen Büchern dokumentiert. Doch zurück zum
Kommunismus, der nun ganz geschlagen das Feld der Ge-

schichte verläßt. Viele kritische Geister betrachteten ihn als eine Art Ersatzreligion. Weckt seine Niederlage nicht zwangsläufig die Sehnsucht der Massen nach absoluten Wahrheiten, eine Sehnsucht, die die christlichen Kirchen für sich nutzen können?

DESCHNER: Vermutlich. Aber statt absoluter Wahrheiten werden sie nichts bekommen als absolute Lügen.

EL INDEPENDIENTE: Der große Voltaire unterzeichnete seine Briefe mit der Aufforderung «écrasez l'infâme». Sind Sie so kompromißlos wie er?

DESCHNER: Wir kennen heute, dank einer zweihundertjährigen Forschung, die Kirchengeschichte viel genauer, als Voltaire sie kennen konnte. Wir kennen außerdem zwei Jahrhunderte Kirchengeschichte mehr, besonders die überaus blutige Kirchengeschichte gerade des 20. Jahrhunderts. Wir haben also allen Grund, kompromißloser zu sein.

EL INDEPENDIENTE: Halten Sie eine Gesundung der Kirche durch neue Ideen und Reformpäpste für unmöglich?

DESCHNER: Ja, allerdings. Das halte ich angesichts *dieser* zweitausendjährigen Geschichte für gänzlich ausgeschlossen. Und nicht nur für ausgeschlossen, ich halte es gar nicht für wünschenswert. Denn selbst wenn – ein utopischer Gedanke – die christlichen Kirchen sich im nächsten Jahrhundert zu ethisch intakten Gemeinschaften entwickelten, so bliebe doch ihre Dogmatik, ihre Glaubensgrundlage, ein einziges Gespinst aus Lug und Trug.

EL INDEPENDIENTE: Warum?

DESCHNER: Weil dieser Glaube nicht nur vor dem Forum der Vernunft haltlos ist, sondern auch historisch. Weil er in *keinerlei* legitimer Relation steht zu der Lehre Jesu, die gerade die historisch-kritische christliche Theologie in einer über zweihundertjährigen, mit höchster Akribie betriebenen Forschung aus dem großen Dunkel jener Zeit herausgearbeitet hat – die Historizität des Galiläers einmal vorausgesetzt. Ganz beiseite, daß es im Christentum nie, zu keiner

Zeit, eine Orthodoxie, eine einzige Lehre gegeben hat, da schon in der Urgemeinde in Jerusalem drei verschiedene Arten von «Christentümern» bestanden. Ganz beiseite, daß es im Christentum nichts, absolut nichts gibt, vom periphersten Brauch bis zum zentralsten Dogma, das nicht schon in vorchristlicher Zeit nachweisbar wäre – so evident, daß selbst der größte aller Kirchenlehrer, Augustinus, sich zu dem Satz verstieg: «Das, was man jetzt als christliche Religion bezeichnet, bestand bereits bei den Alten und fehlte nie seit Anfang des Menschengeschlechtes, bis Christus im Fleische erschien, von wo an die wahre Religion, die schon vorhanden war, anfing, die christliche genannt zu werden.»

EL INDEPENDIENTE: Wo steht das?

DESCHNER: In «De doctrina christiana». Doch andere prominente altchristliche Theologen sprechen sich ähnlich aus.

EL INDEPENDIENTE: In «Opus Diaboli» vertreten Sie die Meinung, daß die Kriegslust der Europäer auf ihre jahrhundertelange kirchliche Erziehung zurückzuführen, daß sie zumindest dadurch stark gefördert worden ist. Erwarten Sie nicht zuviel von der Erziehung? Wäre diese so bestimmend, hätte nicht die Aufklärung, die so viele bedeutende Geister für sich gewann, auf der ganzen Linie gegen die Kirche siegen müssen?

DESCHNER: Die Aufklärung beeinflußte nur einen winzigen Teil der Menschheit, das Christentum beeinflußte die Massen. Die Aufklärung prägte die besten Köpfe, das Christentum kollaborierte mit den meisten exorbitanten Geschichtsverbrechern, mit dem hl. Konstantin «dem Großen», mit Theodosius «dem Großen», mit den frühbyzantinischen Herrschern, den Merowingern, den Pipiniden, dem hl. Karl «dem Großen», dem hl. Heinrich II. oder mit all diesen heiligen oder fast heiligen Halsabschneidern bis herauf zu Hitler und Stalin, mit dem die russisch-orthodoxe Kirche gerade während des Zweiten Weltkriegs eng kooperierte, ja, der sogar, kaum bekannt, für sein polnisches Kontingent römisch-katholische Feldpfaffen hatte! Und all diesen welt-historischen Banditen lieferte die Kirche der Nächsten-, der Feindesliebe, der Frohen Botschaft, die Massen ans Messer. Und so wird es, dank der Militärseelsorge, weiterhin sein. Kurz: Kirchen und Staaten gängelten die Massen – die Auf-klärung formte nur eine kleine intellektuelle Schicht, die zwar geistig führte und führt, doch politisch wenig oder nichts zu sagen hatte und hat.

EL INDEPENDIENTE: Ihre immer wieder aufgelegte Sexual-geschichte des Christentums «Das Kreuz mit der Kirche» scheint selbst in der Kirche Schule zu machen. Fort-schrittliche Theologen wie Eugen Drewermann und Uta Ranke-Heinemann haben sich zu Wort gemeldet und harte Kritik am Papsttum geübt. Signalisiert dies eine radikale Wende der christlichen Intellektuellen auf dem Gebiet der Sexualmoral?

DESCHNER: Uta Ranke-Heinemann, Eugen Drewermann und einige andere sind Ausnahmen. Die Sexuallehren sämtlicher Päpste dieses Jahrhunderts aber sind stock-konservativ, und ich hoffe sehr, das bleibt so. Wer katho-lisch sein will, soll seinen Katholizismus auch ausfressen. Im übrigen: die fortschrittlichen Theologen gibt es seit Paulus, sie sind die schlimmsten. Sie betreiben die Adap-tion des Christentums an den jeweiligen Zeitgeist, ohne konsequent zu sein, ohne auch und gerade an den fal-schen, den in die Luft gebauten Fundamenten zu rütteln. Wenn ein Theologe wirklich fortschreitet, ist er kein Theo-loge mehr!

EL INDEPENDIENTE: Glauben Sie, daß die offizielle Se-xuallehre der Kirche von der Masse der Christen ernst ge-nommen wird? Richtet sich überhaupt die Mehrheit des katholischen Klerus danach?

DESCHNER: Die Masse der Laien mag sich zu einem Teil darum kümmern, mehr oder weniger; je ungebildeter,

Interview in «El Independiente» (1990)

uninformierter jedenfalls, desto gläubiger, desto höriger. Sicher leiden ungezählte Millionen unter der sexuellen Repression – und an einem «schlechten Gewissen». Tausende mich erreichende Briefe drücken dies aus, nicht selten erschütternd aus. Das Gros des Klerus aber hat die von ihm verkündete Sexualmoral nie befolgt. Und die Oberen, die sie sehr oft auch nicht befolgten und befolgen, dulden das, solange nichts nach außen dringt, nicht schwangere Bäuche sichtbar, nicht Kinder hörbar werden. Denn nur was schreit, sagt Panizza, ist eine Sünde.

EL INDEPENDIENTE: Um noch einmal auf die Kirche und ihren Einfluß zurückzukommen. Der jetzige Papst wird eine festgefügte Institution hinterlassen. In welche Richtung könnte der Heilige Geist bei der nächsten Papstwahl wehen?

DESCHNER: Ob die Institution so festgefügt ist? Na, vielleicht. Doch in welcher Richtung der Heilige Geist sich bewegt, interessiert mich so wenig, wie mich der Heilige Geist interessiert oder die zwei Federn und das Ei, die man von ihm noch in der Neuzeit im Dom zu Mainz verehrte. Auf solchem Riesenberg von Verbrechen und Betrug ist es ganz gleich, wer obenauf sitzt und regiert. Auch der Beste könnte nichts anderes daraus machen: semper idem.

Interview mit Claudio Pozzoli
für die Turiner Zeitung «La Stampa»
im Sommer 1990 (stark gekürzt)
....

LA STAMPA: Warum sind Sie Kirchenkritiker geworden?
Hat es auch etwas mit religiösen Kindheits- oder Jugend-
erfahrungen zu tun?

DESCHNER: Ja. Mein Vater war katholisch, die Mutter protestantisch. Sie konvertierte. Unter den Verwandten gab es
christliche Sektierer, gab es Freimaurer, Nazis, Sozis, Juden. Auch wuchs ich in Internaten bei Franziskanern auf,
bei Karmelitern, Englischen Fräulein, Benediktinern.

LA STAMPA: Schlechte Erfahrungen?

DESCHNER: Nicht nur. Doch auch lauter schlechte Erfahrungen hätten mich wohl kaum zum Gegner gemacht.

LA STAMPA: Also objektive Gründe?

DESCHNER: Ja. Die erschreckende Erkenntnis: nichts im
Christentum stimmt. Weder ethisch noch dogmatisch. Und
dies von Anfang an!

LA STAMPA: Gilt das nicht auch von anderen Religionen?

DESCHNER: Nicht überall. Und nicht so absolut. Der Buddhismus etwa war sehr viel toleranter. Er forderte von seinen
Laien nicht einmal den Austritt aus anderen Religionen. Er
nahm auch keine gewaltsamen Bekehrungen vor.

LA STAMPA: Retten Sie überhaupt keine Religion oder religiösen Gefühle?

DESCHNER: Ach, mit einem etwas altmodischen Klassiker-
zitat gesagt: Welche Religion von allen, fragst du, ich bekenne? Keine. Und warum nicht? Aus Religion. In gewisser
Hinsicht könnte auch ich mich religiös nennen.

LA STAMPA: In welcher?

DESCHNER: Im Sinn des Monismus. Des Panpsychismus. Ich glaube, daß alles, was ist, lebendig ist, beseelt. Ich glaube, daß das bißchen Verstand uns nicht so über das Tier erhebt, wie das Christentum behauptet, wie man gerade auch im Land des Papstes glaubt, wo man immer noch denkt, wenn man ein Tier schindet, ein Tier tötet: «senza anima» und «non è cristiano . . .». Dieses Denken hatte und hat entsetzliche Folgen, weit schlimmere als alle Kriege. Und, wie Tolstoi sagt, solange es Schlachthöfe gibt, wird es auch Schlachtfelder geben.

LA STAMPA: Was halten Sie von kritischen Christen und von wirklich guten Christen? Oder gibt es die gar nicht?

DESCHNER: Ein kritischer Christ ist eine contradictio in adjecto. Wenn ein Christ wirklich kritisch ist, ist er kein Christ mehr. Er müßte ja alles, alles über Bord werfen, was er glaubt, was ihm vorgeschrieben wird zu glauben: die Wunder, die Weissagung, das Glaubensbekenntnis, die Gründung der Kirche, die Transsubstantiation, alle Sakramente, die Trinität, die Gottheit Jesu, die Unbefleckte Empfängnis Mariens – das entsprechend schöne Fest verdanken wir übrigens einem Papst, Sixtus IV., der Rom auch mit Bordellen beglückte, eine Sondersteuer von seinen Nutten erhob, mit seiner Schwester, seinen eigenen Kindern koitierte. Und was die guten Christen betrifft, so sind sie, ich sage es immer wieder, am gefährlichsten – man verwechselt sie mit dem Christentum.

LA STAMPA: Im Herbst erscheint der dritte Band Ihrer «Kriminalgeschichte des Christentums». Warum heißt sie «Kriminalgeschichte»?

DESCHNER: Sie heißt so, weil die Geschichte des Christentums spätestens von 313 bis heute kriminell gewesen ist, hochkriminell, siebzehn Jahrhunderte lang.

LA STAMPA: Warum so viel Mühe für das Problem Christentum? Man sagt, das Thema sei heute nicht mehr aktuell.

DESCHNER: Ja, und ich habe manchmal den Verdacht, der Klerus selbst lanciert das Gerücht, um desto besser im trüben zu fischen. Geistig, gewiß, ist das Christentum tot, seit zwei Jahrhunderten, seit der historischen Aufklärung, mausetot, und niemand weckt es mehr auf. Doch politisch, wirtschaftlich, groteskerweise auch moralisch, ist sein Einfluß groß, ja, er wächst noch.

LA STAMPA: Aber was erreichen Sie? Seit Jahrzehnten schreiben Sie gegen das Christentum – doch wer liest das?

DESCHNER: Jeder mag lesen, was er will. Und ich schreibe, was ich will. Und ich schreibe zuerst für mich – um etwas festzuhalten, etwas loszuwerden, weil ich Klarheit suche, eine Wahrscheinlichkeit ... Geschichte schreiben, so ähnlich sagt Goethe, sei eine Art, sich das Vergangene vom Hals zu schaffen. Ich schreibe sie, um etwas weniger Finsternis um mich zu haben, etwas mehr Licht, einen Anflug von Wahrheit.

LA STAMPA: Aber warum Ihre Faktenbesessenheit?

DESCHNER: Wäre theoriebesessen denn besser? Faktenbesessen – man könnte es ohne pejorativen Akzent, könnte es positiv sagen. Die Geschichte besteht nun mal aus Fakten und die Geschichtsschreibung leider sehr häufig aus geschönten, übertünchten, unterdrückten, verzerrten, verlogenen Fakten, nicht aus Fakten also, aus Fiktionen oft, Fälschungen. Faktenbesessen, heißt das nicht, daß meine Arbeit dicht und gut belegt ist? Schöne Theorien kann jeder spinnen.

LA STAMPA: Geht es heute nicht eher darum, Herrschaftskritiker, Kritiker des Machtmißbrauchs als Religionskritiker zu sein?

DESCHNER: Aber ich *bin* Kritiker des Machtmißbrauchs! Die Kirchengeschichte war immer Machtmißbrauch, immer. Und meine «Kriminalgeschichte» widmet den weltlichen Dynastien, Staatsmännern, Politikern mindestens soviel Raum wie der klerikalen Hierarchie, wenn nicht mehr.

Interview in «La Stampa» (1990)   359

LA STAMPA: Und wann hören Sie auf, gegen das Christentum zu schreiben?

DESCHNER: Wenn ich tot bin. – Doch glücklich macht es
mich nicht, und ich frage mich immer öfter, ob ich meine
Kraft nicht besser einer noch hoffnungsloseren Thematik
geopfert hätte.

LA STAMPA: Welcher?

DESCHNER: Der geschundensten Kreatur – dem Tier.

Interview mit Michael Meier
für die «Sonntags-Zeitung», Zürich,
im Frühjahr 1996 (stark gekürzt)
. . . .

Sonntags-Zeitung: Als literarisch-historischer Schwerst-
arbeiter sitzen Sie hundert Stunden wöchentlich am Schreibtisch, genauer an einer Olympia-Schreibmaschine, Baujahr
1959. Wie viele Liter Tipp-Ex verbrauchen Sie pro Jahr?

Deschner: Ein Faß voll kaum. Und meine Olympia, auf der
ich alle meine Arbeiten, bis etwa zum ersten Band der «Kriminalgeschichte» schrieb, hat leider ausgedient, leider.
Auch eine zweite, neuere und natürlich schlechtere Olympia. Ein Leser schenkte mir eine alte Adler, die ich jetzt
benutze. Und eine Leserin hält eine weitere «Mechanische»
bereit. Und dann brauch ich wohl keine mehr – falls ich die
noch brauche.

Sonntags-Zeitung: Sind Sie altmodisch? Stehen Sie auf
Kriegsfuß mit der modernen Zivilisation?

Deschner: Jedenfalls – lieber wär ich altmodisch als das Gegenteil. So wie die meisten? Moden mitmachen? Trends?
Florierende Strömungen? Nein. Seit ich selbständiger
denke, nein. Denken, sagt Alain, heißt nein sagen. Die Zivilisation hat natürlich große Vorteile gebracht. Die Atombombe, zum Beispiel; statt Pfeil und Bogen. Und reist man
nicht heute viel rascher um die Welt als Goethe einst nach
Italien? Und selbstverständlich erlebt man auch mehr.
Schließlich macht man «Erlebnisreisen». Im Ernst, eine Zivilisation, die im dauernden Erzeugen und Konsumieren
von Unnötigem, Unwichtigem, Überflüssigem besteht, ist
das Überflüssigste, ja in mehrfacher Hinsicht kriminell.

Interview in der «Sonntags-Zeitung» (1996)

SONNTAGS-ZEITUNG: Seit Sie sich 1969 wegen Kirchenbeschimpfung vor Gericht verantworten mußten, arbeiten Sie
– wie ein Galeerensträfling – an einer zehnbändigen «Kriminalgeschichte des Christentums», derzeit an Band fünf.
Können Sie sich keinen vergnüglicheren Lebensabend vorstellen?

DESCHNER: Aber ja. Sehr gut. Zwar fehlt mir bei der Arbeit
noch immer selten das Vergnügen und beim Vergnügen oft
die Arbeit. Doch etwas weniger, eine Achtzig-Stunden-
Woche könnt's schon sein: mehr Zeit für Muße – ein
Höchstmaß an Muße kennen Hochkultivierte und Vögel,
las ich mal. Ja, mehr Muße. Und Muse. Mehr Zeit für Franken, für das Meer – für unsere Inseln, die Inseln Hollands,
Dänemarks. Ich bedauere etwas, nicht als Däne geboren zu
sein. Oder, noch besser vielleicht, als Norweger in Däne-
mark. In den Süden fuhr ich, nach Italien, nach Jugoslawien, wenn das Geld reichte, in meiner Jugend. Mir längst
zu laut inzwischen, zu knallig, ein Fest fürs Auge, ja. Wun-
derschön. Aber wenig, fast nichts von dem, was mich in
den Norden zieht, wo ich mich heimisch fühle, je einsamer,
weiter, offener, auch trauriger, vernieselter, vernebelter,
desto mehr.

SONNTAGS-ZEITUNG: Was bezwecken Sie mit dem Werk? Sie
selber sagen, Ihre «Kriminalgeschichte» sei politisch motiviert.

DESCHNER: Mir geht es um kritische Aufklärung. Sie ist, das
klingt überzogen, doch ich weiß, was ich sage, wichtiger als
alles. Und darum wird sie auch mehr als alles gehaßt, bekämpft, totgeschwiegen und totgetreten. Warum wichtiger
als alles? Weil sie alles brandmarkt, was – nicht erst heute –
die Welt terrorisiert und verelendet: Krieg, Ausbeutung,
Hunger, Korruption, Verdummung und grenzenlose Heuchelei, von oben bis unten, oben aber vor allem! Für
nichts auf der Welt, nicht mal für Rüstung, für ihre Ruinierung, wird so viel Geld verplempert wie für ihre Ver-

dummung. Lauter Themen, Hauptthemen meiner «Kriminalgeschichte», unter vielen analogen, und doch wohl politisch genug.

SONNTAGS-ZEITUNG: Das Thema stößt nicht überall auf Gegenliebe. Neulich ist ein Teil der an Sie adressierten Brieflut unter dem Titel «Sie Oberteufel» erschienen. Wie reagieren Sie auf die massive Kritik?

DESCHNER: Überall Gegenliebe? Herr Michael Meier, da könnte ich das Thema auf den Müll kippen. Und mich dazu. Ich habe viele Feinde, und einflußreiche. Das gehört zu meinem Glück. Und ich glaube, je mehr Feinde ein Schriftsteller hat, desto notwendiger ist er meist.

Der von meinen beiden Töchtern edierte Briefband – rund siebenhundert Zuschriften an mich, aus damals fünfunddreißigtausend – übt recht massive Kritik, ja, auch an mir, doch mehr an den Kirchen, am Christentum. Und vom Niederrhein bis Südafrika schrieb man fast gleichlautend, «Sie Oberteufel!» gehöre zu den interessantesten der mit meinem Namen verbundenen Bücher.

SONNTAGS-ZEITUNG: Meist schweigen die Kirchen Sie einfach tot. Neulich auf einem dreitägigen Symposium zu Ihrer «Kriminalgeschichte» hat man Sie einen pessimistischen Zyniker und Misanthropen geschimpft, einen ethischen Rigoristen und freudlosen Moralisten ohne jegliche Nachsicht mit den menschlichen Schwächen. Was ist dran an den Vorwürfen?

DESCHNER: Also, einmal ist Totschweigen bei rund sieben Millionen Lesern nicht mehr so leicht. Daher ja jetzt das Symposium an der katholischen Akademie Schwerte, wozu ich mich in Band fünf der «Kriminalgeschichte», gleich anfangs, ausführlicher äußern werde. Und dann, wenn hinter «menschlichen Schwächen» Kriminaldelikte stehen von Säkularformat, welthistorische Verbrechen, die man auch noch als moralische, vaterländische, christliche Großtaten glorifiziert, ja, sollte ich da «Nachsicht» üben? Komplize

werden? Sollte auch ich die Geschichte durch die Brille ge-
knebelter Pfaffen und staatshöriger Historiker betrachten?
Zyniker, sagten Sie? Ja, ist Zynismus nicht oft eine Schock-
reaktion? Eine Art Wetterleuchten der Wut? Jeder große
Spott, schrieb ich mal, wird aus Trauer geboren. Und selbstverständlich bin ich ethischer Rigorist. Ich würde mich
schämen, keiner zu sein. Das meiste öffentliche Unglück
durch die Jahrtausende rührt daher, daß wir keine *ethische*
Politik haben, daß Politiker viel mehr an sich denken als an
alles andere. Und daß sie dafür über Leichen gehen.

Sonntags-Zeitung: Welche Verbrechen schildert Front-
berichterstatter Deschner im fünften Band der «Kriminalgeschichte»?

Deschner: Die Verbrechen in der Zeit zwischen Ludwig
dem Frommen und Otto III., zwischen 814 also und 1002.
Vielfach innenpolitische Konflikte, dynastische Verschwö-
rungen, wobei ein katholischer Potentat nach dem anderen
seine eigene katholische Familie und Sippschaft bekämpft.
Und während man sich zum Christentum bekennt, es verbreitet mit Feuer und Schwert, besonders in den Slawen-
kriegen des Ostens, kreist alles nur um Besitz und Herr-
schaftsakkumulation, um Macht- und Ruhmsucht.

In der Kirche triumphiert der Opportunismus, grassiert
die Simonie, wird auch der Nepotismus immer augenfälli-
ger, floriert das Fälschungswesen fort. Ein Gipfel: die sogenannten Pseudo-Isidorien (um 850), die Papsthistoriker Johannes Haller «den größten Betrug der Weltgeschichte»
nennt. Dazu blüht wie noch nie der Kriegsdienst der Prälaten, obwohl er strikt wider die kirchlichen Bestimmungen
verstößt. Auch Päpste ziehen in die Schlacht. Und sie kämpfen gegeneinander. Nicht wenige werden ins Kloster, in
den Kerker gesteckt, verstümmelt, erstickt, erwürgt. Papst
Sergius III. liquidiert gleich zwei seiner Vorgänger. Und
Papst Johann VIII. – der erste Papstmord der Geschichte –
wird von einem frommen Verwandten erst vergiftet und

dann «so lange mit einem Hammer geschlagen, bis dieser im Gehirn stecken blieb ...».

SONNTAGS-ZEITUNG: Was interessiert den Historiker Deschner so sehr an der «Heilsgeschichte»? Die metaphysisch bemäntelten Machtansprüche? Die Kluft zwischen Anspruch und Wirklichkeit?

DESCHNER: Ja, das vor allem. Wobei es sehr häufig nicht nur um die Kluft zwischen Anspruch und Wirklichkeit geht, also um das Nichterreichen des Ideals, sondern *um seine Verkehrung ins Gegenteil*. Und um die Unverschämtheit, dies auch noch als das Ursprüngliche auszugeben. Wobei freilich, ganz wichtig, zumal für Leute, die sich immer an den Glauben klammern, auch das Ursprüngliche alles andere als «originell» ist. War doch vom dümmsten Brauch bis zum heiligsten Dogma – bei Heiden oder Juden – alles, restlos alles, schon vorher da. Vom Weihnachtsfest zur Himmelfahrt lauter Plagiate.

SONNTAGS-ZEITUNG: Hat Ihre katholische Erziehung Sie zum Kirchenfeind gemacht?

DESCHNER: Nein. Gewiß nicht. Ich erfuhr da Gutes und weniger Gutes. Und ich habe oft bekannt, einige der schönsten Erinnerungen meines Lebens einem katholischen Geistlichen zu verdanken, der übrigens bis zuletzt für mich gebetet hat, was mich manchmal ergriff. Apropos: Beten. Auch andere beten für mich. Zumindest drängte mal nach einer Lesung aus der «Kriminalgeschichte», ich weiß wirklich nicht mehr wo, ein Katholikengrüppchen zu mir ans Pult, und eine Frau mit weit vorgestreckten Armen und gefalteten Händen rief strahlend: «Wir beten für Sie, daß Sie Ihr Werk zum Abschluß bringen!»

Editorische Notiz
········

«Warum ich Agnostiker bin» erschien – nach einem sehr viel kürzeren, vom Publikum ungewöhnlich beachteten Beitrag im Südwestfunk Baden-Baden – im Druck zuerst bei Kiepenheuer & Witsch, Köln, 1977, in dem von Karlheinz Deschner herausgegebenen Buch «Warum ich Christ/Atheist/Agnostiker bin» (zusammen mit Friedrich Heer und Joachim Kahl).

«Ich brauche kein Gottesbild» erschien erstmals 1990 in der von Jan Brauers edierten Umfrage der Nymphenburger Verlagsbuchhandlung, München, «Mein Gottesbild».

«Was wir von Jesus wirklich wissen und was dann kam» publizierte zuerst am 15. Dezember 1988 der «Stern», Hamburg; dort von der Redaktion stark gekürzt und formal verändert.

«Kaiser Julian. 322–336» erschien zuerst in dem von Karlheinz Deschner 1986 herausgegebenen Sammelwerk «Das Christentum im Urteil seiner Gegner», Max Hueber Verlag, Ismaning bei München.

«Überfahrt ins Himmelreich» wurde zuerst veröffentlicht zur Premiere von Händels Oper «Rinaldo» am 13. Januar 1996 im Programmheft des Hessischen Staatstheaters Wiesbaden 167 (Redaktion Dr. Gunter Selling).

«Reliquien oder Das Volk gläubet jetzt so leichthin, wie eine Sau ins Wasser brunzet ...» geschrieben 1974 für die satirische Zeitschrift «pardon», weiland Frankfurt am Main, dort aber, weil «zu lang», nicht veröffentlicht.

«Wir brauchen keine Menschen, die denken können, oder: Dicke Finsternis ruht über dem Lande» erschien zuerst 1992 als Vor-

wort in dem von Wolfgang Proske herausgegebenen «Handbuch für konfessionslose Lehrer, Eltern und Schüler – das Beispiel Bayern» im IBDK-Verlag Aschaffenburg–Berlin.

«Lauter Lügen hat dein Mund mir erzählt . . .» verlegte erstmals 1994 Wilhelm Heyne, München, in der Taschenbuch-Originalausgabe «Die Vertreter Gottes»; sie gibt, reichlich bebildert, eine zwölfteilige Fernsehserie Karlheinz Deschners über die Geschichte der Päpste im 20. Jahrhundert wieder.

«Replik auf eine Erklärung des Sekretariats der Deutschen Bischofskonferenz» publizierte zum erstenmal die «Frankfurter Rundschau» am 19. Februar 1979, dann «Maatstaf», Amsterdam, im April 1979.

«Die Frommen und die Freudenmädchen» veröffentlichte zuerst «pardon», Frankfurt, im August 1973.

Die *«Antwort auf die Frage: Sind wir Deutsche noch Christen?»* erschien erstmals am 1. Januar 1972 in «Merian», Hamburg.

«Kruzifix noch mal. Rhapsodisches zum Jahresende 1995» publizierte erstmals «Quick», München, im Dezember 1995.

«Der Papst» wurde erstmals im Mai 1991 in «Max», Hamburg, abgedruckt.

«An König David» kam erstmals 1989 in dem von Raul Niemann herausgegebenen Sammelband «Liebe Eva, lieber David! Briefe», Gütersloher Verlagshaus, Gerd Mohn, Gütersloh.

«An Michael Kardinal Faulhaber» erschien erstmals 1990 in dem von Raul Niemann herausgegebenen Sammelband «Verehrter Galileo! Briefe an Ketzer und Heilige», Gütersloher Verlagshaus, Gerd Mohn, Gütersloh.

Das *«Gutachten: Ist Kirchenbeschimpfung überhaupt möglich?»* erschien zuerst in: Karlheinz Deschner, «Die beleidigte Kirche oder: Wer stört den öffentlichen Frieden? Gutachten im Bochumer § 166-Prozeß», Ahriman-Verlag, Freiburg, 1986.

«Hammers Tiefschlag gekontert» publizierte erstmals «Die Tat», Zürich, am 1. Juni 1963.

Editorische Notiz

«*Wes Brot ich ess' oder ‹Vor jeder Form von Macht auf dem Bauch›*»
stand zuerst in Karlheinz Deschners «Kriminalgeschichte
des Christentums, Band 5. 9. und 10. Jahrhundert. Von
Ludwig dem Frommen (814) bis zum Tode Ottos III. (1002)»,
Rowohlt Verlag, Reinbek bei Hamburg, 1997.

Das *Interview mit Anselmo Sanjuán* erschien zuerst in «El Independiente», Madrid, am 23. September 1990.

Das *Interview mit Claudio Pozzoli* erschien zuerst in «La
Stampa», Turin, am 29. September 1990.

Das *Interview mit Michael Meier* erschien zuerst in der «Sonntags-Zeitung», Zürich, am 7. April 1996.

Register

Erstellt von Dr. Barbara Gerber

Aaron 191
Abigail 250
Abner 251, 252
Abraham 191
Abraham a Sancta Clara 137
Absalom 250
Adam 23, 58, 191
Adam, Karl 213
Adenauer, Konrad 242
Aegidius von Rom 281
Aerssen, Jakob van 185
Aetheria 175
Agatha, Heilige 193
Agnes Bernauer 230
«Agricola» 166
Ahlheim, Klaus 277
Alain (Emilie Chartier) 360
Aland, Kurt 309, 339
Alba, F. Alvarez de Toledo,
    Herzog 229
Albert, Kirchenlehrer 79
Albert, Hans 100
Albrecht von Brandenburg,
    Kardinal 192
Alexander von Makedonien,
    der Große, König 337
Alexander IV., Papst 143, 229

Alexander VI., Papst 281
Alexios I. Komnenos,
    byzantinischer Kaiser
    155, 158
Alföldi, Maria siehe Radnóti-
    Alföldi, Maria
Alfred 123
al-Hakim, Kalif 157
Allende, Salvador 242
al-Tahir, Kalif 157
Altfried 163
Altizer, Thomas J. J. 96, 97
Ambrosius von Mailand,
    Kirchenlehrer 51, 72, 120,
    165, 166, 195, 223, 255,
    325, 329
Améry, Carl 269
Améry, Jean 48
Amnon 249
Amos, Prophet 191
Ananke 38
Anaxagoras 40
Anaximander 32
Anchieta, José de 282
Andreas, Heiliger 190, 193
Angelus Silesius 23
Anna, Heilige 192

Anselm von Canterbury 39
Anthemios von Zypern,
    Erzbischof 166
Antonius, Bischof 30
Anylinus 336
Aristoteles 32, 39, 40
Arnulf II., Erzbischof 191
Ascaricus 341
Athanasius 272
Attis 338
Audax von Asti, Bischof 180
Augustin (Augustinus)
    Aurelius 23, 39, 40, 59, 68,
    77, 86, 136, 144, 165, 166,
    193, 196, 199, 223, 232, 233,
    272, 274, 302, 339, 353
Averroes (Ibn Roschd) 32
Avicenna (Ibn Sina) 32

Baana 252
Bacon, Francis 16
Baker, Bessie Anstice 30
Bakunin, Michail Alexan-
    drowitsch 116, 274
Bäls, Johannes, Meister 180
Barnabas, Heiliger 166
Barth, Karl 83, 92, 131, 317
Bartholomäus, Heiliger 180
Bartolommeo, Fra (Baccio
    della Porta) 321
Basilina 148, 149
Basilius, Heiliger 285, 314
Bassianus 331
Bathseba 250
Bauer, Bruno 87, 116, 130,
    274

Baumeister, Theofried 323
Baus, Karl 332, 339
Bayle, Pierre 272, 273
Bea, Augustinus, Kardinal
    283
Beda (Venerabilis), Heiliger
    342
Benedikt VI., Papst 144
Benedikt IX., Papst 144
Benedikt XV., Papst 266, 351
Benedikt von Nursia 20, 167
Benn, Gottfried 274
Bernhard von Clairvaux 23
Bernhardin von Siena 189
Bernharius, Abt 142
Bernhart, Joseph 79
Berning, Wilhelm, Bischof
    217, 315
Bertram, Adolf, Kardinal
    217, 218, 315
Bessarion, Johannes, Kardi-
    nal 170
Beutin, Wolfgang 236, 313
Blannbekin, Agnes 171
Bonaventura, Kirchenlehrer
    23, 28, 127
Bonhoeffer, Dietrich 96, 102
Bonifatius, Heiliger 140, 172,
    189
Bonifatius IV., Papst 164
Bonifaz VII., Papst 144
Borchert, Jochen 84
Bornewasser, Franz Rudolf,
    Bischof 220, 315, 316
Bornkamm, Günther 309
Bosl, Karl 13, 161

Bousset, Wilhelm 135
Brahe, Tycho 50
Brandolino Waldemarino,
    Abt 142
Brauers, Jan 365
Braun, Herbert 309
Braun, Otto 213
Brehm, Alfred 86
Brentano, Bernard von 312
Brunhilde 178
Bruno, Heiliger 163
Bruno, Giordano 34, 50, 142,
    273
Brzica 298
Büchner, Ludwig 27, 46,
    86
Budak, Mile 297
Buddha 43, 51, 69, 76, 136,
    164
Buffon, George Louis
    Leclerc, Graf von 32
Bultmann, Rudolf 96, 132,
    309
Burckhardt, Jacob 326
Buren, Paul M. van 96
Burger, Weihbischof 315
Buri, Fritz 309
Busch, Wilhelm 47
Bush, George 244

Cabrini, Mutter, Heilige
    188
Cäcilia, Heilige 179
Caesar, Gaius Julius 338
Calvi 133, 245
Calvin, Johann (Jean) 48

Campenhausen, Hans von
    345
Camus, Albert 18, 43, 67
Canetti, Elias 347
Carafa, Carlo, Kardinal 90,
    278
Cardenal, Ernesto 244
Carter, James (Jimmy), Earl
    243
Casey, William 242
Celsus 166
Chateaubriand, François
    René Vicomte de 154
Childebert, «König» der
    Austrasier 178
Chrysostomos, Johannes,
    Kirchenlehrer 136, 153,
    223, 272, 314, 329
Cioran, Émile Michel 56
Clarembald von St. Augu-
    stin, Abt 142
Clemens VIII., Papst 179
Cody, John J., Kardinal 246
Comte, Auguste 43
Conzelmann, Hans 309
Coronil, del 282
Cortez, Hernando 282
Cossa, Baldassare 144
Cullmann, Oscar 133
Cyprian, Thascius Caecilius,
    Bischof und Heiliger 314,
    331

Dalmatius 149
Dalmatius, Heiliger 180
Damiani, Petrus 139

Daniélou, Kardinal 146, 246

Dante Alighieri 69

Darwin, Charles 41, 43, 47, 77, 79, 88, 129

D'Aubuisson 244

David, König von Juda und Israel 14, 155, 248, 249, 250, 253, 254

Delp, Alfred 102

Decius, Gaius Messius Quintus Traianus, römischer Kaiser 169

Demokrit 27, 46

Descartes, René 39

Deschner, Karlheinz 304, 305, 306, 308, 313, 314, 316, 317, 319, 320, 321, 322, 323, 324, 325, 329, 338, 340, 350, 363, 365, 366, 367

Deusdona 169

Dibelius, Martin 101, 309

Diderot, Denis 27, 32, 66

Dimitri 350

Diokletian, Gaius Aurelius Valerius (Jovius) 338

Dirks, Walter 66

Djordjević, Bischof 294

Dobrosavljević, Branko 295

Dölger, Franz Joseph 343

Dominicus Loricatus 163

Donin, Ludwig 172

Dositej, Metropolit 294

Dostojewski (Dostoevskij), Fëdor Michajlovič 147

Dožić, Patriarch 294

Draganović, Krunoslav 300

Drewermann, Eugen 354

Droysen, Johann Gustav 339

Eckehart, Meister 35, 91

Einstein, Albert 182

Elia(s) 338

Eliam 250

Elisabeth (von Thüringen), Heilige 163, 183, 192

Empedokles von Agrigent 25, 32, 78

Engels, Friedrich 44

Ephräm, Heiliger 153, 272

Epikur 27

Epiphanius, Heiliger 180

Epurius, Heiliger 179

Erasmus (von Rotterdam), Desiderius 46

Ernst, Herzog von Bayern 227

Escobar y Mendoza, Antonio 17

Eugenios 152

Euripides 101

Euseb von Cäsarea, Bischof 149, 326, 328, 334, 336, 339

Euseb von Nikomedien 149

Eustathius von Antiochien, Bischof 325

Eva 23, 58, 136, 191

Faulhaber, Michael von, Kardinal 14, 206, 207, 215, 216, 218, 256, 268, 270, 290, 291, 292, 315, 316, 366

Faulkner, William 142

Faust, Ulrich 323

Fausta, Flavia Maxima 331

Feldmann, Erich 323

Felix aus Ravenna 180

Ferrari, Giuliano Francesco Giovanni Patrizio 283, 284

Feuerbach, Ludwig 17, 35, 36, 37, 46

Fichte, Johann Gottlieb 24

Fielding, Henry 154

Filipović-Majstorović 298

Fischer, Fritz 303

Foulques de Saint-George, Inquisitor 141

Franck, Sebastian 278

Franco (y Bahamonde), Francisco 206, 218, 224, 242, 290

Franz von Assisi (Franziskus) 77, 142, 209

Freud, Sigmund 17, 37, 116, 272, 273

Friedrich II., der Große, König von Preußen 39, 130, 209

Friedrich III., römisch-deutscher Kaiser 214

Friedrich III. von Sachsen, der Weise, Kurfürst 191, 192

Frings, Joseph, Kardinal 163, 219, 234

Frossard 243

Fulcher von Chartres 158

Gabriel 53, 126, 193

Galen, Clemens August, Graf von, Bischof 207, 208, 218, 219, 220, 221, 291, 292, 315

Galilei, Galileo 88

Gallus 149

Gandhi, Mahatma 76

Gangulf 168

Gaulle, Charles de 242

Geoffroy I. von Charny 189

Geoffroy de Vigeois 228

Georg, Heiliger 190, 193

Georg von Kappadokien 149

Gerhardt, Paul 62

Gerson, Johannes (Jean de) 168

«Gervasius» 165

Gibbon, Edward 154

Gieselbusch, Hermann 323

Gildemeister, J[ohann] 187

Godard, Jean-Luc 146

Goebbels, Joseph Paul 220

Gorbatschow (Gorbačov), Michail Sergeevič 350

Göring, Hermann 208

Goethe, Johann Wolfgang (von) 26, 33, 34, 35, 87, 92, 94, 116, 125, 129, 147, 154, 198, 239, 272, 273, 275, 279, 317, 358, 360

Graber, Rudolf, Bischof 137

Grant, Robert MacQueen 344

Gregor I., der Große, Papst 173, 174, 178, 314

Gregor III., Papst 178

Gregor VII., Papst 155

Gregor XVI., Papst 178, 187

Gregor von Nazianz, Bischof und Heiliger 153

Gregor von Nyssa, Heiliger und Kirchenlehrer 228

Gregor von Tours, Heiliger 184, 185

Gregorio 281

Groag 326

Gröber, Conrad, Erzbischof 52, 53, 216, 218, 221, 315

Gross, Julius 309

Guardini, Romano 131

Gügel, Lothar 41, 226

Gundacker, Heiliger 173

Gundlach, Gustav 303

Habsburg, Otto von 115

Hadad-Eser 254

Hadrian I., Papst 178

Haeckel, Ernst 32, 34, 41, 47, 86

Haendler, Gert 323

Haig, Alexander 242

Haller, Johannes 363

Hamilton, William 96, 98

Hammer, Wolfgang 14, 308, 309, 310, 312, 313, 314, 315, 317

Händel, Georg Friedrich 365

Hannsler, Bernhard 236

Häring, Bernhard 136

Harnack, Adolf von 334

Hartmann, Eduard von 32

Hauck, von, Erzbischof 209

Hebbel, Friedrich 102, 116, 272, 274

Heer, Friedrich 41, 156, 303, 365

Heiler, Friedrich 130, 132

Heine, Heinrich 87, 116, 272

Heinrich I., deutscher König 188

Heinrich II., der Heilige, römisch-deutscher Kaiser 353

Heinrich IV., römisch-deutscher Kaiser 156

Heinrich, Prinz von Preußen 267

Heinrich von Poitiers, Bischof 189

Helena, Heilige 148, 325

Helios 336

Helvétius, Claude Adrien 27, 197, 272, 273

Hemmerle, Oliver Benjamin 322

Henoch 338

Henry, Maurice 29, 30

Herakles (Herkules) 338

Heraklit 32

Herder, Johann Gottfried von 35

Hermann, Častimir (Herme-
negildo) 297
Hermes Trismegistos 120
Heussi, Karl 309
Heydrich, Reinhard 221
Hieronymus, Heiliger 136,
175, 272, 329
Hilarius, Heiliger 272
Himioben 165
Himmler, Heinrich 123
Hiob 68
Hippolyt 345
Hirsch, Emanuel 309
Hirschman, P. H. 303
Hitler, Adolf 70, 96, 100, 198,
202, 203, 205, 206, 207, 208,
209, 210, 211, 213, 214, 215,
216, 217, 218, 219, 220, 222,
223, 224, 235, 237, 254, 268,
269, 290, 295, 296, 304, 306,
311, 312, 350, 353
Hochhuth, Rolf 317
Hoensbroech, Paul, Graf
von 186
Holbach, Paul Thiry d' 27,
273
Holz, Arno 40, 102, 116, 117,
274
Homer 337, 338
Hönn, Karl 327
Honorius III., Papst 143, 229
Horkheimer, Max 83
Hugo von St. Cher 229
Humboldt, Alexander von
77
Hume, David 19, 27, 43

Hus, Jan (Johannes) 141,
229, 230
Huxley, Thomas 43

Ibsen, Henrik 154
Ignatius, Heiliger 272
Immer, Karl 312
Innitzer, Theodor, Kardinal
315
Innocentia, Heilige 180
Innozenz III., Papst 77, 143,
171, 229
Ionesco, Eugène 57
Irenäus, Heiliger 54, 135,
272, 277
Isch-Boscheth 252
Jubell von Dol 140

Jäger, Lorenz, Erzbischof
221
Jahnn, Hans Henny 17, 274
Jakobus, Apostel 186
Jean de Brienne 179
Jeanne d'Arc 187
Jesaja, Prophet 37
Jesus Christus 12, 64, 67, 70,
79, 117, 118, 119, 120, 122,
124, 125, 130, 131, 132,
133, 134, 135, 136, 138,
146, 147, 164, 171, 174,
176, 186, 187, 188, 190,
192, 193, 195, 202, 227,
231, 234, 235, 245, 257,
258, 259, 260, 264, 265,
272, 274, 276, 277, 285,
312, 313, 330, 337

Joab 251

Johann VIII., Papst 363

Johann X., Papst 144

Johann XI., Papst 144

Johann XII., Papst 144

Johannes, Evangelist 52,
134, 190, 265

Johannes XXIII., Papst 210,
313

Johannes Paul II., Papst 14,
115, 141, 143, 145, 242, 243,
247, 274/275, 281, 282

Johannes der Täufer, Heiliger 178, 193

Johannes von Capistrano
223

Johannes von Damaskus 172

Johannes von Parma,
Bischof 157

Johannes von Thurn und
Taxis, Fürst 115

Jonathan 249, 250

Joseph 146, 193, 255

Judas Isch'arioth 174

Julian (Flavius Claudius
Julianus), römischer
Kaiser 12, 148, 149, 150,
151, 152, 153

Juliana, Heilige 193

Julius II., Papst 186, 231

Julius Konstantius 148, 149

Jung, Carl Gustav 36

Juppiter Conservator 336

Justin (Justinus der Mär-
tyrer) 54, 135

Justina, Heilige 170

Justus von Tiberias 131

Juventinos 152

Kaas, Ludwig 214

Kahl, Joachim 365

Kaller, Maximilian, Bischof
221

Kant, Immanuel 17, 21, 27,
39, 40, 43, 69, 70, 87

Karl I., der Große, fränki-
scher König und römi-
scher Kaiser 164, 177, 178,
186, 353

Karl Martell 178

Katharina, Heilige 173

Katharina von Siena 171

Kautsky, Karl 284

Kazantzakis, Nikos 154

Kelly, John 156, 158

Kennedy, John F. 242

Kepler, Johannes 50

Kierkegaard, Søren Aabye
48, 56

Klages, Ludwig 80, 274

Klemens III., Gegenpapst
156

Klemens VIII., Papst 350

Knaus, Hermann 236

Kolb, Joseph Otto, Erz-
bischof 315

Konrad von Konstanz,
Bischof 157

Konrad von Waldhausen
140

Konstantin I., der Große,
römischer Kaiser 148, 149,

152, 324, 325, 326, 327,
328, 329, 330, 331, 332,
333, 334, 336, 337, 339,
340, 341, 342, 343, 344,
345, 353
Konstantius II., Kaiser 148,
149, 150, 344
Konstantius Chlorus 148,
325, 342
Kopernikus, Nikolaus 88
Kornelius 258
Kornemann, Ernst 333, 343
Krispus (Crispus) 331
Kühner-Wolfskehl, Hans
303, 304
Kumpfmüller, Bischof 220,
315
Kybele 338
Kyburtz, Abraham 41
Kyrill (Kyrillos) von Alexan-
drien, Kirchenlehrer 329
Kyrill (Kyrillos von Jerusa-
lem), Kirchenlehrer 153

Lacordaire, P. 75
Laktanz (Lactantius), Lucius
Caecilius Firmianus, Kir-
chenvater 54, 325, 328
Lamettrie, Julien Offray de
27, 46
Landward 180
Laotse 43, 120
Las Casas, Bartolomé de,
Bischof 281, 282
Lavoisier, Antoine Laurent
38

Lazarus, Heiliger 192
Lec, Stanisław Jerzy 46
Leibniz, Gottfried Wilhelm
von 27, 39, 40, 55, 57, 69,
70
Leipoldt, Johannes 309
Lenau, Nikolaus 34
Lenin, W. I. (Vladimir Il'ič)
44, 46
Leo I., der Große, Papst 28,
127, 174, 272
Leo IX., Papst 179
Leo X., Papst 186
Leo XIII., Papst 77
Leonardo da Vinci 81
Leopardi, Giacomo, Graf 273
Leopold, Prinz von Hohen-
zollern 267
Leppich, Johannes 274
Lessing, Gotthold Ephraim
26, 116, 198
Lessing, Theodor 81, 82,
125, 128, 274, 292
Leukipp 27
Libanios 152
Lichtenberg, Georg Chri-
stoph 117, 317
Licinianus 331
Licinius, Valerius Licinia-
nus, römischer Kaiser
328, 331, 336, 337, 343
Lilje, Hanns (Johannes) 101,
311
Lille, Flori 144
Lobkowicz, Erwin, Fürst
299, 300

Locke, John 16
Loerke, Oskar 33
Loisy, Alfred 130
Lortz, Joseph Adam 213
Lot, Frau 175, 176
Lotze, Rudolf Hermann 39
Löwe, H. 343
Lucian 166
Luciani, Albino (Johannes
    Paul I.), Papst 242
Ludger (Liudger), Heiliger
    163, 178
Ludwig I., der Fromme,
    Kaiser 179, 191, 363
Ludwig IX., der Heilige,
    König von Frankreich 228
Lueger, Karl 224
Lukas, Evangelist 37, 52,
    134, 151, 170, 171
Lukrez (Titus Lucretius
    Carus) 27
Lupicinus 163
Luther, Martin 13, 23, 37,
    48, 49, 51, 68, 71, 72, 77,
    90, 94, 117, 137, 144, 146,
    190, 191, 196, 197, 254, 278

Mächler, Robert 101, 115
Maglione, Kardinalstaats-
    sekretär 298, 299
Magnus (St. Mang) 167
Makarios 152
Mann, Thomas 32
Mann, Ulrich 17, 82, 89
Marcinkus, Erzbischof 245/
    246

Marcone, Giuseppe Ramiro
    294, 300
Maria, Mutter Jesu 20, 146,
    168, 176, 177, 178, 186,
    188, 189, 195, 230, 244,
    245, 281, 296
Maria Magdalena 138
Marius Victorinus 54
Mark Twain 71, 116, 272
Markion 56, 314
Markus (Johannes Markus),
    Evangelist 52, 54, 134,
    135, 180
Marozia 144
Mars 336
Marti, Kurt 101
Martin, Heiliger 184, 185
Maruthas, Heiliger 180
Marx, Karl 17, 44, 46, 274
Matthäus, Evangelist 52,
    134, 151, 233, 265
Maxentius, Marcus Aurelius
    Valerius, römischer Kai-
    ser 326, 336
Maximian, Marcus Aurelius
    Valerius, römischer Kai-
    ser 331
Maximinus Daia, römischer
    Kaiser 328
Maximos 152
Mechthild von Magdeburg
    140
Meier, Michael 360, 362
Menas, Heiliger 182
Menegatto 70
Merkel, Bürgermeister 73

Merogaisus 341
Meslier, Jean 58
Messerschmidt, Felix 199
Metzger, Max Joseph 316
Michäas 263
Michael, Erzengel 191
Miller, Henry 147, 274
Minias, Heiliger 169
Mithras 337, 338
Mohammed 126, 155, 164
Moira 38
Moleschott, Jakob 27, 46
Monden, Louis 167
Montaigne, Michel Eyquem de 86, 154
Montesquieu, Charles de Secondat, Baron de la Brède et de 153
Montini, Giovanni Battista (Paul VI.) 298, 299
Mörlin, Abt 182
Moses 19, 191, 338
«Moses» 270
Muffel, Nikolaus 192
Müller, Ludwig 311
Müntzer, Thomas 174
Murillo, Bravo 198
Musil, Robert 39, 41, 46, 75, 102
Mussolini, Benito 206, 213, 224, 267, 268, 286, 290, 296

Nabal 250
Napoleon I., Kaiser der Franzosen 130

Nathan 250
«Nazarius» 166
Nebukadnezar, König von Babylon 155
Neptun 337
Ner 252
Neuhäusler, Johann, Weihbischof 217
Newman, John Henry, Kardinal 63, 74
Newton, (Sir) Isaac 47, 129
Niemann, Raul 366
Niemöller, Martin 312
Nietzsche, Friedrich 17, 18, 21, 26, 27, 36, 43, 45, 46, 50, 57, 87, 93, 94, 95, 116, 125, 128, 147, 247, 272, 273, 275, 317
Nikolaus, Heiliger 173, 180
Nikolaus V., Papst 214
Noah 191
Novalis 125

Ogino, Kiusako 236
Omar, Kalif 155
Optatus von Milewe, Bischof 326
Origenes, griechischer Kirchenautor 315
Otger von Mainz, Erzbischof 180
Otto I., der Große, römisch-deutscher Kaiser 169
Otto III., römisch-deutscher Kaiser 363

Otwin von Hildesheim,
  Bischof 180
Overbeck, Franz 274
Øverland, Arnulf 274
Ovid 78

Pacelli, Carlo 286
Pacelli, Eugenio (Pius XII.)
  30, 213, 266
Pacelli, Giulio 286
Pacelli, Marcantonio 286
Panizza, Oskar 142, 240,
  274, 355
Pankraz, Heiliger 193
Papatua 49
Papen, Franz von 213, 214
Pappus, Heiliger 170
Pascal, Blaise 57, 59, 63, 66,
  197
Paschalis I., Papst 179
Paul I., Zar 350
Paul II., Papst 186
Paul IV., Papst 90, 278
Paul V., Papst 350
Paul VI., Papst 123, 187, 236
Paulus, Apostel 37, 74, 77,
  135, 138, 182, 192, 195,
  232, 272, 274, 306, 308, 354
Pauly, August Friedrich 326
Pavelić, Ante 206, 224, 293,
  294, 295, 296, 297, 298,
  300, 351
Peter von Verona 140
Petrović, Milan 301
Petrus, Apostel 178, 184,
  258, 265

Petrus Canisius 262
Petrus Lombardus 28, 127
Petrus Martyr, Heiliger 181
Pez 171
Phanes 49
Philon von Alexandrien 131
Phoebadius von Argenum
  54
Phokas, byzantinischer Kai-
  ser 178
Pilatus, Pontius 175
Pius II., Papst 137, 144, 170,
  231
Pius V., Papst 85
Pius VII., Papst 178
Pius X., Papst 266
Pius XI., Papst 213, 215, 216,
  217, 266, 290, 291
Pius XII., Papst 42, 123, 187,
  203, 206, 210, 224, 266,
  286, 293, 295, 298, 300,
  302, 316, 317
Plato(n) 16, 26, 32, 38, 39,
  68, 77
Platov, Bischof 294
Plinius der Ältere 102
Plotin 26, 32
Plutarch 78
Polykarp von Smyrna 162
Popper, Karl 47
Poppo von Aquileja, Patri-
  arch 180
Porphyrios 78, 86, 334
Poulsen, Frederik 334
Pozzoli, Claudio 356
Praxagoras 330

Prodikos von Keos 37

Proske, Wolfgang 365

Protagoras 43, 101

«Protasius» 165

Proudhon, Pierre Joseph 100

Puk, Mirko 297

Pythagoras 25, 26, 78, 119

Ra 49

Rackl, Michael, Bischof 221

Radnóti-Alföldi, Maria 322, 323, 327, 328, 330, 331, 334, 338, 339, 340, 342, 343, 345, 347

Ragnemodus von Paris 164

Rahner, Karl 17, 101, 238

Rainald von Dassel, Erzbischof 180

Raitenau, von, Erzbischof 141

Rangi 49

Ranke, Leopold von 173

Ranke-Heinemann, Uta 354

Rapine, Charles 171

Rarkowski, Franz Justus, Feldbischof 220, 315

Raschke, Hermann 130

Reagan, Ronald 146, 244

Reccared, westgotischer König 178

Rechab 252

Reemtsma, Jan Philipp 9, 31

Rehob, König von Zoba 254

Reinolt, Heiliger 168

Reinsdorf, Clara 322

Reinsdorf, Paul 322

Reparata, Heilige 169, 170

Resch, Andreas 29

Rhabanus Maurus, Erzbischof 169

Riario, Pietro, Kardinal 145, 231

Ribbentrop, Joachim von 295

Richard, Heiliger, «König der Angelsachsen» 172

Rilke, Rainer Maria 249

Ríos Mentt 244

Robert le Bougre 140

Robinson, John Arthur Thomas, Bischof 88, 89, 95

Rolland, Romain 81

Romero, Oscar, Erzbischof 283

Romuald, Heiliger 163

Romulus Valerius 327

Rousseau, Jean-Jacques 66

Rückert, Friedrich 59, 63

Rüger, Stadtpfarrer 53

Rupprecht, Kronprinz von Bayern 267

Russell, Bertrand Earl 41, 43

Sade, Donatien-Alphonse-François, Marquis de 87, 127

Salomon, König von Israel und Juda 158, 250

Sancta Clara, Abraham a 137

Sanjuán, Anselmo 349, 350

Šarić, Ivan 294, 296

Sartre, Jean-Paul 18

Saul, König von Israel 248,
  249, 250, 251
Savonarola, Girolamo 321
Scheitlin 86
Schelling, Friedrich Wilhelm
  Joseph von 32, 34
Schenute von Atripe 165
Schiller, Friedrich (von) 37,
  87, 116, 154, 198, 272
Schleicher, Kurt von 213
Schleiermacher, Friedrich
  Ernst Daniel 65
Schmaus, Michael 213
Schmidt, Helmut 242
Schmidt, Hermann Josef 321
Schneider, Carl 303, 305, 309
Schneider, Paul 312
Schneider, Reinhold 286
Schopenhauer, Arthur 17,
  18, 21, 26, 32, 34, 41, 69,
  80, 116, 273/274, 284
Schreiner 181
Schulte, Karl Joseph, Kardi-
  nal 219, 315
Schwartz, Eduard 335
Schweitzer, Albert 130
Scorsese, Martin 146
Seckau, Ferdinand von,
  Fürstbischof 315
Seeck, Otto 341, 344
Seeliger, Hans Reinhard
  320, 321, 323
Šegvić, Cherubin 300
Selling, Gunter 365
Seneca, Lucius Annaeus 78
Sergius III., Papst 144, 363

Severin in Noricum, Bischof
  167
Severing, Carl 213
Severus, Heiliger 180
Shaftesbury, Anthony Ash-
  ley-Cooper, Earl of 154
Shaw, George Bernard 65,
  81
Shelley, Percy Bysshe 274,
  339/340
Shultz, George Pratt 244
Sicard 168
Sigismund, Herzog von Bay-
  ern 227
Silesius, Angelus 23
Šimić 297
Simon, Heiliger 190
Simon, William 242
Simonić, Petar, Metropolit
  294
Simpertus, Heiliger 182
Sindona 133, 245
Sixtus IV., Papst 144, 145,
  186, 231, 279, 357
Sixtus V., Papst 186
Skriver, Carl Anders 79
Söderblom, Nathan, Erz-
  bischof 38
Sokrates 26, 37, 40
Sol Invictus (Bel) 336
Spellman, Francis Joseph,
  Erzbischof 299
Spencer, Herbert 43
Spengler, Oswald 50
Spinoza, Baruch (Benedik-
  tus) de 32

Spurgeon, Charles Haddon 61, 62

Stahl, Georg Ernst 38

Stalin, Josif Vissarionovič 70, 353

Stallknecht, Bernt 342

Stauffenberg, Claus Graf Schenk von 207, 269

Stegmüller, Wolfgang 349

Stein, Charlotte von 26

Stein, Edith 152

Stephanus, Heiliger 166, 169, 175

Stepinac, Alojzije, Primas 294, 295, 296, 298, 300, 301

Stirner, Max 125

Stockmeier, Peter 339, 343

Strauß, David Friedrich 274

Subotić, Dušan 295

Suitbert, Missionsbischof 342

Suso (Seuse), Heinrich 276

Sybel, Heinrich von 187

Tammuz (Dumuzi) 72

Tane 49

Teilhard de Chardin, Pierre 24

Teresa, Mutter (Agnes Gouxha Bojaxhio) 240

Tertullian, Quintus Septimius Florens 54, 127, 314

Thamar 249

Thekla, Heilige 182

Theoderich von Metz, Bischof 169

Theodora 148

Theodora, Gräfin 163

Theodoret, Bischof 249, 302

Theodosius I., der Große, Flavius, römischer Kaiser 178, 353

Thomas von Aquin 28, 60, 63, 68, 70, 77, 79, 91, 92, 127, 136, 163, 196, 262, 281

Thomas von Didymus 67

Thoreau, Henry David 81

Thrudpert 168

Tillich, Paul 95

Tillotson, John, Erzbischof 63

Tilmann, Klemens 59

Tinnefeld, Franz 333

Tiso, Josef 245

Tisserant, Eugène, Kardinal 283, 284, 300

Tito, Josip 300

Titus, T. Flavius Vespasianus, römischer Kaiser 155

Tolstoi (Tolstoj), Leo (Lev Nikolaevič), Graf 81, 357

Tondi, Alighiero 276, 277

Torquemada, Tomás de 279

Tort, Bischof 146, 246

Travolta, John 242

Tucholsky, Kurt 274

Uddalaka 34

Ujčić, Erzbischof 299

Ulrich von Richenthal 229

Urban II., Papst 12, 155, 156, 159

Uria der Hethiter 250
Ursula, Heilige 169, 170

Vahanian, Gabriel 96
Valéry, Paul 346
Velimirović, Bischof 294
Venus 337
Vestina 166
Vidal, Gore 154
Vincentia, Heilige 180
Vincentius, Heiliger 180
«Vitalis» 166
Vogt, Carl 27, 46, 86, 342
Voltaire 31, 41, 58, 67, 70,
    79, 153/154, 272, 273, 352

Wałęsa, Lech 244
Walpurgis, Heilige 172, 173
Walter, Franz 199
Weber, Josef 60
Weischedel, Wilhelm 46
Weitz, Fürsterzbischof 315
Welte, Bernhard 185
Werhahn, Peter 283
Werner, M. 309
Werthmann, Georg, stell-
    vertretender Armee-
    bischof 208, 209, 210, 211
Wetzer, Heinrich Josef 185
Wieland, Christoph Martin
    198
Wilhelm II., Deutscher Kai-
    ser und König von Preu-
    ßen 99

Wilhelm IX., Graf 228
Wilhelm, Herzog von
    Bayern 227
Wilhelm von Tyrus, Erz-
    bischof 158, 159
Wilhelm-Karl, Prinz von
    Preußen 115
Willebrands, Jan, Kurien-
    kardinal 237
Willibald, Heiliger 172
Wilson 242
Winter, Eduard 303
Wissowa, Ernst 326
Wittgenstein, Ludwig Josef
    Johann 45, 90
Wojtyla, Karol (Johannes
    Paul II.) 14, 115, 141, 145,
    242, 243, 247, 274/275,
    281, 282
Wotan 191
Wunibald, Heiliger 172
Wurm, Theophil, Landes-
    bischof 312

Young, Edward 90

Zacharias 263
Zahn, Gordon C. 205
Zahrnt, Heinz 18, 93
Zeno von Verona 54
Zink, Burkhard 174
Zöller, Walter 226
Zola, Émile 81

Karlheinz Deschner

Karlheinz Deschner wurde 1924 in Bamberg geboren. Im Krieg Soldat; studierte Jura, Theologie, Philosophie, Literaturwissenschaft und Geschichte. Seit 1958 veröffentlicht Deschner seine entlarvenden und provozierenden Geschichtswerke zur Religions- und Kirchenkritik.

Kriminalgeschichte des Christentums
Band 1. Die Frühzeit. *Von den Ursprüngen im alten Testament bis zum Tod des hl. Augustinus (430)*
544 Seiten. Gebunden und als rororo sachbuch 19969

Band 2. Die Spätantike. *Von den katholischen "Kinderkaisern" bis zur Ausrottung der arianischen Wandalen und Ostgoten unter Justinian I. (527 - 565)*
688 Seiten. Gebunden und als rororo Band 60142

Band 3. Die Alte Kirche. *Fälschung, Verdummung, Ausbeutung, Vernichtung*
720 Seiten. Gebunden und als rororo sachbuch 60244

Band 4. Frühmittelalter. *Von König Chlodwig I. (um 500) bis zum Tode Karls "des Großen" (814)*
624 Seiten. Gebunden und als rororo 60344

Band 5. 9. und 10. Jahrhundert. *Von Ludwig dem Frommen (814) bis zum Tode Ottos III. (1002)*
704 Seiten. Gebunden

Oben ohne *Für einen götterlosen Himmel und eine priesterfreie Welt*
320 Seiten. Gebunden

Opus Diaboli *Fünfzehn unversöhnliche Essays über die Arbeit im Weinberg des Herrn*
288 Seiten. Broschiert und als rororo sachbuch 19764

Die Politik der Päpste im 20. Jahrhundert *Erweiterte, aktualisierte Neuausgabe von "Ein Jahrhundert Heilsgeschichte" I und II*
1392 Seiten. Gebunden

Ein Gesamtverzeichnis aller lieferbaren Titel der *Rowohlt Verlage, Wunderlich* und *Wunderlich Taschenbuch* finden Sie in der *Rowohlt Revue*. Vierteljährlich neu. Kostenlos in Ihrer Buchhandlung.

Rowohlt im Internet:
www.rowohlt.de